사물지능통신 M2M

– 시스템 접근 방식

David Boswarthick | Omar Elloumi | OliviEr hErsEnt 저
이순호 | 박재호 | 이해영 역

WILEY

홍릉과학출판사

M2M

Communications A Systems Approach

David Boswarthick | Omar Elloumi | Olivier Hersent 공저

저자 서문

사물지능통신(M2M)과 사물인터넷(IoT)관련 2권의 시리즈 책 중에서 첫 번째인 "사물지능통신: 시스템 접근방식"의 서문을 작성해달라는 요청을 받고서 너무나도 기쁜 마음이 들었다.

M2M디바이스와 애플리케이션 관련 시장은 여전히 성숙되지 못했지만, 우리는 이미 M2M 기술이 우리 생활에 엄청난 영향을 미치게 될 것이며, 새로운 적용 분야들이 확장될 것이라는 것을 예상하고 있다. M2M 시장 확대를 위한 수많은 프로젝트들이 이미 수행되었으며, 현재 60억 개 수준의 셀룰러 단말의 숫자가 궁극적으로 500억 개 이상의 상호 연결된 장치 수준으로 시장이 커질 것으로 예측하고 있다. 또 다른 리서치 기관에서는 M2M과 IoT 시장의 규모가 2012년까지 115조 달러에 달할 것으로 예측하기도 한다. 사실, M2M 시장은 하드웨어와 소프트웨어의 구분, 네트워크 기술의 구분 및 산업 영역별에 따라서 이미 다양한 방식으로 구분해서 설명하고 있다.

M2M 산업에 적용되는 다양한 기술들이 이미 수년간 사용되어 왔던 기술들임에도 불구하고 왜 지금 M2M 시장이 주목을 받고 있을까? 오늘날 M2M 시장 성장의 핵심 요소는 언제 어디서나 저렴한 비용의 네트워크 연결이 확산되고 있다는 점이다. 우리는 이미 저렴한 초고속 인터넷 서비스를 집이나 회사에서 사용하고 있으며, 3G와 LTE 기반의 모바일 네트워크도 경쟁력 있는 가격으로 비슷한 수준의 전송속도를 제공하고 있다. 우리가 꿈꿔온 인터넷 연결이 제공되어야 가능했던 다양한 애플리케이션들이 너무나도 갑작스럽게 현실로 다가오고 있다는 것이다.

집이나 기업에서 IP방식으로 연결되는 센서들, 모니터들, 액츄에이터들이 확산됨에 따라 새로운 형태의 상호 연결을 통해 호환되는, 앞으로 우리의 생활에 획기적인 변화를 가져다 줄 다양한 서비스들이 등장할 것이다. M2M 기술은 매쉬업을 통한 다양한 웹 서비스와 같은 가상 세계와는 달리, 실제적이고 활용 가능한 다양한 정보 원천을 활용한 실제 세계의 매쉬업 애플리케이션을 제공하는 것을 비전으로 삼고 있다. 이러한 비전은 사물인터넷("The Internet of Things")으로 표현되기도 하지만, 중요한 것은 연결된 사물 자체를 의미하는 것은 아니라는 점이다. 정말 중요한 것은 사물들이 제공하는 정보이며, 우리가 정보를 어떻게 결합하고, 표현하고, 사용할 것인가 이며, 정보를 기반으로 어떻게 의사결정을 할 것인가이다. 우리는 사물인터넷의 기술적인 관점을 넘어, 사회에 미치는 영향을 조명해야 하며, 우리의 생활을 윤택하게 하기 위해서 이러한 기술을 어떻게 활용할 것인가를 정확하게 판단해야 한다.

이러한 미래 비전의 핵심 요소는 우리가 고려해야 하는 기술, 기능, 요구사항 측면에서의 다양성과 범위에 있다. 어떻게 우리는 현재와 미래의 기술 발전에 대처할 수 있는 유연한 아키텍처를 개발할 수 있을 것인가? 어떻게 우리는 상호호환성을 확보할 것인가? 어떻게 우리는 새로운 애플리케이션의 편리성을 확보하면서도 정보의 신뢰도와 프라이버시를 유지할 것인가? 어떻게 우리는 점차적으로 확대되는 이러한 시스템의 안정성을 확보할 것인가? 이러한 이슈들이 하나의 조직이나 개인의 능력으로만 해결하기는 사실상 불가능하다. 문제해결을 위해서는 다양한 산업영역에서 함께 고민되어야 하며, 서로 다른 이해관계자들의 협업을 필요로 하며, 국제적인 공조도 필요로 한다. M2M 기술과 시장 확대를 위해서는 상호 합의한 국제 표준들이 반드시 필요하며, 이러한 표준들이 앞서 나열한 문제점들의 해결 방안을 제시할 것이다. 현재, ETSIM2M 기술분과는 이러한 영역에서 국제표준들을 만드는 중요한 역할을 담당하고 있다.

광범위한 사회적 변화를 넘어 우리는 수많은 기술적인 세부 이슈들도 해결해야 한다. 급속도로 M2M 기술을 적용하고 채택함으로써 통신 네트워크상의 추가적인 수요가 급증하고 있다. 일반적으로 M2M 서비스는 네트워크 측면에서 높은 효율성, 낮은 오버헤드, 낮은 에너지 소모와 함께 높은 유연성을 요구하기도 한다. 이러한 요구사항들은 기존 통신 네트워크가 가져야 하는 높은 전송 속도, 낮은 전송 지연, 대용량 전송과 배치되는 형국이 될 수 있다. 따라서, M2M 서비스가 예상대로 급격히 확대될 가능성이 높다면 통신 네트워크를 어떻게 설계하고 관리해야 할 것인지에 대한 재고가 필요하다. 현재 무선통신 기술로는 제대로 서비스하기 어려운 새로운 M2M 애플리케이션을 위해서는 새로운 접속 네트워크 기술도 고려해야 할 것이다.

M2M 애플리케이션의 성장은 기존 통신 및 데이터 네트워크를 정의하고 있는 표준들을 큰 영향을 미치게 될 것이다. 수년간 ETSI는 이러한 문제를 해결하기 위한 스펙과 표준들을 만드는 작업을 진행해오고 있다. 이 책과 시리즈 두 번째 책은 M2M 기술과 관련된 문제를 해결하기 위한 유용한 지표가 될 것이며, M2M 세상을 만들기 위해 우리가 해결해야 하는 이슈들을 이해하는 데 도움이 될 것이라 확신한다.

역자 서문

최근 관심이 높아지고 있는 사물인터넷 기술은 스마트폰 시대를 넘어 새로운 IT 혁명을 가져올 기술로 주목을 받고 있다. 사물들이 사람과 직접 소통하거나 서로간의 정보 전달을 통해 우리 생활에 편리함을 제공하는 다양한 서비스들이 등장하고 있으며, 앞으로 이러한 연결된 사물들은 우리 삶에 새로운 가치를 가져다 줄 것으로 기대하고 있다.

사물인터넷을 위한 기본적인 기술 요소는 사물과 외부 환경을 인지하기 위한 센서 기술, 센서 디바이스와의 연결 및 인터넷 연결을 지원하는 네트워크 기술, 사물과 인간, 그리고 서비스 연결을 위한 다양한 인터페이스와 응용 서비스를 제공하는 플랫폼 기술로 요약할 수 있다. 앞으로 클라우드 기반의 사물인터넷 플랫폼을 기반으로 빠르고 안정적인 서비스 개발이 가능할 것으로 예상되며, 앱스토어라는 스마트폰 에코시스템과 유사한 형태의, 개발자들의 주도적인 참여가 가능한 사물인터넷 에코시스템을 구축됨으로써 비즈니스 활성화에 가속도가 붙을 것으로 기대된다.

사물인터넷 기술은 사람과 사물간의 소통, 사물과 사물간의 소통, 사람과 사람간의 소통을 통해 기존 사물이 제공하던 본연의 역할을 뛰어넘어 더욱 진화된 기능을 제공함으로써 궁극적으로는 우리 삶의 가치를 높이는 역할을 담당하게 될 것이다. 사물인터넷 기술의 발전으로 인해 사물이 주체적으로 행동함으로써 자신의 활동 범위를 점차 확대하고, 다양한 정보 분석을 통해 새로운 효용 가치를 제공함으로써 인간의 삶을 더욱 풍요롭게 만들어 갈 것이다.

1990년대 후반에 등장한 인터넷 기술은 뉴스와 미디어, 학습, 쇼핑 등 다양한 분야에서 인류의 생활과 문화에 커다란 변화를 일으켰으며, 2000년대 후반에 등장한 스마트폰 기술은 개인 미디어와 소셜 서비스, 다양한 애플리케이션 제공을 통해 우리 생활에 많은 영향을 끼치고 있다. 또한, 최근 많은 관심을 받고 있는 사물인터넷(IoT, Internet of Things) 기술은 가까운 미래에 우리 사회와 문화, 비즈니스 환경을 또다시 급격하게 바꿔놓을 것으로 예상된다.

IoT 시장의 성장 전망은 예측하는 애널리스트들마다 견해가 다양하며, 심지어 서로 상반되는 예측 결과도 제시하고 있다. 일부 애널리스트들은 시장 확대를 위한 특별한 모멘텀 없이 기존 시장 규모와 유사한 형태로 완만하게 성장할 것이라고 예측하고 있다, 하지만, 시장 성장 가능성을 높게 평가하는 애널리스트 그룹은 구체적인 근거를 제시하고 있지는 못하지만 향후 10년 이내에 500억 개 이상의 디바이스들이 서로 연결될 것이며, 이를 기반으로 새로운 비즈니스 가치 창출을 통해 IoT 시장이 폭발적으로 성장할 것으로 예측하고 있다.

최근 IoT 시장은 관련 기술의 발전과 새로운 서비스의 등장으로 인해 시장 확대를 위한 티핑포인트(Tipping point)에 빠르게 접근하고 있다. 누구나 손쉽게 IoT 디바이스와 서비스를 개발할 수 있는 환경이 형성됨으로써 새로운 서비스 개발에 있어서의 개발자들의 진입장벽이 점차적으로 낮아지고, 이를 기반으로 다양한 서비스가 등장함으로써 다시 IoT 시장을 활성화시키는 선순환구조가 형성되고 있다는 점이 고무적인 현상이다.

최근 IoT 기술 및 서비스 확산을 주도하는 몇 가지 요인들을 정리하면 다음과 같다. 첫째, 시그폭스(SigFox), 로라(LoRa)등의 IoT 서비스를 위한 LPWAN(Low Power Wide Area Network) 기술이 확산되면서 IoT 서비스 확산의 걸림돌이었던 네트워크 비용을획기적으로 낮출 수 있다는 점이다. 둘째, 자이블리(Xively), 씽웍스(ThingWorx), 씽플러스(ThingPlus)와 같은 IoT 클라우드 서비스의 등장으로 인해 인프라 투자에 대한 부담 없이 안정적인 IoT 서비스 개발이 가능해지고 있다는 점이다. 셋째, 라즈베리파이(Raspberry Pi) 및 아두이노(Arduino)와 같은 모듈 형태의 오픈 하드웨어의 확산과 3D프린터의 보급으로 인해 하드웨어 개발 비용이 점차적으로 낮아지고 있다는 점이다. 넷째, 킥스타터(KickStarter)와 같은 클라우드펀딩 플랫폼을 통해 하드웨어 개발이 필요한 IoT 스타트업들이 VC의 직접적인 도움 없이도 투자를 유치할 수 있는 환경으로 변화하고 있다는 점이다. 이러한 동인들의 도움을 바탕으로 우리 생활과 밀접한 형태의 다양한 IoT 서비스들이 시장에 등장하고 있다.

앞서 언급한 바와 같이 M2M/IoT기술은 하나의 독립적인 기술이 아니라, 센서와 엑츄에이터 기술, 다양한 네트워크 기술, 플랫폼/서비스 기술 등 다양한 요소기술들을 포함하고 있는 복합적이고 융합적인 기술이다. M2M/IoT 기술의 세부요소 기술마다 관련 기술서적들을 통한 전문지식을 쌓아야 하겠지만, M2M/IoT의 전체적인 기술요소와 표준화 동향을 다루고 있는 본 책은 독자들이 M2M/IoT 기술을 전체적으로 이해하는 데 큰 도움이 될 것이라 생각한다.

역자 약력

이순호

포스텍 컴퓨터공학과에서 학사와 석사학위를 취득하였으며, 카이스트 경영공학과에서 정보통신경영을 전공으로 박사학위를 받았다. SK텔레콤에서 플랫폼 연구개발 및 글로벌 표준업무를 담당했다. 2013년에씽플러스(Thing+)라는 사물인터넷(IoT, Internet of Things) 클라우드 플랫폼 사업을 테마로 달리웍스를 창업하여, 현재 대표이사로 재직하고 있다.성균관대학교 휴먼ICT융합학과 겸임교수로서 학생들에게 사물인터넷 과목과 융합캡스톤디자인 과목을 함께 가르치고 있다. 또한, IoT/M2M 분야의 전문가로서 사물인터넷 협회 및 ICT DIY 포럼에서 표준화 및 기술 개발과 관련된 활동하고 있으며, 신산업투자위원회 및 정보통신활성화 추진위원회 등의 정부자문기구에서 민간 전문가로서 활동하고 있다. SW 인사이트를 통해 『사물인터넷, 소통을 통한 새로운 가치 창출』 등 다수의 기고문을 실었다.

박재호

포항공과대학교 컴퓨터공학과 학부와 대학원을 졸업했다. 블로그 '컴퓨터 vs 책'(jhrogue.blogspot.com)을 운영하고 있다. 『Blog2Book, 열씨미와 게을러의 리눅스 개발 노하우 탐험기』, 『IT EXPERT, 임베디드 리눅스』(이상 한빛미디어)를 저술했고, 『풀스택 개발자를 위한 MEAN 스택 입문』(한빛미디어), 『전문 검색과 분석을 위한 Elasticsearch 서버』, 『MongoDB NoSQL로 구축하는 PHP 웹 애플리케이션』(이상 에이콘) 등을 번역했으며, 『해커스』, 『리눅스 시스템 프로그래밍(1판)』, 『The Art of Project Management』, 『임베디드 하드웨어 이해와 설계』, 『Rapid Development』(이상 한빛미디어) 등을 공역했다.

이해영

포항공과대학교 컴퓨터공학과 학부와 퍼듀 대학교 전자계산학과 대학원을 졸업했다. 현재 프리랜서 번역가로 일하며, 틈나는 대로 좋은 칼럼과 기사를 번역해 블로그(www.haeyounglee.com)에 올린다. 공역한 책으로 『피플웨어』, 『Clean Code』(이상 인사이트), 『아파치 Solr 4 구축과 관리』, 『조엘 온 소프트웨어』(이상 에이콘), 『해커스』, 『The Art of Project Management』(이상 한빛미디어) 등이 있다.

목 차

Chapter 01 사물지능통신 소개 _ Introduction to M2M / 1

1.1 사물지능통신은 무엇인가? ····· 2
1.2 사물지능통신 비즈니스 ····· 6
1.3 M2M 성숙가속화 ····· 10
1.3.1 고차원 M2M 프레임워크 • 10 / 1.3.2 정책과 정부 장려책 • 12
1.4 M2M 관련 표준 ····· 14
1.4.1 M2M을 위한 표준 • 15
1.5 이 책 내용 ····· 22
참고문헌 • 23

Part 01 M2M Current Landscape

Chapter 02 사물지능통신 비즈니스 _ The Business of M2M / 27

2.1 M2M 시장 ····· 28
2.1.1 의료 • 28 / 2.1.2 운송 • 29 / 2.1.3 에너지 • 30
2.2 M2M 시장 도입: 촉진 요인과 저해 요인 ····· 30
2.3 M2M 가치 사슬 ····· 33
2.4 시장 규모 예측 ····· 35
2.5 비즈니스 모델 ····· 37
2.5.1 네트워크 운영자 혹은 통신 서비스 사업자 주도 모델 • 38
2.5.2 MVNO 주도 모델 • 39 / 2.5.3 기업 고객 주도 모델 • 39
2.6 M2M 비즈니스 척도 ····· 40
2.7 M2M 시장 진화 ····· 41
참고문헌 • 41

Chapter 03 초창기 M2M 구축에서 배운 교훈 _ Lessons Learned from Early M2M Deployments / 43

3.1 배경 ····· 43

3.2 초창기 운영을 위한 M2M 배포 ········ 44

3.2.1 배경 지식 • 44 / 3.2.2 초기 운영을 위한 M2M 구축 사례 • 46
3.2.3 초창기 M2M 시스템이 부딪힌 난관 • 54
3.2.4 M2M 배포의 가능한 최적화 방안 • 56

3.3 결론 ········ 59

참고문헌 • 60

Part 02 M2M Architecture and Protocols

Chapter 04 M2M 요구 사항과 고차원 아키텍처 원칙 _ M2M Requirements and High-Level Architectural Principles / 63

4.1 도입 ········ 63

4.2 사용 사례에 기반한 M2M 요구 사항 도출 ········ 64

4.2.1 사용 사례란? • 64 / 4.2.2 ETSI M2M의 사용 사례 작업 • 64
4.2.3 사용 사례 작성법 • 65

4.3 ETSI M2M 사용 사례: 스마트 미터링 ········ 66

4.3.1 도입 • 66 / 4.3.2 일반적인 스마트 미터링 구축 사용 사례 • 68

4.4 ETSI M2M 사용 사례: 전자 보건 ········ 72

4.4.1 도입 • 72

4.5 ETSI M2M 서비스 요구 사항: 요약과 타 세분 시장 적용성 ········ 76

4.6 트래픽 모델과 특성에 기반한 M2M 요구 사항과 네트워크 아키텍처 설계 관련 고려 사항 ········ 78

4.6.1 무선 네트워크에 집중하는 이유 • 79

4.7 M2M 세분 시장과 애플리케이션 기술 ········ 80

4.7.1 자동차 • 80 / 4.7.2 스마트 원격 측정 • 81 / 4.7.3 감시와 보안 • 82
4.7.4 판매 관리 • 83 / 4.7.5 자동 판매기 • 83 / 4.7.6 전자 보건 • 84
4.7.7 비디오 생중계 • 85 / 4.7.8 건물 자동화 • 85 / 4.7.9 산업 자동화 • 86

4.8 M2M 트래픽 특성 ········ 86

4.8.1 스마트 미터링의 트래픽 특성 • 86
4.8.2 전세계적인 트래픽 특성 • 89

4.9 M2M 통신에 적합한 고차원적인 아키텍처 원칙 ········ 97

4.10 결론 ········ 99

참고문헌 • 100

Chapter 05 ETSI M2M 서비스 아키텍처 _ ETSI M2M Services Architecture / 101

5.1 배경 ···· 101

5.2 고차원 시스템 아키텍처 ···· 103

5.3 ETSI TC M2M 서비스 기능 프레임워크 ···· 106

5.4 ETSI TC M2M 릴리스 1 시나리오 ···· 109

5.5 ETSI M2M 서비스 기능 ···· 111

5.5.1 접근성, 주소 지정, 저장소 기능 • 111 / 5.5.2 원격 엔티티 관리 기능 • 113
5.5.3 보안 기능 • 116

5.6 M2M REST 아키텍처 스타일 소개 ···· 117

5.6.1 REST 소개 • 117 / 5.6.2 M2M에 REST가 적합한 이유 • 118
5.6.3 REST 기본 • 121 / 5.6.4 M2M에 REST 적용하기 • 122
5.6.5 기타 기능 • 123

5.7 ETSI TC M2M 자원 기반 M2M 통신과 절차 ···· 133

5.7.1 도입 • 133 / 5.7.2 이 절에서 사용하는 용어 • 135
5.7.3 자원 구조 • 135 / 5.7.4 인터페이스 절차 • 140

5.8 결론 ···· 149

참고문헌 • 149

Chapter 06 공개 모바일 네트워크에서 M2M 최적화 _ M2M Optimizations in Public Mobile Networks / 151

6.1 개괄 ···· 151

6.2 전화 통신망 네트워크 상의 M2M ···· 152

6.2.1 도입 • 152 / 6.2.2 M2M 통신 시나리오 • 153
6.2.3 모바일 또는 고정된 네트워크 • 155
6.2.4 M2M 애플리케이션을 위한 데이터 연결 • 157

6.3 M2M을 위한 네트워크 최적화 ···· 161

6.3.1 도입 • 161 / 6.3.2 기계 유형 통신을 위한 3GPP의 네트워크 개선 표준안 • 162
6.3.3 비용 절감 • 163 / 6.3.4 M2M 부가가치 서비스 • 172
6.3.5 숫자 표기, 식별자, 주소 지정 • 179 / 6.3.6 트리거 최적화 • 187
6.3.7 부하와 혼잡 통제 • 195

참고문헌 • 205

Chapter 07 M2M에서 IP의 역할 _ The Role of IP in M2M* / 207

7.1 도입 ··· 207

7.1.1 간단히 요약하는 IPv6 • 208 / 7.1.2 NDP(Neighbor Discovery Protocol) • 211

7.2 M2M을 위한 IPv6 ··· 212

7.3 6LoWPAN ··· 214

7.3.1 프레임워크 • 215 / 7.3.2 헤더 압축 • 215 / 7.3.3 이웃 탐색 • 221

7.4 RPL(Routing Protocol for Low-Power and Lossy Network) ··· 226

7.4.1 RPL 토폴로지 • 228

7.5 CoRE ··· 232

7.5.1 메시지 형태 • 232 / 7.5.2 전송 프로토콜 • 235

7.5.3 REST 아키텍처 • 239

참고문헌 • 243

Chapter 08 M2M 보안 _ M2M Security / 245

8.1 도입 ··· 245

8.1.1 셀룰러 M2M의 보안 특질 • 246

8.2 M2M 생태계에서 신뢰 관계 ··· 251

8.3 보안 요구 사항 ··· 255

8.3.1 고객/M2M 장비 사용자 • 255 / 8.3.2 접속 네트워크 공급자 • 256

8.3.3 M2M 서비스 공급자 • 257 / 8.3.4 애플리케이션 공급자 • 257

8.3.5 부트스트랩 요구 사항 • 258

8.4 어떤 솔루션이 적합한가? ··· 260

8.4.1 하이재킹에 대응하는 접근 방법 • 260 / 8.4.2 공개 키 솔루션 • 261

8.4.3 스마트 카드 기반 솔루션 • 265

8.4.4 미리 권한 설정된 대칭 키에 기반한 방법 • 267

8.4.5 신원 기반 암호화에 기반한 자동화된 부트스트랩용 프로토콜 • 268

8.4.6 M2M 장비 그룹을 위한 보안 • 272

8.5 M2M과 MTC 통신의 보안을 위한 표준화 노력 ··· 275

8.5.1 ETSI M2M 보안 • 275

8.5.2 MTC를 위한 네트워크 개선과 관련된 3GPP 보안 • 277

참고문헌 • 277

Chapter 09 M2M 단말과 모듈 _ M2M Security / 281

9.1 M2M 모듈 범주 ··· 281

9.1.1 접속 기술 • 282 / 9.1.2 물리적인 기구 형태 • 285

9.2 하드웨어 인터페이스 ··· 288

9.2.1 전원 인터페이스 • 289 / 9.2.2 USB 인터페이스 • 289
9.2.3 UART 인터페이스 • 289 / 9.2.4 안테나 인터페이스 • 290
9.2.5 UICC 인터페이스 • 290 / 9.2.6 GPIO 인터페이스 • 291
9.2.7 SPI 인터페이스 • 291 / 9.2.8 I2C 인터페이스 • 291
9.2.9 ADC 인터페이스 • 291 / 9.2.10 PCM 인터페이스 • 291
9.2.11 PWM 인터페이스 • 291 / 9.2.12 아날로그 오디오 인터페이스 • 292

9.3 온도와 내구성 ··· 292

9.4 서비스 ··· 292

9.4.1 애플리케이션 수행 환경 • 292 / 9.4.2 연결 서비스 • 293
9.4.3 관리 서비스 • 295 / 9.4.4 애플리케이션 서비스 • 298

9.5 소프트웨어 인터페이스 ··· 299

9.5.1 AT 명령 • 299 / 9.5.2 SDK 인터페이스 • 299

9.6 셀룰러 인증 ··· 300

9.6.1 전화 통신 업계 인증 • 301 / 9.6.2 MNO 인증 • 302

Chapter 10 M2M 통신에 사용되는스마트 카드 _ Smart Cards in M2M Communication / 303

10.1 도입 ··· 303

10.2 M2M 통신에서 보안과 개인정보보호 문제 ··· 303

10.3 하드웨어 기반의 보안 솔루션 분야 ··· 305

10.4 독립적인 보안 구성 요소와 신뢰되는 환경 ··· 306

10.4.1 M2M 장비에서 신뢰되는 환경 • 306
10.4.2 알려지지 않은 장비를 신뢰하기: 보안 인증의 필요성 • 309
10.4.3 스마트 카드 모델의 장점 • 310

10.5 M2M 환경을 위한 특정 스마트 카드 속성 ··· 312

10.5.1 분리 가능한 스마트 카드 대 내장형 보안 구성 요소 • 312
10.5.2 환경 제약에 대한 UICC 저항력 • 317
10.5.3 방치되는 장비에 대한 카드 애플리케이션 툴킷 적용하기 • 320
10.5.4 툴킷 명령으로 UICC 주변 장비에 도달하기 • 321
10.5.5 외부 애플리케이션의 보안 원격 관리 • 322

10.6 M2M 환경에서 스마트 카드의 향후 진화 ···323

10.6.1 UICC 기반의 M2M 서비스 식별 모듈 애플리케이션 • 323

10.6.2 UICC의 인터넷 프로토콜 통합 • 323

10.7 M2M 보안 구성 요소의 원격 관리 ···324

10.7.1 개괄 • 324 / 10.7.2 구독의 지연 개인화 • 325

10.7.3 현장에서 구독을 원격 관리하기 • 325

참고문헌 • 327

Part 03 Book Conclusions and Future Vison

Chapter 11 결론 _ Conclusions / 331

Chapter 01

사물지능통신 소개

Introduction to M2M

엠마누엘 다모아, 오마르 일루미
알카텔-루슨트, 벨리지, 프랑스

바야흐로 사물지능통신(M2M, Machine-to-Machine)의 시대가 도래했다. 단순히 인간들과 통신기기들을 연결하는 수준을 넘어 네트워크에 연결되는 개체들의 범위를 다양한 디바이스로 확대하고자 사물인터넷(Internet of Things), 개체인터넷(Internet of Objects), 사물지능통신(M2M) 등의 개념이 등장한지도 벌써 10년이라는 세월이 지났다. 사물통신의 초기 비전은 인간들이 인식하지 못하는 무수히 많은 새로운 디바이스들을 연결하고, 이를 통해 사용자 서비스의 영역을 확대해 가는 것이었다. 이러한 사물통신기술은 안전함과 편안함 제공을 위한 새로운 방법을 제공하고, 다양한 상품 배송 방식을 최석화하고, 사람들과 운송수단들의 효율적인 추적을 가능하게 할 것이며, 이와 더불어 새로운 시스템을 창조하고 새로운 가치를 창출할 것이다.

이러한 사물지능통신의 모든 비전들이 현실화되기 위한 많은 시간들이 흘렀다. 초창기의 노력들은 새로운 비즈니스 모델을 테스트함으로써 초기 비전을 개선하고, 실효성을 검증하기 위한 요소 기술들의 개발을 통해 충분치 못한 상호 연동에 따른 영향도를 예측하는데 집중하였다. 하지만, 최근 몇 년 동안에 실현 가능하며 수익성이 있는 잠재 시장이 존재한다는 사실이 개별 요소 기술들과 솔루션들의 조합 수준에서 일관성 있는 "시스템들의 시스템" 형태로 변화시키는 산업 전반의 공동 노력을 촉발하는 매개체가 되었으며, 점차적으로 무엇을 할 것인가 보다는 어떻게 할 것인가에 집중하며 관련 기술과 표준개발을 진행하고 있다.

본 장은 M2M의 개념을 소개하고, 현재 사용되는 M2M의 다양한 정의들로부터 하나의 정의를 제시할 것이다. 최근 등장한 M2M 비즈니스의 주요 특징들을 살펴보고, 앞으로 상세하게 분석해 나갈 M2M 프레임워크의 전체적인 모습을 제시하고자 한다. 또한, 본 장에서 최근 등장한 M2M 기술 개발을 가능케 한 주요 변화 요인들, 다시 말해 시장 형성에서 중요한 역할을 담당하고 있는 다양한 규제와 표준의 등장을 분석을 할 것이다. 표준의 역할을 살펴보는 것이 이 책의 주요 주제이며, 이러한 복잡한 에코시스템을 이해하는 안내자로서 최근 표준 동향과 관련된 작업들을 살펴볼 것이다.

독자들에게 2권의 책 시리즈 중에서 첫 번째인 이 책의 구조와 내용을 먼저 소개하고자 한다. M2M 애플리케이션 관련 논문이나 전자책 형태로 이미 소개된 바가 있는 내용을 주로 다루고 있는 첫 번째 책인 "사물통신—시스템적 접근"(M2M Communications: A Systems Approach)은 요구사항과 상위 설계 구조에 대한 내용을 포함한 M2M 프레임워크와 M2M 네트워크 최적화, 보안, IP의 역할 등 주요 시스템 측면들을 소개할 것이다.

두 번째 책인 "사물인터넷—핵심 애플리케이션 및 프로토콜(*Internet of Things: Key Applications and Protocols*)"에서는 M2M 네트워크와 관련된 프로토콜, 이러한 네트워크 간의 상호 연결 등과 같이 "객체인터넷(Internet of Objects)"이 활용되는 영역에 대해서 좀 더 상세하고 다루고 있으며, 이러한 관점에서 스마트그리드와 홈 오토메이션과 같은 미래 M2M 애플리케이션들을 분석하게 될 것이다.

1.1 사물지능통신(M2M)은 무엇인가?

M2M에서 M을 정의하려는 시도는 많았다. 혹자는 Machine-to-Machine, 혹자는 Machine-to-Mobile, 혹자는 Machine-to-Man이라는 정의를 제안했다. 이 책에서 M2M은 Machine-to-Machine을 뜻한다. 하지만 약어의 의미를 정했다 치더라도 그 개념을 명확히 정의하기란 쉽지 않다. M2M의 범위가 원래 신축적인데다 경계가 항상 분명치 않기 때문이다.

아마 M2M을 표현하는 가장 기본적인 방식이 **그림 1.1**(M2M의 핵심)이다. M2M의 역할은 장비가 통신 네트워크를 통해 비즈니스 응용 프로그램과 (양방향으로) 정보를 교환할 수 있는 조건 수립이 전제되어야 한다. 즉, M2M 환경에서 정보를 교환하는 주체는 장비와 응용 프로그램이다. 이 정의에서는 통신 네트워크의 역할이 핵심이므로, 단순히 장비와 응용 프로그램을 같은 곳에 두었다고 둘을 M2M 관계라기 보기는 사실상 어렵다. 그래서 M2M은 흔히 M2M Communications를 줄여 쓴 표현이고, M2M Communications는 M2(CN2)M: Machine-to(Communication-Network-to)Machine를 줄인 표현으로 이해할 수 있다.

그렇지만 이 정도로 M2M을 완벽히 정의하기는 부족하다. 예를 들어, 핸드폰은 콜센터 응용 프로그램과 통신하지만 둘을 M2M 관계로 보지는 않는다. 사람이 통제하기 때문이다. 이해를 돕고자 지금부터 M2M 관계의 복잡한 특성 몇 가지를 살펴보자.

많은 경우, **그림 1.2**에서 보듯이, M2M은 일군의 유사한 장비들이 단일 응용 프로그램과

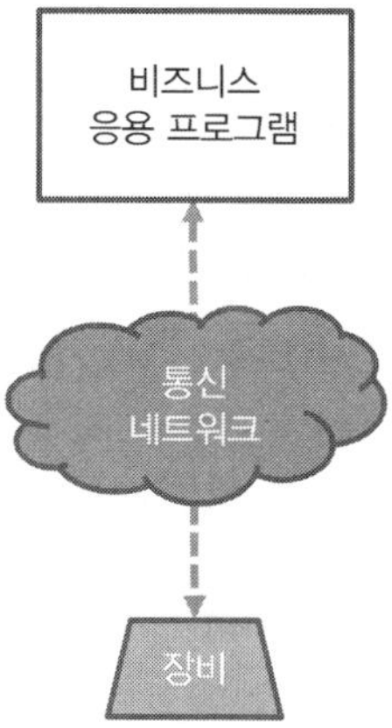

그림 1.1 M2M의 핵심

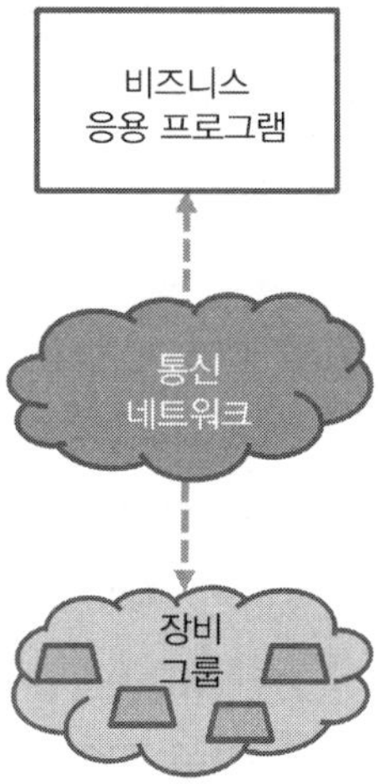

그림 1.2 M2M 관계에 있는 장비 그룹

그림 1.3 중재된 M2M 관계

통신한다. 한 예가 트럭들을 관리하는 기업용 차량 관리 응용프로그램이다. 여기서 장비는 트럭이고, 통신 네트워크는 모바일 네트워크다. 때로는, **그림 1.3**에서 보듯이, 그룹에 속한 장비의 성능이 제한적이라 장비가 응용 프로그램과 직접 통신하지 못하는 경우에는, 게이트웨이와 같은 장비가 중간에서 통신을 모아 M2M 관계를 중재한다. 한 예가 스마트 미터링 응용 프로그램이다. 여기서 장비는 스마트 계량기이고, 통신 네트워크는 모바일 네트워크나 공용 인터넷이다.

이런 점을 감안해 유럽전기통신표준협회(ETSI, European Telecommunication Standards Institute)는 M2M 지역 네트워크(M2M Area Network)라는 개념을 도입했다. M2M 지역 네트워크는 동일 M2M 지역 네트워크에 연결된 M2M 장비들을 물리적으로 그리고 MAC 계층에서 연결한다. 따라서 M2M 장비들은 라우터나 게이트웨이를 거쳐 공용 네트워크에 접속할 수 있다.

M2M은 단말 장비가 핵심적인 역할을 한다는 특징이 있다. 이들 단말 장비는, 정보통신기술(ICT, Information and Communication Technologies) 세상에서는 새로운 장비가 아니지만, M2M 시장에서는 아주 분명한 특징을 가지는 새로운 계열의 장비로 간주되며, 아래에서 특징을 자세히 설명한다. 특히 이러한 특징이 응용 프로그램과 네트워크의 요구사항에 미치는 영향을 설명하고자 하며, 이것은 지금까지 제대로 고려되지 않았던 부분이다.

- **다수성** (Multitude) — M2M이 일으킨 변화 가운데 가장 많이 언급되는 변화다. 많은 사람들이 조만간 M2M 관계로 연결된 "장비" 수가 (핸드폰, PC, 태블릿 등과 같이) 인간과 직

접 소통하는 장비 수를 크게 초과하리라는 사실에 동의한다. 장비 수가 기하급수적으로 늘어나면 응용 프로그램 아키텍처에 대한 압력이 커지고 네트워크 부하가 증가하며 시스템에 확장성 문제를 야기한다. 기존 시스템은 그보다 적은 수의 참여자와 훨씬 더 많은 트래픽 유형과 수준을 감안해 설계되었기 때문이다. 그래서 초창기에 발생한 문제 중 하나가 M2M 장비들이 모바일 네트워크에 미치는 영향이었다. 이런 다수의 장비들을 감안하지 않고 설계되었던 모바일 네트워크는 이제 점차 비표준적인 사용 패턴을 가진 다수의 장비들을 수용하도록 변모하는 중이다(이 장 후반에서 추가적으로 설명할 것이다).

- **다양성** (Variety) — 다양한 맥락과 비즈니스 도메인에 M2M을 적용하는 시나리오는 이미 굉장히 많이 나와 있다. 초창기에 구현된 M2M 솔루션들로 인해 데이터 교환율, 기구 형태, 계산 능력, 통신 기능에 대한 요구사항이 매우 다양한 장비도 굉장히 많이 나와 있다. 이처럼 폭넓은 다양성은 이질성을 초래하게 되며, 이질성은 본질적으로 상호 운용성을 저해하는 주요 요인이 된다. 이것은 M2M의 일반화에 커다란 장애물이 될 수 있다. 또한 M2M 애플리케이션 개발의 기반인 프레임워크에도 공통 기능을 정의하고 개발하기 어렵다는 문제가 생긴다.
- **투명성** (Invisibility) — 많은 M2M 응용 프로그램에서 강력히 요구되는 사항이다. 장비는 사람의 통제 없이 (혹은 거의 없이) 일상적으로 서비스를 제공해야 한다. 특히 사람이 장비의 실수를 정정하는 일이 (그리고 새로운 실수를 만드는 일도) 없어야 한다는 것이다. 따라서 서비스와 네트워크 관리에서 장비 관리가 그 어느 때보다도 중요해졌고 빈틈없는 통합이 필요해졌다.
- **중요성** (Criticality) — 전자보건(eHealth) 분야에서 사용하는 채혈 기구, 쓰러짐 감지기 등과 같은 장비는 인명을 구조한다. 스마트 그리드 분야에서 사용하는 전압 감지기, 위상 감지기, 전력 차단기 등과 같은 장비는 인간에게 필수불가결한 인프라의 핵심 요소다. 이런 용도로 사용하는 장비는 대기 시간이나 안정성을 엄격히 요구하므로 현재 네트워크로는 어렵거나 도전적일지도 모른다.
- **침해성** (Intrusiveness) — 새로운 M2M 장비 다수는 최종 사용자의 건강과 복지 등을 다루는 시스템을 "더 잘 관리하겠다"는 명시적인 의도로 설계되었다. 좋은 예가 앞서 언급한 전자보건 장비와 가정 전기 사용량을 측정하고 제어하는 스마트 계량기다. 그런데 이런 장비는 개인정보보호라는 문제로 이어진다. 요컨대 개인정보침해는 ICT 시스템에서는 새로운 문제가 아니지만, M2M 시스템의 확산을 저해하는 커다란 장애물로 작용할 가능성이 높다. 예를 들어, 대량의 스마트 계량기를 설치하려는데 '최종 사용자가 자신의 개인정보를 보호할 권리'라는 부분과 '전기 회사가 가정의 에너지 소비 패턴을 파악할 필요성'이라는 부분을 사전에 조정해야 한다면 스마트 계량기 설치는 결국 난관에 봉착할 수도 있다.

지금까지 M2M 장비의 특징과 각 특징이 M2M 시스템 아키텍처에 미치는 영향을 살펴보았다. 여기에 더해, 네트워크상에서 M2M 장비가 통신하는 방식을 추가로 제약하는 부분도 중요하다. 이런 제약 때문에 (그림 1.3에서 언급한 "중재" 방법처럼) M2M 장비들을 묶는 새로운 방법이 필요할지도 모른다. 아래서는 M2M 장비의 제약 몇 가지를 살펴본다.

- **제한적 기능** (limited in functionality) — 대다수 M2M 장비는 현재 흔히 쓰는 노트북이나 스마트폰에 비해 계산 능력이 몇 배는 떨어진다. 때로는 원격 소프트웨어 업데이트 기능을 빼어 버리기도 한다. 이렇게 설계하는 주된 이유는 비용이다. 장비 가격을 낮춰 경쟁력을 높이기 위해서인데, 대표적인 예가 스마트 계량기다. 때로는 교환할 정보와 수행할 동작의 성격을 합리적으로 판단해 장비의 기능을 제한하기도 한다. 좋은 예가 센서다. 대다수 센서는 작동하기 어렵거나 너무 많은 데이터를 전송해서는 안 된다.
- **저전력** (low-powered) — 비록 많은 M2M 장비가 전력 네트워크에 연결되지만, 다양한 이유로 다른 전력 공급원을(흔히 배터리를) 써야 하는 장비도 많다. 예를 들어, 산업 공정 감지기, 수도 계량기, 노변 감지 장치등과 같이 실외에 설치되는 장비는 전력을 공급하기가 쉽지 않다. 이런 경우는 장비와 M2M 애플리케이션 사이의 통신이 (즉, 교환하는 정보량과 통신 빈도수가) 줄어들 수밖에 없다.
- **내장형** (embedded) — 많은 M2M 장비는 특정 (적대적인, 안전한) 운용환경을 가진 시스템에 설치되어야 한다. 즉, 시스템 자체에 큰 영향을 주지 않고 장비를 변경하기 어렵다는 뜻이다. 건물이나 자동차에 내장된 장비는 교체하기 어렵다. 예를 들어, 몇몇 M2M 사례에서 보듯 자동차 엔진에 센서장비를 납땜해 고정하는 방식을 사용한다.
- **영속성** (here to stay) — 마지막으로 중요한 제약을 설명한다. 앞으로 나올 많은 M2M 장비는 주로 비-ICT 환경에 설치되며 예상 수명도 ICT 환경과는 크게 다르다. 많은 잠재적인 M2M 비즈니스 영역에서 장비교체율은 ICT 업계보다 낮다. 이유는 다양하다. 비즈니스 모델이 달라 (예, 사업자가 보조금을 지급하지 않아서) 비용을 낮추려고, 혹은 내장형 장비라서, 어쩌면 장비가 작동하는 산업 공정의 진화가 너무 복잡해서일지도 모른다. 예를 들어, 전력 서비스는 대단히 중요하므로 전력 네트워크에 연결된 장비는 교체하기 아주 어렵다. 따라서 이 분야에서 사용하는 장비는 수명이 길어야 한다.

M2M의 범위와 명확한 경계 짓기의 어려움에 관해 마지막으로 두 가지만 언급하겠다.

첫째, '일반' ICT 응용 프로그램 대 M2M 애플리케이션의 경계는 상당히 작위적이다. 어떤 경우에는 '일반' 모드와 M2M 모드, 두 가지로 동작하는 장비도 존재한다. 대표적인 예가 아마존 킨들(KindleTM)이다. 킨들은 전자책을 보여 주는 인간-대-기계 기능과 읽기 인터페이스가 위주인 '일반' ICT 장비지만 동시에 전자책을 최종 사용자에게 제공하는 M2M 장비기도 하다. 최종 사용자가 전자책을 사기로 결심하고 구매 버튼을 누르면 킨들은 M2M 모드로 들어가 서버로부터 적절한 파일을 적절한 형식으로 '일반' 모바일 네트워크로 받는다. 이런 과정은 최종 사용자에게 전혀 인식되지 않는다. 장비에 내장된 SIM 카드, 네트워크상에서 안전한 장비 식별, 사업자 네트워크에서 장비의 사전 권한 설정 등과 같은 일련의 기능 덕분이다.

둘째, 소위 사물 인터넷(IoT, Internet of Things)에서 사물(Things) 혹은 개체(Objects)라 칭하는 대상과 M2M 장비는 다소 차이가 있다는 사실에 주의해야 한다. M2M과 IoT는 많이 겹치지만 어느 쪽도 다른 쪽을 완전히 포함하지 않는다. 즉, 한쪽에만 속하는 차집합이 있다는 뜻이다.

- IoT는 ICT 시스템과 M2M 관계에 있지 않은 사물이나 개체도 포함한다. 예를 들어, 슈퍼마켓은 RFID(Radio-frequency identification)가 부착된 상품을 고객에게 판매한다. 이들 상품은 '수동적'이며 M2M 애플리케이션과 '상향식'으로 통신할 방법은 없지만 M2M 스캐너로 '읽어' 총 가격을 계산하거나 고객에게 추가로 다른 상품을 추천할 수 있다. 이 관점에서 M2M 스캐너는 M2M 관계에서 '종단점'이 된다.
- 사물(예: 최종 사용자용 냉장고)이 아니라 사람이 사람-기계 인터페이스로 장비를 촉발해 맺어지는 M2M 관계도 있다. 한 예가 앞서 말한 킨들이다.

장기적으로 M2M이 발전하고 기존 시스템에 통합되는 개체가 늘어나면서 전통적인 통신 대 M2M 통신 그리고 IoT 영역 대 M2M 영역이라는 다소 인위적인 구분은 점차 사라질 것이다.

1.2 사물지능통신(M2M) 비즈니스

M2M은 지난 십여 년 동안 꾸준히 발전하며 수많은 문서화된 사용 사례를 내놓았다. 어떤 시나리오는 화이트보드를 벗어나지 못한 채 사장되었고, 어떤 시나리오는 프로토타입과 초기 구현을 거쳐 상업적으로 구현되었다. 그 중에서 수익 확보와 탄탄한 주체를 중심으로 하는 생태계 구축이라는 두 가지 관점에서 주목할 만한 비즈니스 모델을 창출한 시나리오는 소수에 불과하다. 하지만 상황은 빠르게 진화하고 있다.

그림 1.4는 M2M 비즈니스의 잠재력을 표현한 그림이다. 비참 리서치(Beecham Research)

사에서 제작한 그림으로, M2M에 적용 가능한 주요 분야를 열거하고 있다. 그림에서 보듯이 M2M의 잠재적인 영향력은 상당하다. 그러므로 M2M의 현재 상태, M2M의 발전을 저해하는 요소, M2M의 성장을 촉진할 방안을 제대로 이해할 필요가 있으며, 바로 첫 부분에서 상세히 다룰 내용이다.

그림 1.4에서 또 하나 흥미로운 사실은, 데이터율(Data Rate)과 이동성(Mobility)이라는 두

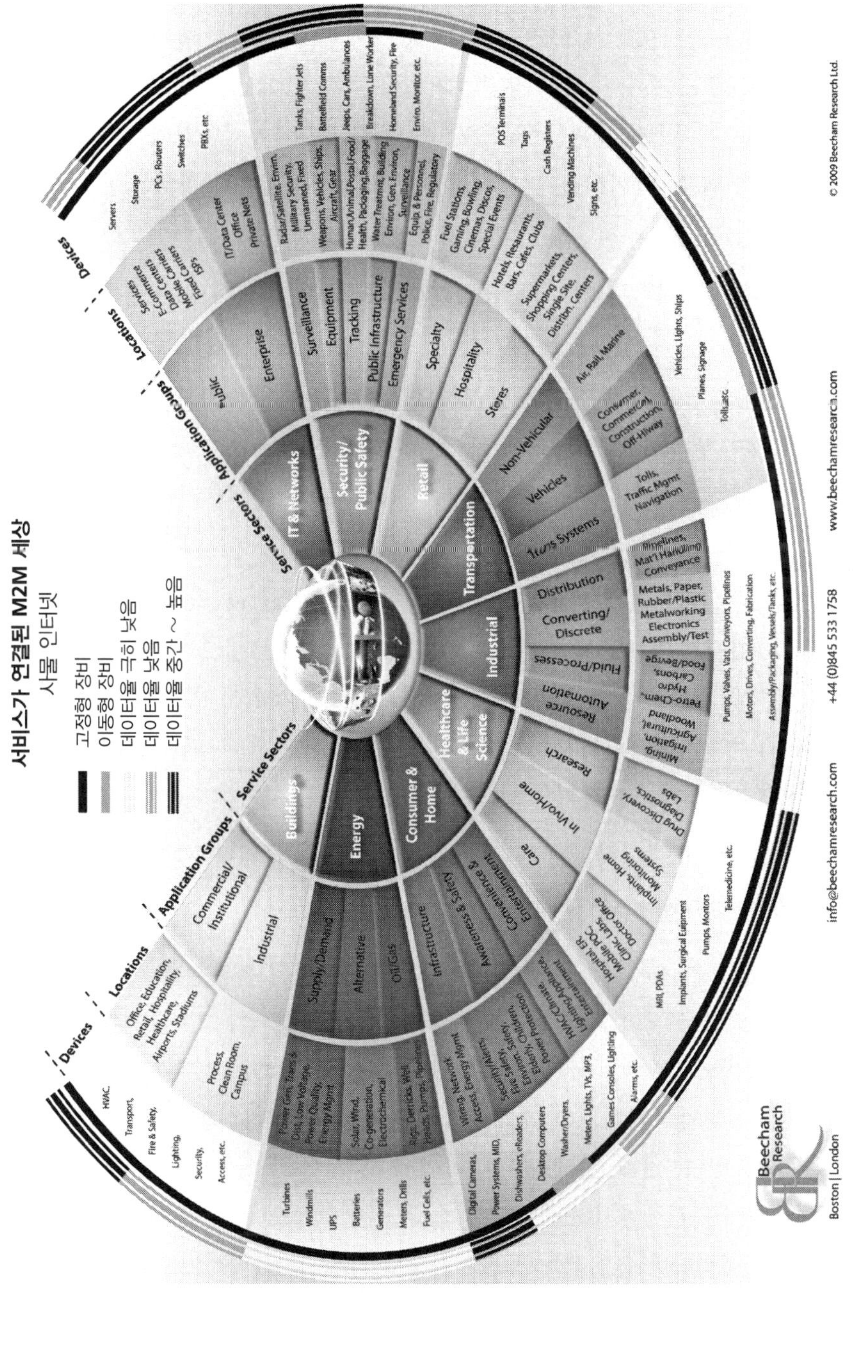

그림 1.4 M2M 서비스와 장비 (비참 리서치 사 허락 하에 게재하며 장비 이동성과 데이터율은 집필진이 추가함)

가지 주요 관점에서 비즈니스 도메인과 장비를 연결했다는 점이다. 데이터율은 앞서 M2M 장비의 다양성을 논할 때 살펴보았다. 이동성은 스마트 미터링처럼 근래 등장한 M2M 응용 분야에서 중요하다. 그림 1.4에서, 특히 장비 이동성을 보면, 잠재적으로 고정형 장비가 이동형 장비보다 훨씬 많다. 하지만 현재의 M2M 개발 수준에서는 유선 네트워크가 아니라, 무선 네트워크와 셀룰러 네트워크에 기반한 솔루션이 주를 이루고 있다. 한 가지 이유는 SIM 카드를 꽂아 M2M 장비를 모바일 장비로 사용할 가능성(다시 말해, 디바이스 내부에 SIM 카드를 내장하는 방식으로), 내장된 인증과 보안 메커니즘, 산업 환경에서 배포가 쉽다는 점 등 셀룰러 네트워크의 여러 가지 장점들을 활용할 수 있어서이다. 그러므로 모바일 네트워크 상에서 M2M 솔루션을 대량으로 배포하는 경우, 전반적인 연결 비용을 줄이려면 고정형 혹은 저-이동형 M2M 장비에 맞춰 네트워크를 최적화할 필요가 명백하다.

이 절에서는, 전체 M2M 영역 목록을 만들고 애플리케이션 예제 솔루션을 제시하는 대신, 주요 M2M 비즈니스 각각의 성숙도를 조사하며 M2M 발전의 장애 요인과 촉진 요인을 파악한다.

그림 1.5는 M2M 업계의 성숙 과정을 단계적으로 보여준다. 장기적인 시각으로 보면, 지난 20년 동안 M2M이 발전한 과정은 크게 세 단계로 나눠진다.

현재 M2M이 처한 "출현" 단계에서는 셀룰러 네트워크 중심이며 대다수 솔루션이 원격측정(Telemetry)과 기업형 차량 관리(Fleet Management) 분야에 속한다. 이들은 거의가 기존 셀룰러 네트워크 기반 구조를 사용하며 이미 정해진 B2B(Business-to-Business) 애플리케이션과 통신한다. 지금은 "출현"단계에서도 거의 막바지에 이르렀으며 다음은 M2M 시장이 크게 성장할 단계, 특히 이전 B2B 애플리케이션보다 요구사항이 더 까다로운 B2C(Business-to-Consumer) 애플리케이션이 많아질 "변천" 단계다. 여기서 우리는 M2M이 다음 단계로 넘어갈 조건이 갖추어졌는지 살펴볼 필요가 있다.

M2M 기술의 발전에도 불구하고 아직 많은 문제점들이 남아 있다. 가장 시급하게 해결해야 하는 문제들부터 살펴보자.

- **솔루션 단편화** (fragmentation of solutions) — 지금까지 구현된 솔루션은 다른 솔루션과 단절된 상태로 특정 응용 분야의 수직적 요구사항을 충족하고 있는 수준이다. 그러다 보니 기술, 플랫폼, 데이터 모델이 서로 판이하게 다른 "단독(SILO)" 솔루션들이 생겨났으며, 상호 운용성은 매우 제한적이거나 없었다. 이런 난관을 극복하려면 최소한 두 가지 측면에서 노력이 필요하다. 첫째, 상세한 표준이 필요하다. 특히 데이터 모델관련 표준이 절실하다. 둘째, 여러 솔루션에서 재사용할 수 있는 서비스 플랫폼이 필요하다. 공통 기능이 있으면 애플리케이션마다 솔루션을 매번 처음부터 다시 설계할 필요가 없어진다.

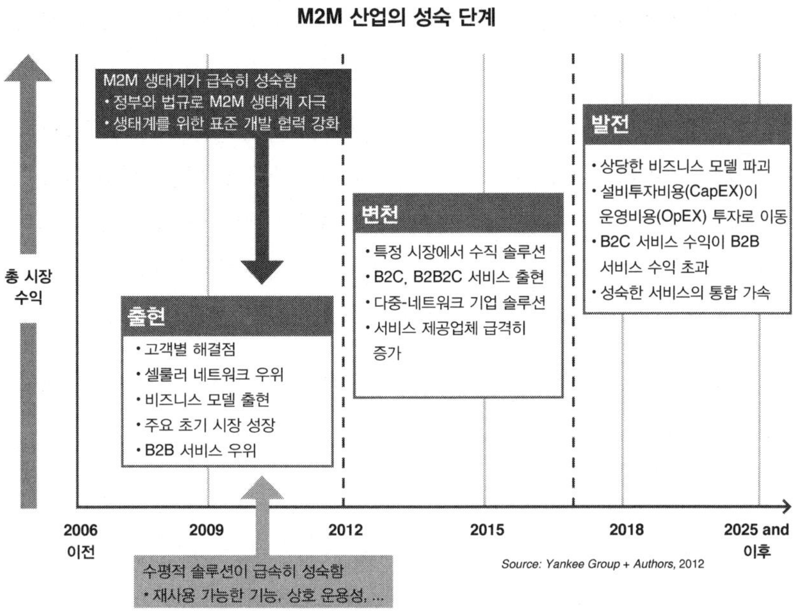

그림 1.5 M2M 산업의 성숙도 (양키 그룹(Yankee Group) 사의 허락 하에 게재)

- **네트워크 비정렬** (network misalignment) — 앞서 말했지만, 기존 통신 네트워크는 M2M의 요구사항과 전혀 관련이 없는 요구사항에 기반해 설계되었다. 한 예가 모바일 네트워크다. 모바일 네트워크는 극히 소량의 데이터를 생성하면서 제어와 연결 축에 상당한 부하를 주는 다수의 장비를 감안해 설계되지 않았다. (게다가 고정형 장비는 로밍도 필요 없다.) 따라서 M2M 트래픽 최적화가 필요한데 반드시 표준을 고려해서 처리해야 한다. 또 다른 예가 대기 시간이다. (스마트 그리드와 같은) 일부 애플리케이션 분야는 10 ms 미만의 지연 시간을 요구하는데, 이것은 VoIP(Voice over Internet Protocol) 분야에서 원거리 통신 보호를 위해 요구하는 지연 시간의 1/10보다 작은 값이다.
- **보안** (security) — 앞서 말했듯이, 전자보건이나 스마트 그리드 등과 같이 일부 유망한 M2M 솔루션은 안정성이 극히 중요하므로 각종 보안 위협에 대비해 안전하게 만들어야 한다. 이를 위해서 보안 요구사항을 명확히 이해하고, 표준을 지켜 개발하고, 인증을 거쳐야 한다.
- **개인정보보호** (privacy) — 개인정보보호라는 민감한 사안을 해결하려면 법규와 표준화가 필요하다. 특히 법규는 반드시 필요한 전제 조건이다.
- **서비스 기능** (service capabilities) — 시장 단편화라는 문제를 해결하려면 여러 애플리케이션에서 재사용 가능한 기능을 개괄할 필요가 있다. ICT 네트워크의 역사를 돌아보면, 이를 위해 아키텍처 계층을 분리해야 한다는 사실이 분명해진다. 특히 (장비 관리와 같은) 서

비스 기능과 (정책과 같은) 네트워크 기능으로부터 애플리케이션을 분리하는 방안이 핵심이다.

- **테스트, 인증** (testing, certification) — 앞으로는 많은 M2M 솔루션이 전통적인 단독 서비스의 범주를 벗어나 다른 M2M 솔루션이나 전통적인 애플리케이션에 통합된 형태로 개발되어야 한다. 즉, 이들 솔루션은 상호 운용성이 매우 뛰어나야 하며 표준을 철저히 준수해야 한다는 뜻이다. 이를 위해서 장비를 (그리고 상호 운용성을) 테스트하고 인증하는 기관이 필요하며, 이것이 업계 또는 표준화 기구나 포럼의 역할이다.

지금까지 언급한 난관을 고려하면서 그림 1.5를 살펴보자. 그림 1.5는 M2M 시장의 성숙을 촉진할 3가지 주요 동력을 설명하고 있다.

- **고차원 프레임워크** (high-level frameworks) — 표준에 기반한 아키텍처, 플랫폼, 통합된 기술 집합의 등장을 의미한다. 고차원 프레임워크를 사용하면 미래에도 가치가 지속되는 "비-단독" 응용 프로그램을 개발할 수 있다. 이들 프레임워크는 특히 M2M 비즈니스 모델의 역동성을 바꿀 규모의 경제를 고려하고 있다.
- **정책과 정부 장려책** (policy and government incentives) — 기업들로는 M2M 관련 어려운 문제를 모두 해결하기 어렵다는 사실을 깨닫자 정부와 공공 기관은 야심 찬 장려책을 내놓으며 투자 유치와 정책 결정이라는 두 가지 활동에 적극적으로 뛰어들었다. 이로 인해 M2M 생태계 전반에 투자가 증가했고 M2M 산업의 성공 가능성에 대한 신뢰도 높아지고 있다.
- **표준** (standards) — (ICT 업계를 포함해) 다양한 업계에서 신뢰도 높은 기업 다수가 모여 글로벌 시스템 차원에서 M2M에 필요한 표준을 만들고자 협업하기 시작했다.

이 장은, 더 나아가 이 책은, 위와 같은 성장동력들이 이미 구동되었으며 M2M 지형이 이미 변화하기 시작했다는 선험적 관점에서 이들 측면에, 특히 표준에, 초점을 맞추고자 한다.

1.3 M2M 성숙가속화

1.3.1 고차원 M2M 프레임워크

M2M 업체가 직면한 가장 큰 난관은 수직적인 단독 솔루션을 (개발하기 쉬우면서 점진적인 배포가 가능한) M2M솔루션으로 변경해 가는 작업이다. 그림 1.5에 따르면, M2M이 두 번째 단계로 넘어가는 관건이 바로 수평 플랫폼의 출현과 배포이기 때문이다.

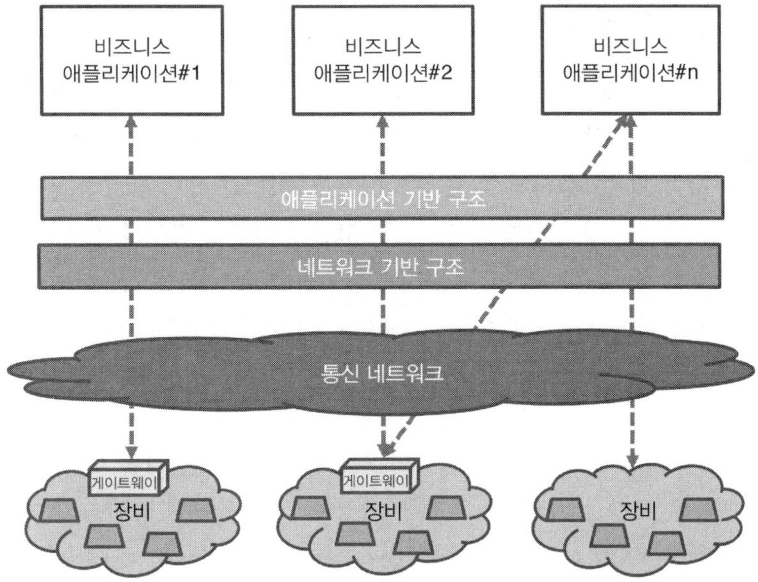

그림 1.6 M2M 도전: M2M 서비스 계층의 출현

"수평(horizontal)" 플랫폼이란 일관적이면서도 다양한 비즈니스 영역, 네트워크, 장비에서 일관성 있는 프레임워크를 가리킨다. **그림 1.6**에서 보듯이, 기능적 분리가 가능한, 특히 애플리케이션 계층과 네트워크 계층을 기능적으로 분리할 수 있는, 기술과 아키텍처와 프로세스의 집합이다.

수평 플랫폼은 기능 모음을 기반하며, 기능은 소프트웨어 모듈이라는 형태로 존재한다. 소프트웨어 모듈은 개발, 테스트, 배포생명 주기를 단축할 목적으로 M2M 애플리케이션에게 제공된다. 업계 내 여러 M2M 애플리케이션 사용 사례와 각 요구사항을 철저히 분석한 결과, 이런 공통 서비스 기능을 정의할 필요성과 가능성이 확인되었다.

배포하려는 M2M 애플리케이션의 종류에 상관없이 잘 설계하고 잘 검사하고 잘 최적화한 조립 블록이 있다면 M2M 애플리케이션의 개발과 배포는 쉬워진다. 지금부터 이런 조립 블록을 M2M 서비스 기능이라 부른다.

이 개념을 더 발전시키면 M2M 애플리케이션은 주로 비즈니스 논리에 집중할 수 있다. 장비 활성화, 장비 모니터링, 장비 현지화, 데이터 저장 공간, (M2M 서비스 기능이 돌아가는) 수평 플랫폼과 중재 등 다른 모든 측면은 M2M 서비스 기능으로 처리하면 된다.

M2M 서비스 기능 집합을 명세한 후에는 API(Application Programming Interfaces)를 사용해 해당 기능들을 M2M 애플리케이션에 노출시킨다. 여기에 관해서는 이후 표준을 설명하는 장에서 다룬다.

1.3.2 정책과 정부 장려책

초창기 M2M이 더디게 발전하면서 정부와 공공 기관은 M2M 분야가 도약하려면 자신들의 역할이 매우 중요하다는 사실을 깨달았다. 국가나 지역의 미래에 중요하게 여겨지는 새 시스템들에서 M2M이 핵심요소이기 때문이다. 정부는 M2M 기술이 주류로 도약하는데 필요한 요건으로서 기반 구조의 최적화를 감안하는 표준의 역할을 장려할 정책 혹은 규모의 경제와 서비스 기능의 재사용성이 미치는 긍정적인 효과를 장려할 정책을 정의하면서 여러 교훈을 배웠고 다양한 방안을 적용하고 있다. 최근에는 다음 이유로 중요한 역할을 하는, 때로는 중심적인 역할을 하는, 정책과 정부 장려책 다수가 시행되고 있다.

- **경제적 장려책** (Economic incentives) — 새 프로젝트와 현장 설비에 투자할 추가 기회를 창출하는 방법으로 매력적이고 안정적이다. 가장 유명한 사례가 2009년 오바마 대통령이 서명한 경기부양법(ARRA, American Recovery and Reinvestment Act)이다. ARRA는 270억 달러 이상을 대출 보증(Loan Guarantees), 연구개발 보조금(R&D Grant), 직원 교육비 등의 형태로 에너지 효율화와 재생 에너지 연구와 투자에 투입했다.
- **법규** (Regulation) — 표준 개발 시 특정 국가나 지역에서 준수할 표준을 정확히 규정한다. 예로는 유럽 위원회(EU, European Commission)의 스마트 계량기 표준화 강령 [M/441], RFID와 시스템을 적용한 ICT 강령 [M/436] 등이 있다. 또 다른 유명한 예가 2007년에 제정된 미국 에너지 독립과 안보법(EISA, Energy Independence and Security Act)이다. EISA는 국립표준기술연구소(NIST, National Institute of Standards and Technology)를 "다양한 스마트 그리드 장비와 시스템의 상호 운용성을 달성하기 위해 정보 관리 프로토콜과 모델 표준을 포함하는 프레임워크 개발을 조율하는 주책임자"로 임명했다[EISA].
- **자금 지원** (Funding) — 공동 연구나 개발 프로젝트에 지원하는 자금은 표준 개발을 촉진하는 원동력이 되거나 기존 표준을 검증하기 위한 개념입증 개발에 다가서는 수단이 된다. 중요한 예가 유럽 공동체(EU, European Union)의 제8차 프레임워크 프로그램(FP8, The 8th Framework Program)이다.

1.3.2.1 법규가 M2M 시장과 표준에 미치는 영향

법규는 M2M 시장 성장에 중요한 역할을 한다. 일단 법으로 새로운 서비스를 규정하면 (즉, 글로벌 시스템에서 특정한 규정 준수 수준을 맞추려면) M2M 아키텍처는 물론이고 M2M 기술과 장비도 사용해야 한다. 이것은 전세계 어디나 해당한다. 한 예로, 유럽은 M2M 기술을 법으로 규정해 상당한 진전을 보이고 있다.

대표적인 예가 기후 변화다. EU는 "20-20-20" 목표를 내세우며 에너지 부문에서 새로운 법안을 통과시켰다. 각 회원국이 2020년까지 온실가스 배출량 20% 감소, 재생 에너지를 20% 증가, 에너지 효율 20% 증가를 달성한다는 법안이다. 이로 인해 여러 EU 회원국들이 스마트 미터링을 의무로 지정했다. 예를 들어, 프랑스는 2012년 이후로 건축되는 모든 주택에 스마트 계량기를 설치해야 한다는 법안을 채택했다.

또 하나 주목할 만한 예가 응급 전화 시스템 eCall이다. 이것은 EU 지역 어디서든 교통사고가 발생할 경우 신속하게 운전자를 돕겠다는 유럽 위원회의 프로젝트다. "블랙박스" 셀룰러 장비를 차량에 배포해 (에어백 작동 정보나 충격 감지기 정보를 토대로) 사고 정보와 GPS 좌표를 가장 가까운 응급구조센터로 전송하는 목표를 제시했다. BMW, PSA, 볼보 등과 같은 자동차 업체가 이미 구현한 초기 시스템은 제외하고 유럽 위원회는 모든 업체가 2014년까지 구현을 마치도록 규정했다. 일단 eCall 시스템이 광범위하게 배포되면 (교통 정보 등과 같은) 다른 텔레매틱스 서비스도 설치해 기존 eCall 장비를 지렛대로 활용할 수 있게 된다.

현재 활발히 진행 중인 표준화 활동 덕분에 M2M은 다음 단계인 "변천"으로 넘어가기 쉬워지고 있다. "변천" 단계에서는 수평아키텍처가 널리 사용된다. 또한 총소유비용(TCO, Total Cost of Ownership)이 떨어져 매력적인 가격결정모델을 제시할 수 있으므로, B2C M2M 애플리케이션이 출현이 증가한다. 이 단계에서는 '연구와 시제품 제작 프로젝트에 자금을 지원하겠다'는 목표와 'M2M의 전세계적인 확산에 기반으로 사용될 상호 운용성 표준화를 촉진하겠다'는 목표 두 가지 모두를 겨냥해 현재 미국, 유럽, 아시아에서 시행 중인 각종 장려책을 확실히 효과적이다.

1.3.2.2 정부 장려책이 M2M 표준에 미치는 영향

eCall 프로젝트는 정부 규정을 준수하고자 표준을 개발한 전형적인 예다. 3GPP(Third-generation Partnership Project)가 eCall 요구사항에 맞는 명세 두 개를 만들었다. 하나가 3GPP TS 26.267 "eCall 데이터 전송 대역 내 모뎀 솔루션 일반 사항"이고, 다른 하나가 3GPP TS 26.268 "eCall 데이터 전송 ANSI-C 참조 코드"다. 이들 두 명세는 사고 데이터를 차량 내 시스템(IVS, In-Vehicle System)에서 공공안전대응센터(PSAP, Public Safety Answering Point)까지 셀룰러 네트워크나 전화통신망(PSTN, Public Switched Telephone Network)의 음성 채널로 안정적으로 전달하는 eCall 인-밴드 모뎀을 규정하고 있다.

유럽 위원회는 또한 스마트 미터링과 관련해[M/441] 강령을 발표하고 유럽 표준화 기구(ESO, European Standard Organization) 세 곳 CEN, CENELEC, ETSI에게 스마트 시스템 상호 운용성 배포에 필요한 표준화 작업을 요청했다. 또한 강령은 표준화 작업을 출시할 목표일도 명시해 표준기구들에게 시간적 압력을 가했다. 스마트 미터링 강령은 ETSI의 M2M 기술 위원회에게 촉매이자 주요 사용 사례가 되었으며, 강령 덕분에 위원회는 스마트 계량 하나만 고려하는 또 다른 수직 아키텍처를 만드는 방향으로 나가지 않겠다고 신속히 합의했다. 대신 그들은 [M/441] 강령 요구사항을 거시적인 관점에서 더 넓은 M2M 응용 요구사항 중 하나로 취급하는 방향을 선택했다. 이로써 업계는 지속가능하고 비용효과적인 유일한 모델로서 수평 아키텍처를, 즉 여러 M2M 분야에서 재사용할 수 있는 기능들이 공개 API로 M2M 애플리케이션에 노출된 기능을 추구하는 모델을, 적극 채택하게 되었다.

미국에서는, 경기부양법 [ARRA] 집행 계획의 일부로, 에너지성(DOE, Department of Energy)이 미 전역에서 완선히 상호 운용 가능한 진력 시스템인 스마트 그리드의 종합적인 프레임워크를 개발하라고 국립표준기술연구소 NIST에게 천만 달러를 지원했다. 그 결과로 NIST는 (영역 식별, 주체, 인터페이스 등) 스마트 그리드의 개념적인 참조 모델을 제시하는 스마트 그리드 프레임워크(NIST SG-FW)를 개발했고 우선 실행계획(PAP, Priority Action Plans) 17개를 정의했다. 이들 우선 실행계획은 표준과 벌어진 격차를 평가하고 어떤 결정이 가장 시급한지 파악해 우선 분야를 결정할 목적으로 만들어졌다. 17개 우선 실행계획은 해당 계획을 수행하기로 동의한 조직과 구체적인 결과물을 명세하고 있으며, 궁극적으로 모든 결과물을 표준 기관에 제출해 미 전역에서 스마트 그리드 배포에 사용할 일관적인 표준 집합을 내놓는 목적을 제시한다. [NIST SG-FW]는 스마트 그리드 투자를 보호할 필수적인 수단으로, NIST 스마트 그리드 상호 운용성 패널(SGIP, Smart Grid Interoperability Panel)을 조직할 정도로, 상호 운용성을 특히 강조하고 있다.

> 배선 선로의 스마트 센서, 가정의 스마트 계랑기, 광범위하게 퍼져 있는 재생 에너지원등 다양한 스마트 그리드 장비가 이미 배포되었으며 앞으로도 에너지성의 스마트 그리드 투자 기금(SGIG, Smart Grid Investment Grants), 재생 에너지 생성 프로젝트의 대출 보증 프로그램 등과 같은 장려책에 힘입어 그 수는 급속히 늘어날 전망이다. 표준이 없다면 상당한 공적 자금과 사적 자금을 투입해 개발한 기술의 잠재력이 일찌감치 사라지거나 보안에 취약한 상태로 구현될 가능성이 높다.
>
> (NIST 스마트 그리드 상호 운용성 프레임워크)

1.4 M2M 관련 표준

표준이 미흡해도 시스템을 배포해 운영할 수 있는 여러 ICT 분야와는 달리, 일부 M2M 분야는 강력한 표준이 있어야만 장기적으로 투자를 보호할 수 있다. 스마트 계량기, 스마트 그리드 등과 같은 M2M 분야는 한번 설치한 장비를 20년 이상 사용가능하다고 기대한다. 전통적인 전화통신 분야에서는 20년이라는 시간이 비현실적인 (혹은 보기 드문) 수명이겠지만, 유틸리티분야에서 쓰이는 기반 구조는 배포 주기가 아주 길므로 장비의 설계와 관련된 표준에 매우 큰 영향을 미친다.

아직도 M2M 관련 표준이 부족하다는 사실에 모두가 동의하지만, 상황은 조금씩 나아지고 있다. 비록 분야마다 M2M 표준의 성숙도가 다소 다를지라도, 이제는 어느 지역에서느 어떤 기술 분야에서나 무엇을 해야 할 지가 비교적 분명해지고 있다.

1.4.1 M2M을 위한 표준

M2M을 위한 표준 분야는 크게 다음과 같이 분류할 필요가 있다.

1.4.1.1 데이터 모델

데이터 모델은 기본적으로 M2M 애플리케이션들이 주고 받는 데이터 구조를 명시하지만 M2M 응용 프로그램이 M2M 시스템 내 다른 주체들과 주고받는 데이터 구조도 포함한다. 궁극적으로 표준화된 데이터 모델을 사용하는 논리적인 배경은 동일한 자료 구조로 데이터를 저장하고 가져오는 서로 다른 애플리케이션이 데이터를 교환하며 상호 운용할 수 있기 때문이다. M2M 데이터 모델은 애플리케이션과 비즈니스 논리에 따라 달라진다. 처음부터 전기 사용량 데이터를 유틸리티 애플리케이션에 전송하려고 설계한 센서에 쓰이는 데이터 모델은 환자 건강 데이터를 전송하려고 설계한 센서에 적합하지 않다는 사실은 말할 필요도 없다.

1.4.1.2 M2M 지역 네트워크

M2M 지역 네트워크라는 용어는 ETSI TS 102 690 기술 명세 [TS 102 690]에서 처음 사용되었다. M2M 지역 네트워크는 동일한 M2M 네트워크에 연결된 M2M 장비들을 물리적으로 그리고 MAC 계층으로 연결하거나 라우터나 게이트웨이를 거쳐 공용 네트워크에 연결해 주는 네트워크기술을 가리키는 일반적인 용어다. M2M 지역 네트워크의 예로는 IEEE 802.15.x, 지그비, KNX, 블루투스 등과 같은 무선개인통신망(WPAN, Wireless Personal Area Network) 기술과 전력선 통신(PLC, Power-line Communication), M-BUS, 무선 M-BUS 등과 같은 지역 네트워크가 있다.

여러 M2M 지역 네트워크가 무선 RF 기술에 기반하지만 유선 기술도 함께 고려된다. PLC 이후로 가장 주목할 예가 멀티미디어/대역폭이 중요한 애플리케이션과 복잡도/대역폭이 낮은 터미널 둘 다에 맞춰 여러 프로파일을 제공할 목적으로 설계된 G.hn 계열 표준이다 [G.hn]. 후자는 가정 에너지 관리와 같은 M2M 애플리케이션에 아주 적합하다. 이 책을 쓰는 현재 ITU-T 스터디 그룹 15은 고성능 계량 장비(AMI, Advanced Metering Infrastructure)와 같은 스마트 그리드 솔루션에 G.hn을 적용하는 방법을 명세하는 G.hnem(Home Network Energy Management)으로 알려진 표준 제정 작업에 돌입했다.

지금까지 살펴보았듯이, M2M 지역 네트워크를 설계할 때 핵심적인 요구사항은 M2M 장비 자체에 직접적으로 연관된다. 예를 들면 다음과 같다.

- 낮은 CPU 성능
- 메모리 제약
- 낮은 데이터율
- 배터리 사용, 저전력 운용
- 저비용
- 크기 제한 (때문에 배터리 크기도 제약)

국제 인터넷 표준화 기구(IETF, Internet Engineering Task Force)는 위 범주에 해당하는 장비를 가리키는 표현으로 제약된 장비(Constrained Device)라는 용어를 도입했다. 제약된 장비는 장비가 지원할 통신 프로토콜에 까다로운 요구사항을 더한다. 예를 들어, 배터리로 돌아가는 M2M 장비는 보통 10년에서 15년이라는 배터리 수명이 요구된다. 이만한 수명을 얻는 유일한 방법으로 데이터를 송수신할 필요가 없을 때 장비가 스스로 "수면 모드"로 전환하는 것이다. 그러므로 네트워크 애플리케이션은 항상 장비가 동작 중이며 데이터를 송수신할 상태를 가정하면 안 된다. 이런 제약된 장비를 다루려고 IP-기반 통신 프로토콜을 개선한 사례로 IETF 6LoWPAN(IPv6 over low power and lossy network) 작업 그룹이 진행한 표준화 작업이 있다. 6LoWPAN WG 그룹은 IEEE 802.15.4-기반 네트워크로 IPv6 패킷을 전송할 수 있는 캡슐화와 헤더압축메커니즘을 정의했다. IEEE 802.15.4 표준은 최대 전송 길이(MTU, Maximum Transfer Unit)를 127바이트로 제한한다. 프레임 부하와 선택적 보안 헤더를 감안하면, 프로토콜 부하를 최적화하지 않는 한, 위쪽 TCP/IP 계층과 애플리케이션 계층이 데이터를 탑재할 공간이 거의 없다. 한 마디로, 6LowPAN 덕분에 제약된 장비도 IP를 사용할 수 있다. 이것은 양단 사이의 IP-기반 통신에 꼭 필요한 기능이다.

1.4.1.3 M2M을 위한 접속과 핵심 네트워크 최적화

특수한 (그리고 흔히 경쟁을 벌이는) 표준들이 정의되는 M2M 지역 네트워크와는 반대로, 접속과 핵심 네트워크는 아직 M2M용을 따로 설계할 필요가 없다. 전기통신운영자들은 접속과 핵심 네트워크를 개선해 추가되는 M2M 트래픽을 처리할 수 있다고 믿고 있다. 특히 지금까지 회선 기반 서비스를 제공하는 (즉, 음성이나 SMS 서비스를 제공하는) 셀룰러 네트워크와 데이터 서비스는 개인휴대통신(Personal Communication)에 최적화되어 왔다. 그러나 원격 측정, 기업용 차량 관리 등 B2B 애플리케이션이 지배적이던 M2M 서비스의 첫 배포 단계를 거친 후 셀룰러 사업자들은 그들의 네트워크가 "M2M도 가능"해야 한다는 결론을 내렸다.

이를 위해 중요하게 고려할 사항이 바로 M2M 트래픽의 특수성이다. 그림 1.5에서 이미 언급했듯이, 모든 애플리케이션에서 약 90%에 달하는 M2M 장비는 고정형임에도 불구하고 3GPP와 3GPP2 무선 접속은 네트워크자체가 장비의 위치를 (기지국이나 기지국 그룹의 위치를) 추적하는 절차를 포함한다. 스마트 계량기와 같은 고정형 장비의 위치를 항시 추적하는 작업은 번거로울 뿐만 아니라 소중한 무선 자원의 낭비다.

다양한 M2M 장비에서 또 하나 주목할 특징은, 장비들이 아주 적은 양의 데이터를 생성한다는 점이다. 예를 들어, 유틸리티 스마트 계량기는 매 시간 (소비량이 최고일 때는 조금 더 자주) 200-500바이트의 계측 데이터를 생성한다. 셀룰러 네트워크에서 데이터를 송신하려면 접속 네트워크에 데이터 전달자(Data Bearer)를 설정해야 한다. 즉, 장비가 접속과 핵심 네트워크의 여러 주체와 핸드셰이크(Handshake) 메시지를 여러 차례 교환해야 한다는 뜻이다. (무선 자원에 접근하려면 인증/보안 절차, IP 주소 획득, 전달자 QoS 매개변수 적용, 확인 등이 필요하다.) 데이터 전달자를 수립하고 해제하려면 20회 이상의 핸드셰이크가 필요하다. (이 때 모든 핸드셰이크가 말단에서 시작해서 말단에서 끝나지는 않는다.) 여기에는 흔히 사용되는 TCP 전송 프로토콜의 3방향 핸드셰이크, 수신 확인, 연결 해제를 포함하지는 않았다.

분명히 셀룰러 접속과 핵심 네트워크는 애플리케이션 실데이터 트래픽에 비해 제어 관련 트래픽이 (80% 이상으로) 지배적인 데이터-트래픽 모델을 감안해 설계되지는 않았다.

위 예제 두 개만 보더라도 M2M 트래픽을 처리하려면 접속과 핵심 네트워크를 최적화해야 한다는 사실이 분명해진다. 새롭게 등장하는 M2M 비즈니스 모델들은 가입자 당 평균 매출(ARPU, Average Revenue per User)이 개인휴대통신보다 10-15배 낮다는 사실 또한 최적화의 필요성을 더욱 강조한다. 또한 이들 새로운 비즈니스 모델은 패러다임을 (예를 들어, 요금을 부과하고 청구하는 방식을) 완전히 바꿔 놓는다. 가입한 장비구독 단위로 요금을 부과하고 청구하던 개인휴대통신과는 달리, M2M은 흔히 네트워크 애플리케이션 단위로 (예를 들면, 유틸리티 백-엔드 응용 프로그램, 중앙 기업용 차량 관리 응용 프로그램 단위로) 요금을 부과하고 청구한다. 구체적인 예가 유틸리티 스마트 계량기 수대로 청구서를 보내는 대신 네트워크 운영자 하나에 연결된 모든 스마트 계량기를 합산해 청구서 하나를 보내는 방식이다.

네트워크 운영자들과 장비 제조업체들은 3GPP와 3GPP2 셀룰러시스템의 접속과 핵심 네트워크를 최적화하는 작업에 돌입했다. 하지만 표준을 만들어 현재 사용 중인 네트워크에 적용하기까지는 시간이 걸리므로 네트워크 운영자들은 증가하는 M2M 트래픽에 대응하고자 *두 단계 방식*을 채택하고 있다.

- **1단계** — 접속과 핵심 네트워크의 아키텍처를 재구성한다. 개인휴대통신과 관련한 고부가 서비스에 영향을 미치지 않으면서 동시에 M2M 트래픽의 근본적인 특성에 잘 맞추기 위해서다. 몇 가지 고려되는 시나리오로는 가입자 위치 등록(HLR, Home Location Register), 게이트웨이 GPRS 지원 노드(GGSN, Gateway GPRS Support Node) 등과 같은 전용 장비 설치와 트래픽 분리가 있다. 요약하자면, 1단계는 네트워크 운영자가 현재 나와 있는 표준과 제품을 최대한 활용하는, 사실상의 "현재 최고 모범 방안"인 네트워크 아키텍처라 하겠다. 이 모든 개선은 소량의 데이터, 예측 불가, 낮은 우선순위, 간헐성 등과 같은 M2M 트래픽의 근본적인 특성을 감안해 이뤄진다.
- **2단계** — 3GPP와 3GPP2에서 개발 중인 M2M 표준에 기반해 점진적으로 M2M 트래픽에 최적화된 새 장비, 소프트웨어 업그레이드, 네트워크 솔루션을 배포한다. 1단계가 중간 단계였다면 2단계는 M2M 시장의 비약적인 성장에 핵심인 장기적 해결책을 제시하는 단계라 하겠다.

크게 보면 1단계는 초기 임기응변 단계에서 (즉, 0단계에서) 나온 결과다. 0단계에서는 M2M 모듈을 셀룰러 네트워크에 연결하고 모바일 장비인 양 취급했다. 그러면서 네트워크 운영자들은 M2M 트래픽이 네트워크에 미치는 (때로는 해로운) 영향을 이해하게 되었다. 시간이 지나면서 운영자들은 M2M이 모바일 개인휴대통신 서비스와는 다른 접근이 필요하다는 결론에 도달하게 되었다.

1.4.1.4 수평 서비스 플랫폼 그리고 관련된 M2M API

앞서 개괄했듯이, M2M이 다음 단계로 진화해가는 관건은 서비스 기능 집합을 구현하는 수평 플랫폼의 확산이다. 여기서 서비스 기능이란, 응용 프로그램의 개발, 테스트, 배포생명주기를 단축하고자 M2M 애플리케이션에 노출한 소프트웨어 모듈이다. 예로는 장비 활성화, 장비 모니터링, 장비 현지화, 데이터 저장소, (M2M 서비스 기능이 돌아가는) 수평 플랫폼과 중재 등이 있다. 전형적인 M2M 서비스 기능 집합은 표준화 과정에서 명세되며, 명세된 서비스 기능은 API를 통해 M2M 애플리케이션에 노출될 수 있다.

과거에 전기통신 운영자들이 여러 API 모음을 설계했지만 가시성과 전문성의 부족으로 IT와 애플리케이션 개발 공동체 내에서 거의 쓰이지 못했다. 오늘날 전기통신 애플리케이션이 활성화되려면 웹 2.0에 기반하고 정보통신 커뮤니티에 친숙한 API를 사용하는 전략이 필요하다는 사실이 점차 명백해졌다. REST(Representation State Transfer) API는 과거부터 정보통신 시장에서 널리 사용되었으며, 이 책 집필진이 판단하기에는, 새로 만들 API를 성공으로 이끌 열쇠로 보여진다. 한 예로, M2M 맥락에서 ESTI M2M는 HTTP 프로토콜을 사용하는 REST 기반 M2M API를 명세하고 있다.

1.4.1.5 M2M 모듈과 단말장비인증

인증은 장비에서 (흔히 표준에 근거해) 어떤 특징을 확인하는 행위를 가리킨다. 일반적으로는 외부 심사, 교육, 혹은 독립 기관의 평가 등을 형태로 인증을 획득한다. 장비를 (특히 단말장비를) 운영 환경에 배포하려는 경우 인증은 중요한 요구사항이 되었다. 인증은 다음 두 가지로 분류할 수 있다.

- **필수 규격 인증** (mandatory regulatory certification) — 유럽 회원국은 M2M 모듈에 다음 인증을 필수로 규정한다: 위험 물질의 위험을 줄이기 위해 각각 따라야 하는 RoHS, WEE/RAEE, R&TTE, GSM 전파 스펙트럼, 그리고 전자파 적합성(EMC, Electromagnetic Compatibility), 저전압 장비. 미국은 모든 장비가 연방 통신 위원회(FCC, Federal Communication Commission)에서 규정하는FCC 규격에 맞아야 한다. 게다가 통신 장비는 PTRCRB 규격에도 맞아야만 한다.
- **자발적 인증** (voluntary certification) — 보통 네트워크 운영자가 자기네 네트워크에 배포될 장비에게 요구하는 인증이다. 글로벌 인증 포럼(GCF, Global Certification Forum)은 2G/3G 무선 표준 준수를 검증할 목적으로 독립적인 인증 프로그램을 운영한다. 이 인증 프로그램에서는 GCF가 인정하는 네트워크 5곳에서 장비를 테스트하게 요구한다.

덧붙여, 자신들의 네트워크에 배포될 장비에게 추가 인증을 요구하는 네트워크 운영자도 있다.

궁극적으로 인증 과정은 장비가 환경과 전자파 적합성 기준에 부합한다는 점과 현재 운영 중인 네트워크에 배포해도 무해하다는 점, 이 두 가지를 확인하는 절차다.

사업자 접속 네트워크에 직접 연결되는 장비에 대한 인증 프로그램 외에도 단거리 무선 기술을 사용하는 장비에 대한 인증 프로그램도 있다. 가장 대표적인 예가 지그비(ZigBee), 블루투스, KNX다. 일례로 KNX인증을 받으려면 장비는 다음 표준을 준수해야 한다.

- ISO 9001을 준수하는 고품질 시스템
- (버스 제품의 전자파 호환성, 전기 안전, 환경 조건 등을 규정하는) 유럽 표준 EN 50090-2-2 및 적절한 제품 표준
- KNX 명세 3권과 6권 (3권은 KNX 프로토콜 기능을 모두 열거하며, 6권은 3권에 기반해 허용되는 KNS 스택 프로파일을 열거한다.)
- 표준화된 데이터 타입과 (선택적으로) 합의된 기능 블록에 관한 KNX 상호 운용 요구사항

앞으로 M2M 표준이 진화하면 이를 수용하고자 인증 프로그램 역시 진화하리라 예상된다.

1.4.1.6 M2M 표준 기구 생태계

여러 표준 기관이 여러 M2M 분야에 집중하면서 때로는 중복이 불가피해졌다. M2M을 둘러싼 주도권을 잡기 위한 다양한 경쟁 내용을 상세히 설명하려면 책 한 권을 온전히 할애해야할 정도다. M2M 지역 네트워크와 응용 프로그램 데이터 모델이 특히 중복성이 높은데, 두 분야는 다중 표준이 존재하며 이 책 2부에서 상세히 다루기로 한다.

그림 1.7은 M2M 지역 네트워크 예제 몇 개를 보여 준다.

- **지그비 연합** — IEEE 802.15.4에 기반해 저전력 무선 장비를 사용하는 통신 프로토콜 (그리고 데이터 모델) 명세 모음이다. 대상 애플리케이션은 조명, 댁내 디스플레이가 있는 전기 계량기, 가전제품 등이다.
- **KNX** — 집과 건물 제어를 목적으로 개발된 무선 주파수(RF, Radio Frequency) 표준이다. 국제 표준 ISO/IEC 14543-3, 유럽 표준 CENELEC EN 50090와 CEN EN 13321-1, 중국 표준 GB/Z 20965로 인정받았다.
- **홈 그리드** (Home Grid) — G.hn으로 알려진 ITU-T 명세에 기반한다. G.hn은 가정용 통신을 목적으로 설계된 표준이며 전력선, 동축 케이블, 구리 쌍 등과 같이 이미 있는 선을 이용한다.
- **IEEE 프로토콜 슈트** — L1과 L2 WPAN을 위한 명세를 제공하는 802.15.4에 기반해 제약된 장비에 IP를 있는 그대로 지원할 목적으로 IETF가 개발한 프로토콜이다.

그림 1.7은 스마트 계량기 애플리케이션 맥락에서 쓰이는 데이터 모델 몇 개를 보여 준다. 가장 유명한 모델이 DLMS(Device Language Message Specification)인데 CEN과 CENELEC가 유럽 표준으로, IEC가 국제 표준으로 채택했다. ANSI C12.18은 DLMS에 상

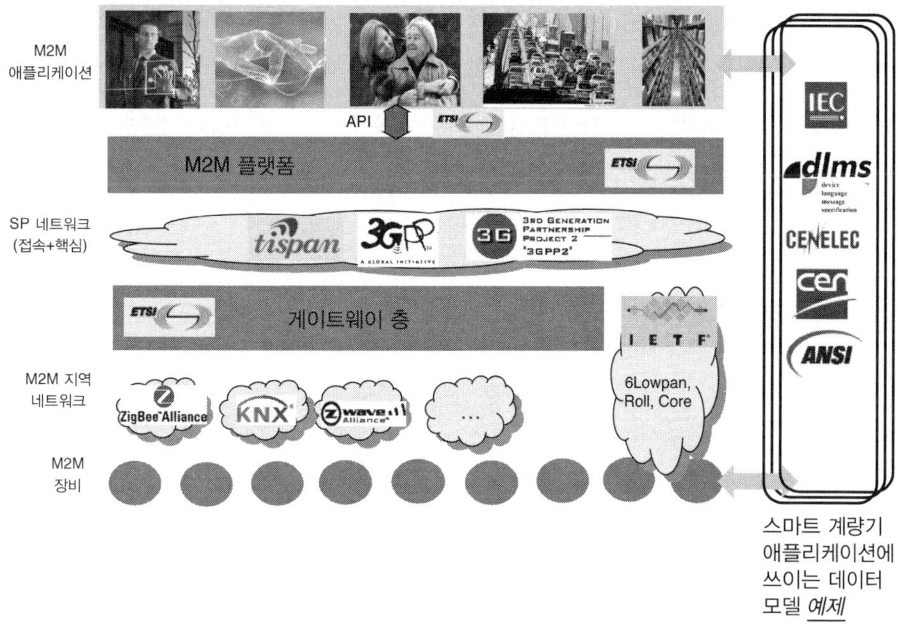

그림 1.7 표준 기관 대 M2M 프레임워크 관계

응하는 미국 표준이다. M2M 지역 네트워크를 개발하는 표준 기구들 역시 수직 애플리케이션에 적합한 데이터 모델을 자주 내놓는다. 지그비와 KNX가 그런 예들이다.

서비스 공급자의 접속과 핵심 네트워크 최적화에 관해서는 3GPP와 3GPP2가 셀룰러 네트워크 표준을 맡았고, ETSI TISPAN이 유선 차세대 네트워크(NGN, Next Generation Network) 표준을 제공한다. 하지만 일반적으로 이 분야는 유선 표준보다 무선 표준이 더 활발하게 쓰이리라 여겨진다.

3GPP TS 22.368 [TS 22.368]은 MTC(Machine Type Communication)에 필요한 일반 서비스 요구사항과 특수 서비스 요구사항을 모두 열거한다. 이 명세는 네트워크 운영자, 셀룰러 시스템 제조사, M2M 모듈 제조사 등 유명 업체들이 참여해 꼼꼼히 만들고 있으며 현재 진행 중인 네트워크 개선 작업의 기반이 될 것이다. 이미 작업이 완료된 데이터 모델 표준의 완성도에 비하면 완성도는 낮은 편이다.

접속과 핵심 네트워크에 더해, ETSI M2M 기술 위원회와 (스마트 장비 통신 기술을 다루는) TIA TR-50 위원회는 공개 API로 M2M 애플리케이션에 노출할 서비스 기능 집합을 제공할 목적으로 서비스를 개발하는 중이다. 두 그룹 모두 처음부터 새로 시작하지 않고 기존 표준에서 구성요소를 가져와 추천하는 방식을 검토하고 있다. 현재 가장 주목 받는 표준은 OMA(Open Mobile Alliance) 장치 관리 프로토콜과 브로드밴드 포럼(Broadband Forum)

TR069 프로토콜이다. 이들 두 프로토콜은 구성 관리, 성능 관리, 장애 관리, 펌웨어, 소프트웨어 업그레이드 등과 같이 원격 장비 구성 관련 기능을 제공할 목적으로 설계되었다.

ETSI M2M은 API 개발에 HTTP/REST 방식을 채택하기로 결정했다. ETSI M2M 전문가들은 OMA의 기존 지침과 API의 재사용에 목표를 두고 있다.

1.5 이 책 내용

1장이 독자의 흥미를 불러일으켜 2부와 3부도 재미있게 읽기를 기대한다.

I부(2장과 3장)는 M2M의 현재 상태를 소개한다.

2장에서는 M2M 비즈니스를 깊이 있게 다룬다. 1장에서 보았던 최근의 발전을 감안해 M2M의 시장 침투 가능성을 현실적으로 살피고 현 시장 정세를 분석한다. 몇 가지 가능한 출시 시나리오와 더불어 시장 성장의 주요 동력과 저해 요인을 살펴본다.

3장에서는 초기 시장 배포에서 배운 교훈을 짚어 본다. 3GPP 상용 네트워크에서 운영하기 위해 M2M을 배포하는 시나리오 몇 개와 관련 네트워크 구성을 제시한다. 결론으로 교훈을 열거하고 앞으로 표준 개발이 필요한 분야를 추천한다.

II부(4장에서 8장)에서는 M2M 아키텍처와 프로토콜을 소개한다.

4장에서는 서비스 요구사항을 파악하기 위해 사용 사례 기반의 접근 방법을 이용해 M2M 요구사항을 분석한다. 그런 다음 고차원 아키텍처를 소개한다. 특히 네트워크, 서비스, M2M 트래픽 모델, 종단 사이 아키텍처, 수직 대 수평 아키텍처, M2M 서비스 배포플랫폼(SDP, Service Deployment Platform)에 초점을 맞춘다.

5장에서는 ETSI가 정의한 M2M 서비스 아키텍처 기능을 소개한다. 구체적으로는 서비스 영역, 게이트웨이, 장비에 있는 M2M 기능을 살펴본다. 특히 프로토콜과 API에 집중한다. 이어서 상호 운용성과 REST-기반 아키텍처에서 고려할 점과 장치 관리 프로토콜에 미치는 영향을 논한다.

6장에서는 M2M을 위한 접속과 핵심 네트워크 최적화를 다룬다. 먼저 문제점을 소개한 후 3GPP 내에서 다양한 표준화 조치로 해결하는 방법을 설명한다.

7장에서는 M2M에서 IP의 역할을 탐구한다. 특히 IETF 접근 방식에 집중한다. 제약된 장비에 필요한 IP 프로토콜 스택(6LoWPAN), M2M 지역 네트워크라우팅(ROLL, Routing over low-power and lossy-networks), REST를 분석한다.

8장에서는 M2M 수평 보안 아키텍처를 다룬다.

9장에서는 M2M 단말과 모듈을 다룬다.

10장에서는 SIM 카드 표준의 진화와 M2M에 미치는 영향을 소개한다.

11장에서는 결론을 내리고 향후 발전 방향을 내다본다.

참고문헌

[ARRA] American Recovery and Reinvestment Act of 2009, Public Law 111-5, http://www.gpo.gov/fdsys/pkg/PLAW-111publ5/content-detail.html.

[EISA] EISA (2007) Energy Independence and Security Act of 2007.

[G.hn] ITU-T Recommendation G.9960. Next Generation Home Networking Transceivers Foundation (Copperpair, Powerline and Coax PHY Layer).

[G.hnem] ITU-T DRAFT (2009) ITU-T DRAFT Recommendation Home Network Energy Management (Smart Grid PHY for Powerline).

[M/436] European Commission (2008) Standardisation Mandate to the European Standardisation Organisation CEN, CENELEC and ETSI in the Field of Information and Communication Technologies Applied to Radio Frequency Identification (RFID) and Systems, M/436.

[M/441] European Commission (2009) Standardisation Mandate to CEN, CENELEC and ETSI in the Field of Measuring Instruments for the Development of an Open Architecture for Utility Meters Involving CommunicationProtocols Enabling Interoperability, M/441.

[NIST SG-FW] NIST (2010) NIST Framework and Roadmap for Smart Grid Interoperability Standards, Release 1.0, NIST Special Publication 1108, http://www.nist.gov/public_affairs/releases/upload/smart-grid_interoperability_final.pdf.

[TS 22.368] (2009) Technical Specification Group Services and System Aspects; Service requirements for Machine-Type Communications (MTC); Stage 1; Release 10.

[TS 102 690] (2011) ETSI Technical Specification, M2M Functional Architecture, Stage 2 Specification.

Part 01

M2M Current Landscape

Chapter 02

사물지능통신 비즈니스

The Business of M2M

하리시 비스와나단
알카텔-루슨트, 뉴저지, 미국

M2M이라는 용어는 매우 광범위하므로 다양한 개별 시장, 다양한 통신 기술, 때로는 지리적으로 넓은 범위에 적용된다. M2M이 의료, 자동차, 제조, 에너지, 소매, 공공안전 등 많은 분야에서 기존 방식을 개선할 잠재력이 있기 때문이다. 유사하게, 기술적인 측면에서 M2M은 많은 단거리 무선 통신 기술에 적용된다. 예를 들어 예가 지그비[1]나 지웨이브[2]처럼 지능형 게이트웨이나 라우터 노드를 거쳐 센서에 연결하는 단거리 무선 통신 기술, X10[3]과 같은 유선 기술, 전력망 감시와 제어에 사용하는 감시 제어 데이터 수집(SCADA, Supervisory Control and Data Acquisition) 네트워크, 근거리 무선 통신(NFC, Near Field Communication)을 포함하는 라디오 주파수 식별(RFID, Radio Frequency Identification) 태그, CDMA, GPRS, UTMS, LET 네트워크와 위성 통신 네트워크를 포함하는 무선 광역 모바일 네트워크다. 그러다 보니 현재 배포된 M2M 장비 수와 잠재적인 증가세를 예측하기란 쉽지 않다. M2M 솔루션이 적용되는 지리적 영역은 지역적일 수도 있고 전역적일 수도 있다. 예를 들면, 대륙 전역에 걸쳐 배송 트럭들을 추적하는 다국적 택배 회사일 수도 있고, 가정용 서버에 에너지 관리 제어 프로그램을 돌리고 모든 가전제품을 연결해 원격으로 조정하는 작은 아파트일 수도 있다. 이처럼 광대한 응용 범위에도 불구하고 여기에는 사람의 개입 없이 장비와 동작을 제어하는 애플리케이션 사이에서 통신한다는 공통 분모가 있다.

이처럼 M2M의 애플리케이션, 기술, 기타 측면들이 매우 다양한 탓에 M2M의 비즈니스 모델도 굉장히 복잡하다. M2M 가치 사슬에는 많은 주자들이 활동하지만 각자 따로 놀아서 M2M 시장은 파편화되어 있다. 게다가 부분적인 측면만 다루는 표준과 솔루션은 넘쳐나는데 양단 사이를 관장하는 표준과 솔루션은 미완이거나 부족해 시장 파편화할 가속시켰다. 그 결과, 현재 다수의 M2M 구축 비즈니스 모델이 나와 있으며 앞으로 몇 년은 지속될 것이다.

2장의 구성은 다음과 같다. 우선, 주요 겨별 시장 몇 곳을 소개하고 각 시장에서 M2M의 애플리케이션을 구체적으로 살펴본다. 그런 다음, 가치 사슬에서 핵심적인 구성 요소 몇 개를 논하며 주요 기업들을 소개한다. 이어서 주요 시장 몇 곳을 살펴보며 시장 규모를 예측한 다음, 광역 무선 M2M 분야에서 흔히 보이는 비즈니스 모델 3개를 살펴본다. 마지막으로, 시장 진화 관점에서 몇 가지 지침을 제안하고자 한다.

2.1 M2M 시장

크게 보면 M2M은 그 자체로 시장이 아니다. 오히려 M2M 통신으로 이익을 얻는 개별 시장의 연장이다. M2M이 중요한 역할을 하는 시장으로는 크게 의료, 운송, 에너지, 보안과 감시, 공공 서비스 관리(안전과 교통량), 소매, 판매 정보 관리(POS, Point-of-Sale), 자동판매, 건물 제어와 관리, 산업 자동화와 제어, 가정 자동화와 제어, 농업이 있다. 이 장에서는 의료, 운송, 에너지 분야에서 일반적인 애플리케이션과 사용 사례를 소개한다. 또한 이들 각 시장에서 사용되는 기술의 본질도 논한다. 2장에서는 다루지 않으나 다른 개별 시장들 역시 근본적으로는 비슷한 M2M 애플리케이션이 존재한다.

2.1.1 의료

- 원격 환자 감시 (RPM, Remote Patient Monitoring)
  - 광역 네트워크(WAN, Wide Area Network)를 통해 심장 박동수, 혈당치, 기타 신체 기능 정보를 얻는다.
- 가정 진료와 요양 시설
  - 간호와 보조가 필요한 사람들의 안전과 복지를 원격으로 감시하고 관리한다.
  - 약 복용 등과 같은 일일 활동을 감시하고 환자에게 상기시킨다.
  - 영상 진료로 환자를 치료하거나 돕는다.
- 자산 추적
  - 병원 안에서 정맥 펌프, 휠체어, 들것 등과 같은 고가 자산을 추적한다.
  - 의약품에 RFID 태그를 달아 약물 투여 시 실수를 없앤다.

원격 환자 모니터링은 일반적으로 감시 장비와 스마트폰을 블루투스로 연결한다. 그러면 스마트폰은 게이트웨이 역할을 해 감시 장비를 광역 네트워크에 연결해 준다.

가정 진료 애플리케이션은 집안에서 다양한 센서를 사용한다. 이들 센서는 (ETSI M2M 명세에서는 M2M 지역 네트워크라 부르기도 하는) LAN으로 통신한다. 인터넷 연결은 가정용 게이트웨이와 광대역 접속을 사용한다.

의료 장비 자산 추적은 주로 병원 안에서 사용한다. 와이파이 위치 기반, RFID, 간혹 적외선 통신을 이용한다.

2.1.2 운송

- 기업용 차량 관리(Fleet Management)
  - 차량 위치를 파악하고, 개별 차량에 통지 메시지를 보내고, 상황에 따라 여러 차량에 한꺼번에 통지 메시지를 보내고, 차량에서 마일리지와 유지보수와 관련된 통계 정보를 수집한다.
- 차량 유지보수
  - 기계적 문제를 사전에 진단할 목적으로 차량으로부터 다양한 운행 정보를 수집한다.
  - 차량 소프트웨어를 업그레이드해 차량 판매대리점의 값비싼 리콜을 피한다.
  - 차량 판매대리점이 차량 소유주에게 정기적인 정비 일정을 상기시키거나 특별 할인을 홍보한다.
  - 전기 차량 충전 관련 애플리케이션 – 충전소 위치 제공, 차량 내에서 충전 상태 관리와 제어, 연료비 산정에 필요한 관련 자료 생성 등을 제공한다.
- 보험
  - 위치, 마일리지, 운전자 행동 정보를 원격으로 감시해 운전자에게 맞는 다양한 보험료를 제시한다.
- 차량 내 정보(Infotainment)
  - 차량에게 오디오, 영상 지도 정보 등 미디어를 제공한다.
- 도난 방지
  - 차량 도난 시 원격으로 시동을 끄고, 차량 분실 시 위치를 파악한다.
- 응급 호출 지원
  - 사고 발생 시 (속력, 사진, 위치 등) 사고 정보를 자동으로 업로드하고 음성 통화를 연결한다.
- 내비게이션
  - 주어진 조건에 따라 최적의 경로를 찾아 안내한다. 관심 있는 목적지를 포함해 주변 지역 정보와 방향 정보를 제공한다.
- 통행료
  - 특정 도로를 운전할 때 자동으로 통행료를 지불한다. 특정 시간대 혹은 특정 오염도

등과 같은 요소를 통행료 계산에 적용한다.

- 자산 추적
  - 트럭 또는 운송 차량에 실린 물품을 추적한다.

대다수 운송 애플리케이션은 상용 모바일 네트워크를 사용한다. 차량이 이동하면서 통신하기 때문이다. 일반적으로는 무선 모뎀을 차량에 내장해 모바일 통신을 사용해 네트워크 상에 존재하는 애플리케이션 서버와 통신한다.

2.1.3 에너지

- 스마트 미터링
  - 수도 계량기, 전력 계량기 등으로부터 소비량, 진단, 상태 정보를 자동으로 수집한다. 청구서 발급, 문제 해결, 분석, 부하 관리에 필요한 정보를 중앙 데이터베이스로 전달한다.
- 수요 반응(DR, Demand Response)
  - 소비량이 최대인 시점에 소비량을 줄이기 위해 동적 요금제를 적용한다.
- 소비자가 관리하는 애플리케이션 – 유틸리티 회사와 무관한 형태
  - 집안 가전제품의 전기 사용량을 감시해 관리 서비스를 제공하는 중앙 주체로 보고
- 대체 에너지원 – 태양열판, 풍력 발전기 등
  - 감시, 유지보수
- 전기차
  - 충전 제어, 청구서 정보, 전력 저장 장치로서 전기차의 활용

에너지 애플리케이션은 가정 네트워크(HAN, Home Area Network)와 지역 통신 기술을 혼합해 사용한다. 예를 들면, 가장 가까운 변전소까지는 전력선 네트워크나 그물망-RF 네트워크를 사용하고 데이터가 처리되는 중앙 서버까지는 유선 네트워크를 사용한다. 일부 스마트 계량기는 셀룰러 무선 네트워크도 사용한다. 유틸리티 대기업은 자체 네트워크를 구축하기도 한다.

2.2 M2M 시장 도입: 촉진 요인과 저해 요인

향후 10년 동안 M2M 시장은 눈부시게 성장하리라 기대된다.

- 성장을 촉진하는 동력은 무엇일까?
- 정말로 발전해 나갈까 아니면 다른 기술과 마찬가지로 일시적인 유행에 그칠까?

한 가지 주지할 사실은 M2M이 혁명적인 개념도 새로운 개념도 아니라는 점이다. M2M은 지난 수십 년 동안 틈새 애플리케이션에서 사용되어 왔던 기술이다. 하지만 이제는 여러 업계에 대규모로 도입될 가능성이 커졌다. 많은 공통의 요구사항들이 맞아 떨어지면서 "완벽한 폭풍(Perfect Storm)"을 일으키는 듯하다. 그럼에도 불구하고 여전히 M2M 시장의 성장을 저해하는 커다란 요인들이 존재한다. M2M 시장이 그 잠재력을 모두 실현하려면 반드시 극복해야만 하는 장애물이다.

현재 M2M 시장 도입을 촉진하는 주요 동력은 다음과 같다.

- **장비 가격과 통신 비용의 하락** — 반도체 기술과 무선 통신 기술이 함께 발달하고 광역 통신 프로토콜이 성숙하면서 통신 모듈 가격이 하락했다. 대다수 국가에서 음성 통화 시장은 포화 상태에 이르렀고 네트워크 운영자들은 장래 성장할 새로운 분야로 눈을 돌리고 있다. 그 중 하나가 데이터 수익이다. 그런데 본질적으로 M2M 트래픽은 교환되는 데이터가 주로 작은 다수의 페이로드로 이루어진다는 특징이 있다. 즉, 바이트 당 수익이 굉장히 좋다는 뜻이다. 예를 들어, 140바이트 길이의 SMS를 전송하려면 대략 20센트가 든다. 빈면 한 달에 5GB 데이터를 쓸 수 있는 요금제는 대략 50불이다. 그러니까 바이트 당 수익을 따지면, 물론 많이 쓰일수록 가격은 떨어지겠지만, SMS가 십만 배 더 좋다는 뜻이다. 네트워크 운영자들은 또한 장비 구독을 자신들의 네트워크에 최대한 많이 추가하는 일에도 적극적이다. 그들은 M2M을 위한 유연하고 매력적인 가격 체계를 제시해 투자 수익을 확보하면서 M2M 시장의 성장을 견인하고 있다.
- **유무선 IP 네트워크의 광범위한 보급** — 유형이 다른 네트워크 간의 통신에서 IP는 사실상 표준이 되었다. 전세계 대다수 통신 서비스 제공자는 전국적인 그리고 국제적인 수준에서 IP 네트워크를 구축했다. 네트워크의 핵심 기술이 똑같으면 장비와 애플리케이션을 배포하고 관리하기가 대단히 쉬워진다. 유선 장비와 무선 장비를 모두 사용하는 대규모 M2M 배포에서 단일 애플리케이션이 모든 장비를 동일한 방식으로 관리할 수 있다면 총소유 비용이 저하되고 결과적으로 투자수익 회수가 빨라진다.
- **편재적인 상용 네트워크** — 과거에는 기업들이 M2M 솔루션의 요구사항을 충족하고자 자체 네트워크를 구축했다. 초창기 상용 네트워크는 지리적으로 모든 지역을 연결하지 못했으며 일부 M2M 애플리케이션이 요구하는 성능 요건도 충족하지 못했다. 그러나 유무선 광대역 네트워크가 나오면서 그 어느 때보다 넓은 지역을 연결하게 되었고 운영자자

선택권도 생겨났다. 이제 기업들은 네트워크 설치비라는 막대한 선 투자 없이도 우수한 대기 시간과 서비스 품질(QoS, Quality of Service)을 제공하는 발전된 기술을 사용할 수 있다.

- **명확한 규제 요구 사항과 녹색 기술 투자** — 지구 온난화는 녹색 기술의 필요성에 대한 새로운 인식을 끌어냈다. 전세계 각국 정부는 에너지 분배와 소비의 효율성을 높이려고 노력 중이다. 정보통신기술(ICT, Information and Communication Technology)이 에너지 소비를 신중하게 감시하고 제어해 탄소 배출 감소에 크게 기여할 수 있다는 사실은 이미 잘 알려졌다. 원격 감시와 제어는 M2M 기술의 핵심 요소이며, 이것이 녹색 기술 분야에서 M2M 도입을 유도하고 있다.

다음은 M2M 솔루션의 대규모 도입을 저해하는 주요 장애물이다.

- **다수의 미완성 표준으로 인한 시장 파편화** — 같은 문제를 다루는 표준 수는 많은데, 양단 사이에서 방향을 제시할 정도로 완성된 표준은 하나도 없다. 예를 들어, 지그비, Zwave, Wireless Hart, IETF 6LowPAN/ROLL은 모두가 센서와 게이트웨이/라우터의 단거리 통신을 다루는 표준이다. 의료나 스마트 계량 등 일부 수직 분야에서 애플리케이션 수준의 표준이 존재하지만 역시 여러 구현이 존재한다. 즉, 소비자가 센서 제품 하나를 소매상에서 구매해 가정 네트워크에 연결했을 때 다른 회사에서 만든 가정 제어 응용 프로그램과 문제 없이 연동될 가능성은 거의 없다는 뜻이다. 대다수 애플리케이션은 독점 기술을 사용해 자기네 장비와 통신한다. 그러다 보니 시스템 통합에 상당한 노력이 들어가고 결국 비용이 증가한다. 게다가 새로운 아이디어의 발판이 되는 전반적인 프레임워크가 부족해 혁신도 억제된다.
- **세계적인 법적 장애** — 나라마다 다른 규제 역시 M2M의 세계적인 확산을 늦추는 요인이다. 어떤 규제는 의료 데이터를 수집하고 저장하고 전파하는 방식처럼 애플리케이션 수준에 적용되는 반면 어떤 규제는 통신 수준에 적용된다. 게다가 국가나 지역마다 따로따로 인증을 받아야 하는 경우도 있어서 결국 비용이 증가한다.
- **보안과 개인정보보호** — 일반적으로 M2M은 사람들이 (흔히 가정에서) 소유하는 물품들로부터 데이터를 수집한다. 개인정보보호라는 관점에서 데이터 수집은 당연히 꺼려진다. 예를 들어, 지갑을 포함해 사람들이 구매하는 모든 물건에 RFID 태그가 달렸다면 사람들의 이동 경로와 소비 성향 정보를 추출할 수 있다. 사생활 침해 우려로 인해 기술에 느끼는 일반적인 거부감이 M2M 도입을 지연하거나 심지어 저해하는 요인이 될 수도 있다.
- **사업자 변경 용이성** — 광역 무선 M2M에서 많은 회사가 직면하는 우려 하나가 운영자를

쉽게 바꾸기 어렵다는 점이다. 어떤 장비는 납땜으로 SIM 카드를 고정해 빼지 못하게 만든 후 설치한다. 즉, 네트워크 사업자를 바꾸기가 불가능하다는 뜻이다. SIM 카드를 뺄 수 있다 하더라도 수천 개에 이르는 장비마다 사람을 보내 SIM 카드를 교체하려면 어마어마한 비용이 든다. 장비 수명이 다할 때까지 네트워크 운영자를 바꾸기 어렵다는 뜻이다. 경우에 따라서 장비 수명은 수십 년에 이른다. 잠정적인 해결책은 여러 네트워크 운영자와 대역폭 사업 관계에 있는 (MVNO와 같은) 다중 네트워크 사업자를 이용하는 방법이다. 하지만 네트워크 운영자가 기업 고객에게 직접 접근하는 사례가 많아 사업자를 변경하기 어렵다는 점이 M2M 보급의 걸림돌이 될 수도 있다.

- **네트워크 운영자와 회사 불일치** — 많은 M2M 서비스 수명은 최대 15년에 이른다. 스마트 계량기가 좋은 예다. 그렇다는 이야기는 유틸리티 회사 입장에서 네트워크 운영자가 특정 기술의 가용성을 아주 오랫동안 보장해 주어야 한다는 뜻이다. 하지만 네트워크 운영자 입장에서 그러기는 어렵다. 제한된 스펙트럼을 잘 활용하려면 기술을 주기적으로 개선해야 하는 탓이다. 그러므로 M2M 솔루션 구축에 참여하는 주체들 사이에서 기술적 기대치가 서로 일치하지 않을 수도 있다.
- **기술 난관** — 마지막으로, 앞으로 M2M이 성장하는 과정에서 부딪히고 극복할 기술적 난관이 분명 많으리라 생각한다.
  - 장비 관리
  - 네트워크 확장성
  - 공급자 네트워크에서의 장비 인증(첫 요청과 반복 요청)
  - 가입자 네트워크와 애플리케이션 정책
  - 요금제

2.3 M2M 가치 사슬

그림 2.1은 일반적인 WAN M2M 솔루션의 가치 사슬이다. 좋은 예가 운송 분야 솔루션이다. 그림 2.1에서는 각 부문마다 회사 몇 곳을 소개하는데 어디까지나 일부 회사일 뿐 모든 회사는 아니라는 사실에 주의한다. 가치 사슬에서 장비 쪽 끝에는 모듈이 내장된 장비를 제조하는 업체가 있다. 예를 들어, 자동차는 차량 애플리케이션이 연결된 "장비"이고 스마트 계량기는 통신 모듈이 내장된 "장비"다. 장비는 감지 기능과 작동 기능을 포함하며 통신 모듈과 같은 동일한 IC의 일부가 되기도 한다. 장비 쪽 가치 사슬 업체는 다양하며 특정한 수직 산업에 의존한다.

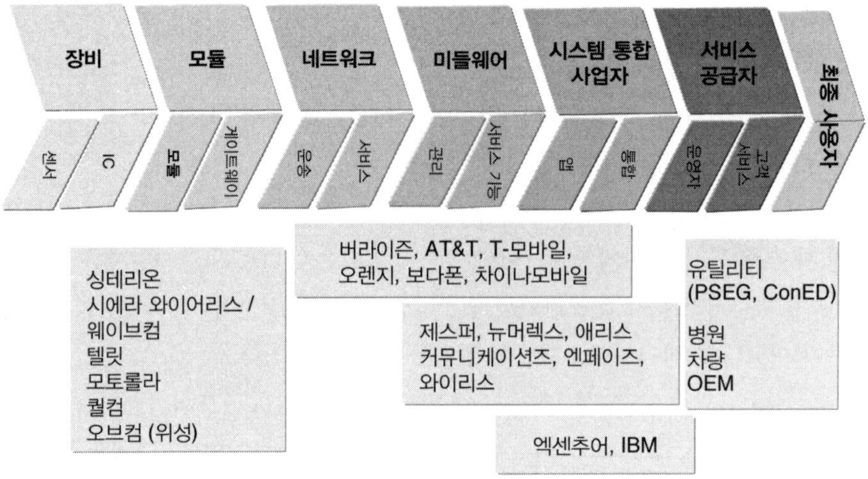

그림 2.1 일반적인 M2M 가치 사슬

다음으로 중요한 부문은 통신 모듈 혹은 칩셋 제조사다. 모듈은 셀룰러 모듈과 (지그비나 지웨이브와 같은) 단거리 통신 기술을 포함한다. 또한 센서 장비에 직접 부착되거나 지역 통신 인터페이스로 연결되는 단독형 모뎀이나 게이트웨이의 판매사나 제조사도 포함한다. 그림 2.1은 M2M 통신 모듈을 제공하는 업체 몇 곳을 열거한다. 이들 업체 대부분은 모바일 셀룰러 연결을 위한 모듈을 제공한다.

상용 네트워크는 M2M에서 점점 더 인기를 끄는 추세다. 상용 네트워크를 사용하는 경우는 네트워크 운영자나 통신 서비스 사업자가 가치 사슬에서 핵심적인 역할을 맡게 된다. 상용 네트워크가 인터넷 기반의 애플리케이션과 장비를 연결해 주고 둘 사이에 데이터를 전송해 주기 때문이다. 전력 유틸리티와 같은 대기업은 자체 인프라를 구축해 데이터를 직접 전송하기도 한다. 그럴 경우, 가치 사슬에서 일부 단계는 회사 혹은 서비스 공급자 단계로 흡수된다. 유사하게, 솔루션의 지리적인 범위가 건물 내로 제한되면 건물 내 LAN 통신을 사용하므로 네트워크 운영자가 빠질 수도 있다.

미들웨어는 여러 애플리케이션에서 사용할 수 있는, 수평적인 M2M 서비스 기능을 포함한다. 예로는 장비 관리, 진단, SMS와 같은 메시지 전송, 장비 자동 활성화, 서비스 권한 부여 등이 있다. 미들웨어는 보통 M2M 서비스 플랫폼의 일부이며 대형 네트워크 운영자나 M2M 전문 사업자가 제공한다. M2M 전문 사업자로는 제스퍼 와이러이스, 와이리스, 애리스 커뮤니케이션즈 등이 있다. 일부 네트워크 운영자는 네트워크 사업자들에게 SaaS 모델로 플랫폼을 제공하는 플랫폼 사업자와 제휴 관계를 맺기도 한다.

시스템 통합 사업자는 양단 사이 솔루션에 필요한 기능을 모아 하드웨어/소프트웨어 통합으로 솔루션을 구현하는 회사다. 필요하면 외주업체를 고용해 전용 애플리케이션 소프트웨어를 만든다. 일반적으로 M2M 솔루션은 특정 애플리케이션을 염두에 두고 해당 분야에 맞춰 설계하므로 상당한 통합 작업이 필요하다. 시스템 통합 사업자는 흔히 장비 제조사, 네트워크 운영자, (최종 서비스 사업자를 대신해) M2M 플랫폼 사업자를 선정한다. 예로는 엑센추어와 IBM이 있다.

애플리케이션 서비스 공급자는 M2M 서비스를 자신의 고객에게 제공한다. 여기서 고객은 보통 서비스를 제공받는 회사의 고객이나 직원을 가리킨다. 서비스 공급자는 M2M서비스의 일상적인 운영을 책임지며 가능하다면 고객 서비스와 요금 청구도 책임진다. 원격 환자 감시 솔루션의 경우 서비스 사업자는 보통 병원이나 의원이다. 병원 IT 부서가 병원 의사, 간호사, 환자에게 서비스를 제공한다. 스마트 미터링의 경우 서비스 사업자는 유틸리티 회사다. 경우에 따라서는 서비스 사업자가 관리형 서비스 사업자에게 서비스를 위탁하는 사례도 있다.

위 가치 사슬은 다양한 변형이 가능하며 실제로 시장에서도 여러 가지 변형된 형태가 자주 관찰된다. 네트워크 운영자가 자체 제작한 솔루션이나 협력사 미들웨어 혹은 협력사 M2M 플랫폼을 제공하는 사례가 늘어났다. 그들은 시스템 통합에도 참여해 협력사와 함께 미리 통합된 솔루션을 내놓는다. 가정 자동화나 제어와 같은 고객 애플리케이션 분야에서는 네트워크 운영자가 최종 사용자 서비스를 내놓기도 한다. 또 다른 변형으로, 애플리케이션 서비스 공급자가 사설 네트워크를 사용한다. 이때는 가치 사슬에서 네트워크 운영자가 빠진다. 한 걸음 더 나간 변형이 애플리케이션 사업자가 미들웨어나 M2M 플랫폼 자체를 포함하는 형태다. 한 예가 아마존 킨들 서비스다. 대리점 역시 가치 사슬의 다양한 단계에 포함될 수 있다.

2.4 시장 규모 예측

일반적으로 M2M 시장 규모를 예측하는 첫 단계는 M2M 장비 수 예측이다. 앞서 언급했듯이, M2M은 범위가 방대하고 각 시장의 성장 잠재력이 불확실한 까닭에 M2M 장비 수를 예측하기는 굉장히 어렵다. 기본적으로 모든 업계에서 모든 잠재적인 애플리케이션과 각각의 도입 시기를 따져야 한다. 다음은 많이 회자되는 예상 장비 수다.

- 2013년까지 연결된 장비 수 1조 개
- 2020년까지 인터넷에 연결된 장비 수 500억 개

- 2014년까지 모바일 인터넷 장비 수 4억 1500만 개

수치들이 이렇게 차이 나는 이유는 무엇일까? 예측에 포함된 범위를 정확히 이해하면 답이 나온다. 첫 번째 수치는 RFID/NFC와 같은 초단거리 장비까지 포함했을 확률이 아주 높다. 잠정적으로 인터넷 어디서나 읽을 수 있는 RFID는 무수히 많으므로 이것까지 감안하면 전체 장비 수는 굉장히 많아진다. 두 번째 수치는 IEEE 802.15.4, 블루투스, IEEE 802.11에 기반한 무선랜 그물망 네트워크에 연결된 단거리 장비와 셀룰러 장비만 포함했을 확률이 높다. 마지막 수치는 셀룰러 네트워크에 바로 연결된 장비와 게이트웨이만 포함한다. 세 가지 전망에 드러나는 공통적인 핵심은 M2M 시장의 잠재력이 대단히 크다는 점이다.

2008년 비참(Beecham) 보고서는 시장 규모를 달러로 표시한다. **그림 2.2**에서는 시장 규모를 크게 네 범주로 나눈다.

- 인터넷 연결 하드웨어 — 가치 사슬에서 장비와 모듈을 가리킨다. 장비를 인터넷에 연결해 주는 모뎀과 게이트웨이도 포함한다.
- 네트워크 — M2M 장비에서 애플리케이션 위치까지 전송하는 전송 비트의 가치를 가리킨다.
- 시스템 애플리케이션 — 모든 M2M 애플리케이션에 공통되는 기능을 포함하는 미들웨어를 가리킨다. 제어와 진단, 장비 관리, 위치, 상태, 정보 추적을 포함한다. 그림 2.1은 가치 사슬의 미들웨어 단계를 포함한다.

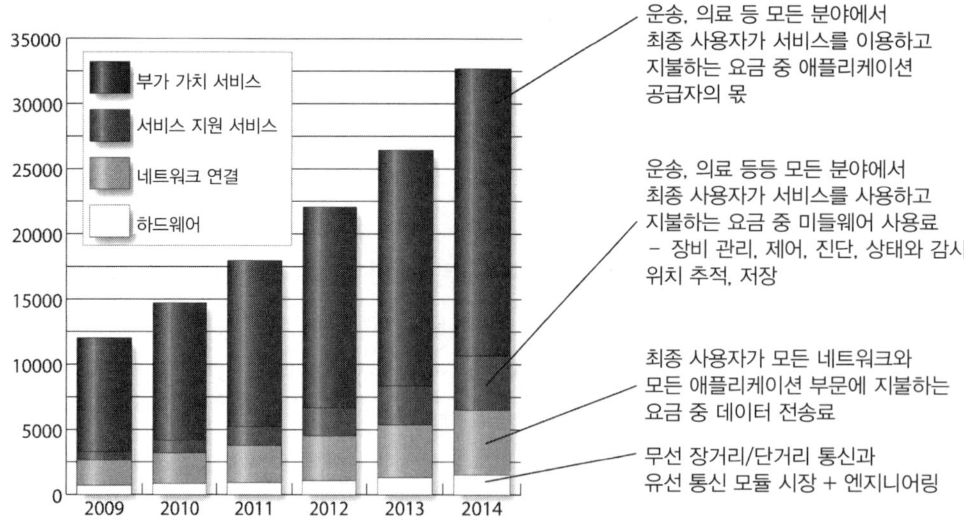

그림 2.2 가치 사슬 참여 주체의 단계별 M2M 예상 수익 (비참 리서치 사의 허락 하에 게재)

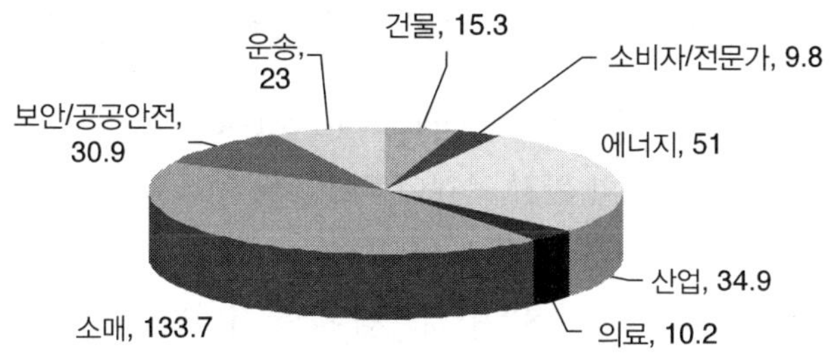

그림 2.3 수직으로 나눈 M2M 시장 규모 (단위: 10억 달러, 비참 리서치 사의 허락 하에 게재)

- 부가 가치 서비스 — 가치 사슬에서 미들웨어 오른쪽에 있는 모든 단계를 포함한다. 시스템 통합, 소프트웨어 애플리케이션 개발, 일상적인 유지보수, 최종 사용자에 대한 애플리케이션 관련 서비스 제공을 포함한다.

애플리케이션 또는 서비스 부문의 총 가치는 여러 개별 시장으로 나눌 수 있다. **그림 2.3**은 2008년에 예측한 2012년 주요 개별 시장 규모다. 단위는 10억 달러며 앞에서 설명한 바와 마찬가지로 비참 리서치 사에서 얻은 자료다[4]. 그림에서 보듯이, 잠재적으로 가장 큰 시장은 소매, 보안, 운송, 에너지다. 2012년에 비교적 작았던 의료는 현재 가장 급속히 성장하는 시장 중 하나가 되었다. 참고로, 이들 수치는 LAN, WAN, 유선, 무선 등 모든 기반 네트워크 기술을 포함한다.

2.5 비즈니스 모델

시장 규모가 상당하리라는 예측에도 불구하고 M2M은 여전히 초기 단계다. 오늘날 시장에는 다수의 비즈니스 모델이 존재하고 자금 흐름이 빈번히 일어난다. 전형적인 M2M 기술 적용은 상용 네트워크 운영자나 통신 서비스 사업자를 포함할 수도 있고 포함하지 않을 수도 있다. 예를 들어, 네트워크에 연결된 자동차는 보통 SIM 카드가 장착된 모뎀을 설치하고 무선 네트워크 사업자가 제공하는 네트워크 서비스를 사용한다. 하지만 상용 네트워크 사업자를 전혀 포함하지 않는 비즈니스 모델도 존재한다. 예를 들어, 규모가 큰 공공재 서비스 기업은 공공재 성격에 맞춰 M2M에 사용할 네트워크를 직접 구축하기도 한다. 또 다른 예로는 병원이나 대형 호텔 등 완전히 건물 안에서만 사용하는 M2M 네트워크가 있다. 이 장에서는 상용 네트워크 사업자나 통신 서비스 운영자를 포함하는 광역 M2M에 초점을 맞춰 비즈니스 모델 3개를 살펴본다. 이들 3가지 모델은 M2M 비즈니스의 복잡한 속성을 보여주는 일부 사례에 불과하다는 사실에 주의해야 한다.

2.5.1 네트워크 운영자 혹은 통신 서비스 사업자 주도 모델

이 모델은 통신 서비스 사업자(CSP, Communications Service Provider)가 M2M 솔루션에서 중심적인 역할을 수행한다. CSP의 기업 고객이 직접 CSP에게 M2M 서비스 배포를 요청한다. CSP는 시스템 통합 사업자 역할을 하며 협력사와 더불어 기업 고객에게 양단 사이의 완벽한 솔루션을 제공한다. 필요하면 CSP가 시스템 통합 사업자를 고용하기도 한다. CSP는 협력사 중에서 장비 판매사와 애플리케이션 소프트웨어 개발사를 선정해 해당 장비에 맞는 애플리케이션을 제작한다. 때로는 CSP가 자체적인 M2M 서비스 플랫폼을 만들거나, (제스퍼 와이어리스와 같은) 플랫폼 사업자와 제휴해 호스팅 모델로 플랫폼 서비스를 제공한다.

그림 2.4는 가치 흐름과 자금 흐름을 보여 준다. 기업 고객은 CSP에게 초기 솔루션 개발비와 배포비 그리고 지속적인 네트워크 사용료와 서비스 사용료를 지불한다. CSP는 장비 판매사에게 장비 대금을 지불하고, 애플리케이션 소프트웨어 공급사에게 개발비를 지불하고, (서비스 플랫폼 사업자가 있는 경우) M2M 서비스 플랫폼 사업자와 지속적으로 수익을 분배한다. 또한 시스템 통합 사업자가 있다면 그쪽으로도 자금 흐름이 발생한다.

이런 비즈니스 모델의 한 예로, 작은 유틸리티 서비스 회사에서 계량기를 읽어 데이터를 생성하는 서비스가 필요할 수도 있다. 실제로 AT&T는 스마트싱크와 제휴해 유틸리티 회사들에게 이런 서비스를 제공한다.

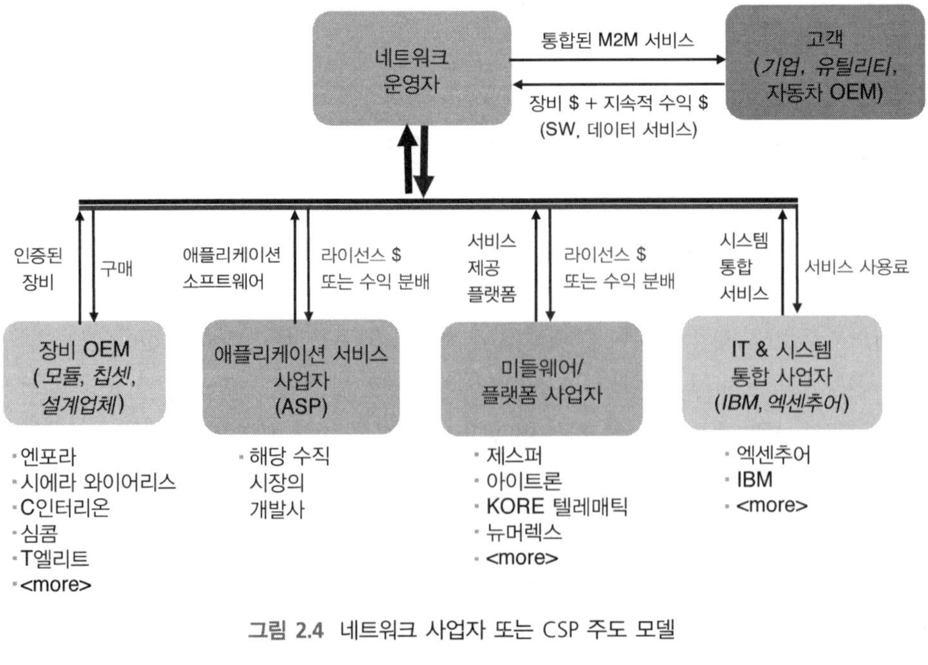

그림 2.4 네트워크 사업자 또는 CSP 주도 모델

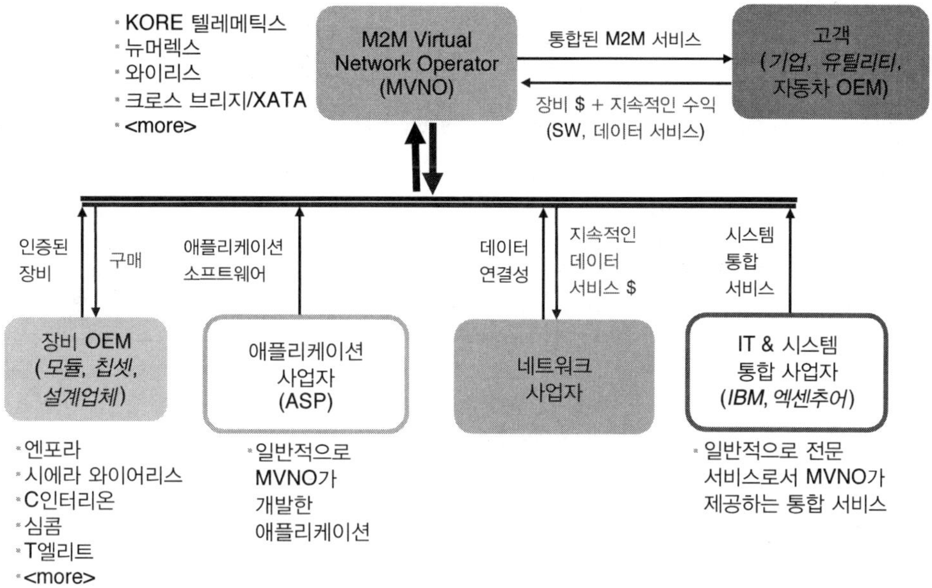

그림 2.5 MVNO 주도 모델

2.5.2 MVNO 주도 모델

M2M 초기에는 M2M 장비 수가 많지 않아 모바일 네트워크 사업자가 적극 관여할 필요가 없었다. 그들은 M2M 전문 가상 이동 통신망 사업자(MVNO, Mobile Virtual Network Operators)들과 맺은 대역폭 계약에 만족했다. 덕분에 MVNO는 최종 기업 고객을 직접 상대하며 M2M 생태계에서 핵심적인 역할을 차지했다. 또한 자신들의 배포 플랫폼과 장비 협력사를 이용해 M2M 도입을 촉진했다. 때로는 고객을 대신해 애플리케이션도 개발했다. **그림 2.5**는 시스템 통합자가 포함된 MVNO 주도 모델을 보여 준다.

2.5.3 기업 고객 주도 모델

마지막으로 살펴볼 모델은, **그림 2.6**에서 보듯이, M2M 고객 또는 서비스 공급자가 주도하는 비즈니스 모델이다. 흔히 많은 수의 장비를 배포하려는 대기업에서 취하는 방식이다. 회사는 자신의 통신 요구사항을 선택된 네트워크 운영자와 협상하고 M2M 서비스를 위해 플랫폼 공급자나 MVNO를 고용한다. 그러면 MVNO는 회사가 요구하는 M2M 모듈이나 장비를 제공한다. 한 예가 아마존 킨들 전자책이다. 아마존은 3G 모듈을 전자책에 통합하고 AT&T와 대역폭 계약을 맺어 무선 네트워크로 전자책과 기타 정보를 전송한다. 최종 사용자는 AT&T 가입자가 아니어도 전자책을 읽을 수 있다. 아마존은 이를 위해 자체적인 M2M 플랫폼을 구축했다.

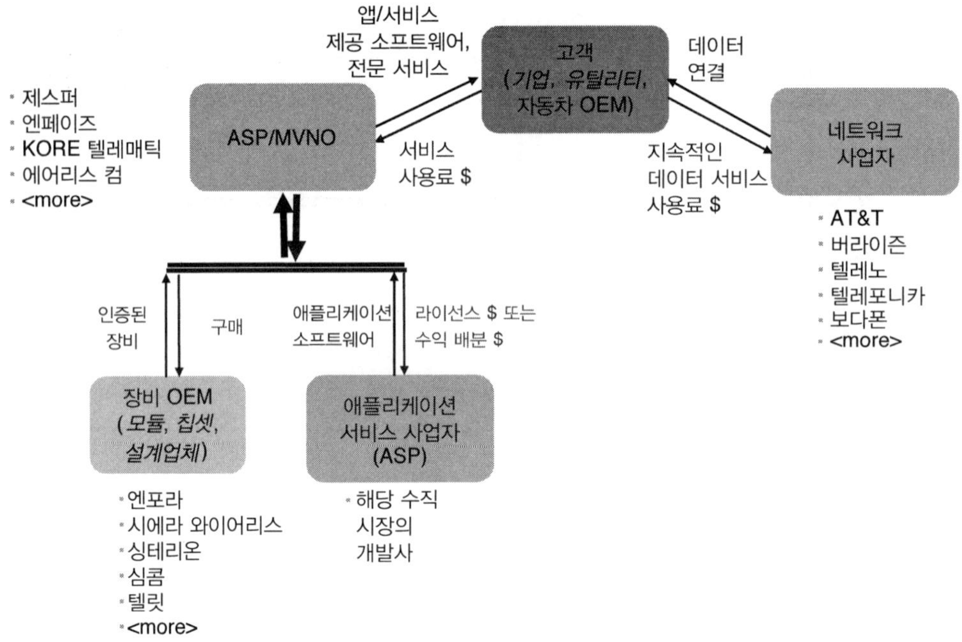

그림 2.6 가치 흐름과 자금 흐름 예[주 1]

2.6 M2M 비즈니스 척도

M2M 비즈니스의 성공은 어떻게 측정할까? 물론 M2M 애플리케이션 공급자의 성공과 네트워크 운영자의 성공을 측정하는 방법은 크게 다르다. 음성과 데이터 서비스의 경우 전통적으로 네트워크 사업자는 사용자 당 평균 매출(ARPU, Average Revenue per User) 또는 가입자/해약자 당 월간 평균 매출을 척도로 사용한다. M2M에는 동일한 척도를 적용하기 어렵다. 전통적인 서비스는 ARPU가 평균적으로 매달 50불 정도인데 M2M의 ARPU는 5불 정도로 훨씬 적다. 최선의 사례인 디지털 광고판처럼 데이터 집약적인 M2M도 많아야 150불 정도다. 하지만 ARPU만 본다면 그릇된 판단을 하기 쉽다. ARPU는 고객 획득 비용, 보유 비용, 심지어 이전 비용도 고려하지 않는다. 이들 비용 모두 M2M이 훨씬 낮다. 그래서 비록 ARPU는 적지만 이윤은 오히려 더 높을 수 있다. 게다가 M2M 사업을 하는 덕분에 네트워크 운영자는 기업 고객에게 접근해 WAN이나 VPN이나 클라우드 서비스와 같은 계약을 추가로 따낼 기회도 생긴다. 전략적으로는 가능한 많은 회사가 M2M에 참여하는 것이 중요하다.

기업 관점에서 중요한 M2M 척도는 투자 수익률(RoI, Return on Investment)과 몇 가지 무형 기치로 구성된다. 무형 가치의 한 예는 기업이 고객에게 제공하는 제품이나 서비스의 질이다. 투자 수익률과 관련해 또 다른 핵심 척도는 수익이 나기까지 걸리는 시간이다. 많은

M2M 프로젝트가 평가 단계에서 포기되는데, 이는 솔루션을 구축하고 실제 수익을 얻기까지 걸리는 시간 때문이다.

2.7 M2M 시장 진화

현재 M2M 시장에서 일어나는 근본적인 변화 중 하나가 무선 네트워크 운영자들의 핵심적인 역할이다. 과거에는 음성 통신 수익이 그들의 주안점이었고 M2M 시장에는 별 관심이 없었다. 그들에게 무선 M2M 시장은 (기업 고객을 상대하는) M2M 전문 MVNO들과 맺은 대역폭 도매 계약에 불과했다. 하지만 음성 통신 수익이 포화 상태에 이르면서 무선 운영자들은 적자를 메우고자 데이터 수익, 특히 이윤이 높고 해지률이 낮은 M2M 수익으로 눈을 돌리고 있다. 이제 대다수 사업자들이 M2M 전담 영업 부서를 만들어 M2M 기업 고객에게 직접 접근한다. 그러면서 동시에 장비 관리와 요금 청구 절차의 많은 부분을 자동화 해주는, 호스팅 기반의 M2M 서비스 플랫폼 사업자와 제휴한다. 일부 무선 운영자는 M2M 고객의 요구에 맞추고자 자체 플랫폼도 개발했다. 진화의 다음 단계는 필연적으로 표준화된 플랫폼의 개발이다. 이와 같은 플랫폼은 플랫폼 사업자가 제공하며 네트워크 운영자가 네트워크 인프라의 일부로 소유하고 운영한다. 이로써 사업자들은 M2M 시장의 성장에 발맞춰 경쟁자에 비해 자신들이 제공하는 서비스에 차별성을 부여하고 부가된 가치를 확고히 다질 수 있다.

M2M 시장에서 또 다른 진화는 새롭게 등장하는 표준이 주도할 가능성이 높다. 한 예가 ETSI 기술 위원회 M2M 표준이다. 네트워크 운영자와 판매자의 적극적인 참여에 힘입어 표준에 기반한 프레임워크가 만들어지고, 프레임워크를 토대로 생태계가 생겨나며 이어서 새로운 솔루션들이 나올 것이다. 이와 같은 진화로 M2M은 (다수의 플랫폼이 존재하는) 수직적 개별 시장에서 (많은 응용 프로그램이 단일 플랫폼에서 돌아가는) 수평 플랫폼으로 이동하게 된다. 그러면 비용이 낮아지고 따라서 M2M의 광범위한 도입이 한 걸음 더 현실로 다가 올 것이다.

참고문헌

1. ZigBee document 053474r17, ZigBee specification release 17, ZigBee Technical Steering Committee.

2. Zensys, SDS10242, Software Design Specification, Z-Wave Device Class Specification.

3. The X.10 specifications can be found under this link: ftp://ftp.x10.com/pub/manuals.

4. Beecham research, Worldwide Cellular M2M Services Forecast Market Brief, 02.08.2009.

Chapter 03

초창기 M2M 구축에서 배운 교훈

Lessons Learned from Early M2M Deployments

세미아 빈하시 메솜
부이 텔레콤, 파리, 프랑스

3.1 배경

M2M 배포가 급속히 증가하자 네트워크 서비스 공급자들은 여러 가지 운영 상의 난관에 직면하게 되었다. 기존에 설치된 기반 구조를 주로 개인휴대통신(Personal Communication)에 맞춰 설계하고 최적화해 놓은 탓이었다. 3장에서는 초창기 M2M을 도입하는 과정에서 깨달은 중요한 사실과 교훈 몇 가지를 소개한다. 또한 네트워크 아키텍처 관점에서 현재의 M2M 성장을 감당할 수 있는 최적화 방안도 소개한다.

M2M 장비는 단거리 RF, 유선, 셀룰러 2G/3G/4G 등 여러 통신 기술을 사용하지만, 3장에서는 2G/3G 통신 모듈로 모바일 네트워크 운영자에 연결하는 M2M 장비에 집중한다. 셀룰러 기술은 여러 M2M 특정 세분시장의 요구사항에 부합하는 특징이 있다. 구체적으로는 가용성, 지리적 영역, 낮은 대기 시간, 고도의 보안성 등이 여기에 해당한다. 게다가 네트워크 운영자들은, 특히 모바일 네트워크 운영자(MNO, Mobile Network Operator)들은, 점차 M2M 배포에 믿을 만한 조력자로 자리매김하고 있다. 스스로가 M2M 서비스 공급자가 되는 비즈니스 모델을 수용하면서 기존의 기본적인 연결과 활성화 서비스를 넘어 새로운 부가가치 서비스를 점차 더 많이 제공하는 추세다.

M2M을 배포하려는 MNO가 가장 먼저 직면하는 난관 중 하나가, 개인휴대통신 서비스에 영향을 미치지 않으면서, 다양한 특징의 트래픽을 생성하는 다수의 M2M 장비를 운영하는 능력이다. MNO는 당연히 기존 기반 구조와 기술로 M2M을 배포하며 그런 다음에야 설비투자비용(CapEX, Capital Expenditure)와 운영비용(OpEx, Operational Expenditure) 형태로 투자된 자본을 활용할 수 있기 때문이다. 그러므로 위와 같은 난관을 극복하려면 서비스 요구사항과 목표 특정 세분시장마다 제 각각인 트래픽 특성을 분명히 이해해야 한다.

이 장의 구성은 다음과 같다. 첫째, 초창기 운영을 위한 M2M 배포 사례를 소개한다. 각 사례에서는 M2M 애플리케이션의 요구사항을 충족하고자 내린 기술적 아키텍처의 결정을 살펴본다. 둘째, 초창기 M2M이 직면했던 난관과 당시 구현했던 아키텍처 최적화 방안 몇 가지를 소개한다. 마지막으로, 초창기 M2M 서비스 구축에서 배웠던 주요 교훈을 요약한다.

3.2 초창기 운영을 위한 M2M 배포

3.2.1 배경 지식

이 절에서는 기존 MNO 네트워크를 사용하는 방식 운영을 위한 M2M 적용 사례 몇 가지를 살펴본다. 데이터 수집/교환과 장비 트리거링(Device Triggering)에 사용할 수 있는 기술을 보여 주는 사례들이다. 장비 트리거링은 M2M 서버[1]가 사용하는 메커니즘이다. M2M 서버가 장비 트리거링 메커니즘을 작동하면 M2M 장비는 데이터 베어러[2]를 설정한다. 장비가 항상 켜져 있고 IP가 영구적으로 할당되어 있으면 좋겠지만 그러면 네트워크 자원 효율이 떨어지고 에너지 소모가 증가한다. 따라서 소량의 데이터를 전송하는 장비는 문자 메시지(SMS)와 같은 회선교환(CS, Circuit-Switched) 도메인 서비스를 사용하는 편이 전반적으로 더 효율적이다. 대충 정리하면, 앞으로 소개할 배포 사례들은 다음 기술을 사용한다.

- **데이터 수집/교환**을 수행하는 방법으로는 다음이 있다.
  - **CS 영역 서비스**를 사용한다. SMS 또는 회선교환 데이터(CSD, Circuit-Switched Data)[3]를 전송한다. CS 영역 서비스는 간혹 아주 소량의 데이터를 전송하는 M2M 애플리케이션 배포에 적합하다.
  - **패킷교환(PS, Packet-Switched) 베어러**를 사용한다. PS 영역은 상대적으로 많은 양의 데이터를 전송하거나 네트워크 지연이 적어야 하는 애플리케이션에 적합하다. 일반 패킷 무선 서비스(GPRS, Generic Packet Radio Service) 베어러는 영구적으로 설정하는 방법과 M2M 장비가 주기적으로 혹은 필요할 때마다 (데이터가 생긴다거나 경보가 발생했을 때) 트리거로 설정하는 방법이 있다.

---

1 이 장 이후부터는 M2M 서버와 M2M 애플리케이션 서버는 같은 뜻으로 쓰인다.

2 데이터 베어러(Data Bearer)는 데이터를 교환할 수 있는 네트워크 연결을 뜻한다. 흔히 MNO는 다음과 같은 용어를 사용한다: 패킷 데이터 프로토콜(PDP, Packet Data Protocol) 맥락, 일반 패킷 무선 서비스(GPRS, Generic acket Radio Service) 베어러, 패킷 데이터 네트워크(PND, Packet Data Network) 연결.

3 MSC-S는 이동 전화 교환국 서버를 가리킨다. SMS-C는 문자 메시지(SMS) 서비스 센터를 가리킨다.

- **M2M 서버가 장비 트리거링**을 수행하는 방법으로는 다음이 있다.
  - **특정 SMS 메시지 전송** — M2M 서버가 장비에 특정 SMS 메시지를 전송한다. 그러면 장비는 GPRS 베어러를 설정한다. 이것을 패킷 데이터 프로토콜(PDP, Packet Data Protocol) 맥락 활성화라고 부른다.
  - **부재 중 전화 걸기** — M2M 서버가 M2M 장비에 전화를 건다. 그러면 M2M 장비는 발신자 정보를 인식한 후 전화를 받지 않고 PDP 맥락을 설정한다.
  - **네트워크-요청 PDP 맥락 활성화** (NRPCA, Network-Requested PDP Context Activation) — M2M 서버를 대신해 네트워크가 PDP 맥락을 설정한다. 그러면 SMS 메시지를 보내거나 부재 중 전화를 걸 필요가 없다. 하지만 기술적인 제약으로 인해 상용 네트워크에 널리 보급되지 않은 방법이다. 현재 진행 중인 3GPP 표준 작업은 NRPCA 메커니즘 최적화를 목표로 한다(6장 참조).

그림 3.1은 SMS나 부재 중 전화를 이용한 장비 트리거링 절차를 보여 준다.

- 1단계와 2단계: M2M 서버가 M2M 장비에 (MSC-S[3]를 통해) 전화를 걸거나 (SMS-C를 통해) 문자 메시지를 보낸다. 요청(전화나 문자)이 M2M 장비로 전달된다.
- 3단계: M2M 장비가 PDP 맥락을 수립하라는 요청을 인식한다.
- 4단계: M2M 장비가 PDP 맥락을 수립한다. 그 결과로 M2M 장비는 IP 주소를 얻으며 M2M 서버와 TCP/IP 프로토콜로 통신할 수 있게 된다.
- 5단계: M2M 장비가 M2M 서버와 데이터를 교환한다.

장비 트리거링 방식과 주기적인 PDP 맥락 베어러 설정 방식을 함께 사용해도 무방하다. M2M 장비 설정에 주기를 지정해 장비가 주기적으로 연결을 맺도록 설정하면 된다. 그러면,

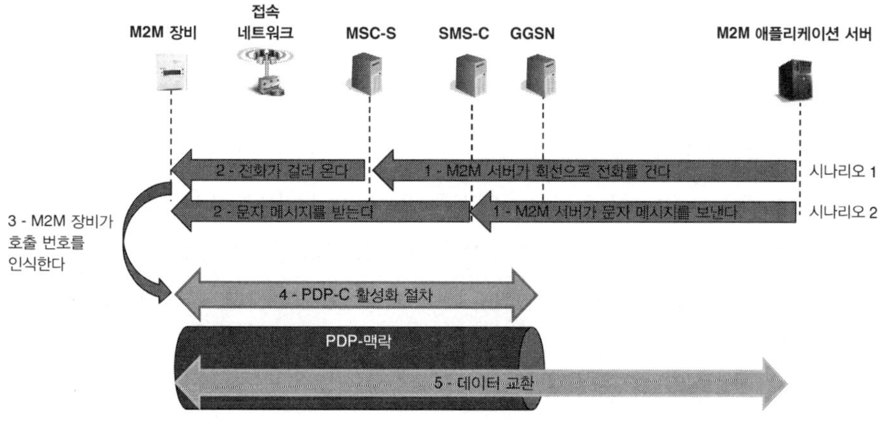

그림 3.1 장비 트리거링 통신 모델

예를 들어, M2M 장비가 주기적으로 측정 데이터를 보고하는 동안에 M2M 서버가 M2M 장비에 연결하고 싶을 때 장비 트리거링 방식을 사용할 수 있다.

GPRS 네트워크가 배포되기 전에는 M2M 애플리케이션을 위한 데이터 교환 기술로 CSD가 주로 사용되었다. CSD는 원래 모바일 통신 글로벌 시스템(GSM, Global Systems for Mobile Communications)을 위해 개발된 데이터 전송 기술이다. CSD 기술은 9.6kpbs의 업/다운링크 전송속도를 지원하며 (측정 데이터나 가스 탱크 위치 데이터 등을 전송하던) 초창기 여러 M2M 애플리케이션에는 충분했다.

지금부터는 방금 언급한 기술들이 초창기 다양한 M2M 애플리케이션의 요구를 충족하기 위해 어떻게 사용할 수 있는지 사례를 제공한다.

3.2.2 초기 운영을 위한 M2M 구축 사례

3.2.2.1 차량 추적

기업형 차량 관리(Fleet Management)나 주행거리 비례제(PAYD, Pay As You Drive) 보험 등 차량 추적에 기반하는 M2M 애플리케이션은 추적 대상 차량의 위치를 계산해 M2M 애플리케이션 서버로 전송하는 MNO 기능에 의존한다. 어떤 시나리오에서는 M2M 단말이 통신 네트워크 베어러를 이용해 차량 위치 정보를 M2M 애플리케이션 서버로 보고한다. 이때 교환할 수 있는 위치 정보는 두 가지다.

- **GPS 위치** — 정확한 위치를 제공하지만 GPS 안테나가 필요하며 모든 조건에서 동작을 보장하지는 않는다.
- **네트워크 위치** — 해당 단말이 등록된 (덜 정확한) 기지국의 위치 또는 삼각측량법으로 측정한 위치다. 삼각측량법(Triangulation Technique)은 주변 기지국에서 감지된 신호의 세기를 고려해 위치를 측정하는 방법이다.

그림 3.2에서 보듯이, 1단계로 M2M 서버는 위치 추적 플랫폼에게 M2M 장비의 지리적 위치를 요청한다. 그러면 2단계에서 위치추적 플랫폼은 HLR 서버에 요청해 M2M 장비를 제어하는 MSC-S 주소를 얻는다. 3-6단계에서는 위치 추적 서버가 MSC-S에 요청해 M2M 장비가 있을 법한 모든 기지국에 호출 메시지를 보내 2G/3G 셀 ID 정보를 받는다. 7단계에서 위치 추적 플랫폼은 사전에 설정된 변환표에 근거해 2G/3G 셀 ID를 지리적 위치 좌표로 변환한다. 8단계에서는 보안을 위해 사전에 설정된 안전한 VPN 터널로 위치 정보를 M2M 서버에게 전송한다. 그러면 위치 추적 플랫폼은, 9단계에서 보듯이, 해당 M2M 장비에 대해 적절한 권리를 보유하는 여러 M2M 서버에게 위치 정보를 제공한다.

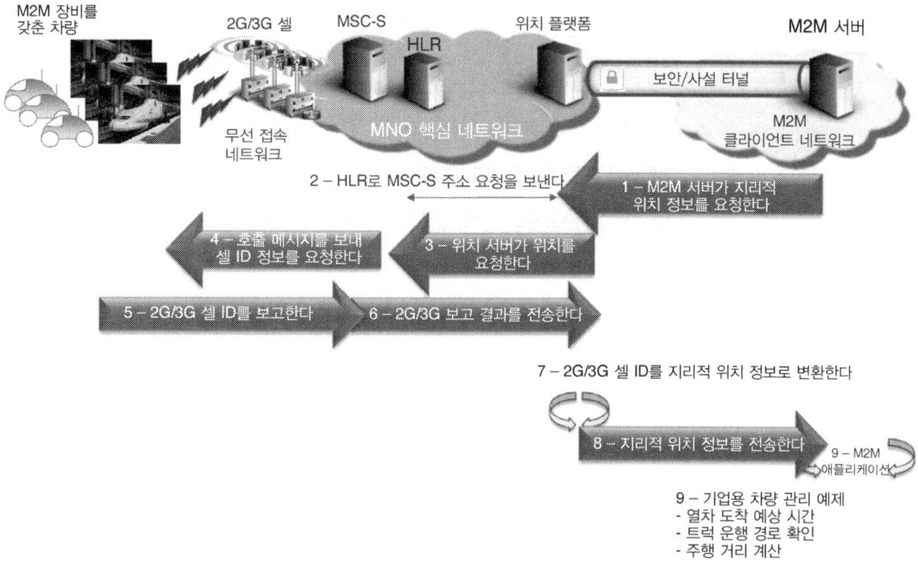

그림 3.2 차량 추적 M2M 애플리케이션, 기본 원리

GPS 위치 정보와 네트워크 위치 정보를 상호 보완적으로 사용해 M2M 애플리케이션 서버가 정확한 위치를 요구할 때만 GPS 위치 정보를 제공하는 방식도 가능하다. 예를 들면, 사고가 났거나 응급 상황이 발생했을 때만 정확한 GPS 위치 정보를 구조센터에 전달하는 방식이다.

3.2.2.2 스마트 원격 측정

스마트 원격 측정(Smart Telemetry)은 계량기부터 다양한 데이터를 실시간으로 수집한다. 온도, 에너지 소비량, 오염 수준 등이 좋은 예다. 여기서는 전력 스마트 계량 시스템과 가스 탱크 수준 감시 시스템의 배포 시나리오를 살펴본다.

스마트 계량 시스템에서 M2M 장비는 측정 데이터를 주기적으로 보고하게 구성된다. 가령 3시간마다 스마트 계량기가 M2M 서버로 측정 데이터를 보고하도록 설정할 수 있다. 현재 구축된 시스템들이 주기적인 보고 시 사용하는 방법은 두 가지다.

- **SMS 방식** — 문자 메시지로 측정 데이터를 보고한다.
- **GPRS 방식** — GPRS 베어러를 설정한 후 TCP/IP 프로토콜로 측정 데이터를 보고한다.

보통 M2M 서비스 공급자의 필요에 따라 그리고 현재 배포된 통신 모듈의 제약에 따라 두 방식 중 하나가 결정된다.

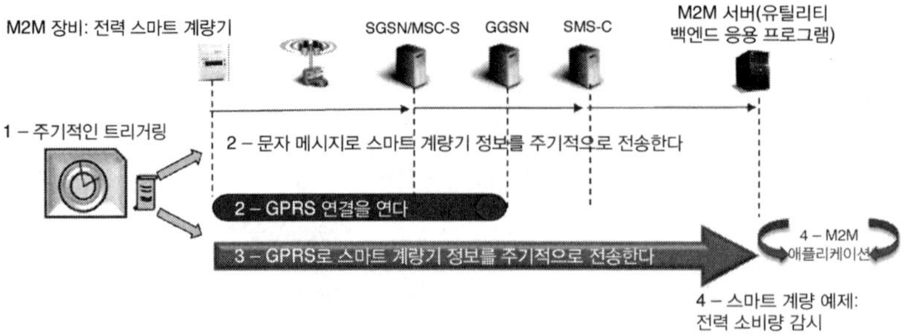

그림 3.3 전력 스마트 계량에서 자동 트리거링

전력 스마트 계량 시스템에서는, 스마트 계량기가(그림 3.3) M2M 서버로 측정 데이터를 주기적으로 보고하는 외에도, M2M 서버가 스마트 계량기에게 응급 명령을 전달할 필요도 생긴다. 특히 일시적으로 장비 일부를 끄는 등 요구/응답 동작을 실행해야 할 때도 있다. 일반적으로 이런 시나리오에서는 M2M 서버가 해당 장비에 연결된 스마트 계량기에게 일부 장비를 제어하기 위한 특정 문자 메시지를 보낸다. 그러면 스마트 계량기가 문자 메시지를 인식하고 적절한 요구/응답 동작을 실행한다.

스마트 원격 측정의 또 다른 예는, **그림 3.4**에서 보듯이, 일부 에너지 회사에서 사용하는 가스 탱크 수준 감시다. 이때 MNO 네트워크를 사용하면 작업자 안전성이 높아지고 운영 효율도 좋아진다. 가스 탱크 수준 실시간 감시는 가스 탱크 수준 측정 장비에 SIM-기반 통신 모듈을 설치한 후 원격으로 수행한다. 이 시나리오에서는 CSD를 사용해 수준 데이터를

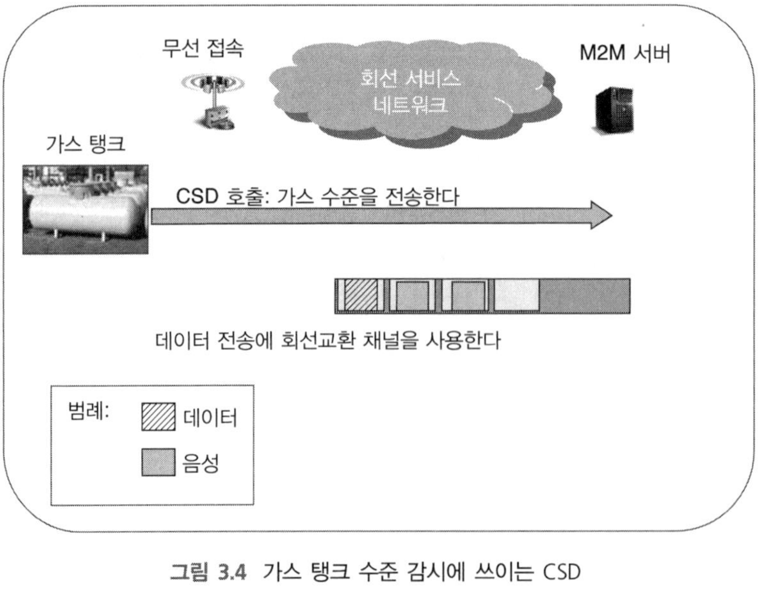

그림 3.4 가스 탱크 수준 감시에 쓰이는 CSD

중앙 애플리케이션으로 전송한다. 그러면 중앙 애플리케이션이 필요에 따라 적절한 조치를 취한다.

일부 독자는 CSD가 구식이라 여길지도 모르지만, 기존 소프트웨어를 뒤엎지 않으려는 최종 사용자들과 큰 비용을 들여 GPRS 통신 모듈을 통합하고 싶지 않은 최종 사용자들이 흔히 요구하는 방식이다.

3.2.2.3 의료 감시

M2M 전자 보건(eHealth) 애플리케이션은 주요 M2M 세분 시장 중 하나다. 원격 환자 감시, 독립적인 노후 생활, 개인 건강, 질병 관리 등이 여기에 속한다. 이 절에서는 서방 여러 국가에서 고령 인구를 대상으로 시행하는 노후 관리 서비스를 소개한다. 이 서비스는 보통 팔찌나 목걸이 형태의 웨어러블 M2M 장비를 이용한다. 환자는 M2M 장비의 버튼 하나만 누르면 응급실로 연결된다. M2M 서버가 (전화를 받지 않고) 발신자 번호를 인식한 후 자동으로 환자의 M2M 장비의 호를 응급실과 연결한다. 그러면 환자는 응급구조대원(EMT, Emergency Medical Technician)으로부터 도움을 받는다. 이 과정에서 발생하는 요금은 (그리고 청구는) 모두 M2M 서버가 계산하고 처리한다.

추가로, 이 배포 시나리오에서는 (유지보수 센터에 있는) 또 다른 M2M 서버가 가끔씩 CSD 서비스를 이용해 소프트웨어와 펌웨어를 업그레이드한다. 그림 3.5는 두 시나리오에서

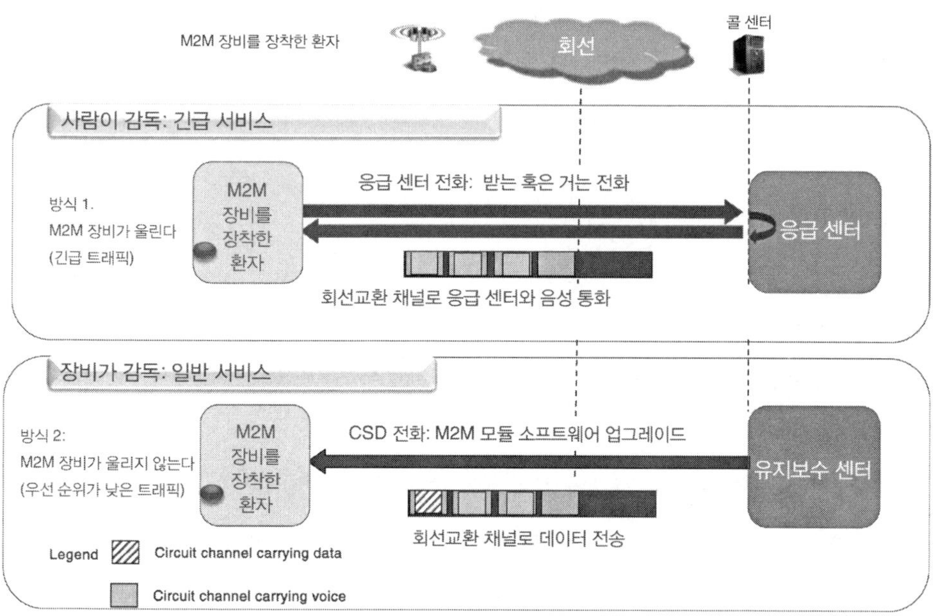

그림 3.5 원격 의료

M2M 장비가 동작하는 방식을 보여준다.

- M2M 장비 동작 방식 1: 전화가 오면 (받지 않고) 응급 센터가 M2M 장비로 전화해서 환자를 EMT와 연결한다. 이때 M2M 장비에 할당된 단말기 지정번호(MSISDN, Mobile Station International Subscriber Directory Number) 두 개 중에서, 즉 긴급 MSISDN와 일반 MSISDN 중에서, 긴급 MSISDN을 사용한다.
  이 시나리오에서는 사람의 감독이 매우 중요하다. 특정 MSISDN을 이용해 그 번호로 오는 전화를 긴급하게 처리하는 방식이다.
- M2M 장비 동작 방식 2: M2M 장비는 소프트웨어와 펌웨어를 주기적으로 업그레이드한다. 이때 일반 MSISDN을 사용한다. 네트워크는 이를 중요도가 낮은 트래픽으로 취급한다.
  M2M 초창기에는 M2M 장비에 MSISDN 두 개를 할당해 상황의 긴급성에 따라 트래픽을 다르게 처리했다.
  - 긴급 MSISDN: 긴급하게 통신 베어러를 설정해야 하는 우선 순위가 높은 상황에서 전화를 걸거나 받으려고 사용했다. 네트워크는 긴급 MSISDN을 사용하는 해당 트래픽을 우선으로 처리했다. 긴급 전화에 사용하는 MSISDN은 일반 CSD 통신에 사용하지는 무료 MSISDN이었다.
  - 일반 MSISDN: 긴급하게 처리하지 않아도 무방한 CSD 통신에 사용한다.

하지만 MSISDN 두 개를 할당하는 방식은 MSISDN 자원의 급격한 소진을 의미한다. MSISDN과 같은 자원은 한정적이므로 향후 M2M 배포를 위해서는 여러 개의 MSISDN을 사용하지 않는 표준 개발이 매우 중요하다.

3.2.2.4 보안과 감시

보안과 감시 M2M 장비는 학교, 공공 건물, 상점 등과 같은 주거지나 사업장에 설치되어 데이터, 사진, 비디오 감시 정보를 보안 경보 애플리케이션으로 전송한다. M2M 장비가 보안 감시 애플리케이션이나 매장 책임자와 통신할 때는 보통 셀룰러 네트워크를 기본 혹은 백업 통신 수단으로 사용한다.

교환하는 정보는 주로 경보 정보와 간헐적인 중/저해상도 비디오 신호다.

보안과 감시 시스템은 지연이 거의 없어야 하며, 간헐적으로 비디오나 사진을 전송할 경우 높은 대역폭이 필요하다. PS 베어러를 써야 하는 이유가 여기에 있다. 일반적으로는 PDP 맥락 수립에 걸리는 지연을 줄이려고 영구적으로 할당된 IP 주소로 연결을 유지한다. 그 외

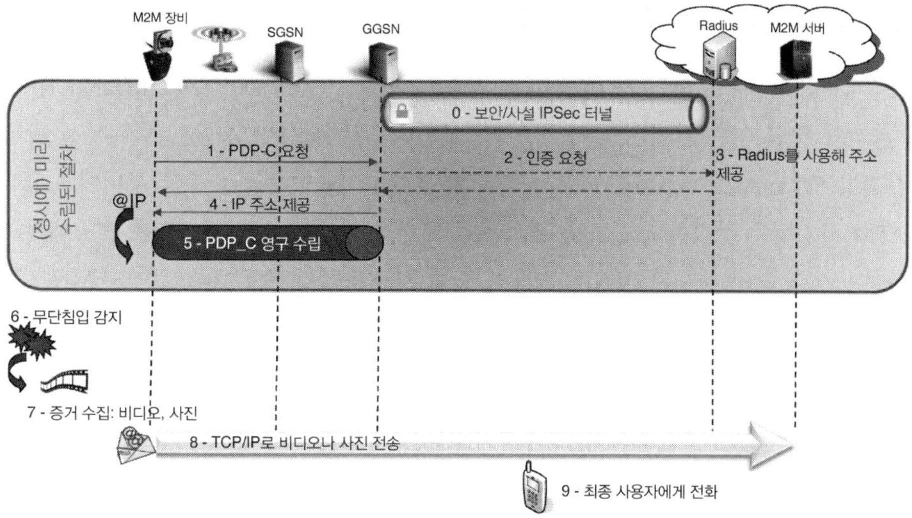

그림 3.6 상시 보호와 원격 감시

에도 보안과 감시 시스템에는 몇 가지 요구사항이 더 있다.

- M2M 장비 인증은 (MNO 인증 메커니즘에 더해) M2M 애플리케이션 서버가 RADIUS 프로토콜로 수행한다. PDP 맥락을 수립하려면 M2M 장비 인증은 필수다.
- M2M 장비의 IP 주소는 M2M 애플리케이션 서버가 (혹은 대행 주체가) 동일한 하위 네트워크 안에서 할당한다. 그러면 공용 IP 주소를 사용할 필요가 없어지므로 상시 접속 베어러를 쓰기에 편리하다.
- M2M 장비를 안전하게 인증하고 M2M 애플리케이션 서버와 MNO 사이에 교환되는 정보를 보호하기 위해서 애플리케이션 M2N 서버가 있는 회사 네트워크와 MNO 사이에 암호화된 IPSec(IP Security) 터널을 만든다.

그림 3.6은 보안과 감시 애플리케이션을 위한 네트워크 구성도 예다.

1단계에서 5단계는 PDP 맥락을 수립하는 과정이다. 인증에 성공하면 M2M 장비는 RADIUS 프로토콜을 사용해 IP 주소를 할당 받는다. (6단계) 무단 침입이 발생하면 (7단계) M2M 장비는 건물에 설치된 카메라로부터 비디오나 사진 등과 같은 증거를 자동으로 수집한 후 (8단계) TCP/IP로 전송한다. 이때 상시-접속 PDP 맥락과 (0 단계에서) 미리 설정한 IPSec 터널을 사용하므로 네트워크 베어러를 설정할 필요가 없다. 증거를 받은 운영자는, 팀을 현장에 파견하기 전에, 기본 점검을 수행한다. 필요하면 최종 사용자에게 전화해서 알리고 (9단계) 비디오나 사진으로 침입을 확인한다.

3.2.2.5 판매 관리와 현금 자동 인출기

판매 관리(PoS, Point of Sale)과 현금 자동 인출기(ATM, Automated Teller Machine)는 금융 거래 관리와 현금 인출 관리에 널리 쓰인다. 일반적으로 PoS/ATM 단말은 유무선 광역 통신망(WAN, Wide Area Network)으로 지불과 현금 인출 관리를 맡는 중앙 서버에 연결된다. PoS/ATM 시스템은 강력한 보안과 무결성은 물론 거의 실시간으로 서비스를 제공해야 한다는 난관이 있다. 최종 사용자와 상호 작용이 강한 시스템이기 때문이다. 그래서 MNO 는 상시 접속 방식을 사용해 PDP 맥락 설정에 걸리는 지연을 피한다.

그림 3.7은 전자 결제 시스템이다. 0단계에서 5단계는 PDP 맥락을 수립하는 과정이다. 인증에 성공하면 M2M 장비는 RADIUS 프로토콜을 사용해 IP 주소를 할당 받는다.

고객이 결제하면 (6단계와 7단계) 단말은 해당 결제에 필요한 절차대로 M2M 서버와 데이터를 교환한다.

3.2.2.6 초창기 M2M 예제로부터 얻은 결론

초창기 M2M 구축 사례에서 얻은 한 가지 결론은, 시스템 요구사항의 특징에 따라 특정 솔루션이 결정된다는 점이다. 일반적으로 다음 요구사항을 고려해야 한다.

- 양단간 지연과 상호 작용 요구사항
- 데이터 양
- 데이터 교환 빈도
- 서버-개시 통신 대 클라이언트-개시 통신

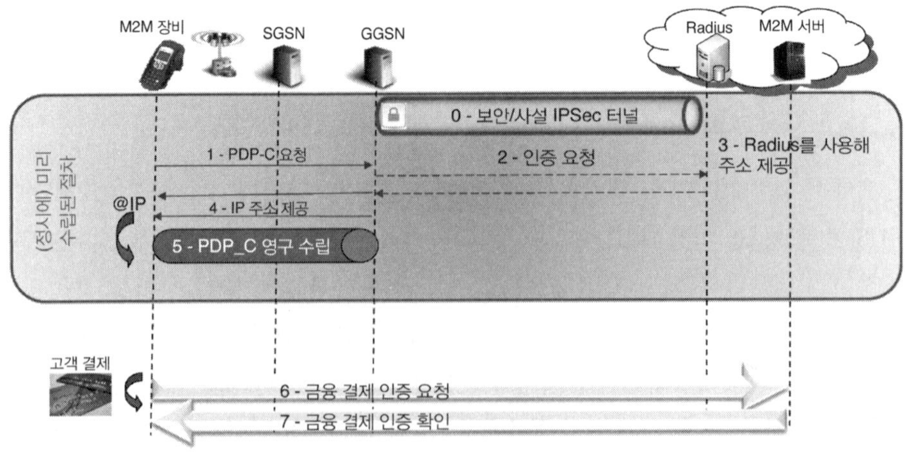

그림 3.7 상시 접속 전자 결제 시스템

- 통신 모듈 기능

표 3.1은 애플리케이션 요구사항에 따라 네트워크 솔루션을 분류한다. 어디까지나 일반적인 분류일 뿐이다. 보통은 다른 제약조건과 (예를 들어, 최종 사용자가 요구하는 조건과) 기존에 설치된 시스템과 통신 모듈도 고려해서 최종 결정을 내린다.

표 3.1 사용 사례에 따른 M2M 솔루션 분류

사용 사례 요구사항	CS 영역/ PS 영역	연결 모듈	설명	장점	단점
실시간/ 상호 작용	PS 영역	상시 접속	M2M 장비는 영구적인 활성 PDP 맥락에서 상시 접속을 유지한다	데이터 베어러 설정에 따르는 지연이 없다	네트워크 장비가 베어러마다 맥락을 유지해야 한다 (CAPEX/OPEX 비용이 추가로 든다)
중간/많은 데이터 양 (실시간 요구사항 없음)	PS 영역	데이터를 전송하는 동안 설정된 PDP 맥락	서버가 개시하는 통신은 서버가 M2M 장비로 부재 중 전화를 걸거나 문자 메시지를 보내 PDP 맥락 설정을 촉발한다; 반대로, M2M 장비가 개시하는 통신은 서버로 전송할 데이터가 있을 때 M2M 장비가 PDP 맥락 수립을 시작한다	PDP 맥락을 영구적으로 유지할 필요가 없다	실제 데이터는 PS 영역으로 교환되지만 여전히 CS 영역도 사용된다
적은 데이터 양과 낮은 빈도	CS 영역	음성 또는 SMS	음성 통화/SMS로 적은 양의 데이터를 전송한다	비싼 PS 영역 신호를 사용할 필요가 없다; 단지 적은 양의 데이터만 전송한다	CS 영역 자원에 추가적인 부하가 걸린다
가용성 높은 데이터 서비스	CS 영역	여러 MSISDN을 가지는 데이터 CSD	전용 MSISDN으로 CSD 서비스를 호출한다	긴급 전화는 긴급으로 처리한다	MSISDN 두 개가 필요하다

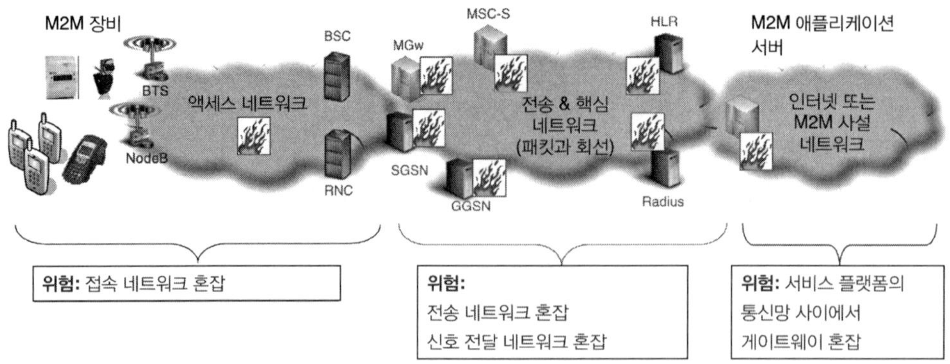

그림 3.8 M2M 장비 혼잡

3.2.3 초창기 M2M 시스템이 부딪힌 난관

이 절에서는 초창기 M2M 시스템이 부딪힌 난관을 살펴본다[4]. M2M 시스템이 널리 보급되려면, 적절한 네트워크 구축을 통해서든 표준에서 정의할 새 기능을 통해서든, 이들 문제를 해결하는 일이 성공에 있어 필수다.

3.2.3.1 혼잡과 부하

그림 3.8은 네트워크 상에서 혼잡과 부하가 발생하기 쉬운 M2M 장비를 보여 준다.

일반적으로 M2M 장비들이 PDP 맥락 설정을 요청할 때 혼잡이 발생할 위험이 커진다. PDP 맥락 설정이 실패하면 M2M 장비들은 연결될 때까지 계속 시도한다.

요청 수가 비정상적으로 많아지면 RADIUS 인증 서버는 초반부터 부하가 걸리기 시작한다. 그런 와중에 일반적인 인간-대-인간(H2H, Human-to-Human) PDP 연결 요청이 패킷 핵심 네트워크로 들어오면 인증 서버가 제시간에 응답하지 못해 타임아웃 실패가 발생한다. 부하는 GGSN(Gateway GPRS Support Node) 인터페이스까지 역전파되어 결국은 패킷 핵심 네트워크 전체를 마비시킨다.

그러면 네트워크 관리자가 일시적으로 M2M 트래픽을 중단한 후 고장 났거나 오작동하는 통신 모듈을 찾아내 격리할 필요가 있다. 하지만 M2M 트래픽만 식별할 수단이 없다면 쉽지 않은 조치다.

일반적으로 전화 통신 네트워크로 전송되는 M2M 트래픽과 H2H 트래픽을 비교하면 M2M 트래픽은 다음 특징이 드러난다.

4 구축 시 발생한 문제를 모두 문서화하려면 별도의 장을 할애해도 부족하다.

- **동시 발생**: M2M 장비들이 일정한 주기로 데이터를 전송한다. 무작위로 아무 때나 연결하지 않는다. 여러 M2M 장비들이 네트워크 자원을 동시에 사용하는 바람에 자주 혼잡으로 이어진다.
- **예측 불가**: 때로는 운영자가 M2M에 대응하는 사실을 모른 채 M2M 모듈을 배포한다. 운영자는 M2M 트래픽을 예측하지 못하므로 네트워크도 적절히 조율하지 못한다.
- **집중 발생**: 감시 장비는 평소 소량의 데이터를 전송한다. 하지만 경보가 울리면 (예를 들어, 비디오 카메라는) 한번에 대량의 데이터를 전송한다.
- **통제 불가**: 일부 M2M 장비는 아무런 규칙 없이 무작위로 네트워크에 연결한다. 한 예가 로밍 장비다. 로밍 장비는 (무선 문제로) 사업자 A의 네트워크 서비스 지역을 벗어나자마자 바로 사업자 B와 네트워크와 연결을 시도한다.

3.2.3.2 식별번호와 주소 자원 부족

- MSISDN은 모바일 단말을 식별할 때 사용된다. 특정 구독자의 단말에 연락할 수 있는 편리한 수단이기도 하다. 현재 구축된 MNO 네트워크는, M2M 통신이든 사람 통신이든, 모든 구독자에게 MSISDN을 하나씩 할당한다. MSISDN 형식은 ITU-T 권고안 E.164에서 명세한다. 명세서는 많은 수의 장비를 허용하지만 나라마다 번호 체계가 있어 (개인 통신 장비 수를 예측해) 자리 수를 제한한다. 예를 들어, 프랑스는 모바일 사업자에게 06 XX XX XX XX와 07 XX XX XX XX를 할당한다. 최대 2억 명의 구독자를 지원한다는 뜻이다. 프랑스 인구가 6천 5백만 명이니 충분한 숫자다. 하지만 M2M 장비가 널리 배포되면 번호가 바닥날지 모른다. 초창기 배포 단계에서는 이들 자원을 절약하는 방안 중 하나로 사설 MSISDN이 제안되었다. 하지만 사설 MSISDN 방식은 로밍 시 서비스를 상호 운용하지 못하는 등 여러 제약이 있다. 국경을 넘나들며 여행하는 차량에는, 서비스가 끊어지지 않으려면 계속 로밍해야 하므로, 적합하지 않은 방안이다.
- IP 주소는 M2M 장비가 데이터 베어러를 수립할 때 사용된다. 배포 시나리오와 시스템 요구사항에 따라 공인 IP를 쓰기도 하고 사설 IP를 쓰기도 한다. 사설 IP는 MNO IP 주소 자원을 절약하는 한 방법이지만 사설 IP를 쓰려면 M2M 서버와 M2M 장비들 사이에 사설 네트워크를 구축해야 하거나 M2M 서버가 인터넷에 물린 경우 네트워크 주소 변환 장치(NAT, Network Address Translator)를 설치해야 하는 등 별도의 네트워크 설정이 필요하다. 사설 IP 는 다음 제약이 따른다.
  - NAT 설치에 추가로 비용이 든다.
  - 서버-개시 통신에서는 NAT에 핀홀을 여는 명시적인 메커니즘이 없다면 M2M 서버가 M2M 장비에 연결되지 못할지도 모른다. 그래서 M2M 장비에 PDP 맥락이 수립되어

있더라도 SMS 장비 트리거링이 여전히 필요하다.

3.2.3.3 데이터 전용 서비스에 CS 영역 맥락 사용

PS 영역 서비스만 사용하게 구성된 M2M 장비는 MSISDN이 필요하지 않다고 생각할지 모르나 실제로 3GPP 표준은 MSISDN을 필수로 규정한다. 충전 등과 같은 일부 절차가 MSISDN을 식별자로 사용하기 때문이다. 게다가 SMS 장비 트리거링을 사용하려면 MSISDN이 반드시 필요하다. PS 영역 구독에 더해 CS 영역에 구독할 때도 MSISDN이 필요하다. CS 영역을 구독하려면 CS 영역에 맥락을 보관해야 하므로 추가 비용이 든다.

현재 나와 있는 3GPP 표준은 MSISND을 사용해 SMS를 보내도록 규정한다. 개발 중인 3GPP 표준은 MSSIDN이 반드시 필요하다는 제약을 없애려 한다. MSSIDN 없이 PS 도메인만 가입을 허용하고 국제 이동통신 가입자 식별번호(IMSI, International Mobile Subscriber Identity)로 SMS를 보내는 방식을 추진하고 있다.

3.2.3.4 초창기 배포 문제와 관련된 결론

초창기 M2M 구축에서 부딪힌 난관 중 지금도 중요한 문제는 혼잡과 부하, 식별번호와 주소 자원 부족이다. 두 문제 모두 여러 표준화와 규제 단체가 M2M의 비용효과적이며 연속적인 성장을 촉진할 장기적인 해결책을 찾고 있는 중이다. 주소 문제는 한창 탄력을 받고 있는 IPv6가 조만간 구체적인 해결책을 내놓겠지만, 대규모 시스템 배포 시 종종 최종 사용자 배포라는 난관에 부딪힌다.

혼잡과 부하 제어 문제는, 표준이 장기적인 해결책을 제시해야 한다는 사실은 명백하지만, 네트워크 안정성을 해치지 않으면서 현재의 M2M 시스템 확산을 지원할 단기적인 해결책도 필요하다. 이런 해결책이 갖출 요소는 다음 절에서 설명한다.

3.2.4 M2M 배포의 가능한 최적화 방안

이 절에서는 네트워크 계획과 아키텍처 관점에서 현재 적용할 수 있는 최적화 방안을 살펴본다. 장기적인 해결책을 제시할 새 표준이 개발되는 동안에 M2M 배포 성장을 수용할 수 있는 방안이다. 이 절에서는 트래픽 식별의 필요성을 강조하는데, 트래픽 식별은 M2M 구축을 위해 최적의 아키텍처가 갖출 기본 기능이다.

3.2.4.1 트래픽 식별

M2M 트래픽을 식별하면 다음 두 가지가 가능해진다.

- 운영 네트워크를 최적화해 M2M 트래픽을 효율적으로 처리할 수 있다. 이 절에서는 특정 핵심 네트워크 장비를 M2M 구독자를 위한 트래픽 전용으로 할당해 최적화하는 방법을 살펴본다.
- M2M 시스템에 적합한 운영, 관리, 유지보수(OA&M, Operational Administration & Maintenance) 기능을 제공할 수 있다. 예를 들어, 만약 장비 오작동으로 네트워크에 혼잡이 생기면 해당 장비 집합을 완전히 비활성화시키는 방법이 바람직하다. 예를 들어, M2M 서비스 "ABC"에 연결된 M2M 장비를 모두 비활성화시킨다. 아니면 다른 민감한 서비스에 피해를 주지 않도록 문제의 트래픽을 다른 네트워크 장비로 돌린다. 이와 같은 대응으로 네트워크 관리자는 이차적인 피해를 막고 다른 서비스를 정상적으로 유지할 수 있다. 근본 원인을 파악해 해결한 후에는—예를 들어, M2M 장비의 새 펌웨어 버전이 네트워크에 너무 자주 연결하는 바람에 문제가 생겼다—트래픽을 원래대로 되돌리면 된다.

3.2.4.2 IMSI 범위 사용

전용 IMSI 범위를 사용하면 트래픽 식별이 가능하다. 전용 범위는 사용 용도에 따라 분류되며 HLR 서버/HSS 서버와 GSM 이동통신 서비스 교환국(GSMC, GSM Mobile Service Switching Center)에서 구현된다. IMSI는 숫자 15개로 구성된다. 첫 숫자 5개는 모바일 국가 코드와 모바일 네트워크 코드에 사용된다. 다음 숫자 2개로 특정 HLR 경로를 지정할 수 있고, 나머지 숫자로 (ABC 유틸리티와 같이) 최종 사용자를 지정하거나 (전자 보건과 같이) M2M 특정 세분 시장을 지정할 수 있다.

3.2.4.3 전용 핵심 네트워크 중앙 장비

앞서 보았듯이, M2M 시스템을 매끄럽게 관리하려면 M2M 트래픽 식별이 중요하다. 여기서는 M2M 트래픽을 처리하는 전용 네트워크 장비가 있는 네트워크 아키텍처를 주창한다. 이들 네트워크 장비를 "전용 M2M 체인"이라 부른다.

그림 3.9는 핵심 네트워크 장비 두 개로 전용 M2M 체인 하나를 구성한 네트워크 아키텍처다. 전용 M2M 체인은 다음으로 구성된다.

- HLR — 모든 네트워크 구독자를 관리하는 중앙 데이터베이스다. 전용 IMSI 범위를 사용하면 모든 네트워크 등록 요청을 전용 HLR로 보낼 수 있다. 따라서 네트워크 운영자는 방대한 수의 M2M 장비가 동시에 네트워크에 접속하려는 바람에 (예를 들어, 사업자 A의 네트워크 서비스가 끊어져 사업자 B의 네트워크로 연결하려는 바람에) 발생하는 혼잡과 부하를 피할 수 있다. 또한 M2M 전용으로 사용하는 HLR을 M2M에 맞게 설계하고

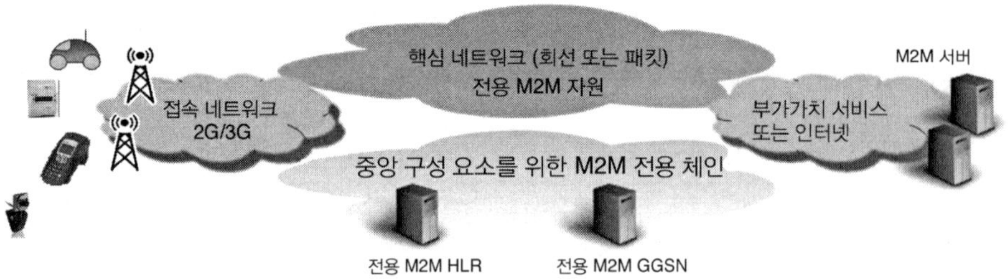

그림 3.9 M2M에 최적화된 네트워크 아키텍처

관리할 수도 있다. 예를 들어, M2M 장비 유형이 같으면 구독 정보에 겹치는 내용이 많다는 사실을 이용해 HLR 저장 공간을 최적화할 수 있다. 또한 고정형 M2M 장비들이라면 HLR에서 이동성 관리 절차의 실행 횟수를 줄여 HLR 장비 성능을 높이는 최적화도 가능하다.

- GGSN — M2M 장비를 일반적으로 M2M 서버가 있는 IP 기반 네트워크로 연결해 주는 게이트웨이 장비다. 전용 GGSN은 M2M에 딱 맞게 구성할 수 있다. 예를 들어, 영구 베어러가 필요하지만 극히 소량의 데이터만 생성하는 M2M 애플리케이션이라면 GGSN은 전송할 데이터를 위해 적은 메모리로도 무한한 수의 PDP 맥락을 처리하게 구성될 수 있다.

3.2.4.4 핵심 네트워크 요소 설정: M2M을 위한 CGSN APN 구성

M2M 트래픽을 효율적으로 처리하려면 핵심 네트워크를 위한 전용 M2M 체인을 사용하는 방안과 더불어, 핵심 네트워크를 적절히 설정하고 최적화하는 방안도 고려할 만하다. 이 절에서는 GGSN 접속 포인트 이름(APN, Access Point Name)을 M2M에 적합하게 구성하는 예제를 소개한다. APN을 구성하면 M2M 트래픽을 세밀하게 처리할 수 있다. 예를 들어, 전자 보건 트래픽은 지연 시간(delay)과 대기 시간(jitter)이 적어야 하므로 특정 APN을 지정한 후 그 APN으로 오는 패킷은 적절히 표시해 트래픽을 우선으로 처리할 수 있다.

APN은 일반 패킷 무선 서비스(GPSR, Global Packet Radio Service)의 한 매개변수로서 트래픽을 IP 네트워크로 라우팅하게 만든다. HLR에 등록된 모든 구독자자에게는 특정 APN이 지정된다. APN은 PDP 맥락을 설정할 때 활성화된다.

APN을 특정 방식으로 동작하게 구성하려면 APN 매개변수를 이용한다. 보통 APN의 동작 방식은 최종 사용자와 합의에 기반한다.

- **연결 모드**: 영구 모드와 일시 모드가 있다. 영구 모드를 사용한다면 GGSN 역시 일정 시간이 지난 후 PDP 맥락을 해제하게 설정한다.

표 3.2 APN 분류와 설정

연결 모드	IP 주소 종류	APN 이름	APN 타이머 세션 타임아웃
항상 연결	사설 IP 공용 IP	M2M_Al_On-Private.com M2M_Al_On-Public.com	꺼짐
일시적	공용 IP 사설 IP	M2M_Non_Perm-Private.com M2M_Non_Perm-Public.com	매일

- **IP 주소 유형**: 사용할 IP 주소 유형이다. 공용 IP 주소나 사설 IP 주소를 사용한다.
- **APN 타이머 세션 타임아웃**: 네트워크가 PDP 맥락을 해제할 타임아웃을 지정한다. 더 이상 쓰지 않는 베어러를 유지할 필요가 없을 때 사용하는 메커니즘이다.

표 3.2는 몇 가지 분류 방식을 보여 준다. APN 4개를 만들어 연결 모드 2개와 IP 주소 유형 2개로 나눈 후 APN 매개변수를 적절히 설정했다. 예를 들어, 사설 APN "M2M_Al_On-Private.com"과 "M2N_Non_Perm-Private.com"은 NAT 라우터를 거치는 반면 공용 APN "M2M_Al_On-Public.com"과 "M2M_Non_perm-Public.com"은 인터넷에 바로 접속한다. 이와 같은 APN 분류 방법을 사용하면, 전용 M2M 체인으로 M2M 트래픽을 분리한 후, 고객/특정 세분 시장 요구에 따라 M2M 트래픽에 우선순위를 달리 매기거나 처리 방식을 다르게 지정할 수 있다.

3.3 결론

운영 네트워크에서 M2M 애플리케이션의 비중이 점차 커지는 현실에서 네트워크 사업자는 M2M 서비스를 단순히 또 다른 개인 통신 서비스로 취급하지 않는 태도가 중요하다. 전문가들은 네트워크 운영자에게, 특히 모바일 네트워크 사업자에게, 다음 두 단계 방식을 권고한다.

- 1단계로는 현재 네트워크를 M2M에 맞게 조율한다. 동시 발생, 집중 발생, 고정형 장비 등과 같은 M2M 트래픽의 근본적인 특징을 고려해 네트워크를 최적화한다. 현재 채택되는 최적화 방안으로는 다음이 있다.
  - **전용 M2M 체인** — 특정 네트워크 장비를 M2M 전용으로 할당해 M2M 트래픽을 처리한다. 전용 장비는 일반적인 개인 통신과는 달리 M2M 트래픽 특성에 맞게 조율한다.

- **트래픽 식별** — CS 영역과 PS 영역에서 M2M 트래픽을 식별한다. 전용 IMSI 범위와 전용 APN을 사용한다.
- **네트워크 장비 최적화** — 네트워크 장비를 M2M에 맞게 최적화한다. 3장에서는 (장비 유형이 동일한 경우) 구독자 당 맥락 크기를 줄이고 (고정형 장비인 경우) 이동성 관리 절차의 실행 횟수를 줄이는 등 HLR을 최적화하는 방법을 살펴보았다.

1단계에 해당하는 최적화 방안은 아주 많으나 이 장에서 모두 다루지는 않는다. 적합한 방안은 네트워크 운영자마다 그리고 최적화하려는 M2M 애플리케이션에 따라 크게 달라지기 때문이다.

- 2단계로는 현재 배포된 MNO 네트워크에 새로운 기능들을 도입해 장기적인 해결책을 구현한다. 여기서 새로운 기능이란 애초에 M2M용으로 설계된 최적화 기능을 가리키며 3GPP TR 23.888 (-NIL-)가 좋은 출발점을 제공한다. 이들 최적화 기능은 앞으로 대규모 M2M 배포와 비용절감에 크게 기여하리라 기대된다. 또한 소프트웨어를 업그레이드하거나 새 장비를 배포하는 방법으로 운영할 수 있으리라 예상된다. 유용한 네트워크 최적화 기능으로는 다음이 있다.
  - PS만 가입/MSISDN 사용 안 함 — MNO가 CS 영역에서 가입자 맥락을 보관할 필요가 없다. 데이터 서비스만 사용하는 M2M 장비에 MSISDN을 할당할 필요도 없다.
  - 온라인 장비 트리거링 — 데이터 베어러 수립을 트리거하는 효율적인 메커니즘을 제공한다.

참고문헌

1. 3GPP TR 23.888 (2011). System Improvements for Machine Type Communications.

Part 02

M2M Architecture and Protocols

Chapter 04

M2M 요구 사항과 고차원 아키텍처 원칙

M2M Requirements and High-Level Architectural Principles

오마르 일루미와 펑 슐레어

알카텔-루슨트 , 벨리지, 프랑스

4.1 도입

이 책은 M2M의 수평적인 측면에서의 요소 기술들 위주로 다루고 있다. 서로 다른 표준화 단체들의 표준 활동을 이해하고 최근의 시장 형성을 이해하기 위해서는 기본적인 M2M의 요구사항에 익숙해지는 것이 필요하다. 3GPP, 3GPP2, ETSI와 같은 많은 표준화 단체들이 서비스 구조를 정의하기 위한 요구사항들을 먼저 도출하는 방식인 사용사례 주도 접근법(Use-case-driven approach)을 사용하기 때문이다. 하지만, ETSI는 사용사례들을 표현하는 좀 더 정형적인 방식을 채택하고 있다. 사용사례 주도 접근법에 더해, (장비 기능과 운영 네트워크 설계 등) 모든 네트워크 최적화 방안은 M2M이 생성한 트래픽의 근본적인 특성과 성장 패턴도 고려해야 한다는 사실이 아주 명확해졌다. 두 가지 문제 모두 액세스망와 코어망에 새롭고도 도전적인 요구 사항을 안긴다.

4장은 서비스와 네트워크 측면에서 M2M 요구 사항을 주로 다루지만 M2M 요구 사항 전부를 일일이 열거하지는 않는다. 자세한 목록은 ETSI, 3GPP, 3GPP2 표준에서 찾을 수 있다. 4장에서는 요구 사항을 도출하는 방식과 M2M이 기존 시스템에 요구하는 새로운 제약을 보여 주는 목적이 있다. M2M 통신에서 IP의 역할과 관련한 요구 사항은 7장에서 상세히 다룬다.

이어지는 절에서는 M2M 서비스 계층에서 ETSI M2M 사용 사례를 소개하고 요구 사항을 집중적으로 파악한다.

4.2 사용 사례에 기반한 M2M 요구 사항 도출

4.2.1 사용 사례란?

사용 사례(use case)는 아주 흔히 사용하는 용어다. 하지만 모두가 합의하는 정의는 찾기가 쉽지 않다. 이런 와중에 사용 사례를 기술하기 위해 OMG(Object Management Group)가 내놓은 정의와 접근 방식이 가장 적합하다. OMG에 따르면, 사용 사례는 한편으로 여러 액터들 사이의 상호 작용을 기술하는 동시에 다른 한편으로 기반 시스템을 기술한다. 사용 사례에서 상호 작용은 일련의 간단한 단계의 연속으로 표현된다. 액터는 시스템 밖에 존재하는 (단말 등의) 사물 혹은 (한 명이나 여러 명의) 사람을 의미한다. 액터는 시스템과 일련의 교류에 참여해 주어진 목표를 달성한다.

사용 사례는 시스템을 블랙박스로 취급한다. 즉, 응답을 포함해 시스템과 상호 작용을 시스템 밖에서 인지한다. 사용 사례는 시스템 아키텍처를 중립적으로 기술한다. 즉, 어떤 물리적인 아키텍처도 가정하지 않는다.

기반 시스템의 기능이나 요구 사항을 사용 사례와 혼동하면 안 된다. 사용 사례 하나가 여러 기능/요구 사항을 기술할 수도 있고, 기능/요구 사항 하나가 여러 사용 사례에 걸칠 수도 있다.

사용 사례는 액터가 시스템과 상호 작용해 얻는 것, 즉 목표도 기술한다.

4.2.2 ETSI M2M의 사용 사례 작업

ETSI 기술 위원회(TC, Technical Committee) M2M은 2009년 1월에 M2M 통신 아키텍처의 총괄적인 명세를 제공할 목적으로 만들어졌다. 총괄적인 명세라고 해서 ETSI TC M2M이 M2M 시스템의 모든 요소를 명세한다는 의미는 아니다. ETSI TC M2M은 다른 표준 개발 조직들(SDOs, Standard Development Organizations)과 표준화 포럼들이 지금까지 내놓은 결과와 현재 진행 중인 작업을 전적으로 인정하고 있다. TC M2M은 주로 서비스 계층에 초점을 맞추며, 필요하다면, 다른 표준화 활동을 참조하라고 권고한다. ETSI TC M2M은 요구 사항을 도출할 수 있는 사용 사례 집합을 기반으로 작업한다는 의도적인 결정을 내렸다.

ETSI는 다음 5가지 주요 사용 사례 군을 기반으로 사용 사례 중심 기법을 적용했다.

- 스마트 미터링
- 전자 보건
- 연결된 소비자

그림 4.1 ETSI TC M2M 접근 방식, 사용 사례에서 서비스 요구 사항 도출하기

- 자동차
- 도시 자동화

이들 다섯 사용 사례 집합을 파악하고자 ETSI는 기술 보고서 다섯 편을 작성했다. 현재 ETSI TC M2M은 이들 기술 보고서를 토대로 명세를 개발하는 중이다. **그림 4.1**은 사용 사례 기술 보고서와 다른 결과물들 사이의 관계를 보여 준다.

ETSI의 사용 사례 작업은 모든 경우 수를 고려하지는 않는다. 그런 시스템적인 접근 방식은 실제 부가가치를 제공하지 못하면서 시간이 많이 들고 번거롭기 때문이다. 게다가 잠재적인 사용 모든 사례를 문서화하면 액터들 사이에서 혁신하고 차별화할 여지가 사라진다. 보고서의 목적은 모든 핵심 요구 사항을 도출할 정도만, 그래서 아키텍처 작업이 여러 M2M 애플리케이션을 위한 토대를 만들 정도로만, 여러 사용 사례를 살피는 것이다.

4.2.3 사용 사례 작성법

가능한 사용 사례가 굉장히 많으므로 사용 사례 작성법을 하나로 통일하는 것이 매우 중요하다.

4.2.3.1 사용 사례 템플릿

사용 사례를 기술할 때는 단일 템플릿을 사용해 최소한의 형식을 맞춘다. 요구 사항을 도출할 때 이해 수준을 맞추고 체계를 잡으려면 단일 템플릿이 필수다.

다음은 ETSI TC M2M이 사용하는 템플릿이며, 참고문헌 [1]에서 인용하였다.

템플릿

사용 사례 개요

사용 사례의 목적과 목표를 요약한다. 주요 사안을 고차원적인 용어로 강조한다.

이해 관계자

사용 사례에 언급되는 사람 혹은 사물을 열거한다. 소비자, 네트워크 운영자, 데이터베이스, 요금 청구 주체 등이 여기에 해당한다.

사용 사례 설명

각 이해 관계자가 시스템을 사용하는 방식을 보여주는 사용 사례를 텍스트로 기술한다. 사용 사례 선조건 혹은 사용 사례 촉발 조건도 기술한다.

정보 교환

정보 흐름을 단계적으로 기술한다. 예를 들어, 사용 사례에서 일어나는 등록, 데이터 조회, 데이터 전송 등을 설명한다.

잠재적인 새 요구 사항

사용 사례에서 도출되는 요구 사항을 열거한다.

사용 사례 출처

사용 사례 출처나 개발 주체를 명시한다.

4.3 ETSI M2M 사용 사례: 스마트 미터링

4.3.1 도입

ETSI M2M은 별도의 기술 보고서[1]로 스마트 미터링 사용 사례를 다룬다. 보고서는 EU M/441 스마트 미터링 표준화 강령과 밀접하게 관련되며 EU M/441 강령을 준수한다. EU M/441 강령의 목표는 다음과 같다.

> 이 강령의 일반적인 목적은 (수도, 가스, 전기, 열 등과 같은) 유틸리티 계량기의 상호운용성을 보장하는 유럽 표준 생성에 있다. 그러면 소비자에게 실제 사용량을 더욱 효과적으로 알려 줄 수 있고 소비자는 수요를 적시에 조정할 수 있다. (이를 흔히 "스마트 미터링"이라 한다.)

스마트 미터링은 주로 에너지 최종 사용 효율 향상을 목표한다. 그 결과, 주로 에너지 소비량 감소, 이산화탄소 배출 감소, 기타 온실가스 방출 감소에 기여한다.

스마트 계량기는 (전기, 가스, 수도, 열 등과 같은) 유틸리티 계량기다. 스마트 계량기를 사용하면 청구서를 발송할 때 예전 사용량을 기반으로 요금을 추정할 필요가 없다. 검침원이 일일이 계량기를 확인할 필요도 없다. 대신 소비자, 에너지 회사, 공급자에게 (전기, 가스 등) 소모성 유틸리티의 정확한 사용량 정보가 적시에 제공된다. 또한 에너지 소모를 실시간으로 제어하는 기능 등 다양한 서비스도 가능하다.

(스마트 미터링 표준화 작업을 조율하고자 만들어진 CEN, CENELEC, ETSI 합동 그룹인) SMCG(Smart Metering Coordination Group)이 내놓은 보고서[2]는 스마트 미터링 정보 시스템이 제공한 기능 목록을 문서화한다. 여섯 범주로 나누어진 이들 기능은 기존 계량기가 제공하는 일반적인 기능 상단에 추가할 기능을 표현하고 있다. 여섯 범주는 다음과 같다[1].

- **계량기 원격 검침과 특정 시장 조직(들)에 정보 제공**: 미리 정해진 시간에 혹은 요청이 들어오면 표준 인터페이스를 사용해 계량기 값을 특정 시장 조직(들)에 원격으로 제공하는 기능이다.
- **계량 시스템과 특정 시장 조직(들) 사이의 양방향 통신**: 사용량, 네트워크와 공급 품질, 이벤트, 네트워크 상태, 계량기 상태, 비계량 정보 등과 같은 데이터를 원격에서 가져와 특정 시장 조직(들)에 제공하는 기능. 특정 시장 조직(들)이 원격에서 계량 시스템을 설정하고 소프트웨어/펌웨어 업그레이드를 수행하는 기능. 계량 시스템이 에너지 서비스 공급자로부터 (그리고/또는 분배 시스템 운영자, 계량기 운영자 등의 관련 업체로부터) 정보를 받는 기능이다.
- **계량기에서 복잡한 요금제와 결제 시스템 지원**: 고객이 원하는 결제 방식으로 선불하는 기능. 선불 시 일정량을 소비한 후 혹은 일정 시간이 지난 후 공급을 중단하는 기능. 여러 요율을 이용해 시간별 차등 요금제, 피크 요금제, 실시간 요금제, 복합 요금제 등 복잡한 요금제를 적용하는 기능이다.
- **계량기에서 원격 공급 비활성화 또는 활성화**: 특정 시장 조직(들)이 원격에서 (가스 계량기를 제외한) 계량기 매개변수를 제어해 안전하게 공급 한계를 제어하고 설정하며 공급을 활성화하고 비활성화하는 기능이다.

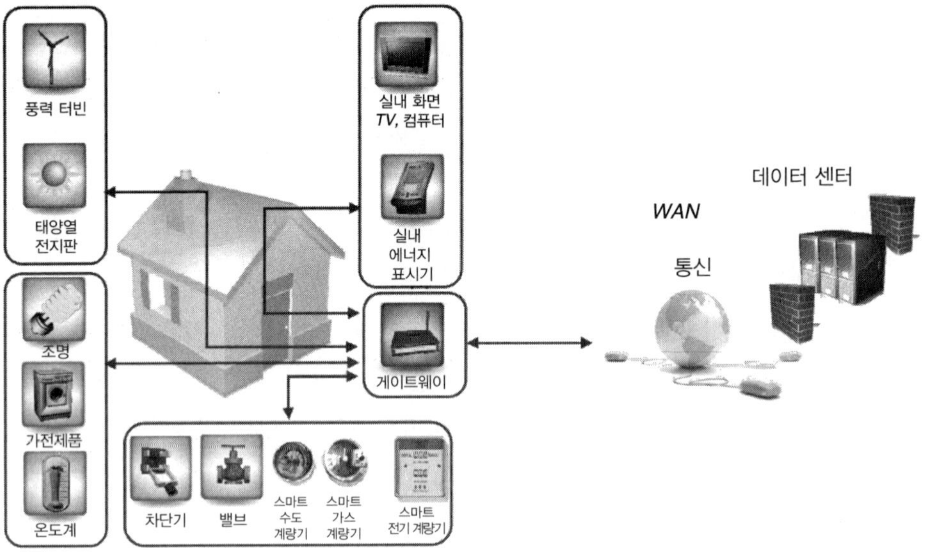

그림 4.2 스마트 계량 시스템의 일반적인 구축 시나리오(ETSI 허락 하에 게재)

- **스마트 계량기가 최종 사용자 혹은 최종 사용자가 지정한 제3자에게 측정 데이터를 안전하게 전달하는 보안 통신**
- **포털/게이트웨이를 통해 계량기에서 실내/건물 화면 또는 보조 장비로 정보 전송:** 총 사용량, 기타 측정 정보, 비계량 정보 등을 외부 화면으로 보내는 기능이다.

이들 "추가 기능"은 사용 사례를 개발하는 과정에서 일반적인 틀/범위로 사용되어 왔다. 그래서 각 사용 사례는 여러 기능에 속한다.

4.3.2 일반적인 스마트 미터링 구축 사용 사례

그림 4.2는 스마트 미터링 시스템에서 일반적인 장비 적용 및 사용 사례다. 그림은 (밸브, 전기 계량기, 가스 계량기, 수도 계량기 등과 같은) 스마트 계량 장비가 통신 게이트웨이를 통해 데이터 센터에 연결되는 시나리오를 보여준다.

데이터 센터는 통신 게이트웨이를 통해 스마트 계량 장비로부터 데이터를 수집한다. 또한 원격에서 관련 스마트 계량 장비를 제어한다.

위 사용 사례에서는 게이트웨이가 (각종 온도 센서, 화면, 가전제품 등의) 가정 자동화 장비와 주거 환경에 배포된 가정용 마이크로 발전기에 대한 인터페이스를 제공한다.

스마트 미터링 사용 사례 예제: 선불 기능 (해당 사용 사례는 참고문헌 [1]에서 발췌)

사용 사례 개요

이 사용 사례에서 스마트 미터링 정보 시스템은 과금 주체가 정의한 방식으로 선불 기능을 지원하게 설정된 상태다. 이 사용 사례는 1) 스마트 미터링 시스템을 써서 선불 기능을 관리하는 경우와 2) 과금 주체가 원격에서 선불 기능을 관리하는 경우를 기술한다.

이해 관계자

과금 주체

소비자에게 요금을 청구하는 조직이다.

소비자

사무실이나 집에서 전기, 가스, 난방, 수도 등을 소비하는 조직이나 사람이다. 요금을 내기로 과금 주체와 약속한 조직이나 사람도 여기에 속한다.

자산 관리자

스마트 미터링 정보 시스템의 자산을 (예를 들면, 계량기 통신 장비, 스마트 미터링 게이트웨이 등을) 설치하고 구성하고 운영하고 관리하는 조직이다.

사용 사례 설명

선조건: 스마트 미터링 시스템이 설치되었고 선불 기능 시스템으로 기능하게 구성되었다. 스마트 미터링 정보 시스템이 과금 주체 그리고/또는 자산 관리자를 인식하며 주소를 인지한다.

후조건: 스마트 미터링 시스템이 과금 주체 그리고/또는 자산 관리자에게 선불 트리거 작업을 완료했다고 통지한다.

실패한 경우 과금 주체 그리고/또는 자산 관리자에게 실패를 알린다.

촉발 조건: 고객이나 과금 주체가 스마트 미터링 정보 시스템에서 선불 작업을 수행할 필요가 있다고 결정한다.

정보 교환

기본 흐름

1. 자산 관리자나 과금 주체가 스마트 미터링 정보 시스템에게 결제 모드를 변경하라는 메시지를 보낸다.
2. 스마트 미터링 시스템이 요청을 검증한다.
3. 스마트 미터링 시스템이 결제 모드를 변경한다.

4. 자산 관리자나 과금 주체는 결제 모드가 변경되었다는 확인 메시지를 받는다.
5. 스마트 미터링 정보 시스템은 자산 관리자 그리고/또는 과금 주체가 사전에 구성해 놓은 정보를 표시한다.
6. 고객이 화면으로 정보를 읽는다.
7. 고객은 해당 정보에 따라 행동할 수 있다.
8. 고객이 정보 결과를 보고 조치를 취한다. 예를 들어, 스마트 계량 정보 시스템에 추가로 결제하거나 비상 거래 신용을 풀어준다.
9. 스마트 미터링 정보 시스템은 자산 관리자 그리고/또는 과금 주체에게 고객의 조치가 끝났다고 알리는 확인 메시지를 전송한다.
10. 스마트 미터링 정보 시스템은 미리 설정된 주기로 혹은 과금 주체가 요청할 때마다 상태 정보를 제공한다.

다른 흐름 1

2단계에서 실패: 스마트 미터링 정보 시스템이 요청을 검증하지 못한다.

1. 자산 관리자나 과금 주체가 스마트 미터링 정보 시스템에게 결제 모드를 변경하라는 메시지를 송신한다.
2. 스마트 미터링 시스템이 유효하지 않은 요청으로 간주한다. 따라서 결제 모드를 변경하지 못하고 사전에 설정된 정보를 표시하지 못한다.
3. 스마트 미터링 정보 시스템이 오류 이벤트를 기록한다. 날짜/시각도 함께 기록한다.
4. 스마트 미터링 정보 시스템이 자산 관리자 그리고/또는 과금 주체에게 실패를 통지한다.
5. 끝

(...)

다른 흐름 3

5단계에서 실패: 스마트 미터링 정보 시스템이 자산 관리자 그리고/또는 과금 주체가 사전에 구성해 놓은 정보를 표시하지 못한다.

1. 자산 관리자나 과금 주체가 스마트 미터링 정보 시스템에게 결제 모드를 변경하라는 메시지를 송신한다.
2. 스마트 미터링 시스템이 요청을 검증한다.
3. 스마트 미터링 시스템이 결제 모드를 변경한다.
4. 자산 관리자나 과금 주체는 결제 모드가 변경되었다는 확인 메시지를 받는다.
5. 스마트 미터링 정보 시스템이 자산 관리자 그리고/또는 과금 주체가 사전에 구성해 놓은 정보를 표시하지 못한다.
6. 스마트 미터링 시스템이 유효하지 않은 요청으로 간주한다. 따라서 사전에 구성된 정보를

표시하지 못한다.
7. 스마트 미터링 정보 시스템이 오류 이벤트를 기록한다. 날짜/시각도 함께 기록한다.
8. 스마트 미터링 정보 시스템이 자산 관리자 그리고/또는 과금 주체에게 실패를 통지한다.
9. 끝

(여기서는 모든 다른 흐름을 소개하지 않는다. 전체 목록은 [1]을 참조한다.)

사용 사례에서 도출한 새 요구 사항

- M2M 시스템은 M2M 지역 네트워크를 위해 자동-구성 기능을 지원해야 한다.
- M2M 시스템은 정확하고 안전한 시간 동기화를 지원해야 한다. M2M 장비와 M2M 게이트웨이는 시간 동기화 또는 안전한 시간 동기화를 지원해야 한다.
- M2M 시스템은 M2M 장비 상태를 원격으로 변경하는 기능을 (예를 들어, 활성과 비활성 기능을) 지원해야 한다.
- M2M 시스템은 (트랜잭션 기능이 있는) 협력 객체들 간의 트랜잭션 처리를 지원해야 한다.
- M2M 시스템은 M2M 장비와 M2M 게이트웨이로부터 정보를 수신하는 메커니즘을 지원해야 한다. 구체적으로는 다음과 같다.
  - 요청하지 않은 정보를 받는다 (수동적 수신)
  - 예정된 시간에 정보를 받는다
- M2M 시스템의 종단점에서는 교환되는 데이터의 무결성을 검증할 수 있어야 한다.

사용 사례 출처

ESMIG (European Smart Metering Industry Group), Document: Smart Metering Functionality Use Cases, ESMCR003-002-1.0, October 2009.

유럽 스마트 미터링 산업 그룹 ESMIG(European Smart Metering Industry Group)이 작성한 이 스마트 미터링 사용 사례는 M2M 시스템이 갖출 요건을 제공하고 있다. 그 중 하나가 트랜잭션 지원이다. 사용 사례를 보면 선불 흐름의 모든 단계는 분리될 수 없다는 사실이 명확하다. 즉, 모든 단계가 올바로 실행되었을 때만 서비스가 유효하다. 어느 한 단계라도 실패하면 원래 상태로 돌려야 한다. 트랜잭션은 쪼갤 수 없는 일련의 동작 집합을 가리킨다. (그래서 트랜잭션을 원자적이라고 표현한다.) 다시 말해, 한 동작이 실패하면 다른 동작의 효과를 모두 취소해야 한다는 의미다. 트랜잭션 관리는 M2M 시스템에 중요한 요구 사항이다. 여러 M2M 솔루션에서 요구하는 기능이므로 개발하고 테스트가 끝나면 공개 API(Application Programming Interface)로 다양한 애플리케이션에 제공하는 방안도 고려할 만하다.

또 하나의 요구 사항이 보안이다. 스마트 계량기는 통신 기반 구조에 연결되고 통신 기반 구조는 유틸리티나 네트워크 운영자가 소유한다. 그런데 전력 계량기를 통신 네트워크에 연결하면 누군가 시스템을 악용할 위험이 생긴다. 그래서 M2M 시스템에 몇 가지 보안 요구 사항이 더해진다. 백엔드 유틸리티 애플리케이션 또는 대행하는 플랫폼과 스마트 계량기는 상호 인증해야 한다. 물론 주고 받는 메시지도 모두 인증해야 한다. 마찬가지로, 스마트 계량기에서 돌아가는 소프트웨어의 무결성을 검증하는 수단도 필요하다. 그래야 악의적인 사용자가 소프트웨어 이미지를 변경해 장비를 훼손하는 사태를 막을 수 있다. 또 다른 악용의 예로, 장비에 장착된 SIM 카드로 인터넷을 사용하는 악의적인 사건도 발생할 수 있다.

마지막 요구 사항이 장비 트리거다. 흔히 스마트 계량기는 측정 자료를 주기적으로 (예를 들면, 매 시간) 백엔드 애플리케이션으로 전송한다. 하시만 여러 사용 사례를 살펴보면 유틸리티 백엔드 애플리케이션이 언제든지 (선불 관련 명령과 같은) 명령을 송신하거나 (특정 시점에서 최대 사용량과 같은) 측정 정보를 명시적으로 요청하는 기능도 필요하다. 계량기가 (전력망(PLC) 통신으로 연결되어) 상시 접속 상태라면 유틸리티 백엔드 애플리케이션이 시작한 요청은 특별한 요구 사항을 부과하지 않는다. 하지만 계량기가 (3GPP, 3GPP2와 같은) 셀룰러 네트워크로 연결된다면 M2M 시스템에 새로운 요구 사항이 생긴다. 보통 셀룰러 네트워크는 단말[1] 쪽에서 (이 경우는 계량기 쪽에서) 접속을 요청하기 때문이다. 반면 스마트 미터링 시스템은 유틸리티 백엔드에서 특정 터미널에 접속하는 네트워크 기능이 필요하다. 현재는 이것을 특정 SMS로 (터미널이 데이터 연결을 수립하게 트리거해서) 해결한다. 하지만 SMS는 비용이 많이 드는 방법이다. 위 사용 사례에서는 특히 그렇다. 네트워크 운영자가 SMS를 보내야 한다는 이유 하나로 회선 가입을 유지해야 하기 때문이다. 애플리케이션 데이터를 교환하려면 당연히 데이터 가입도 필요하다. 앞으로 M2M이 점차 확산되면서 네트워크 애플리케이션 (혹은 대행 주체가) 요청해 이루어지는 접속 기능에 대한 요구가 점차 커지리라 예상된다. 장비 트리거라 부르는 이 요구 사항에 대해서는 현재 3GPP가 기술 보고서[3]를 작성하는 중이다.

4.4 ETSI M2M 사용 사례: 전자 보건

4.4.1 도입

전자 보건 애플리케이션과 관련 시스템은 다음 애플리케이션을 위해 점점 늘어나는 추세다.

[1] LTE 제외, LET에서는 기본 데이터 베어러가 상시 접속 수단을 제공한다.

- **원격 환자 감시** (RPM, Remote Patient Monitoring): 의료진이 원격으로 환자 건강 정보를 수집하고 저장하고 찾아보고 분석해 환자 건강 상태를 추적하고 진단한다. 의료 공급자는 환자 상태가 악화되기 전에 환자를 치료하므로 불필요한 응급실 방문과 재입원이 없어진다. 궁극적으로 RPM은 입원 일수를 크게 줄이므로 결국 의료 비용을 줄이게 된다. 일반적으로 (혈압과 같은) 환자 생체 신호를 감지하는 센서를 사용한다. 감시 정보는 보통 (게이트웨이라는) 장비 하나를 이용해 보고하며 대개 셀룰러 네트워크에 연결된다.
- **질병 관리**: 전자 보건 시스템이 많이 사용되는 분야로, 당뇨나 심부정맥 등의 질환을 원격에서 관리하며 이를 질병 관리라 부른다. 일부 질병 관리 솔루션은 건강 상태가 나빠지면 경보를 울려 의사나 환자의 주의를 끄는 경보 기능도 제공한다.
- **독립적인 노후 생활**: 노인들이 자신의 집에서 독립적인 생활을 영위하게 도와주며, 도움이 필요한 경우에도 집에 머물 수 있게 한다. 심장 박동, 체온, 체중, 혈압 등과 같은 생체 신호를 꾸준히 감시하며 약 복용을 확인하고 활동량을 추적한다.
- **개인 건강 관리와 건강 증진**: 운동하는 동안 심장 박동수, 호흡률, 에너지 소모율, 지방 연소율 등의 건강 지표를 기록한다. 또한 운동 빈도, 기간, 강도, 달린 거리 등도 기록한다. 백엔드 서버에 올려진 정보는 주치의가 사용자의 건강 상태를 파악할 때 참조할 수도 있고 개인 트레이너가 사용자의 운동 프로그램에 피드백을 줄 때 사용할 수도 있다. 운동 프로그램이나 물리 치료 요법을 환자/사용자의 상태에 맞게 보다 정확하고 신속하게 조정할 수 있다.

ETSI TR 102 723[4]는 전자 보건에 필요한 네트워크와 장비에 대해 이렇게 설명한다.

"환자 건강 정보를 얻으려면 적절한 센서를 써야 한다. 이 때문에, 환자는 일반적으로 혈압, 체온, 심장 박동수, 체중 등의 건강 지표를 기록하는 센서를 착용한다. 흔히 센서는 기구 형태와 배터리 소모에 큰 제약이 있으므로 대개는 수집한 데이터를 단거리 무선 기술을 사용해 수집기 역할을 하는 장비나 게이트웨이로 보낸다. 그러면 게이트웨이가 백엔드 서버로 정보를 전달하고 서버는 수집된 정보를 저장하거나 정보에 대응한다. 환자의 건강 상태와 관련된 매개변수를 감시하는 센서가 환자와 아주 가까운 곳에 위치할 수도 있다."

그림 4.3은 전자 보건 애플리케이션에 사용되는 센서 예다. 센서 여러 개를 사용하는 경우는 흔히 (WAN으로 연결된) 게이트웨이를 설치한다. 게이트웨이는 센서 데이터를 수집해 중앙 서버로 보낸다. 그러면 중앙 서버는 정보를 처리해 필요한 조치를 취한다. 일반적으로 휴대용 센서는 단거리 무선 인터페이스로 게이트웨이와 통신한다. 게이트웨이는 WAN으로 연결되어 데이터를 서버로 전송한다. 게이트웨이로 휴대폰이나 가정용 게이트웨이를 사용해

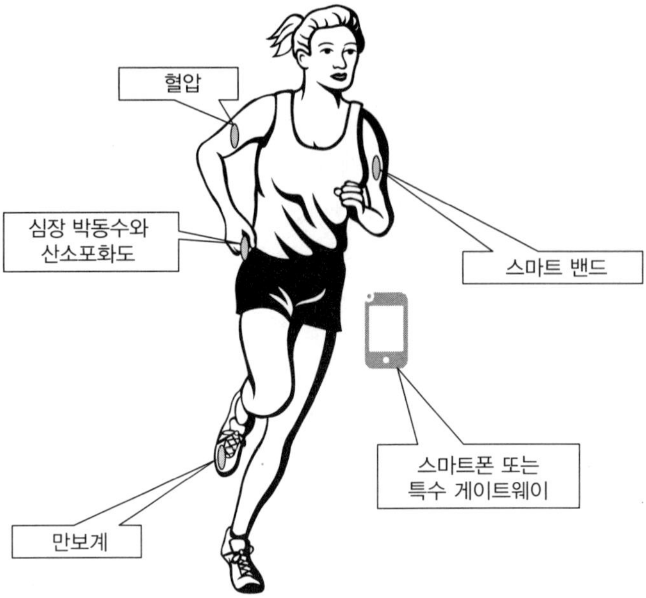

그림 4.3 휴대용 센서

도 되지만 보통은 셀룰러 네트워크에 가입하는 전용 장비를 사용한다.

전자 보건 사용 사례에서 도출되는 요구 사항은 등록, 인증, 단말-개시 데이터 교환, 네트워크-개시 데이터 교환 등 다른 M2M 애플리케이션과 대체로 유사하다. 다음은 전자 보건에서 특별히 필요한 요구 사항 목록이다.

- **위치 추적**: M2M 장비와 관련 시스템(애플리케이션)은 환자 위치를 추적해 보고하는 수단을 제공해야 한다. 위치 정보는 응급 상황에서 매우 중요하다. 응급 구조대나 앰뷸런스를 파견하고 근처 병원까지 거리를 파악하려면 위치 파악이 필수다.
- **긴급 메시지 처리와 전송**: 어떤 비상 경보는 지체 없이 적절한 애플리케이션으로 전송되어야 한다. 특히 응급 상황이 발생했을 때가 그렇다.
- **안전한 시간 동기화**: 보고된 데이터는 측정 시간 정보가 정확해야 한다. 데이터 분석 과정에서 정확성이 매우 중요하기 때문이다.

4.4.1.1 전자 보건 사용 사례 예제: 간섭 격리

이 절에서는 ETSI TC M2M TR 102 732에 있는 사용 사례 한 편을 더 소개한다. M2M 시스템에 아주 특별한 요구 사항을 더하기 때문에 선택한 사용 사례다.

사용 사례 개요

원격 건강 감시를 목적으로 저전압 생체 신호 데이터를 수집하는 원격 환자 감시 시나리오에서 M2M 장비 내 무선 부품 바로 옆에서 일어나는 (GSM/GPRS 등의) 무선 통신이 데이터 수집을 방해하기도 한다.
부정맥 등과 같은 질병은 지속적인 감시가 필요한데 M2M 장비가 수행하는 셀룰러 무선 통신이 데이터 수집을 방해할 수 있다는 뜻이다.
안정적인 전자 보건 서비스를 제공하려면 생체 신호 수집 시 간섭을 없애거나 줄여야 한다. 생명에 직접적인 영향을 미치는 서비스가 아니라도 마찬가지다.
의도치 않은 무선 간섭을 해결하는 방법 중 하나가 생체 신호를 수집하는 동시에 무선 활동 여부 신호도 채집하는 것이다. 그런 다음 무선 통신과 관련된 데이터를 버리거나 정정하거나 신호 채집 시간을 살짝 변경하는 등 신호 채집 방식을 조정해 간섭 효과를 줄인다. 무선 송신기를 제어해 측정 기간 동안 무선 통신을 중단했다가 측정 세션이 끝나면 재가동하는 또 다른 방법도 있다.

이해 관계자

환자: 원격 감시 장비(RMD, Remote Monitoring Device)로 측정값, 데이터, 이벤트를 수집할 수 있는 개인이나 대리인이다. 환자 측정값은 (병원 등의) 의료 환경이나 (가성, 식상, 학교, 요양원, 여행지 등의) 비의료 환경에서 측정된다.

RMD: 전기적 M2M 장비로 센서, 사용자 인터페이스 그리고/또는 구동기, M2M 네트워크 인터페이스가 붙어있다. 장비는 환자 정보를 수집하며 M2M 네트워크로 적절한 M2M 서비스 공급자 그리고/또는 M2M 애플리케이션과 통신한다. 통신 시 M2M 게이트웨이를 쓰기도 한다. 게다가 장비는 M2M 서비스 공급자 그리고/또는 M2M 애플리케이션으로부터 명령을 수신해 수행하거나 환자에게 정보도 제공한다. 이들 장비에는 저전력 단순 프로토콜이 적합하다.

M2M 서비스 공급자

M2M애플리케이션 주체들에게 M2M 통신 서비스를 제공하는 네트워크 주체다. 때로 이들 애플리케이션은 건강 정보 교환을 지원하는 특정 기능도 제공한다. M2M 서비스 공급자는 RMD와 통신해 데이터를 수집하거나 명령을 송신한다.

M2M 애플리케이션 주체

M2M 범위를 넘어서 모든 이해 관계자를 단일 시스템 요소로 취급하고자 만든 용어다. 독립적인 혹은 지리적인 건강 정보 교환 시스템, 데이터 분석 센터, 통합 치료 네트워크, 공급자

조직, 건강 기록 은행, 공공 건강 네트워크, 특수 네트워크 등이 모두 M2M 애플리케이션 주체에 속한다. M2M 애플리케이션 주체라는 용어는 일반적인 RPM 이해 관계자도 포함한다.

정보 교환

이 사용 사례는 RPM과 같은 대다수 전자 보건 시스템에 적용된다. 이런 이유로 정보 교환 기술은 관련된 요구 사항 도출과 무관하다. 정보 교환은 참고문헌 [4]를 참조한다.

사용 사례에서 도출한 새 요구 사항

- **전자의료 장비 간섭 방지:** M2M 시스템은 M2M 애플리케이션이 수집하고 사용할 저전압 신호의 감지와 측정을 방해하면 안된다. 예를 들어, 무선 센서로 ECG 생체 신호를 상시 측정하는 전자 보건 시스템에서 전자의료 장비의 M2M 게이트웨이에 속한 근처의 GSM/GPRS 송신기가 생체 신호 수집을 크게 방해할 수 있다.
- **무선 활동 여부 표시:** M2M 서비스 유형에 따라, M2M 장비의 (혹은 게이트웨이의) 모든 무선 (GSM/GPRS) 송신기는 M2M 장비의 (혹은 게이트웨이의) 애플리케이션에게 무선 활동 여부를 실시간으로 알려야 한다.
- **무선 통신 활동 제어:** M2M 서비스 유형에 따라, M2M 장비의 (혹은 게이트웨이의) 모든 무선 (GSM/GPRS) 송신기는 M2M 장비의 (혹은 게이트웨이의) 애플리케이션으로부터 실시간으로 무선 활동 중단/재가동 명령을 받을 수 있다.

사용 사례 출처

텔레콤 이탈리아가 ETSI TC M2M에 제공

이 사용 사례는 M2M 시스템에 까다로운 요구 사항을 추가하고 있다. 만약 GSM/GPRS 장비로 측정 데이터를 전송한다면 측정 데이터의 정확성을 보장하기 위해서 GSM/GPRS 장비가 생체 신호를 간섭하지 않아야 한다는 요구 사항이다. 게다가 중요한 센서 데이터를 감지하는 동안 데이터 전송을 중단했다가 나중에 다시 시작하는 메커니즘도 필요하다.

4.5 ETSI M2M 서비스 요구 사항: 요약과 타 세분 시장 적용성

표 4.1은 ETSI TS 102 689[2]에 기술된 ETSI M2M 요구 사항을 요약한다. 서비스 요구 사항 전부를 열거하는 표는 아니다. 그 대신 독자들에게 기본적인 요구 사항을 요약해서 소개하고 각 요구 사항을 사용 사례 군과 연결해 보여주려 만든 표다.

표 4.1 M2M 서비스 요구 사항 대 ETSI M2M 사용 사례

요구 사항	시장 적용 가능성				
	스마트 계량	전자 보건	자동차	소비자 연결	도시 자동화
통신 중개					
여러 베어러 기술 지원 (SMS, GPRS, IP)	✓	✓	✓	✓	✓
잠자는 장비에 메시지 전달 (저장했다가 장비가 네트워크에 연결되었을 때 전달)	✓	✓	✓	✓	✓
통신 경로 선택 (구성된 정책에 맞춰 적절할 베어러 선택)	✓	✓	✓	✓	✓
게이트웨이 뒤에 있는 장비와 통신	✓	✓	✓	✓	✓
통신 실패 통보	✓	✓	✓	✓	✓
메시지 전송 확인	✓	✓	✓	✓	✓
정확하고 안전한 시간 동기화와 날짜/시각 표시	✓	✓	✓	✓	✓
위치 지원					
M2M 애플리케이션에 M2M 장비/게이트웨이 위치 보고	–	✓	✓	✓	✓
위치와 관련한 개인 정보 보호	–	✓	✓	✓	–
데이디 수집과 보고					
주기적인 보고	✓	✓	–	–	✓
요청 시 보고	✓	✓	✓	✓	✓
이벤트 발생 시 보고	–	✓	✓	✓	✓
기반 네트워크가 제공하는 QoS 사용	–	✓	✓	✓	✓
경로 다양성 (기본 경로 + 백업 경로)	–	✓	–	–	✓
여러 백엔드 애플리케이션과 연동하는 M2M 장비	✓	✓	✓	✓	✓
보안					
통신 주체 사이의 상호 인증	✓	✓	✓	✓	✓
데이터 전송 기밀성 (암호화)	✓	✓	✓	–	✓
데이터 전송 무결성 검증 (교환된 데이터 인증)	✓	–	–	✓	–
일반 통신 목적으로 M2M 통신 모듈 사용 회피	✓	✓	✓	–	✓
장비/게이트웨이 무결성 검증	✓	✓	–	–	–
애플리케이션 수준에서 보안 자격 인증서와 소프트웨어 업그레이드	✓	✓	✓	✓	✓
이름과 주소 지정					
애플리케이션에서 네트워크 주소가 아니라 장비 이름 사용	✓	✓	✓	✓	✓
IP, E.164 등 다양한 주소 체계 지원	✓	✓	✓		✓

(다음 페이지에 계속)

표 4.1 (*계속*)

요구 사항	시장 적용 가능성				
	스마트 계량	전자 보건	자동차	소비자 연결	도시 자동화
원격 관리					
장애 관리 (선제적 모니터링, 결함 발견, 연결 검증, 결함 복구 등)	✓	✓	✓	✓	✓
구성 관리 (네트워크와 서비스 매개변수 구성, 새 애플리케이션 버전 설치)	✓	✓	✓	✓	✓
소프트웨어 업그레이드, 펌웨어 업그레이드, 패치	✓	✓	✓	✓	✓

위 표에서 도출되는 가장 중요한 결론은, 여러 M2M 애플리케이션의 요구 사항이 유사하며 이들 요구 사항은 안정적이며 잘 검증된 기능 블록으로 충족시킬 수 있다는 점이다. 그러므로 더 가벼운 애플리케이션이 타당해지며 M2M 서비스 기능을 노출하는 개방형 API가 필요해진다.

또 하나의 결론은, M2M이 개인 통신과는 다른 서비스 요구 사항을 요구하고 있다는 점이다. 스마트 계량기를 예로 들면, 유틸리티 공급자는 최소 20년을 내다보고 장비를 배포한다. 이런 긴 배포 주기로 인해 장비 수명 주기 동안에 보안 알고리즘과 보안 키 길이를 업그레이드할 수 있어야 한다. 이런 요구 사항이 나온 이유는 시간이 흐르면서 보안 전문가들과 암호 전문가들이 시스템에서 새로운 공격을 발견한다는 사실에 기인한다. 게다가 (해커들이 사용하는) 계산 기능도 나날이 좋아지는 탓에 보안 전문가들은 보안 키 길이를 업그레이드하고 보안 정책과 알고리즘을 수정하지 않을 수 없다. 특히 (스마트 계량기처럼) 장기간 작동하는 상태로 남아 있는 장비는 더욱 그렇다. 어떤 때는 알고리즘을 업그레이드할 필요가 있다. 어떤 때는 설치 시점에 몰랐던 프로토콜 취약성이나 애플리케이션 취약성을 보완하고자 보안 패치를 배포할 필요가 있다. 소프트웨어와 펌웨어도 마찬가지다. 새 기능을 설치하거나 발견된 기능 버그를 고치려면 지속적인 업그레이드가 필요하다. 따라서 (소프트웨어와 펌웨어 업그레이드를 포함한) 장비 생명 주기 관리는 M2M 통신에서 지극히 중요한 촉진자다.

4.6 트래픽 모델과 특성에 기반한 M2M 요구 사항과 네트워크 아키텍처 설계 관련 고려 사항

이 절은 다음 두 가지 측면에 큰 영향을 준다고 알려진 M2M 세분 시장 (혹은 M2M 애플리케이션) 9가지를 소개한다.

- 네트워크 기능 진화 (3GPP와 3GPP3에서 진행하는 작업이 주로 여기에 해당한다.)
- 네트워크 계획과 범위 확장 측면

이 절에서 소개하는 9가지가 M2M 세분 시장 전부는 아니지만 M2M 트래픽 특성을 잘 정리하고 있다. 이 절에서는 각 세분 시장을 자세히 설명하고 관련 트래픽 특성을 살펴본다. 이어서 각 세분 시장에 필요한 서비스 기능 목록을 상세히 제시한 후, 다음 사항들을 감안해 트래픽 모델을 도출하는 데 사용할 것이다.

- 서비스 기능과 관련된 데이터 페이로드
- 각 세분 시장 별로 북미 시장에서 (2G, 3G, 4G) M2M 모듈 예상 판매량 (북미에서 시장이 M2M에 보이는 관심 수준을 예시하는 관련 자료) (출처: ABI 리서치[6])
- 모바일 네트워크에서 사이트 (기지국) 하나에 속하는 M2M 모듈 평균 개수
- 예측된 애플리케이션 처리율 대 실제 처리율 (네트워크 부하와 새선송률 예측값 감안)

비록 근사값을 사용하고 (최악의 사용 사례가 아니라) 평균 예측값에 기반한 모델이지만 이 절에서 도출하는 트래픽 모델은 M2M 트래픽 패턴의 특성을 잘 대변하므로, 3GPP와 3GPP2의 네트워크 최적화 작업과 네트워크 운영자의 네트워크 계획 전략에 유용하게 활용할 수 있다.

4.6.1 무선 네트워크에 집중하는 이유

M2M은 유무선 네트워크를 모두 사용하지만 트래픽 특성은 무선 네트워크에서 더 중요하다. M2M 트래픽이 무선 네트워크에 미치는 영향이 더 크기 때문이다. 이유는 다음과 같다.

- 무선 기반 구조는 폭넓게 지원되고 설치하기 쉽다. 한 예가 자동판매기다. 현재 공개 통신 네트워크에 연결되는 자동판매기가 점점 늘어나는 추세인데, 만약 자판기까지 동선이나 광 케이블을 끌어오면 CAPEX와 OPEX 비용 구조가 자판기를 네트워크에 연결해서 얻어지는 운영 효율을 상쇄한다. 하지만 자판기를 무선 네트워크에 연결하면 실내 애플리케이션을 포함해 사실상 어디서나 접근할 수 있다. (셀룰러 네트워크로 SMS와 데이터를 전송하는 모뎀인) M2M 통신 모듈 가격은 2G가 25불 (60유로) 수준이므로 초기 투자비가 상당히 합리적이다.
- 가정/사무실 솔루션이 (xDSL(x Digital Subscriber Line), FTTH(Fibre To The Home) 등)

유선 기반 구조에 기반하더라도 주거지/사무실에 배포된 M2M 장비가 네트워크 주소 변환기(NAT, Network Address Translator) 뒤에 있으면 액세스망에서 보이지 않는다(그리고 추가 트래픽을 초래하지도 않는다). 추가적으로 생성되는 트래픽은, 비디오처럼 대역폭을 엄청나게 잡아먹는 트리플 플레이(영상, 음성, 인터넷을 모두 제공) 애플리케이션에 비하면, 미미한 수준이다. 그래서 가정 보안 시스템과 같은 일부 주거지/사무실용 M2M 솔루션은 기본 혹은 백업 접속으로 셀룰러를 사용한다. IP 주소 지정 측면을 제외하고는 여러 M2M 애플리케이션이 강력한 QoS를 요구하지 않으므로 무선 네트워크에는 별다른 부하를 초래하지 않는다.

결론적으로 (그리고 단순히 유선 대 무선 비교를 넘어서) M2M이 무선 네트워크에 광범위한 최적화를 요구한다는 사실은 널리 인정된다. 그래서 4장에서는 네트워크 최적화와 관련해 주로 셀룰러 네트워크 측면에 초점을 맞춘다.

4.7 M2M 세분 시장과 애플리케이션 기술

ETSI M2M의 사용 사례와 ABI 리서치의 연구[6]에 기반해 M2M 트래픽 특성을 파악할 목적으로 다음 세분 시장을 고려한다.

4.7.1 자동차

자동차 M2M 세분 시장은 차량에 설치되는 장비와 다음 서비스를 (혹은 서비스의 조합을) 제공하는 네트워크 애플리케이션을 가리킨다.

- **교통사고 응급 전화 서비스**: 교통사고가 났을 때 운전자를 도와주는 자동화된 서비스다. 가장 널리 알려진 예가 미국의 제너럴 모터스 온스타 서비스와 유럽의 PSA, BMW, 볼보다. 유럽의 경우 현재 제공되는 서비스는 (3GPP가 개발하고 ETSI가 인정한) EC 응급전화 프로젝트와 관련 표준이 나오기 전에 구현된 서비스다. 시간이 지남에 따라 다른 국가에서도 차량에 교통사고 응급 전화 서비스를 의무적으로 탑재하도록 법으로 규정할 전망이다.
- **추적과 상호 대화식 서비스**: 여러 애플리케이션에서 사용할 수 있는 차량 추적 서비스다. 구체적으로는 다음을 포함한다.
  - 도난 차량 추적과 정지

- 주행거리 비례제(PAYD, Pay As You Drive) 보험
- 렌트 지역 제한 또는 지역 차등 요금제
- 기업용 차량 관리(Fleet Management)
- 관광객 정보 제공
- 위치 기반 광고와 상업 서비스

- 대화형 광고와 인포테인먼트 서비스: 차량 승객에게 제공하는 광고와 오락 서비스다. 다음을 포함한다.
  - 주문형 비디오 다운로드
  - 대화형 게임
  - 대화형 결제
  - 인터넷 접속

향후 자동차 시스템은 주로 3G/4G 통신을 사용할 가능성이 크다. 대화형과 인포테인먼트 애플리케이션을 목표로 하면 특히 3G/4G 통신이 필요할 것이다.

자동차 애플리케이션의 트래픽 특성과 네트워크에 미치는 영향

- 이동성이 크다.
- (특히 광고와 인포테인먼트 애플리케이션은) 데이터 전송률이 높다.
- 복수 베어러를 사용해 연결한다.

4.7.2 스마트 원격 측정

스마트 그리드와 스마트 미터링 애플리케이션은 에너지 부문에서 에너지 사용 효율과 안정성을 더 높이 달성할 목적으로 배포되고 있다. 일반적으로 유틸리티 애플리케이션은 (고객 거주지에 배포된) 스마트 계량기와 (그리드 기반 구조 전체에 배포된) 감시 센서나 M2M 장비와 통신하면서 그리드 기반 구조를 권한 설정하고, 소모량 정보를 받고, 요금제와 장려책에 대한 정보를 송신한다. 스마트 계량기와 스마트 그리드 센서는 PLC, 그물망 RF, 셀룰러 통신 등 다양한 유무선 기술로 연결된다. 스마트 계량기, 센서 또는 M2M 장비, 유틸리티 백엔드 애플리케이션, 데이터베이스, 관리 시스템도 이들 기술로 연결된다. 몇몇 서부 유럽 국가와 북미에서는 (**그림 4.4**에서 보듯이) 스마트 계량기부터 DSO(Distribution Service Operator) 네트워크에 위치한 데이터 수집기까지 PLC로 연결한 후 데이터 수집기부터 백엔드 애플리케이션까지 셀룰러로 연결하는 혼합 연결 모델을 선보였다. 하지만 이 모델은 수집기 하나 당 계

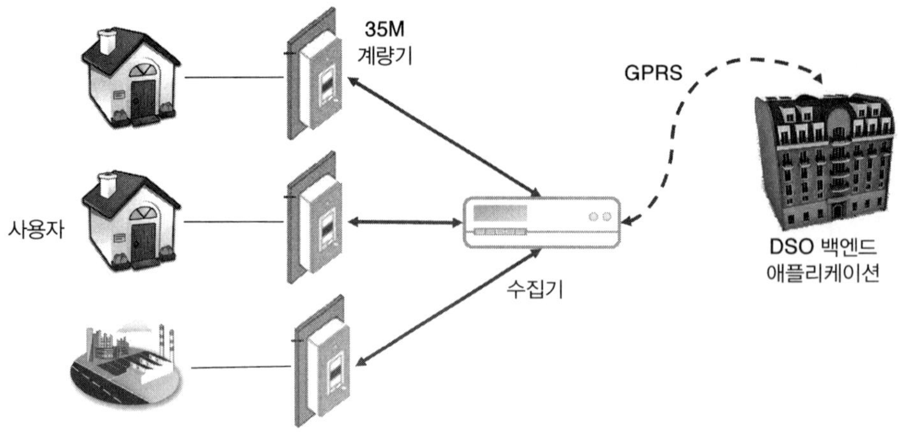

그림 4.4 일반적인 PLC/모바일 스마트 계량 구축 사용 사례

량기 개수가 임계값 (보통 25개) 이상이어야만 경제적 효용이 있다. 시골 지역에서는 스마트 계량기까지 셀룰러 네트워크를 끌어와는 방법으로 PLC/셀룰러 조합을 보완할 수 있다.

스마트 원격 측정 애플리케이션의 트래픽 특성과 네트워크에 미치는 영향

- 고정형 장비는 이동성이 없다.
- 데이터 전송률이 낮다.
- 동작을 예측할 수 있다. 일반적으로, 주기적으로 데이터를 전송하도록 장비를 구성한다.
- 지연을 포용한다. 보통 주기적으로 (가령 30분마다) 데이터를 보내도록 스마트 계량기를 구성하지만 주기 시간 내라면 (특히 최고점을 기록하는 시간대가 아니라면) 언제든지 데이터를 보고해도 유틸리티 애플리케이션이 수용한다.
- 동기화 효과가 있다. 일반적으로, 모두가 동시에 네트워크에 연결해 데이터를 보고하게 장비들을 유틸리티가 구성한다.

4.7.3 감시와 보안

감시와 보안 장비는 주로 가정과 소규모 사업장에 배포되어 사진과 비디오 감시 정보를 보안 경보 애플리케이션에게 제공한다. 보안 장비는 일반적으로 셀룰러 네트워크를 기본 또는 백업으로 사용해 보안 감시 애플리케이션이나 사업장 소유주와 연결을 제공한다.

주로 교환되는 정보는 경보 정보로 구성되며 간혹 중저해상도의 비디오 신호도 포함된다.

감시 보안 시스템의 트래픽 특성과 네트워크에 미치는 영향

- 이동성이 없다.
- 정보를 주기적으로 교환하지만 경보 절차가 트리거되면 정보가 갑작스럽게 증가한다.
- 데이터 전송률이 낮으나 간혹 사진/비디오 데이터를 전송하는 과정에서 최고점에 도달한다.
- 복수 베어러를 사용해 연결한다.

4.7.4 판매 관리(PoS, Point of Sale)

(ATM을 포함하는) PoS 터미널은 현금 인출, 결제, 그리고 상점 계산대에서 하는 모든 서비스를 제공한다. 계산대에서 하는 서비스로는 신용카드 결제, 체크카드 결제, 거래확인, 판매 보고, 재고 데이터 조정 등이 있다.

PoS 터미널은 LAN이나 WAN에 연결되어 여러 애플리케이션과 정보를 교환한다. 최근에는 PoS에서 셀룰러 네트워크의 사용이 급속히 늘어났다. 셀룰러 운영자가 지원하는 영역이 광범위해지고 설치가 쉬워진 덕분이다. 일부 국가에서는 유선과 무선 기술을 모두 사용하는 중복 안전 연결을 법적으로 요구한다.

판매 관리 시스템의 트래픽 특성과 네트워크에 미치는 영향

- 이동성이 제한적이다.
- 데이터 전송률이 낮다.
- 영구 베어러를 사용한다.

4.7.5 자동 판매기

자동 판매기는 돈을 받고 물건을 소비자에게 제공하는 단말이다. 최근에는 자동 판매기 터미널을 네트워크에 연결해 물류 정보와 결제 정보를 교환한다. 예를 들어, 재고가 일정 임계치로 떨어지면 자동 판매기가 백엔드 애플리케이션에게 그 사실을 알린다. 자동 판매기를 통신 네트워크에 연결하는 주된 이유는 수요와 공급을 잘 파악하고 제어해 운영 효율을 높이기 위해서다. 셀룰러 접속 기술은 지원 영역이 광범위하고 배포가 쉽기 때문에 주도적인 네트워크 연결로 자리잡았다.

자동 판매기 시스템의 트래픽 특성과 네트워크에 미치는 영향

- 이동성이 없다.
- 데이터 전송률이 낮다.
- 영구 베어러를 사용한다.
- 동기화 효과가 있다.
- 지연을 포용한다.

4.7.6 전자 보건

전자 보건 솔루션은 다음 서비스를 포함한다. (전자 보건 사용 사례에서 더 자세히 설명한다.)

- **원격 환자 감시** (RPM, Remote Patient Monitoring): 건강보건 공급자가 원격으로 환자 건강 관련 정보를 수집하고 저장하고 찾아보고 분석해 건강 상태를 감시하고 진단한다. 공급자가 환자 상태가 악화되기 전에 PRM 장비로 환자를 치료하므로 불필요한 응급실 방문과 재입원이 없어진다. 궁극적으로 RPM은 병원 입원 기간을 크게 줄이므로 결국 전체 건강보건 비용을 줄인다. 일반적으로는 (혈압과 같은) 환자 생체 신호를 감지하는 센서를 여러개 사용한다. 감시 정보는 보통 (게이트웨이라는) 장비 하나를 이용해 보고하며 이 장비는 대개 셀룰러 네트워크에 연결된다.
- **개인 응급 구조 서비스** (PERS, Personal Emergency Response System): 환자에게 24/7 콜센터 서비스를 제공한다. 환자는 장비를 목걸이나 팔찌 형태로 착용하며 버튼 하나만 누르면 즉시 도움을 받을 수 있다.
- **모바일 개인 감시** (MPM, Mobile Personal Monitoring): RPM 장비와 매우 유사하다. MPM 장비는 감시 정보를 중앙 애플리케이션에 보고해 질병을 예방하고 건강을 관리한다.

전자 보건 시스템의 트래픽 특성과 네트워크에 미치는 영향

- 이동성이 적다
- 데이터 전송률이 비교적 낮은 편이다.
- 복수 베어러를 사용한다.
- 동기화 효과가 있다.

이와 같은 트래픽 특성에 더해, 원격 건강/의료 솔루션은 종종 안정성과 가용성이 높은 네트

워크 서비스가 필요하다. 안정성과 가용성을 보장하기 위해 의료 서비스 공급자와 네트워크 운영자가 SLA(Service Level Agreement)를 맺기도 한다.

4.7.7 비디오 생중계

비디오 생중계는 주로 감시 애플리케이션에서 사용된다. 특히 (도로, 철로 등) 운송 기반 구조 감시나 도시 감시에 쓰인다. 비디오 생중계 카메라는 (경찰서와 같은) 공공 서비스 기관이나 보안 관련 운영 센터에서 배포해 감시 지역 내에서 일어나는 사건을 관찰하고 기록한다.

이 세분 시장에서 비디오 생중계는 거의 셀룰러 네트워크를 사용한다. 지원 범위가 넓으며, 설치하기 쉽고 옮기기도 쉬워서다. 또한 비디오 생중계에 필요한 대역폭 때문에 3G를 (앞으로는 4G를) 선호하는 편이다.

- 고려할 비디오 해상도는 세 가지다.
- 저해상도 (비트 전송률 < 128 kb/s)
- 중해상도 (비트 전송률 < 768 kb/s)
- 고해상도 (비트 전송률 < 10 Mb/s)

또 하나 구현할 만한 기능은 장비에 HD 장면을 녹화했다가 요청을 받았을 때 파일을 전송하는 기능이다.

비디오 생중계 시스템의 트래픽 특성과 네트워크에 미치는 영향

- 고정형 장비는 이동성이 없다.
- 장착형 장비는 이동성이 높다.
- 응급 연결이 필요하다.
- 데이터 전송률이 중상이다.

4.7.8 건물 자동화

건물 자동화 애플리케이션 구축은 상업용 건물에 서비스를 제공할 때 사용되는 장비들에 기반한다. 목적은 사용자들에게 안전하고 안락하고 생산적인 시설을 제공하는 것이다. 대개는 에너지 소모량과 필요 운영 인력을 줄여 운영 효율을 높이는 데 집중한다.

건물 자동화는 센서, 스위치, 감시 장비, 원격 측정 장비를 사용한다. 모든 장비는 먼저 사설 유/무선 네트워크로, 다음으로 게이트웨이를 통해 공용 유/무선 네트워크로 연결된다.

예로는 냉각 장비 관리와 감시, 엘리베이터 관리와 감시, 전원 장치 감시 등이 있다.

건물 자동화 시스템의 트래픽 특성과 네트워크에 미치는 영향

- 이동성이 적거나 없다.
- 데이터 전송률이 낮다.

4.7.9 산업 자동화

산업 자동화 애플리케이션과 (PDA 등과 같은) 산업 자동화 장비는 상업 혹은 산업 분야에서 일련의 작업흐름과 명확히 정의된 비즈니스 프로세스를 지원할 목적으로 사용된다. 산업 자동화 솔루션은 원격 측정 장치로부터 데이터를 수집하기도 한다.

산업 자동화 시스템의 트래픽 특성과 네트워크에 미치는 영향

- 이동성이 적거나 없다.
- 데이터 전송률이 낮다.

4.8 M2M 트래픽 특성

다음 표는 M2M 장비에서 트래픽을 생성하는 다양한 서비스 기능을 제공한다. 개별 서비스 기능 설명은 부록 A에서 제공한다. 트래픽 모델에서는 각 서비스 기능을 데이터 트래픽의 출발점으로 간주한다. 다음 절에서는 스마트 미터링이 북미 시장의 전형적인 사이트에 미치는 영향에 집중한다. 그런 다음, 모든 M2M 애플리케이션을 세세히 설명하지 않고, 전반적인 트래픽 모델을 예측한다.

4.8.1 스마트 미터링의 트래픽 특성

이 절에서는 스마트 미터링 사용 사례 하나를 예로 삼아 M2M 트래픽 특성을 파악할 때 사용하는 방법을 설명한다. 여기서는 다음과 같은 일반적인 시스템 아키텍처를 가정한다.

그림 4.4와 같이, 스마트 계량기는 PLC를 거쳐 수집기에 연결된다. 수집기는 DOS 전력 네트워크에 있다. 수집기는 DSO 백엔드 애플리케이션에 셀룰러 네트워크로 연결된다. 그림

표 4.2 M2M 장비에서 트래픽을 생성하는 기능

자동차	스마트 원격 측정	감시와 보안	판매 관리(PoS)	자동 판매기
연결/해제[a]	연결/해제	연결/해제	연결/해제	연결/해제
음성 통신	일간 측정값 전송 (단상)	일간 침입 감시	사용자 계정 생성	판매 관련 정보 교환
경보 관리	일간 측정값 전송 (삼상)	경보 설정	사용자 정보 조회	경보 설정
GPS 위치 전송	개별 장비 측정값 조회[b]	침입 감지	온라인 결제	설정 조회
관리 데이터 전송	부하 제어와 응급 요청[c]	화재 감지	경보 설정	개별 장비 이벤트 로그 조회
펌웨어/소프트웨어 업그레이드	경보 설정	정전 감지	인터넷 접속	전체 장비 이벤트 로그 조회
인터넷 접속	설정 조회	개별 장비 이벤트 로그 조회	개별 장비 이벤트 로그 조회	보안 경보
이메일	개별 장비 이벤트 로그 조회[d]	특정 지역 내 전체 장비 이벤트 로그 조회	전체 장비 이벤트 로그 조회	펌웨어/소프트웨어 업그레이드
게임/영화 다운로드	전체 장비 이벤트 로그 조회	침입 사진/비디오 업로드	데이터베이스 업데이트	등록, 인증 등
경보 관리	가정 네트워크 가전장비에 제어 시그널 전송	펌웨어/소프트웨어 업그레이드	펌웨어/소프트웨어 업그레이드	NTP
이벤트 로그 조회	펌웨어/소프트웨어 업그레이드	등록, 인증 등	등록, 인증 등	-
등록, 인증 등[e]	등록, 인증 등	NTP	NTP	-
NTP[f]	NTP	-	-	

전자 보건	비디오 생중계	건물 자동화	산업 자동화
연결/해제	연결/해제	연결/해제	연결/해제
단일 매개변수 조회	모니터링, QCIF 비디오	일간 데이터 전송	일간 데이터 전송
복합 매개변수 조회[g]	응급 비디오 전송 QVGA	개별 장비 조회	개별 장비 조회

(다음 페이지에 계속)

표 4.2 (*계속*)

비디오 전송 QVGA	조사 VGA	경보 설정	경보 설정
대량 데이터 전송	경보 설정	설정 조회	설정 조회
데이터 + 음성 + 비디오 통신	설정 조회	개별 장비 이벤트 로그 조회	이벤트 로그 조회
장비 원격 설정과 제어	개별 장비 비디오 로그 조회	전체 장비 이벤트 로그 조회	펌웨어/소프트웨어 업그레이드
경보 설정	전체 장비 비디오 로그 조회	펌웨어/소프트웨어 업그레이드	등록, 인증 등
설정 조회	펌웨어/소프트웨어 업그레이드	등록, 인증 등	NTP
개별 장비 이벤트 로그 조회	등록, 인증 등	NTP	
전체 장비 이벤트 로그 조회	NTP		
펌웨어/소프트웨어 업데이트			
등록, 인증 등			
NTP			

[a] 장비를 네트워크에 연결하고 해제하는 모든 절차를 가리킨다.

[b] 개별 장비에 측정값을 요청하는 경우다. 큰 그룹의 장비에 측정값을 요청하는 경우와 다르다.

[c] 에너지 수요를 제어하는 응급 요청이다. 일부 장비를 끄는 등 극적인 조치를 취한다.

[d] 개별 장비의 이벤트 로그에 접근하는 요청(예: 조정을 위한 과금 검사)을 뜻한다. 장비 그룹의 로그를 조회하는 요청과 다르다.

[e] 서비스 수준에서 인증, 허가, 등록을 허락하는 절차다. 데이터 교환 전에 필요한 절차다.

[f] NTP 전체 클럭 동기화에 사용하는 네트워크 시간 프로토콜이다.

[g] 중요한 데이터를 전송하려면 네트워크에 높은 안정성과 가용성이 요구된다.

4.4는 널리 사용되고 인정되는 PLC/셀룰러 혼합형 스마트 계량 아키텍처다. 여기서 도출하는 스마트 계량 트래픽 모델은 이 아키텍처를 가정한다.

스마트 계량기나 수집기에서 트래픽을 생성하는 소프트웨어 기능마다 (즉, **표 4.2**의 항목마다) 예측값을 매기면 **표 4.3**이 얻어진다. 표 4.3은 2G 사이트에서 각 기능의 평균 데이터 전송률 예측값이다. 표 4.3은 다음 가정을 사용해 계산한 값이다.

- 사이트 당 수집기 개수: 15
- 스마트 계량기 수집기 총 개수: 100
- 네트워크 시그널과 TCP/IP 전송을 포함한 프로토콜 부하: 50%
- 단상 계량기 비중: 80% (남은 계량기는 20%)

표 4.3은 스마트 미터링 시장만 분석한 결과다. 사이트 당 그리고 평균적인 집계 트래픽 모델을 만들고자 9가지 주요 세분 시장 각각에서 유사한 연구가 수행되어왔다.

네트워크 트래픽을 생성하는 각 장비 기능은 상향 트래픽과 하향 트래픽을 나눠 고려한다.

4.8.2 전세계적인 트래픽 특성

이 절에서는 2G, 3G, 4G 트래픽 패턴을 분석해 전세계적인 트래픽 특성을 파악한다. 트래픽 분석 시 다음을 고려한다.

- 2G, 3G, 4G에서 전세계 무선 사업자 적용 특성 (시장 점유율, 사용 기술 등)
- 전세계적인 지리적 특성 (인구 밀도, 도시/시골 측면)
- 전세계적인 경제적 수익성 (전체 수익, 운영자 수익 측면)
- 지역 규제 기관 권고 사항

국가 별 사업자 별로 장비와 애플리케이션을 분석하고자 데이터베이스를 구축했다. 이후부터 제시하는 예상 트래픽은 인구 400만 정도에 각종 M2M 터미널이 설치된 북미 도시를 가정한다. 아래 표는 도시에 설치된 M2M 터미널이다. (2010년에는 3G/4G 비중이 상대적으로 낮다.)

	2012			2014		
	2G (%)	3G (%)	4G (%)	2G (%)	3G (%)	4G (%)
스마트 원격 측정	13	4	0	8	3	1
비디오 생중계	0	1	1	0	1	1
자동 판매기	1	1	0	1	1	0
전자 보건	1	1	0	1	2	0
감시와 보안,	7	4	0	5	5	1
판매 관리(PoS)	3	2	0	2	2	1
산업 자동화	1	4	0	1	4	1
건물 자동화	10	3	0	7	4	1
자동차	20	21	2	13	30	6
총계	**56**	**40**	**4**	**37**	**51**	**13**

표 4.3 스마트 계량 트래픽 분석

기능	트랜잭션 양 가정	하루 중 트래픽이 발생하는 시간	백엔드 애플리케이션(UL)으로 전송					백엔드 애플리케이션(UL)에서 수신				
			메시지 당 페이로드 크기 (바이트)	패킷 크기	트랜잭션 당 메시지 수	평균 비트 전송률 (kbs/s)	가장 바쁜 시점에서 평균 비트 전송률(kbs/s)	메시지 당 페이로드 크기	패킷 크기	트랜잭션 당 메시지 수	평균 비트 전송률 (kbs/s)	가장 바쁜 시점에서 평균 비트 전송률(kbs/s)
		송신	수신									
일일 측정값 전송(단상)	30분 동안 계량기 100%	0	1	5000	1024	1	2.7	0.0	2000	1024	1	0.0
일일 측정값 전송(삼상)	30분 동안 계량기 100%	0	1	5000	1024	2	1.3	0.0	2000	1024	2	0.0
개별 장비 측정값 조회	계량기 2% 중 7/8	0	1	5000	1024	2	1.3	0.0	2000	1024	2	0.0
개별 장비 측정값 조회 (가장 바쁜 시점)	가장 바쁜 시점에서 계량기 2% 중 1/8	7	8	5000	1024	7	0.4	0.0	2000	1024	7	0.0
연결-해제	24시간 동안 모든 수집기	0	24	5000	1024	1	1.0	1.0	200	1024	1	0.0
부하 제어와 응급 요청	최대 연결 200개	7	8	2000	1024	1	48.0	0.0	1000	512	1	0.0
Alter settings	계량기 2% 중 7/8	8	21	200	64	1	0.0	0.0	500	512	1	0.0
Alter settings (가장 바쁜 시점)	1/5 of 2% of meters in busy hour	7	8	200	64	1	0.0	0.0	500	512	1	0.0
경보 설정	13시간 동안 계량기 2%의 7/8	8	21	1000	512	1	0.0	0.0	200	64	1	0.0
경보 설정 (가장 바쁜 시점)	가장 바쁜 시점에서 계량기 2%의 1/8	7	8	1000	512	1	0.0	0.0	200	64	1	0.0
개별 장비 이벤트 로그 조회	가장 바쁜 시점에서 30분 동안 계량기 2%	7	8	1000	512	1	0.2	0.0	200	64	1	0.0
전체 장비 이벤트 로그 조회	7일 동안 계량기 100%	1	24	2000	1024	1	0.1	0.1	200	64	1	0.0
HAN(Home Area Network) 메시지 전송	3시간 동안 계량기 100%	7	10	100	64	1	0.2	0.0	500	512	1	0.0
펌웨어/소프트웨어 업그레이드	30일 동안 계량기 전체	1	24	50000	1024	1	0.0	0.0	50000000	1024	1	2.0
등록/인증 등	24시간 동안 계량기 전체	0	24	1000	512	1	0.2	0.2	1000	512	1	0.0
NTP	24시간마다 균등하게 계량기 전체	0	24	500	512	1	0.1	0.1	500	512	1	0.0

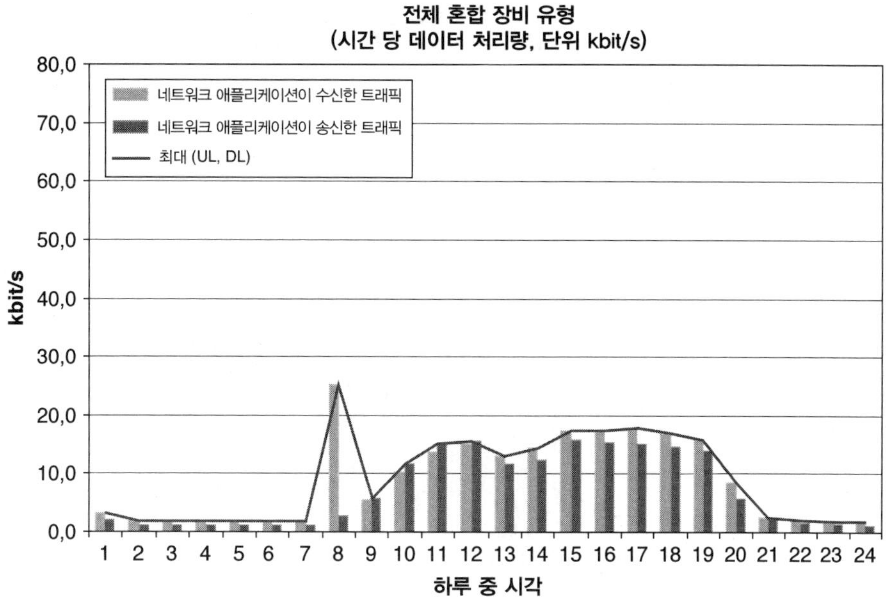

그림 4.5 사이트 당 평균 M2M 트래픽, 2G, 북미, 2010

4.8.2.1 2G 트래픽

그림 4.5, 4.6, 4.7은 M2M 애플리케이션이 (1시간 동안) 2G M2M 장비와 통신하며 생성한 평균 데이터 양이다. 북미 시장에서 각 세분 시장별 2G M2M 모듈 예상 판매량에 근거해 추정한 값이다. 수치를 살펴보면 다음 결론이 나온다.

- 2010년과 2014년 사이에 2G M2M 트래픽은 거의 두 배로 늘어났다.
- 전반적인 2G 모듈 트래픽은 대칭이다. 이전 표에서 보았듯이, 2G 스마트 계량 트래픽은 (상향 데이터와 하향 데이터가 평균 5/100 비율로) 비대칭이었다. 반면 일부 2G M2M 트래픽은 하향 데이터가 훨씬 더 많다. 특히 지도, 인터넷 검색 등 상당한 데이터를 다운로드하는 자동차 시스템이 좋은 예다.
- 시간 당 평균 데이터 전송률은 상당히 적다. 가장 바쁜 시점에는 훨씬 크겠지만 최대 전송률은 링크 용량이나 사이트 부하 등 여러 매개변수에 좌우되므로 측정하기 어렵다. 대다수 애플리케이션 개발자는 서비스하기 편하게 프로그램을 개발하려는 경향이 있다. 예를 들어, 스마트 계량기는 흔히 매 시각이 시작되는 시점에 데이터를 보고하도록 프로그래밍된다. 그래서 그 시각이 되면 커다란 동기화 효과와 네트워크 부하가 발생한다. 그림 4.8은 실제 M2M이 구축된 네트워크에서 얻은 데이터인데, 그림에서 보듯이 (인증과 회계 목적으로 사용되는 프로토콜인) RADIUS 서버에 걸리는 부하가 매일 일정한 패턴을

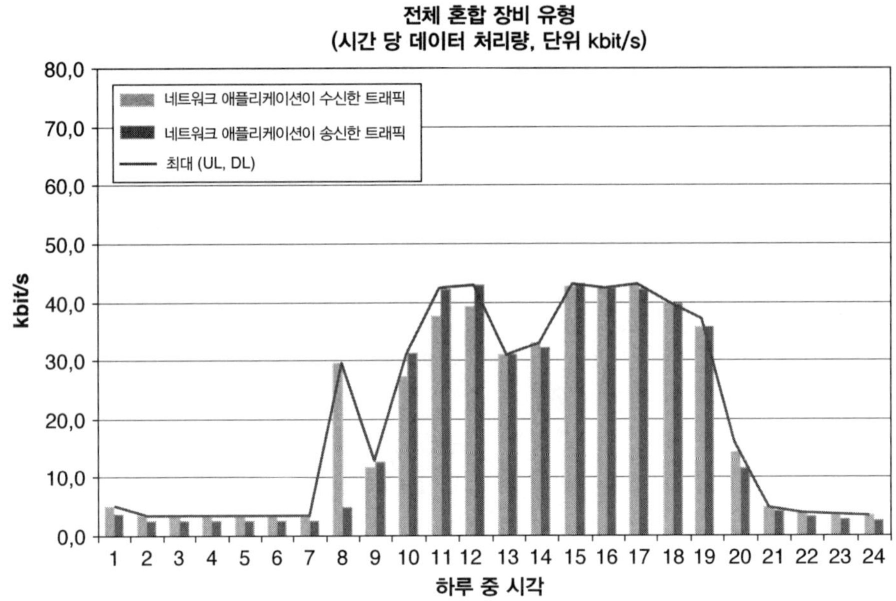

그림 4.6 사이트 당 평균 M2M 트래픽, 2G, 북미, 2012

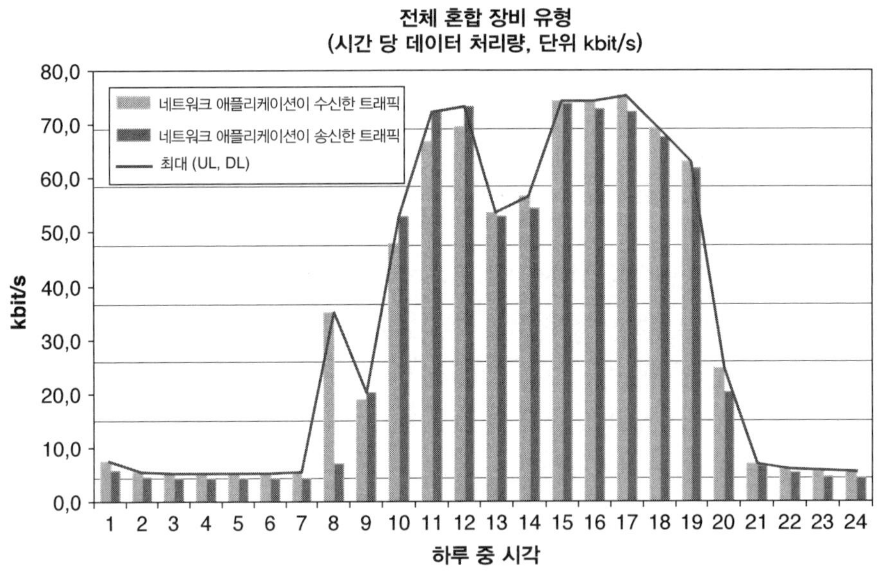

그림 4.7 사이트 당 평균 M2M 트래픽, 2G, 북미, 2014

보인다. 그림에서는 매 90분마다 동기화 효과가 발생하며 이런 동기화 효과로 인해 M2M 트래픽이 그림 4.5, 4.6, 4.7에서 예측한 시간 당 데이터 전송률보다 평균 20배 이상 급증한다.

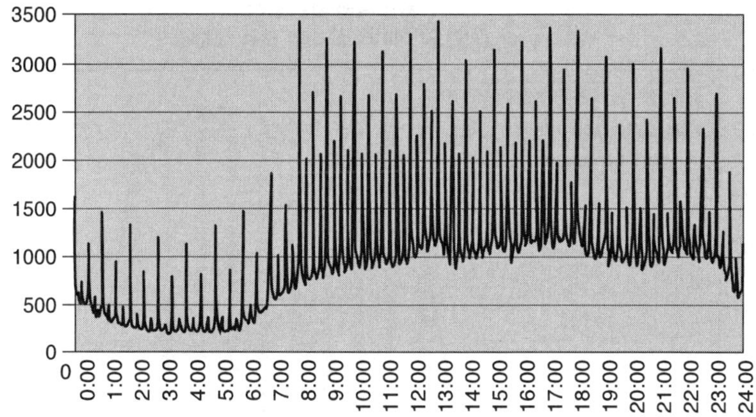

그림 4.8 동기화된 데이터 접속 예제 (RADIUS 서버에 걸리는 부하)

4.8.2.2 3G 트래픽

그림 4.9와 4.10은 M2M 애플리케이션이 (1시간 동안) 3G 장비와 통신하며 생성한 평균 데이터 양이다. 북미 시장에서 세분 시장별로 3G M2M 모듈 예상 판매량에 근거해 추정한 값이다. 수치를 살펴보면 다음 결론이 나온다.

모듈 가격이 상대적으로 비싼 탓에 3G M2M 트래픽은 2012년이 되어서야 네트워크에 두드러진 영향을 미치기 시작할 것이다.

2G와는 달리 3G 트래픽은 매우 비대칭이다. 상향 트래픽이 하향 트래픽보다 5~6배는 많다. 이유는 비디오 생중계 등과 같이 대역폭을 많이 요구하는 솔루션이 (3G/4G 모듈이 시장

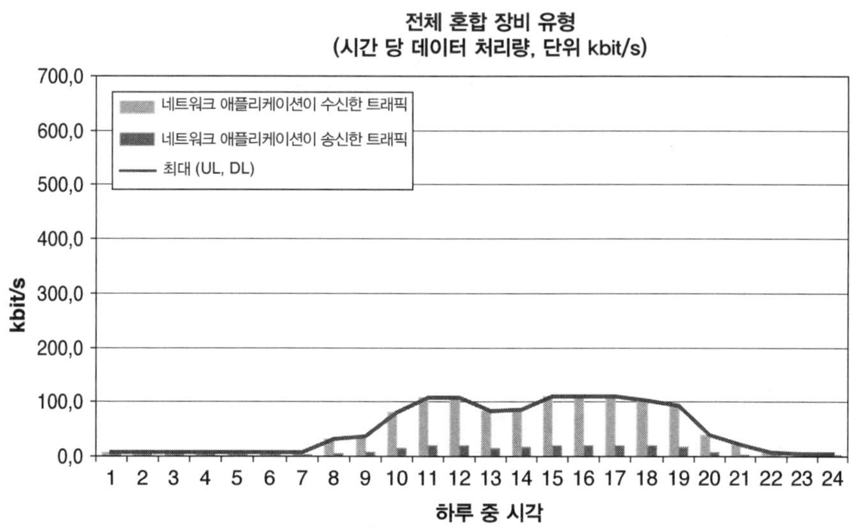

그림 4.9 사이트 당 평균 M2M 트래픽, 3G, 북미, 2012

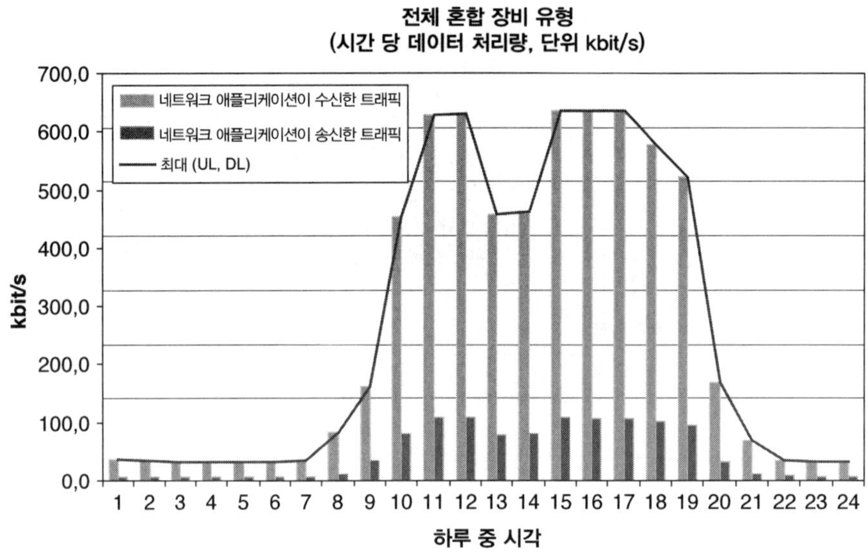

그림 4.10 사이트 당 평균 M2M 트래픽, 3G, 북미, 2014

에 나오면) 3G와 4G를 기본으로 사용할 것이기 때문이다.

2014년이 되면 전세계적인 3G M2M 트래픽이 2G M2M 트래픽보다 10배는 많아질 것이다.

4.8.2.3 4G 트래픽

그림 4.11과 4.12는 M2M 애플리케이션이 (1시간 동안) 4G 장비와 통신하며 생성한 평균 데이터 양이다. 북미 시장에서 세분 시장별 4G M2M 모듈 판매량에 근거해 추정한 값이다. 수

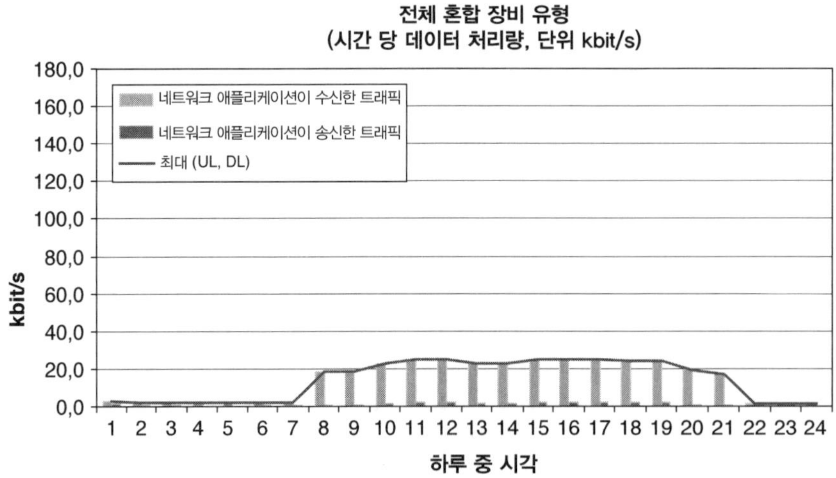

그림 4.11 사이트 당 M2M 트래픽, 4G, 북미, 2012

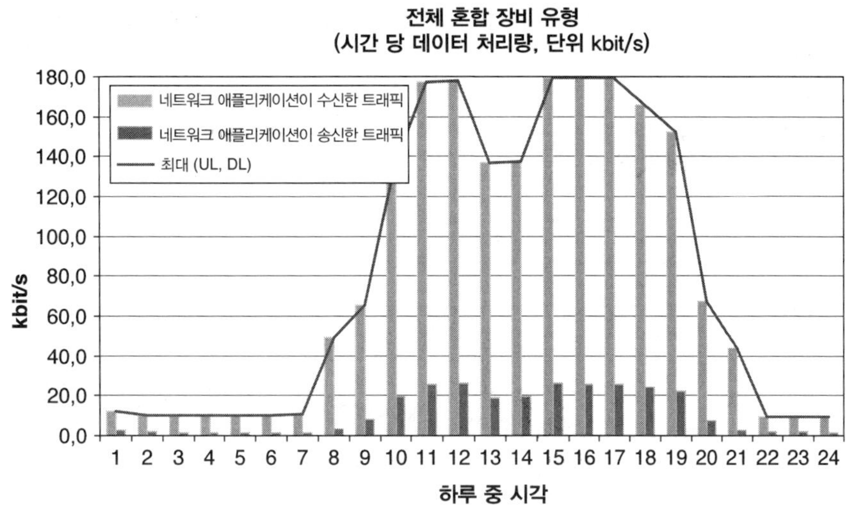

그림 4.12 사이트 당 M2M 트래픽, 4G, 북미, 2014

치를 살펴보면 다음 결론이 나온다.

- 4G 모듈 가격 때문에 2G/4G 트래픽에 비해 3G 생성 트래픽이 우세할 것이다.
- 그 외 3G 트래픽에서 도출한 결론 모두가 4G에도 해당된다.

선세계적인 M2M 트래픽과 관련해 다음 결론을 얻을 수 있다.

그림 4.13과 4.14에서 보듯이, 전세계적인 3G/4G M2M 트래픽은 비대칭이며, 상향 트래

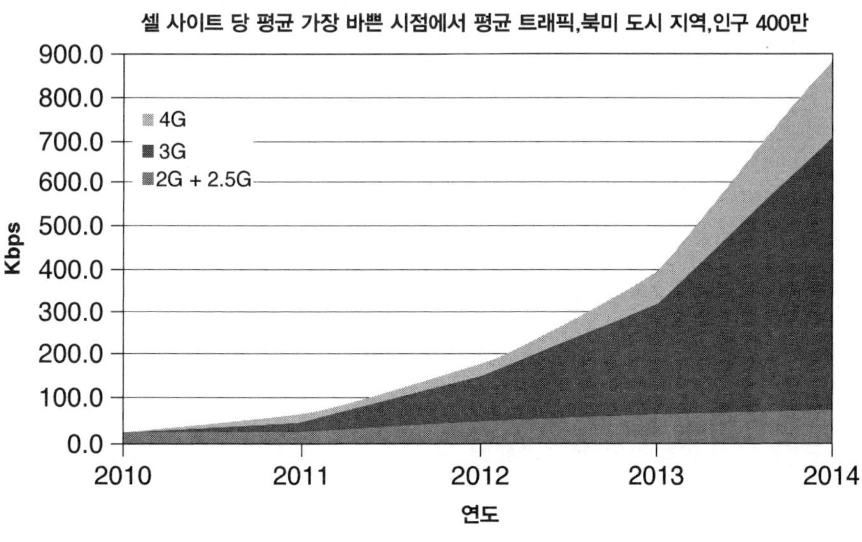

그림 4.13 셀 사이트 당 가장 바쁜 시점에서 평균 상향 트래픽

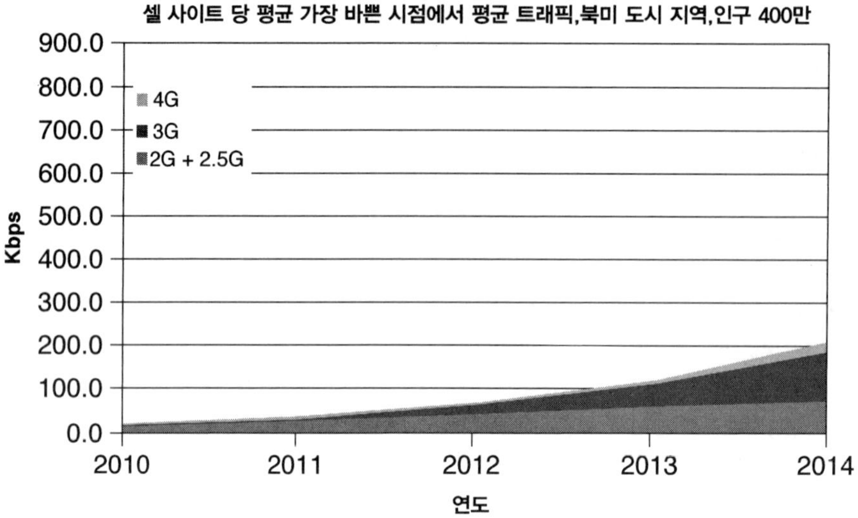

그림 4.14 셀 사이트 가장 바쁜 시점에서 평균 하향 트래픽

픽이 하향 트래픽보다 많다. 개인 통신과는 반대되는 패턴이라 개인 통신에 익숙한 네트워크 사업자에게는 운영 면에서 새로운 도전을 안긴다. 유무선 네트워크 모두 설계 시 이런 특성을 고려해야 한다. 현재 통신 네트워크와 표준은 하향 트래픽이 더 많은 패턴에 최적화해 설계되어왔다. 3G/4G로 배포되는 M2M 솔루션들이 이 패러다임을 바꿀 것이며 네트워크 설계에 새로운 도전 과제를 던질 것이다.

M2M 트래픽은 집중 발생하는 경향이 있다. 지금까지 개발된 M2M 솔루션들이 네트워크 부하 형태를 감안하지 않았던 탓이다. 집중 발생 경향은 여러 M2M 장비가 동시에 데이터를 보고해 생기는 동기화 효과에서 기인한다.

전반적으로 혼합된 M2M 트래픽의 가장 바쁜 시점은 개인 통신의 가장 바쁜 시점과 같다. (물론 가장 바쁜 시점이 다른 M2M 시스템도 있다.) 개인 통신의 가장 바쁜 시점과 M2M 통신의 가장 바쁜 시점이 다르면 네트워크 사업자가 트래픽을 다루기 수월해진다. 하지만 그렇지 않으므로 네트워크 안정성과 비용 효율성을 보장하려면 (부하 제어나 지연 포용성 등과 같은) 다른 메커니즘을 고려해야 한다.

위 결론을 살펴보건대, 비용 면에서 효과적인 M2M 통신을 제공하고 트래픽 부하를 원활히 처리하고 (SLA가 중요한) 다른 통신을 방해하지 않으려면, 장비 기능만이 아니라 운영 방식에서도 (특히 유연성 관점에서) M2M 트래픽 특성을 최대한 활용해야 한다는 사실이 분명해진다.

다음 표는 "기계 유형 통신을 위한 시스템 개선 방안"의 관점에서 활용할 수 있는 M2M

트래픽 특성	Market segment								
	자동차	스마트 원격 측정	보안	판매 관리 (PoS)	자동 판매기	전자 보건	비디오 생중계	건물 자동화	산업 자동화
이동성 없음	–	✓	✓	✓	✓	–	3	✓	✓
이동성 낮음	–	–	–	–	–	✓	–	✓	✓
이동성 높음	✓	–	–	–	–	–	3	–	–
데이터 전송률 낮음	–	✓	✓	✓	✓	2	–	✓	✓
데이터 전송률 높음	✓	–	1	–	–	–	✓	–	–
영구 베어러	–	–	–	✓	–	–	–	–	–
동기화 효과	–	✓	–	–	✓	–	–	–	–
복수 베어러 연결	✓	–	–	–	–	✓	–	–	–
지연 포용성	–	✓	–	–	✓	✓	–	✓	–
동작 방식 예측 가능	–	✓	✓	–	–	✓	✓	✓	–

[1]알람이 발생한 경우에는 관련된 비디오 스트리밍을 보내기 위해 보안장비는 높은 데이터 전송 베어러를 사용하게 된다.
[2]때때로 오랜기간에 다수의 통계 데이터를 전송하는 경우에는 데이터 전송률이 평균 수준을 유지해야 하기도 한다.
[3]이동형 비디오 생중계를 위해서는 높은 이동성이 요구되며, 그렇지 않은 경우에는 이동성이 필요 없다.

트래픽 특성을 요약한다. "기계 유형 통신을 위한 시스템 개선 방안"은 3GPP가 자신들의 M2M 작업을 포괄하는 용어다. 아래 표는 각 시장에서 M2M 트래픽 특성을 살펴보았던 앞서 절의 내용에 기반한다.

4.9 M2M 통신에 적합한 고차원적인 아키텍처 원칙

초창기 M2M 솔루션을 구축하는 과정에서 여러 교훈을 얻었다. 첫째, 수직으로 통합된 솔루션은 개발하고 배포하고 테스트하기 쉽지 않았다. 애플리케이션 비즈니스 논리 처리가 전부가 아니라 다수의 네트워크 고려 기능도 고려해야 하기 때문이다. M2M 애플리케이션 요구사항을 살펴보면 대다수가 비슷한 기능을 필요로 한다는 사실이 분명히 드러난다. 특히 통신과 기반 네트워크에 관한 기능은 모든 애플리케이션이 공통으로 요구한다.

둘째, M2M은 비용 절감이 대단히 중요하다. M2M은 가입자 당 평균 매출(ARPU, Average Revenue Per User)이 스마트폰과 같은 다른 서비스보다 몇 배 더 낮다고 알려졌다. 하지만 분석가들은 M2M 장비 배포 수가 개인 통신 장비 수보다 몇 배 더 높으리라는 예측 사실에 모두 동의한다. 그러므로 네트워크가 예상 M2M 장비 수와 ARPU 구조에 맞는 수준의 확장성과 비용을 제시하려면 M2M 통신을 제대로 이해하고 M2M 트래픽 특성을 충분히 활

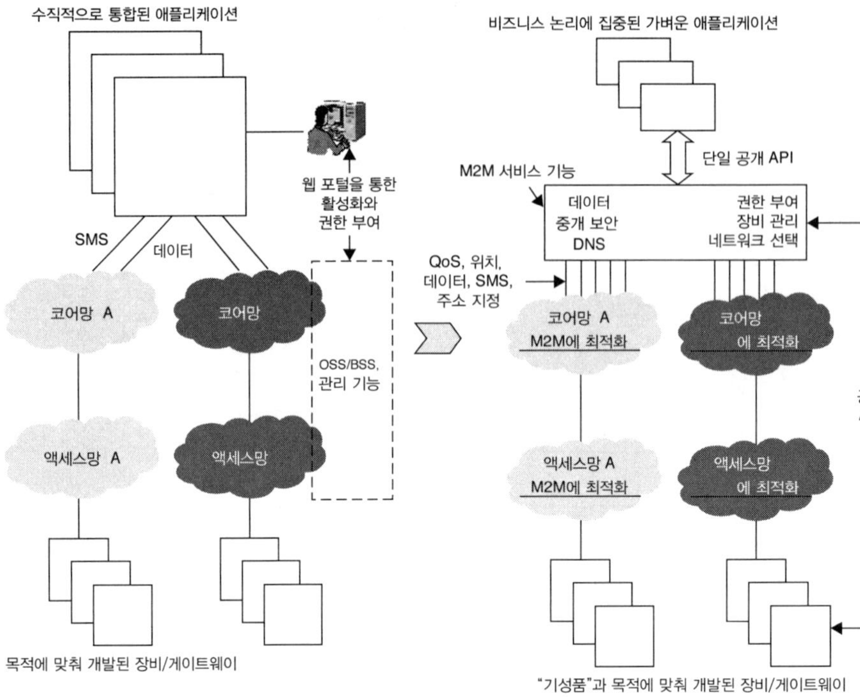

그림 4.15 초기 M2M에서 최근의 M2M으로 발전 과정

용해야 한다.

그림 4.15는 여러 표준화 단체에서 진행 중인 작업의 아키텍처 원칙을 고차원적으로 표현한다. 이 그림은 또한 현재 아키텍처에서 수평 플랫폼 기반의 아키텍처로 이전하는 계획도 보여 준다.

그림 4.15는 미래 M2M 아키텍처의 핵심 원칙을 보여 준다.

- 애플리케이션은 점차 애플리케이션-비즈니스 논리에 집중한다. 데이터 중개, 보안, DNS, 장비 관리 등과 같은 기능은 수평 플랫폼이 맡는다. 수평 플랫폼 기능은 IT 부서에 친숙한 표준화된 공개 API를 통해서 제공된다.
- 오늘날의 수직적으로 통합된 애플리케이션은 (주로 데이터와 SMS 등) 제한된 몇몇 운영자 인터페이스만 사용하지만, 수평 플랫폼은 위치, QoS, 주소 지정 등 다양한 핵심 네트워크 인터페이스를 제공한다. 이들 기능은 복잡성을 모두 감추고 단일 공개 API로 제공되므로 접근을 위한 프로토콜 구현이라는 부담이 없어진다.
- 액세스망과 코어망은 M2M을 인지해야만 한다. 현재 ETSI가 개발 중인 수평 플랫폼은 새로운 아키텍처를 요구하는데 반해 네트워크 최적화는 새로운 아키텍처를 목표로 삼지

않는다. 네트워크 최적화의 목표는 기존 2G, 3G, 4G (무선) 아키텍처를 재사용해 M2M 트래픽에 최적화된 네트워크 구축이다.

- 장비가 수평 플랫폼에 노출할 공개 인터페이스를 구현할 수도 있다. 네트워크 수평 플랫폼이 M2M 서비스 기능을 제공하듯이 장비도 기성품 서비스 기능을 제공할 수 있다. 이들 서비스 기능은 네트워크 쪽과 유사하게 장비 클라이언트 애플리케이션에 노출된다.

네트워크 최적화 방안을 이해하려면 다음 목록을 살펴본다. 현재 3GPP가 표준화하고 있는 기능들이다[3].

- **저-이동성**: 이동하지 않거나, 아주 가끔만 이동하거나, 특정 지역 내에서만 이동하는 MTC(Machine-Type Communications) 장비에 적합한 기능이다. 최적화 방법으로 (운영자 정책에 기반해) 네트워크 자원을 소모하는 이동성 관리 기능을 드물게 실행한다.
- **시간 제어**: 정해진 시간 동안만 데이터 송수신을 허락하는 MTC 애플리케이션에 적합한 기능이다. 네트워크 운영자는 정해진 시간 외에도 데이터와 시그널 송수신을 허락하는 대신 요금을 다르게 매길 수 있다.
- **시간 포용성**: 네트워크 부하가 클 때 요금을 낮추는 대신 데이터 전송을 지연해도 괜찮은 MTC 장비에 적합한 기능이다.
- **패킷-교환만**: 패킷 교환 서비스만 필요한 MTC 장비에 적합한 기능이다. SMS나 음성 서비스를 사용할 필요가 없다는 뜻이다.
- **온라인 데이터 소량 전송**: 데이터를 소량만 송수신하는 M2M 장비에 적합한 기능이다. 데이터만 소량만 전송하는 경우 시그널 처리 부하를 크게 줄이려는 목적이다.
- **우선 경보 메시지** (PAM, Priority Alarm Message): 도난, 기물 파손 등 즉각적인 주의를 요하는 사건이 발생했을 때 우선적으로 경보를 발행하는 MTC 장비에 적합한 기능이다.

4.10 결론

지금까지 네트워크 진화와 서비스 아키텍처 관점에서 M2M 요구 사항을 살펴보았다. 확실히 M2M 트래픽은 네트워크에 매우 구체적인 요구 사항들을 부과한다. M2M 통신의 ARPU 제약에 맞게 투자 비용과 운영 비용을 낮추는 데 필요한 요구 사항들이다. 4장에서는, 다양한 M2M 사용 사례 분석을 통해 새로운 M2M 솔루션을 개발하고 배포하고 테스트하는 비용과 시간을 줄이려면 수평 아키텍처가 필요하다는 사실도 명백히 드러났다. 수평 아키텍처에 기반하면 위치, QoS, 주소 지정 등과 같은 네트워크 기능을 사용하기 쉬워진다. 현재로서는 여러 운영자와 복잡한 비즈니스 관계를 맺어야 하는데다 인터페이스도 제 각각이라 사용하기 어려운 기능들이다.

다음 장에서는 3GPP가 진행 중인 네트워크 최적화 작업과 ETSI M2M에서 진행 중인 플랫폼 아키텍처 작업을 자세하게 다룬다.

[1] LTE 제외, LTE에서는 기본 데이터 베어러가 상시 접속 수단을 제공한다.

참고문헌

1. TR 102 691. ETSI Technical Report, Machine-to-Machine Communications (M2M); Smart Metering use cases (05-2010).
2. Smart Meters Coordination Group Standardisation Mandate to CEN, CENELEC and ETSI in the Field of Measuring Instruments for the Development of an Open Architecture for Utility Meters Involving Communication Protocols Enabling Interoperability M/441, final report (Version 0.7, 10-12-2009).
3. TR 23.888. 3GPP System Improvements for Machine-Type Communications (Release 11 – to be published 2012).
4. TR 102 732. ETSI Technical Report, Machine-to-Machine Communications (M2M); eHealth use cases (to be published 2012).
5. ETSI TC M2M Service Requirements for Release 1, published 08-2010.
6. ABI Research Study (2009) Cellular M2M Markets.

Chapter

05 ETSI M2M 서비스 아키텍처

ETSI M2M Services Architecture

오마르 일루미[1], 클라우디오 포리브시[2]

[1]*알카텔-루슨트 , 벨리지, 프랑스*

[2]*알카텔-루슨트, 안트워프, 벨기에*

5.1 배경

모든 기술에 대한 비전이 그러하듯 M2M 역시 현실에 적용되는 시점이 되었다. 조장기에는 비전을 다듬고, 새로운 비즈니스 모델을 실험하고, 독립형 솔루션을 개발해 개념의 현실성을 타진하고, 불충분한 상호운용성의 한계를 극복하는 데 전념해 왔다. 수평 서비스 플랫폼 활용은, 운영자가 부가가치 서비스를 제공하는 수단으로도 혹은 애플리케이션 공급자가 장기적으로 사용할 수 있는 모듈형 애플리케이션 개발 전략을 짜는 발판으로도, M2M 비전에서 핵심적인 요소다. 양키 그룹이 미국 통신 사업자 관점에서 M2M 전망을 논한 최근 보고서인 '*M2M 통신 사업자 전략 분석서(A Closer Look at M2M Carrier Strategy)*'에서는 수평 플랫폼에 기반한 부가가치 서비스 제공이 통신 사업자들에게 필수가 되어 가고 있다는 사실을 명확하게 기술하고 있다.

> 통신 사업자들은 부가가치 서비스를 새로운 차별화 요소로 간주한다. 주요 통신사 네 곳 모두 미 전역에 걸쳐 서비스 지역을 확장했다. 서비스 지역은 더 이상 핵심적인 차별화 요소가 아니다. 서비스가 겹치는 지역은 가격 경쟁이 치열해졌다. 솔루션 공급자가 다양한 지역에서 통신사를 선택할 수 있으므로 계약할 때마다 가격을 비교해 가장 저렴한 가격을 선택하기 때문이다. 통신사 네 곳 모두 솔루션 사업자들을 끌어들이고자 유연하고 쉬운 채널과 탄탄한 장비 관리 서비스를 내세우는 추세다.
>
> (출처: 양키 그룹)

이런 수평 플랫폼에 필요한 구성 요소는 목표로 삼은 M2M 애플리케이션에 따라 달라진

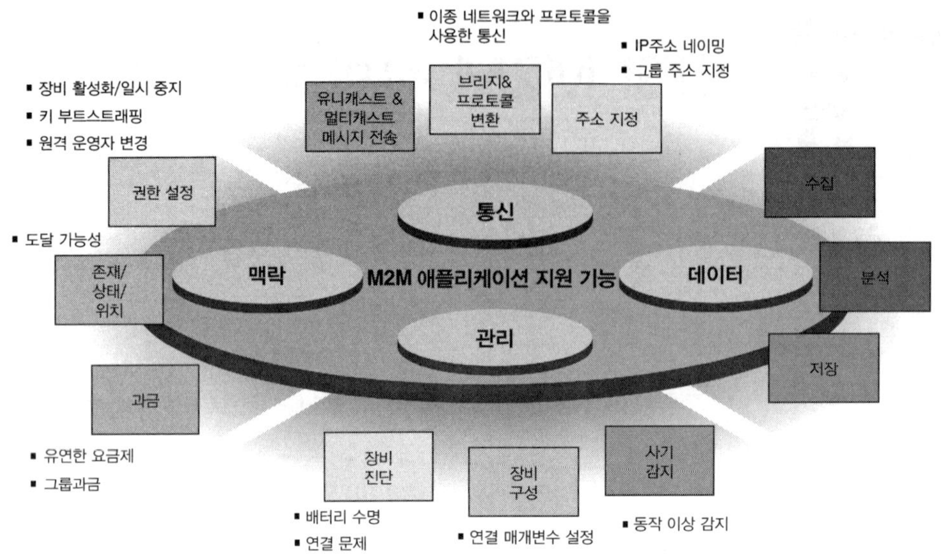

그림 5.1 수평M2M 서비스 플랫폼의 일반적인 구성 요소(출처: 양키 그룹 보고서)

다. 예를 들어, 위치 서비스 지원은 기업용 차량 추적 솔루션에는 필요하지만 스마트 계량에는 불필요하다. 게다가 수평 M2M 플랫폼을 배포하고 있는 사업자들은 단계별 접근 방식을 채택하는 추세다. 처음에는 주로 연결성과 활성화, 기본적인 데이터 중개, 장비 관리, 보안에 초점을 맞춘다. **그림 5.1**은 기본적인 수평 M2M 서비스 플랫폼을 구성하는 요소를 전체적으로 설명하고 있다. 그림에서는 이들 구성 요소를 다음 범주로 분류한다.

- **데이터 중개**: 기본적인 데이터 수집, 저장, 데이터 가용성 관련 이벤트 구독/통보 기능을 제공한다. 데이터 집계와 분석 등 더 복잡한 기능을 제공하기도 한다.
- **통신**: 애플리케이션이 모르게 네트워크 전송 관련 정보, 통신 프로토콜 등을 숨긴다. 통신 기능으로는 이름에서 네트워크 주소로 변환, (SMS나 데이터 베이러 등) 베어러 선택과 수립, 프로토콜 변환 등이 있다.
- **관리**: 구성 관리(CM, Configuration Management), 장애 관리, (배터리 수준 감시와 같은) 성능 관리(PM, Performance Management), 펌웨어와 소프트웨어 업그레이드 기능 등을 제공한다. M2M 장비는 수명이 상대적으로 상당히 길다는 사실을 감안할 때 (가령, 스마트 계량기는 20년 넘게 사용한다는 사실을 감안할 때) 관리 기능은 M2M에 중요한 요소다.
- **맥락**: 위치 찾기, (장비 활성화, 보안 키 부트스트래핑 등) 권한 설정, 과금 등과 같은 기능을 제공한다.

5장은 ETSI TC M2M(Technical Committee Machine to Machine)에서 진행 중인 표준화 작업에 초점을 맞춘다. ETSI 기술 위원회의 목표는 수평 플랫폼 배포에 발판으로 쓰일 표준 제공이다.

5장은 다음과 같이 구성된다. 첫째, 고차원 시스템 아키텍처를 제시하고 수평 플랫폼 서비스 기능(SC, Service Capabilities)을 구현하는 데 사용되는 프레임워크를 소개한다. 그런 다음 각 서비스 기능을 설명하면서 프레임워크를 자세히 살펴본다. 주요 서비스 기능에 대해서는 배경과 세부 사항도 설명한다. 둘째, REST(Representational State Transfer)를 소개하며, M2M이 아키텍처 스타일로 REST를 선택한 배경도 설명한다. 이후에서는 예제를 이용해 자원 구조와 인터페이스 절차를 설명한다.

5.2 고차원 시스템 아키텍처

고차원 시스템 아키텍처는 시스템 구성 요소들과 그 구성 요소들 사이의 관계를 전체적으로 설명한다. 고차원 시스템 아키텍처는 기능 아키텍처를 기술해 나가는 단계적인 접근 방식을 위한 출발점으로 적합한 방식이다. 아래 두 번째 아키텍처 그림은 시스템 내에서 여러 기능이 상호 작용하는 모습을 정형화해서 표현한다. 여기서 각 기능은 고차원 시스템 아키텍처의 구성 요소(들)에 해당한다.

ETSI TC M2M은 (**그림 5.2**와 같이) 이해하기 쉬운 고차원 시스템 아키텍처를 채택해 표준화 작업을 진행하는 중이다. 이 고차원 아키텍처는 (애플리케이션이 네트워크에 있든, 장비에 있든, 게이트웨이에 있든) 애플리케이션에 공개할 M2M 서비스 기능이 필요하다는 점을 전적으로 인정한다. 이런 고차원 시스템 아키텍처에서 한 가지 중요한 측면은 M2M 시스템을 속속들이 표현한다는 사실이다. 하지만 ETSI TC M2M은 그림에 있는 아키텍처 요소 전부를 표준화하려고 목표하지는 않는다. ETSI TC M2M은 M2M 통신이 기존에 배포된 접속/핵심 네트워크와 기타 지역/개인 통신망을 최대한 활용하리라는 사실을 충분히 인지한다. 또한 그들은 현재 3GPP와 3GPP2가 추진하는 모바일 네트워크 개선안도 *필수*가 아니라 M2M 서비스 전송을 *개선*하는 수단으로 간주한다. 이런 이유로 ETSI TC M2M은 현재 3GPP와 G2PP2가 추진하는 M2M 네트워크 개선안에 의존하지 않는다. 구현이 기존 네트워크에 기반해야 하는 탓이다. 적어도 표준 명세 릴리스 1에서는 그렇다. 하지만 이후 릴리스에서는 이들 네트워크 개선안을 더욱 최적화하려는 노력이 있으리라 예상된다.

그림 5.2에서 보듯이, M2M 고차원 시스템 아키텍처는 네트워크와 애플리케이션 영역이라는 개념과 M2M 장비 영역이라는 개념을 포함한다.

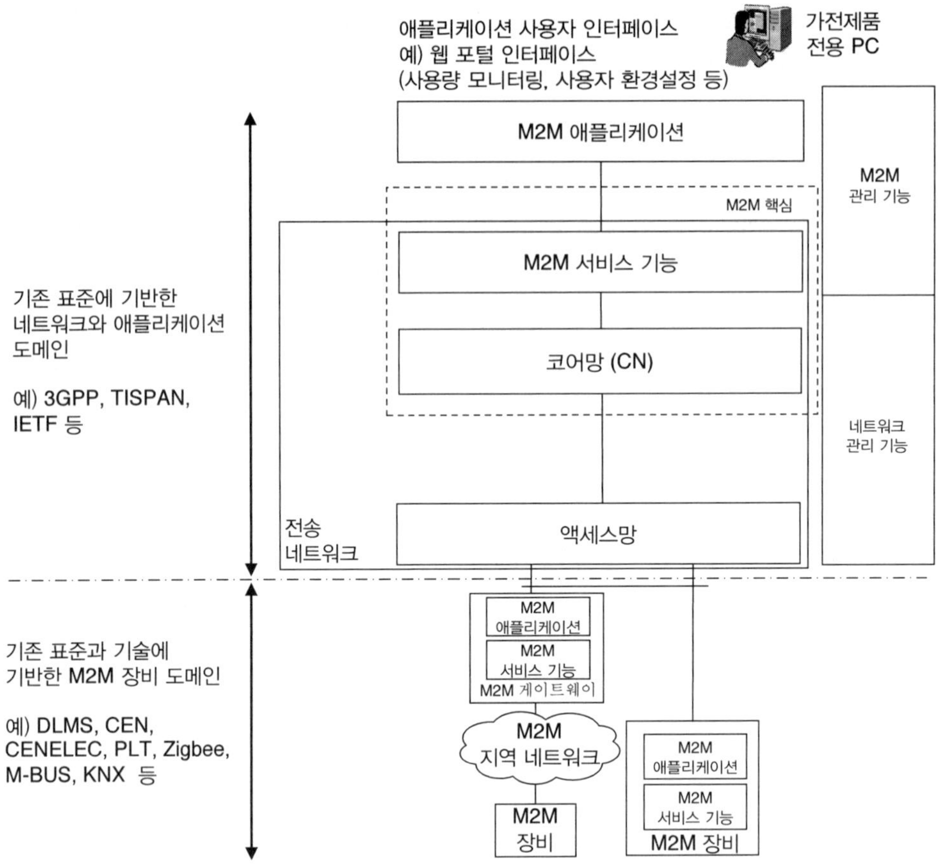

그림 5.2 M2M 고차원 시스템 아키텍처 개요 (ETSI 허락 하에 게재)

M2M 장비 영역은 다음 요소로 구성된다.

- **M2M 장비**: M2M 애플리케이션이 실행되는 장비다. 앞으로 남은 5장에서는 DA(Device Application)라 칭한다. DA는 M2M 서비스 기능과 네트워크 영역 기능을 사용한다. M2M 장비는 다음 방식으로 M2M 핵심에 접속한다.
  - **시나리오 1 "직접 연결"**: M2M 장비에 WAN 통신 모듈을 장착해 사업자 액세스망에 직접 접속한다. 예로는 GSM/GPRS 기반 구조에 직접 접속하는 스마트 계량기가 있다. 이 경우, M2M 장비가 네트워크와 애플리케이션 영역에 대한 등록, 인증, 인가, 관리, 권한 설정 등과 같은 절차를 수행한다.
  - **시나리오 2 "네트워크 프록시로 게이트웨이 사용"**: M2M 장비가 M2M 게이트웨이를 거쳐 네트워크와 애플리케이션 영역에 접속한다. M2M 장비는 M2M 지역 네트워크를 사용해 M2M 게이트웨이에 연결한다. 이 시나리오는 애플리케이션만 돌리는 "저가

형” 장비에 적합하다. 시나리오 1에서 언급한 동일한 절차는 M2M 게이트웨이에 있는 M2M SC로 수행한다.

- **M2M 지역 네트워크**: 같은 M2M 지역 네트워크에 접속한 다양한 M2M 장비들을 물리적으로 그리고 MAC 계층으로 연결하거나 라우터나 게이트웨이로 공개 네트워크에 연결시켜 주는 네트워크 기술을 가리키는 일반적인 용어다(그림 5.2에는 라우터가 없다). M2M 지역 네트워크의 예로는 IEEE 802.15.x, 지그비, 블루투스 등과 같은 무선개인통신망(WPAN, Wireless Personal Area Network)이나 전력선 통신(PLC, Power-line Communication), 와이파이(WiFi) 등과 같은 지역 네트워크가 있다. 많은 M2M 지역 네트워크가 무선 RF 기술에 기반하지만 유선 기술도 고려된다. PLC 이후로 가장 주목할 예가 대역폭이 중요한 멀티미디어 솔루션과 복잡도가 낮아 대역폭이 덜 중요한 단말 둘 다에 맞춰 여러 프로파일을 제공할 목적으로 설계된 G.hn 표준 계열이다. 후자는 가정 에너지 관리와 같은 M2M 솔루션에 적합하다.
- **M2M 게이트웨이**: M2M SC를 구현하는 장비 중 하나로, M2M 장비들을 네트워크와 애플리케이션 영역에 연결한다. M2M 게이트웨이는 또한 M2M 애플리케이션을 돌리기도 한다. 일반적으로는 (지그비, PLC 등과 같은) M2M 지역 네트워크에 접속할 때 필요한 통신 모듈 몇 개와 (GSM/GPRS 등과 같은) WAN 통신 모듈 하나 이상이 장착된 장비다. M2M 게이트웨이는 센서와 같이 다양한 곳에서 수집한 정보를 토대로 자동화 프로세스를 활성화하는 등 지역적인 지능을 구현하기도 한다.

네트워크와 애플리케이션 영역은 다음 요소로 구성된다.

- **액세스망**: M2M 장비 영역을 코어망과 통신하게 만드는 네트워크다. 예로는 xDSL, HFC, 위성, GERAN, UTRAN, eUTRAN, W-LAN, WiMAX가 있다.
- **전송 네트워크**: 네트워크와 애플리케이션 영역 내에서 데이터 전송을 가능케 하는 네트워크다.
- **M2M 핵심**: 네트워크 애플리케이션(NA, Network Applications)에 노출되는 다양한 M2M SC들과 통신사 코어망을 묶은 것이다.
  - **코어망**: (IP를 포함한) 연결성, 서비스, (3GPP PCRF[1], SMC-SC 등) 네트워크 제어, 다른 네트워크와 상호연결 등에 관련된 기능을 제공한다.
  - **M2M 서비스 기능** (SC, Service Capability): 공개 인터페이스로 NA에 노출되는 M2M 기능이다. 일반적으로 M2M SC는 알려지고 표준화된 인터페이스를 이용해 핵심 네트워크

1 PCRF(Policy and Charging Rules and Function)는 네트워크 구독자에게 정책 결정을 제공하는 서버다. 일반적으로는 QoS 수준이나 요금제 규칙에 관한 정책이다.

기능을 사용한다. 표준화된 인터페이스의 예로는 (IP 데이터 트래픽을 교환할 때 사용하는) 3GPP Gi나 (QoS 제어 기능이 필요할 때 사용하는) 3GPP Rx가 있다. M2M SC는 다른 M2M 장비나 게이트웨이에 존재하는 M2M SC와 서비스 수준에서 인터페이스한다.

- **M2M 애플리케이션**: 서비스 논리를 실행하며 공개 인터페이스로 접근 가능한 M2M SC를 사용한다. 네트워크와 애플리케이션 영역에서 돌아가는 M2M 애플리케이션 예로는 (스마트 계량기 데이터를 수집하고 분석하는) 유틸리티 백엔드 프로그램이 있다.
- **네트워크 관리 기능**: 액세스망, 전송 네트워크, 코어망을 관리하는 데 필요한 모든 기능을 가리킨다. 예로는 권한 설정, 감독, 장애 관리(FM, Fault Management) 등이 있다.
- **M2M 관리 기능**: 네트워크와 애플리케이션 영역에서 M2M애플리케이션과 M2M SC를 관리하는 데 필요한 모든 기능을 가리킨다. M2M 장비와 게이트웨이 관리는 M2M SC를 사용할지도 모른다.

네트워크와 애플리케이션 영역과 장비 영역에 있는 M2M SC가 바로 ETSI TC M2M이 표준화하는 목표다. ETSI TC M2M의 표준화 작업은 다음을 목표로 삼는다.

- (NA든 GA든 DA든) 애플리케이션에 노출할 기능을 식별한다.
- 애플리케이션이 사용할 M2M SC의 수직 인터페이스를 (혹은 API를) 표준화한다.
- M2M SC들이 서비스 수준에서 통신할 때 사용할 수평 인터페이스를 표준화한다.
- 네트워크와 애플리케이션 영역에서 SC가 코어망 기능을 사용할 방법을 식별한다(ETSI TC M2M 명세서 릴리스 1에서는 아직 완전히 다루지 않았다).

확장성과 유연성을 갖춘 M2M SC 구조를 만들고자 ETSI TC M2M은 SC 프레임워크를 개발하기로 결정했다. 다음 절에서 이 프레임워크를 설명한다.

5.3 ETSI TC M2M 서비스 기능 프레임워크

프레임워크(Framework)란 아키텍처나 디자인 패턴 집합에 맞춰 구조화된 도구상자로, 구체적인 목적을 달성하기 위해서 예시되어 진다. ETSI TC M2M 맥락에서 프레임워크는 SC들의 뼈대이자 시스템 엔티티들 간의 참조점 집합이다. 이 뼈대는 구체적인 SC 집합으로 예시화되고, 여기서 참조점은 M2M 시스템의 엔티티들이 서로 통신할 때 사용하는 프로토콜의

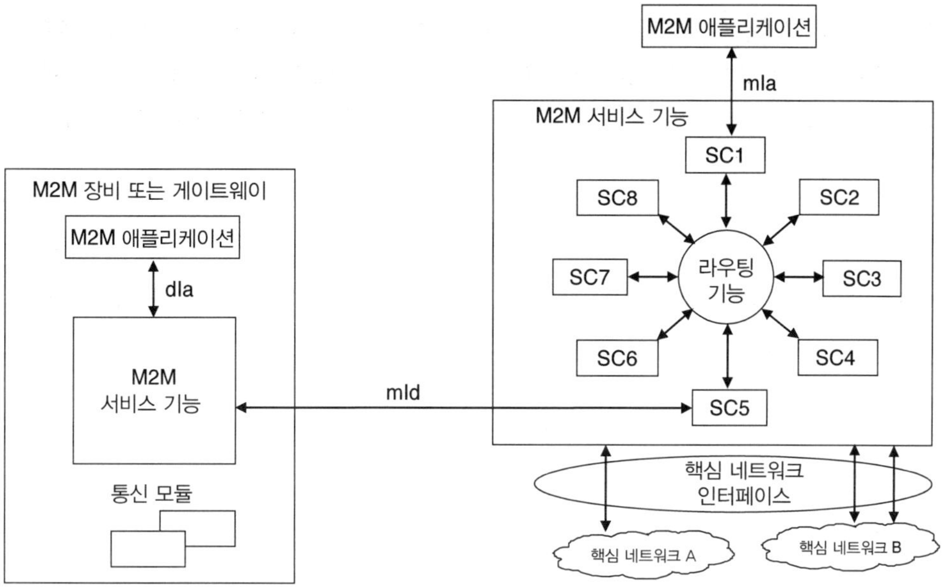

그림 5.3 M2M SC 기능 아키텍처 프레임워크 (ETSI 허락 하에 게재)

첫 판박이 틀이 된다. 이 프레임워크는 확장 가능성을 감안해 설계되었다. 표준을 명세하는 시점에 모든 SC가 알려지지 않았을뿐더러 M2M 시스템 구축과 운영에 모든 SC가 필수도 아니기 때문이다. 그러므로 미래에도 유효한 표준과 유연한 상호운용성을 보장하려면 새로운 SC를 추가해 애플리케이션에 노출시킬 수 있는 기능이 매우 중요하다.

그림 5.3은 ETSI TC M2M 아키텍처를 구축하는 데 사용된 프레임워크다. 그림은 네트워크와 애플리케이션 영역과 장비 영역에서 각종 SC 집합이 표시된 서비스 계층 아키텍처를 보여 준다. 프레임워크가 사용하는 참조점은 다음 범주로 분류된다.

- 애플리케이션으로 향하는 수직 참조점 — 장비/게이트웨이에 있거나 네트워크에 있다.
- 장비/게이트웨이에 있는 SC와 네트워크에 있는 SC를 연결하는 *단일* 수평 참조점 — 이 참조점은 서비스 수준에 있다. 즉, M2M 지역 네트워크와 액세스/코어 네트워크가 제공하는 네트워크 연결을 사용한다는 뜻이다.
- 핵심 네트워크를 잇는 수직 인터페이스 — 예로는 핵심 네트워크가 제공하는 3GPP Gi/SGi, 3GPP Rx 등이 있다[3GPP TS 23.060, 3GPP TS 23.401].

서비스 기능(SCs, Service Capabilities)은 여러 애플리케이션이 사용하는 공통적인 기능 모음이다. 이들은 (특정 장비의 위치 찾기와 같이) 구체적인 서비스를 제공하는 소프트웨어 모듈이다. ETSI에 정의된 아키텍처는 박스 아키텍처가 아니라 기능 아키텍처라는 사실에 주목한다. SC 여러 개를 그룹으로 묶을 수도 있다는 뜻이다. ETSI TC M2M 아키텍처는 SC 구현에 있어, SC가 외부적으로 참조점 명세에 맞게 동작하는 한, 특정 방식을 강제하지 않는다.

네트워크와 애플리케이션 영역에 있는 SC는 여러 핵심 네트워크와 통신할 수도 있다.

ETSI TC M2M는 M2M 릴리스 1 명세에서 다음 서비스 기능을 명시했다. (하지만 릴리스 1에서는 모든 SC를 표준화된 API로 공개하지는 않는다.)

- **애플리케이션 지원** (xAE, Application Enablement): 애플리케이션에 단일 API 인터페이스를 제공한다.
- **일반 통신** (xGC, Generic Communication): 보안-전송 세션 수립과 해제, 핵심 네트워크가 제공하는 베어러 서비스와 인터페이스 등 통신에 관한 측면 전부를 관리한다.
- **접근성, 주소 지정, 저장소** (xRAR, Reachability, Addressing, and Repository): 애플리케이션, 장비, 게이트웨이의 상태 저장 기능을 제공하며 데이터 변경 구독도 처리한다.
- **통신 선택** (xCS, Communication Selection): WiFi나 GPRS 등 여러 연결 베어러와 여러 네트워크로 도달할 수 있는 장비나 게이트웨이에 네트워크와 네트워크 베어러를 선택할 수 있게 만드는 기능을 제공한다.
- **원격 엔티티 관리** (xREM, Remote Entity Management): 장비/게이트웨이 수명 주기 관리 기능을 제공한다. 예로는 소프트웨어/펌웨어 업그레이드, 장애, 성능 관리 등이 있다.
- **보안** (xSEC, SECurity): 부트스트래핑, 인증, 인가, 키 관리를 구현한다. M2M 인증 서버(MAS, M2M Authentication Server)와 연결하여 인증 데이터를 얻는다.
- **이력과 데이터 유지** (xHDR, History and Data Retention) (선택적): M2M SC의 사용 이력을 저장한다. xHDR은 개인정보보호와 같은 법 집행을 목적으로 사용되기도 한다.
- **트랜잭션 관리** (xTM, Transaction Management) (선택적): 트랜잭션을 관리한다.
- **보상 브로커** (xCB, Compensation Broker) (선택적): 애플리케이션을 대신해 보상 트랜잭션을 관리한다.
- **통신 사업자 노출** (xTOE, Telco Operator Exposure) (선택적): SMS, MMS, USSD, 위치 찾기 등의 *전통적인* 네트워크 운영자 서비스를 SC에 접근하기 위한 동일한 API로 제공한다.
- **네트워크 프록시** (xIP, Internetworking Proxy): ETSI 표준을 준수하지 않는 장비가 ETSI 표준과 통신하게 해 준다.

위에서 x는 다음 셋 중 하나다.

- N — 네트워크
- G — 게이트웨이
- D — 디바이스

ETSI TS 102 690은 네트워크, 장비, 게이트웨이에 있는 SC를 지칭할 목적으로 다음 용어를 채택했다.

- **NSCL** (Network Service Capabilities Layer): 네트워크와 애플리케이션 영역에 있는 M2M SC를 가리킨다.
- **GSCL** (Gateway Service Capabilities Layer): M2M 게이트웨이에 있는 M2M SC를 가리킨다.
- **DSCL** (Device Service Capabilities Layer): M2M 장비에 있는 M2M SC를 가리킨다.
- **SCL** (Service Capabilities Layer): NSCL, GSCL, DSCL 중 하나를 가리킨다.
- **mIa 참조점**: 애플리케이션이 네트워크와 애플리케이션 영역에 있는 M2M SC에 접속하게 해준다.
- **dIa 참조점**:
  - M2M 장비에 있는 애플리케이션이 같은 M2M 장비에 있는 다른 M2M SC나 M2M 게이트웨이에 있는 M2M SC에 접속하게 해준다.
  - M2M 게이트웨이에 있는 애플리케이션이 같은 M2M 게이트웨이에 있는 다른 M2M SC에 접속하게 해준다.
- **mId 참조점**: M2M 장비나 M2M 게이트웨이가 네트워크와 애플리케이션 영역에 있는 M2M SC와 통신하게 해준다. mId는 핵심 네트워크 연결 기능을 사용해 데이터를 전송한다.

5.4 ETSI TC M2M 릴리스 1 시나리오

이 절에서는 현재 ETSI TC M2M이 고려하는 시나리오 몇 개를 자세히 살펴본다. 또한 앞서 설명한 참조점들이 사용된 방식도 설명한다. **그림 5.4**는 이들 시나리오를 보여 준다.

그림 5.4에서는 다음 유형의 장비를 고려한다.

- **게이트웨이**(G): M2M 지역 네트워크를 직접 관리하는 ETSI M2M 장비다. 게이트웨이는

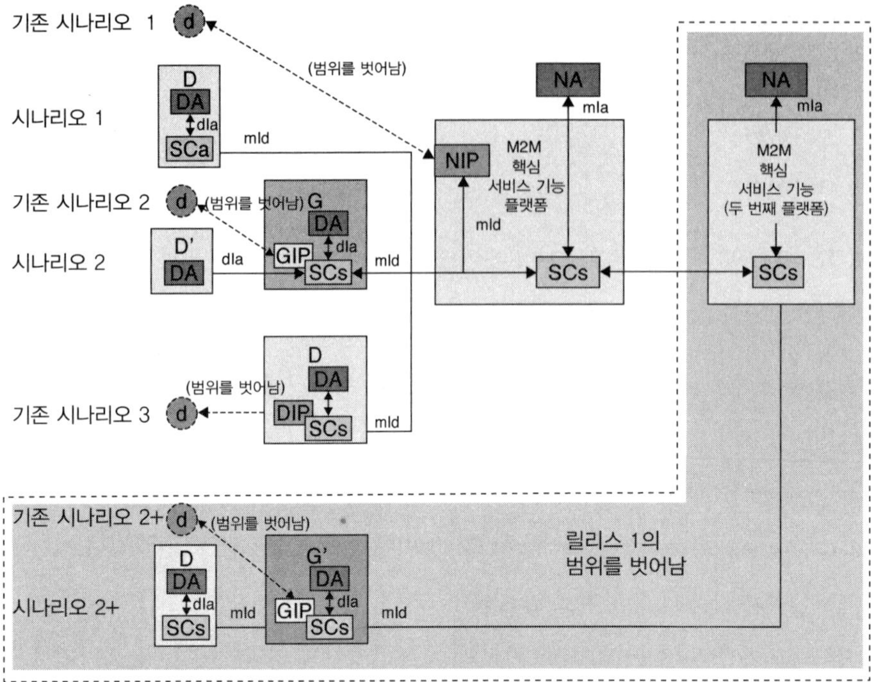

그림 5.4 SC기능 아키텍처 프레임워크 (ETSI 허락 하에 게재)

mId 참조점으로 ETSI M2M 핵심 네트워크와 직접 통신한다.

- **장비**(D): ETSI M2M 핵심 네트워크나 ETSI M2M 게이트웨이와 직접 통신하는 ETSI M2M 장비다.
- **장비'**(D'): ETSI M2M SC를 구현하지 않은 ETSI M2M 장비다. M2M 게이트웨이에 있는 SC를 사용해 M2M 핵심과 간접적으로 통신한다.
- **게이트웨이'**(G'): 장비 D와 D' 둘 다에게 연결성을 제공하는 ETSI M2M 게이트웨이다. 릴리스 1은 G'를 다루지 않는다는 사실에 주의한다.

추가로, ETSI M2M 표준을 준수하지 않는 장비(d)가 M2M 지역 네트워크에 속하며 ETSI M2M을 따르는 장비나 게이트웨이 엔티티가 관리하며, 장비 (d)는 M2M SC와 직접 통신하지 못한다. 하지만 xIP(Internetworking Proxy) 기능을 이용하면 ETSI 표준을 준수하는 엔티티들과 통신할 수 있다.

그림 5.4가 보여 주는 다양한 시나리오는 다음과 같다.

- **기존 시나리오 1, 2, 3, 2+**: ETSI TC M2M 표준을 준수하지 않는 기존 장비 (d)에 대한 시나리오다. 이들 장비는 xIP 서비스 기능을 이용해 ETSI TC M2M 아키텍처 내에 통합된

다. 여기서 x는 네트워크일 경우 N, 게이트웨이일 경우 G, 장비일 경우 D가 된다. xIP는 (즉, NIP, GIP, DIP는) mId 참조점을 구현해 비표준 장비를 ETSI 표준 장비처럼 보이게 만드는 서비스 기능이다. 하지만 ETSI TC M2M 명세는 네트워크 동작 방식까지 지정하지 않는다는 사실에 주의한다. 네트워크 구현 방식은 표준화되지 않았으며 구현업체가 결정할 부분이다.

- 시나리오 1: 장비 D는 M2M SC를 구현하며 DA를 실행한다. 장비 D는 mId 참조점으로 네트워크와 애플리케이션 영역에 있는 M2M SC와 인터페이스한다.
- 시나리오 2: 장비 D'는 ETSI TC M2M 표준을 준수하나 M2M SC를 구현하지 않다. 그 대신, 장비 D'는 (이 경우) dIa 외부 참조점으로 M2M 게이트웨이 G에 있는 SC에 의존한다.
- 시나리오 2+: 장비 D는 M2M 게이트웨이 G를 통해 네트워크와 애플리케이션 영역에 있는 M2M SC와 통신한다. 이런 시나리오의 목적은 장비 D가 WAN 연결을 사용하면서도 모바일 장비의 경우처럼 필요할 때 게이트웨이가 제공하는 기존 WAN 연결을 재사용하는 것이다.

5.5 ETSI M2M 서비스 기능

이 절에서는 가장 중요한 M2M 서비스 기능들을 소개하고 그 배경을 살펴본다. 모든 기능을 세부적으로 설명하기보다 가장 중요한 기능 몇 개에 집중해 각각에 담긴 철학을 소개한다. 이 절에는 이들 기능이 네트워크, 게이트웨이, 장비에서 각각 구현되었을 때 어떻게 달라지는지도 설명한다.

5.5.1 접근성, 주소 지정, 저장소 기능(xRAR)

xRAR(Reachability, Addressing, and Repository)은 ETSI TC M2M SC 작업의 주춧돌이다. 이것은 ETSI TC M2M 작업 초기 단계에 나왔던 기능 두 가지를 합쳐서 만들어졌다.

- **장비 애플리케이션 저장소**: 원래 등록된 DA들의 기록을 보관하기 위해 도입되었다.
- **명명, 주소 지정, 접근성**: 원래 주소 변환 기능을 제공하며 장비나 장비에서 돌아가는 애플리케이션의 접근성 상태를 추적하기 위해 도입되었다.

두 기능을 xRAR로 합치면서 구조는 단순해졌고 두 기능이 메시지를 지나치게 자주 교환할 필요성도 없어졌다.

새로 정의된 xRAR 기능은 주로 SC, NA, GA, DA의 등록 정보를 관리하며, 가장 중요하게는, M2M 애플리케이션들 사이에 접근 권리와 권한에 맞는 데이터 교환을 가능하게 한다.

데이터를 저장해 두었다가 다른 애플리케이션에 제공하는 필요성이 궁극적으로 xRAR의 가장 중요한 기능이 되었다. 이와 같은 필요성이 생긴 배경은 다음과 같다.

M2M 장비가 (그리고 M2M 장비에서 돌아가는 애플리케이션이) 항상 켜져 있지 않다면 장비 접근이 불가능해진다. 하지만 최종적으로 측정한 데이터가 급하게 필요한 상황도 생긴다. 만약 DA가 데이터를 웹 서버에 문서로 저장하고 때맞춰 계속 갱신한다면 DA의 최종 상태는 항상 접근이 가능해진다. xRAR은 장비 활성(Wake-up) 주기를 유지하는 복잡한 메커니즘 없이도 데이터 중개가 가능한 SC다.

xRAR을 이용하면 네트워크 애플리케이션이 데이터를 구독하고 (구독 조건에 부합하는) 관련 데이터가 생겼을 때에 트리거되는 시나리오도 가능해진다.

다음은 xRAR 기능 목록이다.

- 이름에 대응하는 엔티티의 연결을 위해 (장비, 게이트웨이, 애플리케이션) 이름을 네트워크 주소로 혹은 네트워크 주소를 이름으로 변환한다. 예를 들어, 이름을 IP 주소로 변환한다.
- M2M 장비나 M2M 게이트웨이의 도달성 상태를 보관한다. (네트워크에 해당하는 NRAR 경우는) 다음 예정된 활성 시간과 기간도 보관한다. 들어오는 연결을 수락하도록 구성된 장비나 게이트웨이에 유용한 기능이다.
- 애플리케이션이나 M2M SC가 자신을 등록하고 특정 이벤트가 발생했을 때 (예를 들어, 데이터가 사용 가능한 경우에) 통보 받는 메커니즘을 제공한다.
- M2M 장비, 애플리케이션, SC를 묶어 그룹을 생성한다. 그룹을 사용하면 NARA 사용자들 사이에 통신이 간편해진다. 예를 들어, NA가 메시지를 그룹 구성원 각자에게 따로따로 보내는 대신 그룹 전체에 보낸다.
- 애플리케이션이 데이터를 저장해 두었다가 접근 권리와 권한에 맞게 다른 애플리케이션과 공유한다.
- 지역 애플리케이션이 자신을 등록한다. M2M SC 를 이용해 데이터 교환을 시작하려면 반드시 필요한 선행 조건이다. 여기서 지역 애플리케이션이란 NSC는 NA, DSC는 DA,

D' 장비에서 동작하는 DA를 위한 GSC 또는 DSC는 DA, 마지막으로 GSC는 GA를 가리킨다.

- SC들이 서로에게 자신을 등록한다. 애플리케이션을 대신해 데이터를 교환하려면 반드시 필요한 선행 조건이다.

5.5.2 원격 엔티티 관리 기능(xREM)

ETSI M2M은 장비와 게이트웨이의 수명주기를 관리하는 수단으로 xREM(Remote Entity Management)을 제안했다. M2M 장비와 게이트웨이는 설비 수명이 굉장히 길다. 그러다 보니 장비에서 돌아가는 소프트웨어가 장차 필요할 기능을 모두 갖추었으며 계속 안정적이리라 가정하기 어렵다. 게다가 어떤 M2M 장비나 게이트웨이는 애플리케이션 여러 개를 돌리는데 어떤 애플리케이션은 장비를 배포하고도 한참이 지나서야 설치된다. 예를 들어, 미국 SGI(Smart Grid Initiative)는 현재 배포된 스마트 계량기의 소프트웨어를 업그레이드할 필요성을 인지하고 관련 표준 개발을 목표로 하는 PAP(Priority Action Plan)를 내놓았다. PAP는 작업 범위로 다음을 언급한다.

> 스마트 그리드 개발과 구축을 지원하기 위해서 많은 전력 회사가 스마트 그리드, 에너지 관리, 고객 참여를 확대하고 유도하는 선행 과제로 AMI(Advanced Metering Infrastructure)와 스마트 계량기에 대한 투자를 고려하고 있다.
>
> 이들 전력 유틸리티 회사와 관련 규제 기관이 직면하는 중대한 문제 하나가, 자신들이 선택한 기술이나 솔루션이 앞으로 제정될 국가 표준에 준하고 상호운영 가능한지 확인할 필요성이다.
>
> (출처: http://collaborate.nist.gov/twiki-sggrid/bin/view/Smart grid/PAP00MeterUpgradability)

장비 수명주기 관리는 여러 측면을 포함한다. 다음은 그 중 몇 가지다.

- **소프트웨어와 펌웨어 업그레이드** — 여기서 소프트웨어는 운영체제, M2M SC와 관련된 API를 구현하는 소프트웨어 모듈을 뜻한다. 펌웨어는 장비 내 각종 전자 부품을 제어하는 소프트웨어의 특정 부분을 가리킨다. 펌웨어는 보통 크기가 아주 작다.
- **애플리케이션 수명주기 관리** — 애플리케이션을 설치/제거하거나 기존 버전을 새 버전으로 업그레이드하는 기능이다.
- **장애와 성능 관리** — 하드웨어와 소프트웨어를 막론하고 장비 내 모든 구성 요소에서 장애를 감지하며 성능 지표도 감시한다. 장애와 성능 관리에서 적절한 조치를 취해 가능한 서비스를 중단하지 않는 궁극적인 목표가 존재한다. 예를 들어, M2M 장비가 배터리를

쓴다면 배터리 상태를 감시하다가 배터리 교체 시기를 알려 서비스 중단을 막는다. 감시할 또 다른 변수로는 CPU 사용량이나 메모리 사용량 등이 있다.

- **설정 관리**(CM) — 장비가 올바로 동작하게 매개변수를 설정한다. ETSI TC M2M 맥락에서 CM은 USB 포트나 카메라 등 장비 구성 요소에 관련된 매개변수 전부에 적용된다.

5.5.2.1 장비 관리가 필요한 동기

- 장비 관리는 대개 애플리케이션 비즈니스 논리와 직교적인 복잡한 연산들이다. 예를 들어, 소프트웨어 새 버전이 올바로 동작하지 않는다고 치자. 그러면 장비 관리 절차에 따라 소프트웨어를 이전 버전으로 되돌려야 할지도 모른다. 롤백(Roll-back)은 특수한 전문 지식이 필요하며 장비와 네트워크 상에 복잡한 상태 기계를 유지해야 할지도 모르는 복잡한 절차다.
- 장비 관리는 네트워크 지식이 많을수록 효율적으로 수행할 수 있다. 예를 들어, 많은 수의 장비에서 소프트웨어를 업그레이드하려면 시간이 오래 걸린다. 이럴 때는 업그레이드 일정을 트래픽이 적은 시간으로 잡으면 더 효율적이다. 또한 (네트워크 운영자가 제공한다면) 실제 네트워크 부하도 고려해 QoS가 중요한 서비스를 방해하지 않으면 더 좋다.
- 애플리케이션은 장비 관리에 사용되는 프로토콜의 세부 사항을 알 필요가 없다. 근래 구축된 시스템들은 장비 관리에 BBF TR069 [BBR TR069]나 OMA 장비 관리 [OMA DM]와 같이 일반적인 기술을 사용한다. 두 프로토콜 모두 각자 특수한 면이 있다. 예를 들어, 최신 OMA DM 시스템은 장비에게 특수 SMS를 보내 장비 관리 세션을 수립하자고 요청한다. 반면 SMS라는 개념이 없는 유선 환경에서 주로 사용하는 BBF TR069은 다른 메커니즘으로 장비를 연결하여 관리 세션을 수립하도록 장비를 트리거한다.
- 단순화된 장애와 성능 관리는 장비 관리 기능에 배터리 상태 감시도 포함된다고 가정한다. 그렇다고 NA에게 배터리 매개변수 전부(특히 남은 양)를 전달할 필요는 없다. 일반적으로 NA는 배터리가 특정 임계치에 도달한 경우에만 통보 받고 싶어 한다. 유지보수 일정을 세우기 위해서다. 또한 배터리가 너무 빨리 소진되는 경우도 통보 받고 싶을지 모른다. 어디든 문제가 있다면 고치기 위해서다.

ETSI TC M2M의 NREM 명세는 NA에 제공할 기능으로 다음을 열거한다.

- 구성 관리(CM) 기능을 제공한다. 한 예가 장비 주변 장치 구성이다.
- 성능 관리(PM)과 장애 관리(FM) 데이터를 수집하고 저장한다. 미리 구성된 이벤트가 발생하면, 예를 들어 배터리가 특정 임계치에 도달하면, NA에 통보한다.

- (베어러와 전송) 연결 수립과 해제를 M2M 애플리케이션으로부터 숨긴다.
- M2M 장비나 M2M 게이트웨이에 있는 소프트웨어와 펌웨어를 업그레이드한다.

이처럼 NREM은 장비 관리 서버 역할을 하는 반면 GREM과 DREM은 다음 기능을 제공한다.

- GREM은 NREM에 대응하는 장비 관리 클라이언트로서 동작한다. 또한 D′ 장비나 다른 장비에 대응하는 장비 관리 프록시로도 동작한다. 네트워크 관리 프록시는 GREM이 NREM을 대신해 장비 관리 기능을 수행하게 해 준다.
- DREM은 NREM에 대응하는 장비 관리 클라이언트로서 동작한다.

그림 5.4는 고차원적인 관점에서 NREM 사용 사례를 표현한다. 그림 5.4의 메시지 흐름은 장비 관리에 NREM이 사용되는 방식을 보여 준다.

그림 5.5는 NREM 서비스 기능이 M2M NA의 요청으로 장비에 대한 펌웨어 업그레이드를 수행하는 과정이다. 먼저 M2M NA가 펌웨어 업데이트를 요청한다. 요청 매개변수는 장비 구독 식별자와 서버에 저장된 펌웨어 이미지 URL을 반드시 포함해야 한다. (그림 5.5에서 펌웨어가 저장된 서버는 "타사 펌웨어 서버"다.) NA의 요청으로 NRAR에 특수한 자원이 생성된다. 펌웨어 업그레이드 동작을 위한 특정 상태를 포함하는 자원이다. 이어서 NERM

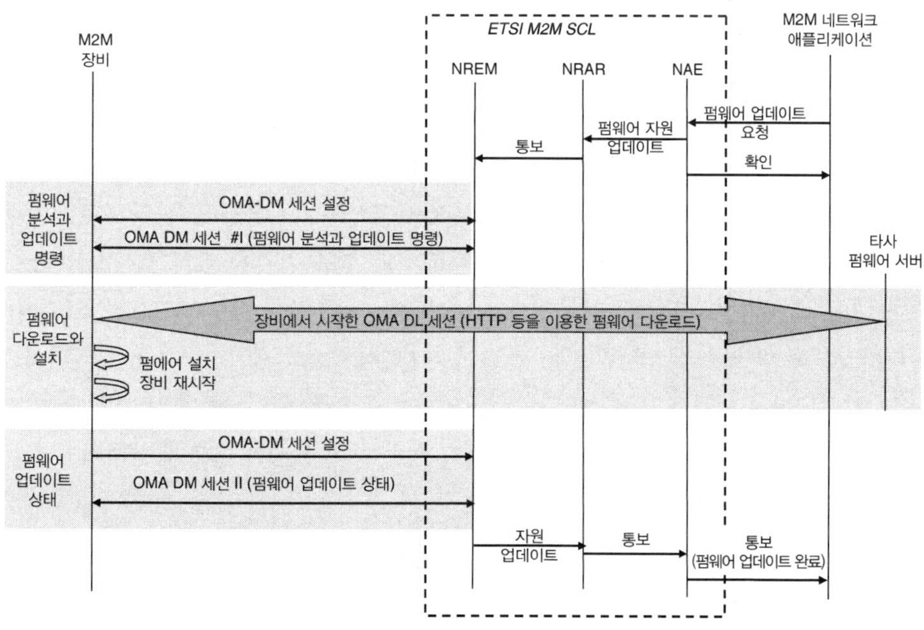

그림 5.5 ETSI M2M 아키텍처에서 NREM을 사용해 장비 펌웨어 업그레이드하기

이 펌웨어 업그레이드를 수행해야 한다는 통보를 받는다. 이 시나리오에서는 장비 수명주기 관리에 OMA 장비 관리 프로토콜을 사용한다고 가정한다. OMA DM 서버는 (즉, NREM은) 장비에게 특별한 SMS를 보내거나 HTTP 푸시를 통해 수행될 필요가 있는 OMA DM 세션 수립을 요청한다. 이 세션을 사용해 NREM은 M2M 장비의 DREM SC에게 펌웨어 업그레이드에 대응하는 일련의 명령을 전송한다. 여기에는 펌웨어 이미지 URL, (사용자 이름과 암호 등) 이미지를 가져오는 데 필요한 인증 정보가 포함된다. 그러면 DREM은 펌웨어 이미지를 가져와 설치한 후 장비를 재시작한다. 그런 다음 DREM은 DM 서버와 세션을 수립한 후 방금 수행한 작업 상태를 (특히 성공 여부를) 보고한다. 만약 성공했다면 확인 응답이 NRAR와 (네트워크 영역에 특화된 xAE인) NAE를 거쳐 NA까지 거슬러 전송된다.

5.5.3 보안 기능(xSEC)

xSEC(Security Capability)을 사용하면 서비스 수준의 등록이 가능해진다. 등록은 장비나 게이트웨이가 네트워크 서비스 기능과 통신하려면 반드시 필요한 절차다. 여기서 서비스 등록은 상호 인증, 인가, 부트스트래핑을 포함한다. 아래서는 각 기능을 고차원적인 관점에서 기술한다. M2M 보안에 대해서는 8장에서 좀 더 자세히 설명한다.

- **상호 인증** (Mutual authentication) — 장비나 게이트웨이가 M2M 사업자가 관리하는 자원에 접근하려면 먼저 인증 작업을 수행할 필요가 있다. NSCL 쪽에서는 NSEC가 (사용자 가입 정보에 접근할 수 있는 서버인) MAS와 인터페이스하는 서비스 기능이다. 장비(DSCL)나 게이트웨이(GSCL)가 M2M 사업자의 핵심 기반 구조(NSCL)에 등록하기를 원할 때 NSEC는 MAS로부터 인증 자료를 가져와 장비나 게이트웨이를 인증하는 동시에 DSCL이나 GSCL이 NSCL을 인증할 충분한 정보도 제공한다. 그래서 NSEC는 인증, 인가, 과금(AAA, Authentication, Authorization, and Accounting) 용어로 "인증자(Authenticator)"에 해당한다. 인증 자료는 "루트 키(Root Key)"라 불리는 영구 공유 키로부터 생성된다. (자세한 내용은 8장을 참조한다.) 이와 같은 상호 인증 절차를 거치고 나면 양측이 동의한 대칭 세션 키는 xSEC에 (한쪽에서는 NSEC에, 다른 쪽에서는 DSEC나 GSEC에) 저장된다. (흔히 "서비스 키"라 부르는) 세션 키는 M2M 애플리케이션이 mId 인터페이스로 향후 보안 데이터 연결을 맺을 때 또는 애플리케이션 수준에서 인증을 수행할 때 키 자료를 유도하기 위해 사용된다. M2M 운영자마다 인증 서버 유형을 다르게 갖출지도 모른다는 사실에 주목해야 한다. 기존 인증 서비스 기반 구조를 (예를 들면, HSS나 AAA 서버를) 다른 유형의 서비스에 (예를 들면, 네트워크 접속 서비스에) 재사용하려는 사업자도 있다. 그러므로 NSEC를 구현할 때는 다양한 인증 프로토콜이 가능하도록 가장 흔히 배포된 인증 기술들을 고려해야 한다. 확장 가능 인증 프로토콜(EAP, Extensible Authentication Protocol)과 같은 특정 인증 프레임워크를 사용하면 어렵지 않은 일이다.

- **인가** (Authorization) — 상호 인증이 성공적으로 수행되면 MAS는 NSEC에게 인증 정보를 제공한다. 인증 정보는 어느 장비의 어느 애플리케이션이 어느 자원에 접근할 수 있는지 명세한다. 인증 정보와 세션 키에 기반해 NSEC는 해당 사용자 장비에 있는 애플리케이션마다 키 자격 인증서를 생성한 후NGC에 저장한다. NGC에 저장된 키 자격 인증서는 mId 인터페이스를 거쳐 들어오는 HTTP REST 명령을 인증하기 위해 사용된다. NSEC가 수행하는 모든 동작이 GSEC와 DSEC가 수행하는 동작에 일대일로 대응하지 않는다는 사실에 주목한다. 예를 들면, NSEC만 MAS와 통신한다. DSEC/GSEC는 장비/게이트웨이 내 보안 환경과 인터페이스하며 그 안에서 루트 키를 이용한 키 유도 기능 등 보안에 민감한 모든 작업을 수행한다. 반면 서로 유사한 기능도 있다. 한 예가 세션 키로부터 키 자료 유도 기능이다. 이 기능은 mId 참조점을 통해 M2M 보안 데이터 세션을 수립할 때 사용된다.
- **부트스트래핑** (Bootstrapping) — 어떤 경우에는 사용자 구독이 활성화되기도 전에 NSEC가 사용되는 경우도 있다. 8장에서 보겠지만, 서비스 부트스트래핑은 장비/게이트웨이를 특정 M2M 사업자의 기반 구조에 영원히 관련을 맺게 만든다. 여기에는 영구 공유 루트 키, 기타 서비스 매개변수, 구성 값들이 사용된다. 이 맥락에서는 NSCL이 루트 키의 자동화된 부트스트래핑을 수행할 때마다 장비/게이트웨이가 NSCL 기반 구조를 이용해 M2M 서비스 부트스트랩 기능(MSBF, M2M Service Bootstrap Function)과 통신한다. MSBF는 엔티티가 소유하고 M2M 서비스 사업자가 운영하는 경우도 있으므로 장비/게이트웨이가 MSBF에 접근하려면 먼저 인증을 받아야 한다. 이런 (상호) 인증도 NSEC가 수행한다. xSEC 기능을 지렛대로 삼은 자동화된 부트스트래핑 절차와 예제는 8장에서 다룬다.

5.6 M2M REST 아키텍처 스타일 소개

5.6.1 REST 소개

REST(Representational State Transfer)는 2000년 로이 T. 필딩이 정의한 아키텍처 스타일 [Fielding]로, 구성 요소들의 느슨한 결합와 무상태 상호 작용을 추구해 분산 시스템의 확장성을 높이고 시간이 지남에 따라 분산 애플리케이션의 성장과 변화를 지원하는 것을 원칙으로 한다.

REST는 분산 애플리케이션이 자원들로 이루어졌고 자원은 상태가 있는 정보 조각으로 여러 서버에 흩어져 있다는 기본 개념을 바탕으로 한다. REST에서는 자원에 상관 없이 모든 자원을 일관적인 인터페이스 하나로 조작할 수 있다. 인터페이스는 CREATE, UPDATE, DELETE, READ라는 네 가지 기본 연산으로 구성된다. 각 연산은 요청 메시지와 응답 메시지로 구성되며 CREATE를 제외한 세 연산은 멱등 연산이다. 멱등 연산이란 여러 번 적용해도 최종 결과가 변하지 않는 연산이다. 즉, 세 연산은 부수 효과가 없으므로 자원을 분산하고 프록시 함수를 사용해도 된다는 뜻이다. 부수 효과가 없으므로 캐시를 더 효율적으로 사용할 수 있고 확장성도 높일 수 있다.

하지만, 더 중요하게는, 동일한 연산 집합으로 온갖 유형의 자원을 조작할 수 있으므로 애플리케이션 영역이 달라질 때마다 전용 클라이언트나 기반 구조를 구현할 필요가 없어진다. 따라서 동일한 기반 아키텍처를 여러 애플리케이션에 재사용할 수 있다.

REST의 가장 흔한 구현 예가 HTTP다. REST 연산은 HTTP 메소드로 매핑된다. CREATE는 HTTP POST, READ는 HTTP GET, UPDATE는 HTTP PUT, DELETE는 HTTP DELETE로 매핑된다.

5.6.2 M2M에 REST가 적합한 이유

오늘날 우리 주변을 둘러싼 장비들은 점점 더 많은 센서를 포함한다. 예로는 핸드폰에 장착된 GPS 안테나, 많은 장비에 포함된 가속도 센서, 엘리베이터나 게임 콘솔에 있는 무게 센서, 그 외 연기나 습도나 온도를 감지하는 전형적인 장비가 있다.

일반적으로 센서(Sensor)란 물리적인 측정 값을 데이터 처리 목적을 위해 아날로그 신호나 디지털 신호로 변환하거나 (혹은 변환해) 구동기 입력으로 제공하는 장비를 가리킨다. 구동기(Actuator)란 입력을 받아 입력 값에 따라 (밸브를 잠그거나 전등을 켜는 등) 물리적인 동작을 수행하는 장비다.

센서와 구동기는 하나로 묶는 사례가 아주 흔하다. 보통 센서 출력을 구동기 입력으로 변환하는 전자 장비 형태를 사용한다. 즉, 대다수 센서와 구동기는 계산 능력이 거의 없으며 제한적인 측정 활동만 수행하는 고도의 전용 장비라는 뜻이다. 시간이 흐르면서 (와이파이, USB, 지그비 등의 표준 통신 인터페이스와 계산 능력을 갖춘) 마이크로컨트롤러가 등장했다. 어떤 마이크로컨트롤러는 (GPS 모듈이나 가속도 센서 등과 같은) 자체 감지 기능을 탑재한다. 따라서 더욱 지능적인 측정과 구동기 제어가 가능해졌다. 하지만 계산 능력은 장비에 따라 차이가 엄청나게 심하다. 특히 많은 장비가 배터리로 구동하기 때문이다. 이 말은 CPU가 배터리를 지속적으로 소진하지 못하게 막아야 한다는 뜻이다. 다음은 감지 기능이 있는 M2M 장비 예다.

- Sun™ SPOT(그림 5.6 참조): 180 MHz, 32-bit ARM920T 코어, 512 KB RAM, 4 MB플래

그림 5.6 Sun SPOT M2M 장비

시, 2.4 GHz IEEE 802.15.4 무선, 통합형 안테나가 장착되었다. AT91 타이머 칩, USB 인터페이스 하나, 온도 센서, 빛 센서, 3축 가속도 센서가 있다. 외부 아날로그 입력을 지원하며, 자바로 프로그래밍할 수 있다.

- Sentilla™ JCreate: AAA 배터리로 구동되는 마이크로컨트롤러다. TI MSP430 16-bit 마이크로프로세서, TI/Chipcon™ CC2420 무선 송수신기가 장착되었다. 3축 가속도 센서, LED 8개가 있다. 타사 Java/J2ME 소프트웨어를 실행할 수 있다.
- Crossbow™ TelosB: TI MSP430 16-bit 마이크로컨트롤러다. 10 KB RAM, IEEE 802.15.4, USB 인터페이스 여러 개가 있다. Contiki, TinyOS, SOS, MantisOS 운영체제를 지원한다. USB로 접근하고 프로그래밍할 수 있다. 온도 센서, 조명 센서, 습도 센서를 옵션으로 제공한다.
- Nano-RK FireFly™: Atmel™ ATmega1281 8-bit 마이크로컨트롤러다. 8 KB RAM, 128 KB ROM, Chipcon™ CC2420 IEEE 802.15.4 표준 무선 송수신기가 장착되었다. 선택적 확장 카드로 조명 감지, 온도 감지, 소리 감지, 수동적인 적외선 동작 탐지, 2축 가속도 센서, 전압 감지 기능을 제공한다.

이들 예제 장비를 사용하는 애플리케이션은 실시간 상호작용, 에너지 소비량, 오류 정정, 하드웨어 장애 관리 등과 같은 센서 통신의 저차원 측면에 집중한다.

반면 분산 시스템을 개발하는 일반적인 방식은 저차원 통신 계층 맨 위에 일관성 있는 추상화를 만들고 그 위에 상호작용 모델을 정의하는 것이다. 시간이 흐르면서 분산 시스템 세상에는 여러 아키텍처가 나타났다. Java RMI, CORBA, DCOM, SOAP 등이 그 예다. 이들 아키텍처 대다수는 통신이 원격 서비스 호출과 비슷하다고 봤다. 서비스 특성은 신경 쓸 필요가 없으며, 따라서 원격 프로시저, 원격 함수, 원격 메소드로 간주해도 된다고 가정했다. 이런 접근 방식을 원격 프로시저 호출(RPC, Remote Procedure Call)이라 부른다. RPC는 언제나 요청하는 추상 엔티티와 응답하는 추상 엔티티가 존재하며 두 엔티티가 안전한 채널로 요청과 응답을 주고 받는다는 통신 패러다임을 가정한다.

전통적으로 분산 컴퓨팅 전문가들은 센서 애플리케이션도 동일한 RPC 패러다임으로 접근했다. 하지만 RPC를 특징짓는 위 가정들이 M2M 애플리케이션에 항상 맞지는 않았다.

실제로 M2M은 실재하는 상태를 다룬다. 그리고 현실의 상태들을 다루기에는 기존의 절차적인 접근보다 그런 상태를 모델링하는 기술이 더 적합하다. REST는 M2M 모델링에 이상적이다. REST는 모든 물리적 그리고/또는 논리적 엔티티가 "조작"될 수 있는 특정 "상태"를 가진 "자원"이라는 개념에 기반한다. 이 개념은 일반적으로 M2M 장비와 센서 세상에 자연스럽게 일치한다. 여기서 센서는 읽히고, 설정되고, 심지어 외부 세상에 데이터도 보낼 수 있는 장비다.

물론 센서나 M2M 장비를 웹 서비스로 모델링하고 WS- 표준을 한껏 사용해도 무방하다. 하지만 그러면 솔루션이 극도로 복잡해진다. 솔루션이 복잡해지면 많은 수의 자원이 제약된 장비를 사용하지 못하게 된다. 특히 시장 침투율이 가장 높을 장비들이 제외된다.

REST 기반 아키텍처는 종종 센서와 M2M 애플리케이션 개발자들에게 여러 가지 장점을 제공한다. 웹 브라우저로 센서 데이터와 보정 매개변수를 시각화하고 조작하는 기능은 물론이고 심지어 여러 센서나 M2M 장비를 데이터 소스로 사용하는 웹 매시업도 가능해진다.

이와 같은 장점으로 인해 REST 방식을 사용하면 클라이언트에게 전달한 상태를 브라우저와 HTTP 프록시가 캐시에 저장해도 된다. 따라서 *(모든 요청이 끝단에서 끝단까지 흘러야 하는) 어떤 RPC-기반 방식보다도* 확장성이 커진다.

모든 통신은 무상태이며 각 요청을 독립적으로 처리해도 된다는 사실 역시 확장성을 높인다.

센서, 일반적인 M2M 장비, M2M 애플리케이션 역시 이로부터 상당한 이익을 얻는다. 간단한 HTTP 프록시가 있으면 (센서를 포함한) M2M 장비를 네트워크 부하로부터 보호할 수 있다는 뜻이다. 대다수 센서가 처리 능력이 아주 제한적인 임시 엔티티라는 사실을 감안하면 중요한 이익이다.

마지막으로, 애플리케이션 개발에 드는 노력도 상당히 줄어든다. REST는 대다수 서비스 지향 아키텍처(SOA, Service Oriented Architecture)보다 훨씬 가벼운 툴 체인을 채택하기 때문이다. HTML과 자바스크립트만으로도 완전한 M2M 애플리케이션을 만들기에 충분하다.

HTTP를 채택해서 생기는 다른 부수 효과는 웹 링크로 센서에 접근할 수 있다는 점이다.

이 링크는 인터넷에 공개하거나, RSS 피드에 추가하거나, 이메일로 보낼 수 있다.

5.6.3 REST 기본

REST는 HTTP에 크게 의존하는 아키텍처 스타일로, 웹으로 접근 가능한 자원이라는 개념을 구현한다. REST 용어에서 자원이란 HTTP URI로 접근할 수 있는 모든 엔티티를 뜻한다(그림 5.7 참조).

URI에서 호스트, 포트, 경로는 웹 서버에 있는 자원을 찾는 데 사용된다. HTTP 요청에 사용된 HTTP 메소드는 수행할 동작을 결정한다.

HTTP GET 메소드는 자원의 "상태"를 읽어 HTTP 응답에 넣어 반환한다. REST에서 GET 메소드는 부수 효과가 없다. 즉, 한 자원에 GET 요청을 여러 차례 보내도 자원의 상태가 달라지지 않는다는 뜻이다.

또한 GET 요청 질의 문자열에 넘긴 매개변수는 (결과를 걸러내거나 형식을 바꾸는 등) 반환되는 HTTP 응답 내용에만 영향을 미칠 수 있다. 매개변수는 자원의 상태에 영향을 미치지 않는다.

HTTP GET으로 받은 응답은 (그림 5.8에서 보듯이) 클라이언트나 중간 프록시가 캐시에 저장해도 무방하다. 그러면 자원에 걸리는 부하가 줄어든다.

HTTP PUT 메소드는 자원의 상태를 갱신한다. PUT 메커니즘으로 상태를 갱신하면 여러 가지 이점이 있다. 그 중 하나가 단일 동작으로 자원의 상태를 바꾼다는 점이다. 즉, 쓰기 동작을 원자적으로 수행한다는 뜻이다. 결과는 성공 아니면 실패다. 따라서 클라이언트와 서버가 서로의 상태를 유지하고 확인할 필요가 없어진다.

또한 중간 프록시는 URI를 인식하고 여기에 맞춰 캐시를 적절히 지울 수 있다.

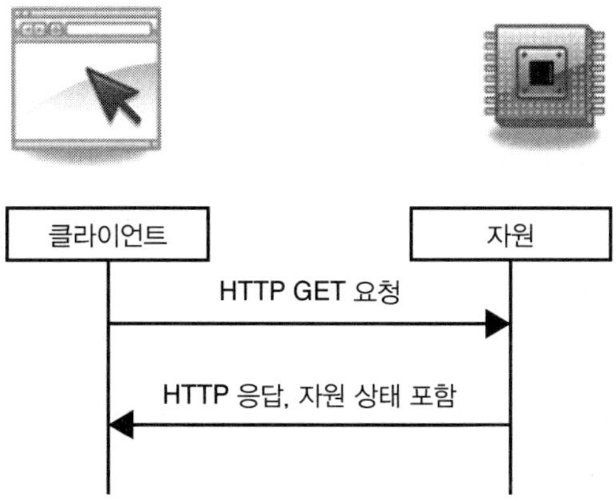

그림 5.7 REST 자원 주소 지정

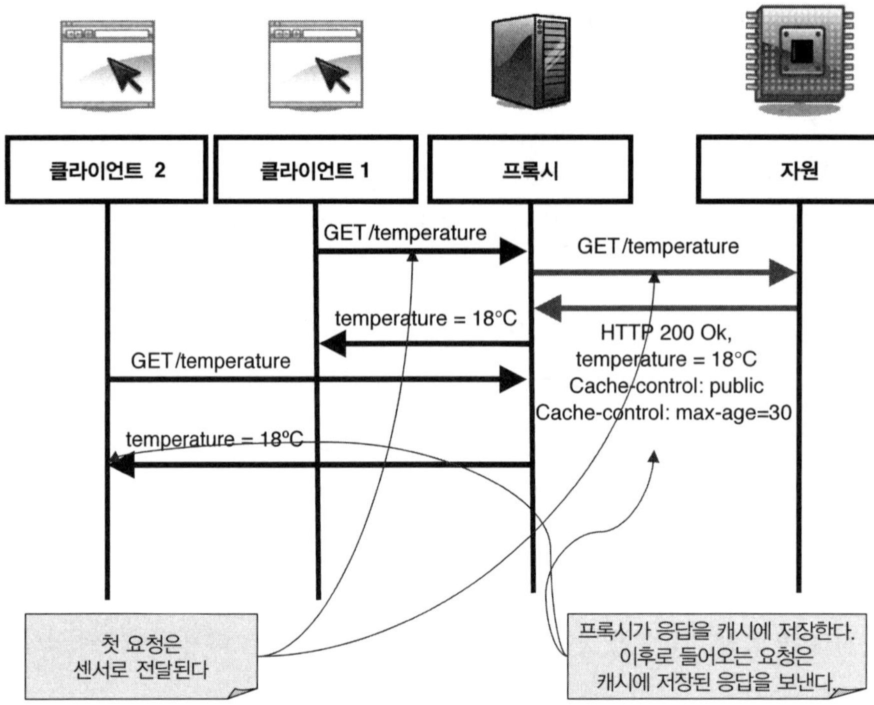

그림 5.8 프록시가 온도 값을 캐시에 저장하기

이외에도 POST와 DELETE 메소드가 있다. 두 메소드는 멱등 연산이 아니며 각각 자원의 생성과 삭제에 사용된다. PUT과 같은 방식으로 동작하며 역시 원자적이다. 원자성 덕분에 REST 아키텍처에서는 웹 클라이언트와 자원 사이에 부수 효과가 거의 없는 "대화"가 가능하다. 자원으로부터 혹은 자원으로 (동작이 아니라) 자원 상태만 전송하고 전송 받기 때문이다. 이것은 센서를 다룰 때 필요한 방식이다.

5.6.4 M2M에 REST 적용하기

그렇다면 REST를 M2M 장비 통신에 어떻게 사용할까?

효과적인 통신 구현 방법은 여러 가지다. 물리적 장비는 HTTP URI로 접근할 수 있는 자원이며 측정 값은 GET 메소드로 읽고 PUT 메소드로 보정할 수 있는 자원 값이라는 사실에 기반한다.

POST와 DELETE는 물리적 장비에 쓰기가 어색하게 보일지도 모른다. 물리적 장비는 생성할 수도 제거할 수도 없다. 하지만 가변 필터처럼 복잡한 엔티티를 설정할 때 사용할 수 있다. POST 메소드는 (장비가 센서 데이터를 처리할 때 적용하는) 기존 필터 집합에 새 필

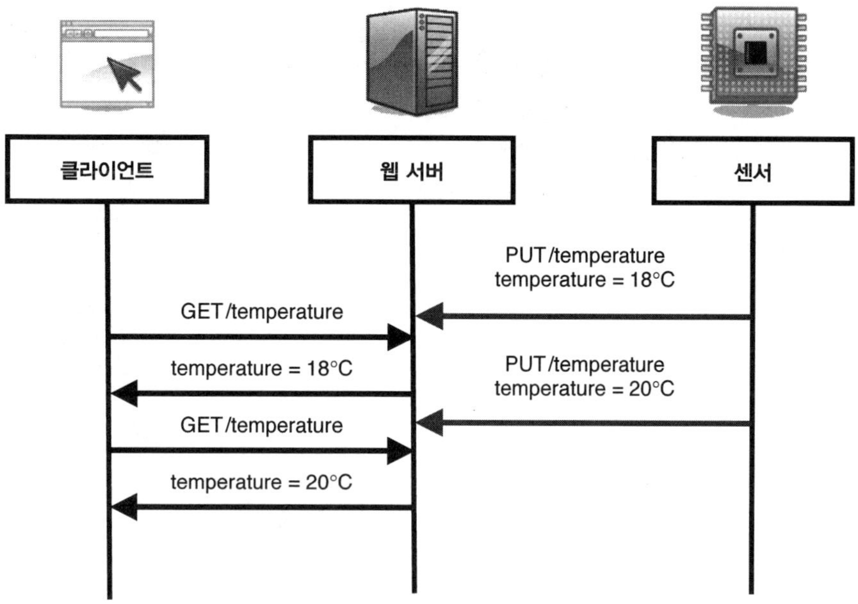

그림 5.9 센서가 HTTP PUT으로 측정 값 갱신하기

터를 "추가"하는 방식으로 사용할 수 있다.

센서가 직접 HTTP 요청을 받아 측정 데이터를 HTTP 응답으로 반환할 수도 있다. 항상 켜져 있는 장비라면 편리한 방법이지만 대신 상당한 트래픽 부하가 발생할 위험이 생긴다. 이를 막기 위해 클라이언트와 센서 사이에 캐시 프록시를 사용할 수 있다. 항상 켜져 있지 않은 장비라면 접근이 불가능하다. 하지만 최종 측정 데이터를 반환해야 하는 상황도 생긴다. 이 경우 자원은 센서가 아니라 웹 서버에 있는 문서가 된다. 감기지는 PUT으로 최종 측정 데이터를 꾸준히 갱신한다(**그림 5.9** 참조).

이것이 불가능하다면 (예를 들어, 센서에 IP 인터페이스가 없다면) 센서 네이티브 인터페이스로 센서와 통신하는 동시에 웹 서버와도 통신하는 중간 엔티티가 필요하다. 이를 웹 서버 자체가 맡아도 된다. 많은 서버가 타사 애플리케이션들을 돌린다. 센서 네이티브 프로토콜을 구현하는 애플리케이션을 돌릴 수도 있다(**그림 5.10** 참조).

5.6.5 기타 기능

5.6.5.1 이벤트 처리

일부 브라우저와 거의 모든 프록시는 "multipart/x-mixed-replace" MIME 타입을 지원한다. 이 MIME 타입은 클라이언트에게 응답을 "덩어리"(chunks)로 보낸다는 뜻이다. 각 덩어리는

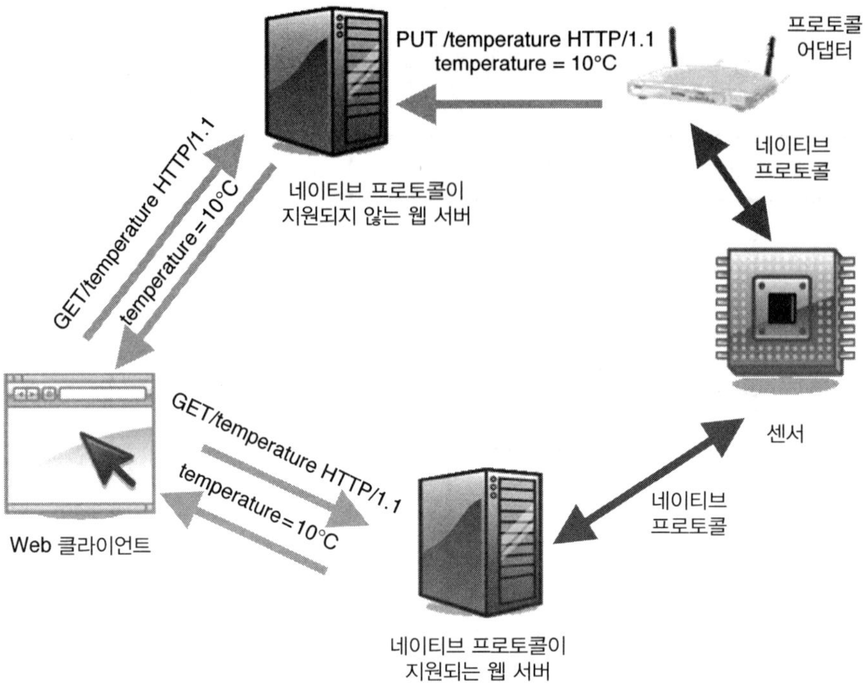

그림 5.10 네이티브 프로토콜을 사용해 센서 연결하기

이전 덩어리를 교체한다. 이 기법을 "서버 푸시(Server Push)"라고 하며 HTTP 서버가 연결된 클라이언트에게 출력된 웹 페이지를 바로 갱신하라고 강제하기 위해서 사용한다. 웹캠이 생성 중인 이미지를 갱신할 때 많이 사용하는 기법이다.

센서도 이 기법을 이용하면 클라이언트에게 측정 값을 스트리밍할 수 있다. 센서가 새 값을 측정할 때마다 센서에 연결된 클라이언트들은 multipart 응답 "덩어리"를 받는다. 즉, 센서가 클라이언트에게 비동기 이벤트를 전달할 수 있게 된다(**그림 5.11** 참조).

서버 푸시는 한 가지 단점이 있다. 클라이언트가 이벤트를 구독하는 전 기간 동안 TCP 연결 하나를 유지해야 한다. 확장성에 심각한 영향을 미치는 단점이다. 하지만 HTTP 프록시를 사용하면 문제가 크게 줄어든다. 프록시를 사용하면 센서에 직접 연결되는 엔티티 수가 프록시 하나로 줄어든다. 이벤트 흐름을 구독하려는 클라이언트는 (센서에 연결하는 대신) 많은 연결을 처리할 수 있는 프록시에 연결한다.

센서가 클라이언트들에게 이벤트를 보낼 수 있는 또 다른 HTTP 기법이 HTTP 롱 폴링(Long Polling)이다(그림 5.12 참조). 이 기법에 따르면, 클라이언트는 자원에 연결해 TCP 연결 상으로 요청을 보낸 후 응답을 기다린다. HTTP 요청 질의를 받은 해당 센서는 새 측정 값이 생길 때까지 TCP 연결을 열어 두고 클라이언트를 기다리다가 새 값이 생기는 즉시

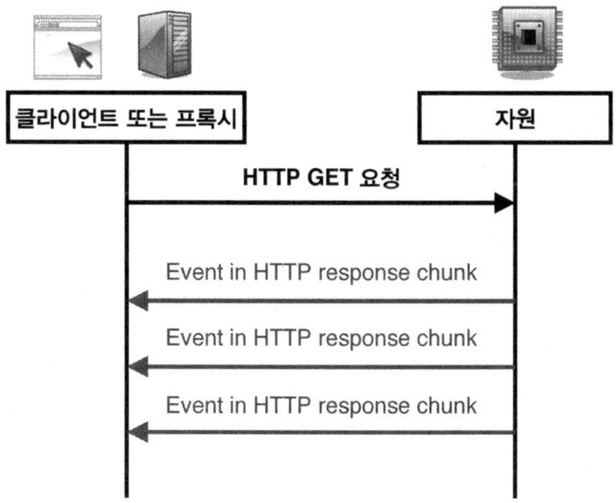

그림 5.11 동일한 HTTP 응답으로 여러 이벤트 스트리밍

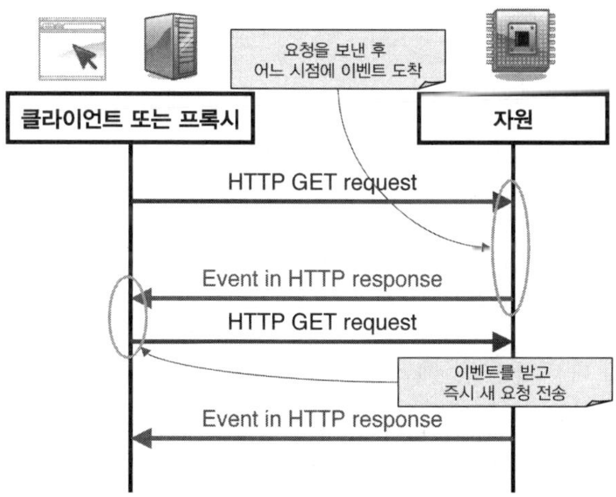

그림 5.12 HTTP 응답으로 이벤트를 받은 후 다음 이벤트를 받기 위한 새로운 HTTP 요청

HTTP 응답을 보낸다. 클라이언트는 측정 값을 받자마자 새 HTTP 요청을 보내며 다음 측정 값을 기다린다.

이 경우 때로는 상당히 오랫동안 연결을 열어 놓은 상태를 유지한다. 즉, 자원 소모가 (그림 5.11 같이) 앞서 메커니즘과 아주 유사하다는 뜻이다. 하지만 브라우저와 프록시 입장에서는 더 편리한 방법이다. 특별한 MIME 타입을 지원할 필요가 없어서다. 센서/M2M 장비는 그저 아주 느린 웹 서버를 흉내내고 있다. 하지만 multipart 메커니즘에서 고려했던 최적화 기법을 여전히 여기도 적용할 수 있다. 실제로 센서/M2M 장비와 연결은 하나만 사용하면서 여러 프록시를 이용해 여러 클라이언트들에게 HTTP 응답을 다중으로 보내는 방식도 가능하다.

5.6.5.2 캐시 프록시로 효율 향상

센서가 측정한 데이터를 캐시에 저장하면 투명한 방식으로 전반적인 시스템 확장성을 높일 수 있다. 캐시는 흔히 쓰는 HTTP 프록시만 도입하면 충분하며 센서와 클라이언트 입장에서는 아무런 변화가 없다는 사실이 투명성을 보장한다. 이렇게 수정된 토폴로지는 훨씬 더 많은 요청을 처리할 수 있다. 캐시 제어 방법은 일반적인 웹 브라우저 캐시 제어 방법과 동일하다. 그 중 하나가 HTTP 요청 헤더에 "If-Modified-Since" 필드를 넣는 방법이다. GET 요청을 받은 센서는 HTTP 응답 헤더에 "Last-Modified" 필드 값으로 최종 측정 시간을 반환한다. 그러면 클라이언트 그리고/또는 모든 중간 프록시는 이 값을 저장했다가 이후 요청의 "If-Modified-Since" 필드 값으로 사용할 수 있다. 새로운 측정 값이 없다면 센서는 단순히 HTTP Code 304 (수정되지 않음)을 반환한다. 이때 "Last-Modified" 필드 값에 최종 측정 시간을 넣는다.

클라이언트와 서버 사이에 있는 프록시는 오가는 트래픽을 모두 검사하며 여러 센서의 최종 측정 데이터를 인식한다. 클라이언트 하나에서 GET 요청이 오면 프록시는 센서에게 요청을 전달한다. 센서가 304 Code를 반환하면 프록시는 최종 측정 데이터를 클라이언트에 반환한다. 클라이언트가 요청 헤더에 결코 "If-Modified-Since"를 명시하지 않았어도 마찬가지다.

뿐만 아니라, 요청 헤더와 응답 헤더에 "Cache-Control" 필드를 사용하면 (그림 5.13 처럼) 센서, 클라이언트, 프록시가 자원 캐시를 정교하게 제어할 수 있다. 또한 HTTP 프로토콜이 지원하는 명령 외에 새로운 캐시 지시자를 지정할 수도 있다. 예를 들어, 센서가 응답 수신자에게 (클라이언트나 프록시에게) 반환하는 측정 값이 유효한 기간과 만료 전에 재확인이 필요한지 여부를 알릴 수 있다.

이 메커니즘을 이용해 프록시는 최종적으로 알려진 측정 값이 만료될 때까지 센서에게 요청하지 않고 클라이언트에게 값을 반환할 수 있다.

현재 측정 값이 만료되었을 때만 센서에 요청을 한 번 보내고 새 값이 만료될 때까지 더 이상 요청을 보내지 않으므로 센서 트래픽량이 크게 줄어든다.

5.6.5.3 장비 구성 사례

장비는 측정 데이터를 생산하는 이상의 작업을 수행한다. 그래서 장비를 구성하고 보정할 필요가 있다. 예를 들어, 레이저 계량기는 주기적으로 보정해 내부 하드웨어를 측정 매개변

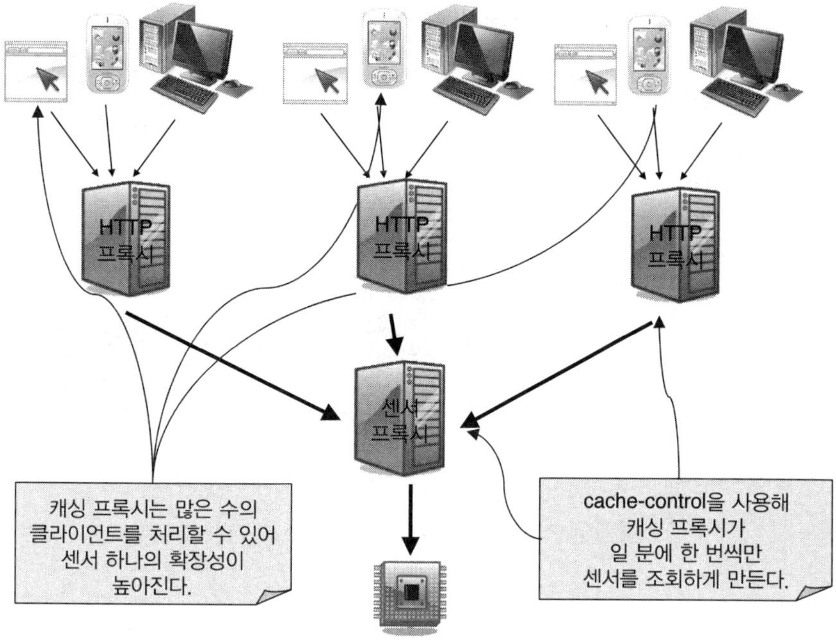

그림 5.13 개시 프록시들 사용해서 확장성 높이기

수에 맞춰야 한다. 장비를 보정할 때는 기준 데이터를 센서로 보낸다. 동시에 센서는 샘플 측정을 수행하고 기준 값과 비교한 후 그 차이를 사용해 이후 측정 값을 보정한다. 반면 구성은 장비가 측정을 수행하지 않는 상태에서도 가능하며(때로는 그런 상태라야 한다), 작동 방식과 통신 방식에 관해 필요한 정보를 센서에게 전달하는 작업과 관련이 있다.

두 경우 모두 센서에게 보정이나 구성 데이터를 보내야 한다. REST에서는 세 가지 방법이 있다.

첫째는 HTTP PUT 또는 POST 메소드로 구성 데이터를 센서에게 바로 보내는 방법이다. 하지만 이것은 HTTP로 센서 자체에 접근할 수 있을 때만 가능하다. 항상 켜져 있지 않은 장비나 IP 연결을 지원하지 않는 장비는 해당 사항이 없다.

IP 연결을 지원하지 않는 장비의 경우에는 클라이언트와 센서 사이에서 HTTP POST 요청으로 들어온 데이터를 센서가 이해하는 일련의 명령으로 변환하는 HTTP 프록시가 필요하다. (그림 5.14처럼) HTTP POST 요청은 일련의 명령으로 변환되어 센서로 즉시 전달된다.

하지만, 항상 켜져 있지 않은 센서는 애플리케이션이 보낸 구성 데이터를 HTTP 프록시가 내부의 캐시나 저장소에 저장했다가 (그림 5.15처럼) 온라인이 될 때 센서가 직접 가져오는 방식이 있다. 최종적으로 센서가 이 정보를 가져오는 방법은 두 가지다. 하나는 센서가 프록시에 HTTP GET 요청을 보내는 방법이고 다른 하나는 (IP 연결을 지원하지 않는다면)

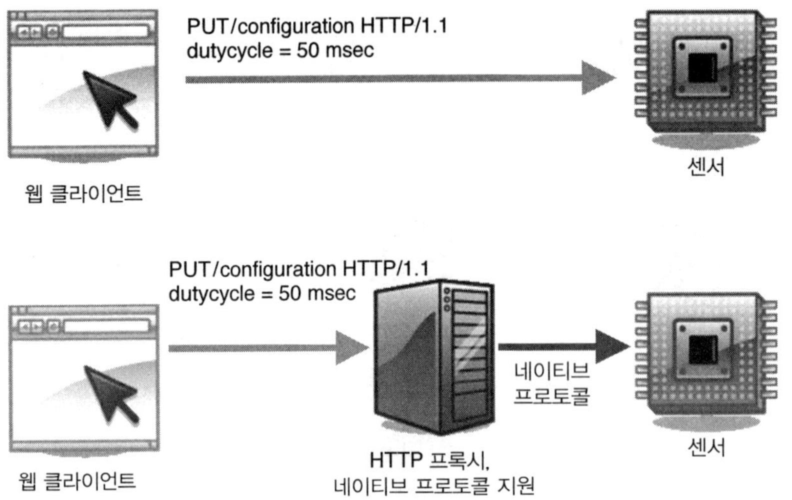

그림 5.14 직접 혹은 프록시를 사용해 센서 구성하기

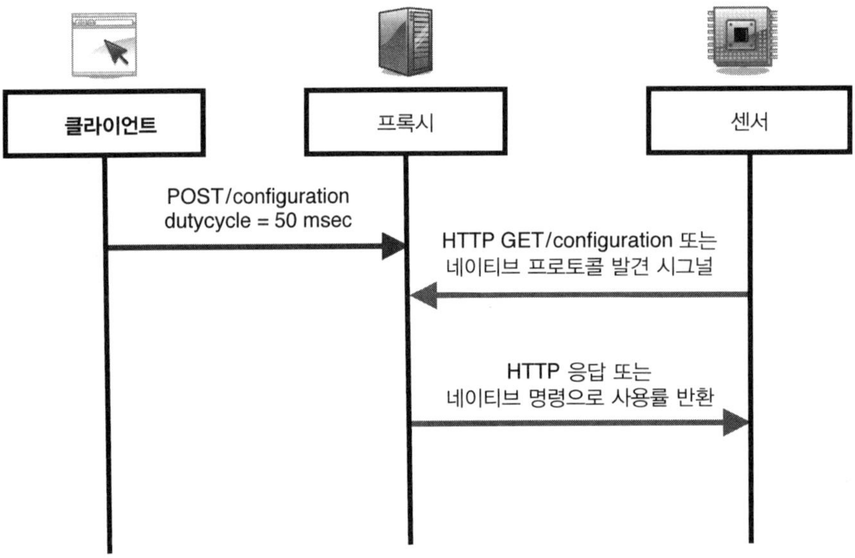

그림 5.15 HTTP 프록시를 이용한 비동기식 구성

네이티브 프로토콜을 사용하는 방법이다. 후자는 프록시 역시 센서의 네이티브 프로토콜을 지원해야만 한다.

5.6.5.4 REST 추가 기능

REST에는 장비가 자신의 상태를 공개하기 위해 사용할 URL을 선택할 수 있는 또 다른 기능이 있다. 상태 주소 지정 방식은 HTTP URL에서 맥락(context) 경로 부분을 사용하면 된

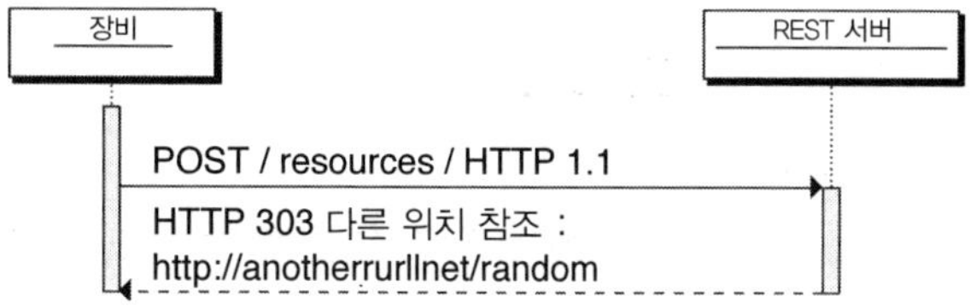

그림 5.16 장비를 대신해 자원 생성

다. 복잡한 시스템이라면 하부 시스템마다 URL을 다르게 쓰는 방식도 가능하다.

예를 들어, "지능형" 자동차 각 부분의 상태를 여러 URL로 제공할 수 있다.

- http://carmaker.com/numberplates/00001/wheels
- http://carmaker.com/numberplates/00001/engine
- http://carmaker.com/numberplates/00001/battery

때로는 자원이 생성되는 시점에 자원 URL이 동적으로 생성되기도 한다. 보통 POST-Redirect-GET 패러다임으로 자원을 생성하는 경우가 그렇다. 이 모델에서 장비는 사전 정의된 URL에 HTTP POST로 자원을 생성해 자신의 상태를 처음으로 공개한다. 그러면 REST 서버는 다른 URL 내부에 자원을 생성한 후 이 URL이 담긴 HTTP 응답을 장비로 보낸다(그림 5.16 참조).

그러면 장비는 새로 생성된 URL에 HTTP PUT으로 자신의 상태를 갱신한다(그림 5.17 참조).

다른 장비들은 장비가 켜져 있지 않더라도 이 URL을 사용해 해당 장비 상태를 확인할 수 있다. 다른 장비들이 동적으로 생성된 URL을 인출하려면 해당 URL을 발견 서비스에 (예를 들어, DNS TXT 레코드에 DNS-SD 프로토콜로) 저장한다. 게시된 데이터는 수명이 길므로 (해당 장비가 폐기될 때까지 존재할 수 있으므로) 항목의 TTL(Time-To-Live)이 장비의 일반적인 활성 시간보다 길 수도 있다(그림 5.18 참조).

이 방식을 사용하면 정보 접근 제어가 쉬워진다. 장비 제조사나 관리자는 자신들의 장

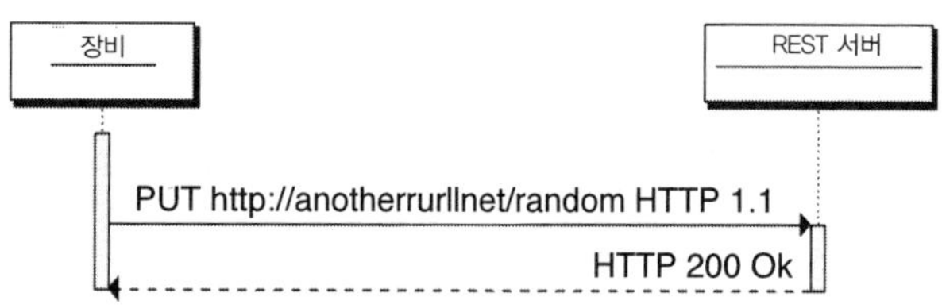

그림 5.17 장비가 자신의 현재 상태 갱신하기

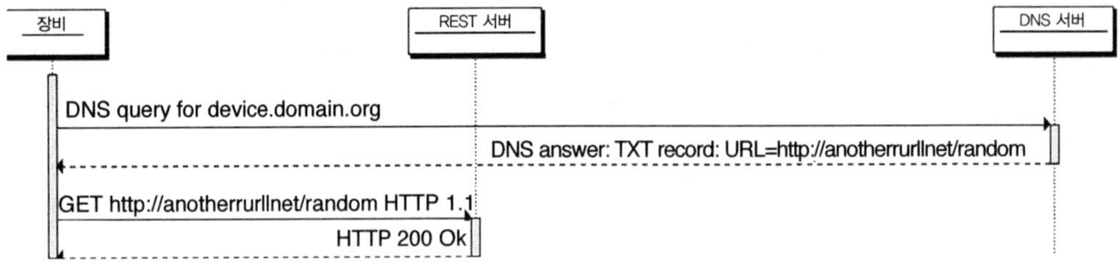

그림 5.18 DNS 질의로 장비 상태 URL 가져오기

비가 다른 장비나 사용자를 인증하는 방식을 고려할 필요가 없다. 연결된 장비들과 REST/HTTP 서버로만 인증하면 된다. 만약 서버 인증이 필요하다면 DNSSEC와 HTTPS 를 쓰면 된다. REST/HTTP 서버 관리자는 장비를 인증해야만 한다. 특정 주소에 대한 쓰기 권한을 특정 장비에게만 허락하기 위해서다. 이것 역시 전송 계층 보안(TLS, Transport Layer Security)으로 가능하다.

5.6.5.5 다른 표준과 관계

IETF CoAP

6LoWPAN(IPv6 over lossy and low-power PAN) 개념의 연장인 CoAP[2]는 IETF가 표준화하려는 프로토콜 중 하나다. REST 기반 아키텍처의 기능들을 무선 센서 네트워크로, 특히 6LoWPAN을 지원하는 네트워크로 이식하겠다는 아이디어에 기반한다.

REST 기반 아키텍처는 기본 연산 네 개로 자원을 (여기서는 장비를) 처리한다. 네 연산은 생성(Create), 읽기(Read), 수정(Update), 삭제(Delete)다. 모든 REST 자원은 이들 네 연산으로 조작할 수 있다. 일반적으로 REST 서버는 전송 방식으로 HTTP를 사용하며 이들 네 연산은 각각 HTTP POST, GET, PUT, DELETE로 매핑된다.

CoAP는 REST에 비-HTTP 방식을 제안한다. 주된 이유는 6LoWPAN 장비처럼 제약된 소형 장비에 HTTP를 구현하기 어려워서다. 따라서 CoAP는 TCP 그리고/또는 UDP 위에 REST를 허용하는 기본 연산 몇 가지를 정의한다.

메시지 형식을 간단하게 만들려고 CoAP 페이로드 내부에서 HTTP 헤더는 위치와 크기가 고정된 이진 필드로 단순하게 정의되며, 제한된 MIME 타입만 사용 가능하다.

하지만 이런 제약에도 불구하고 (**그림 5.19**처럼) CoAP와 HTTP/REST 사이에서 적절한

2 CoAP(Constrained Application Protocol)은 IETF가 작업 중인 프로토콜이다. CoAP는UDP(User Datagram Protocol) 상에서 돌아가며 제약된 장비에 특화된 RESTful 프로토콜이다.

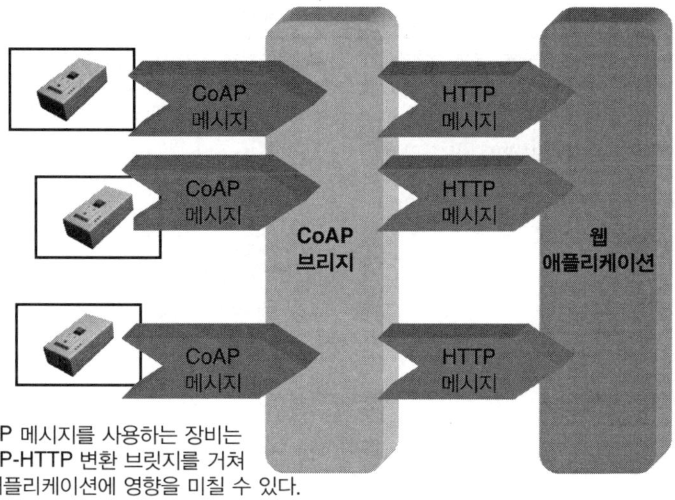

그림 5.19 장비와 애플리케이션을 매끄럽게 통합하는 CoAP에서 HTTP 프로토콜 브리지

변환을 수행하는 브리지를 만들 수 있다. 브리지를 이용하면 제약된 센서 장비와 웹 애플리케이션을 매끄럽게 통합할 수 있다.

SOAP

REST는 어디까지나 아키텍처 스타일이므로 프로토콜로 반드시 HTTP를 사용할 의무는 없다. 기반 프로토콜을 자원 조작에 더 적합하게 개선할 수 있다면 HTTP 대신 써도 무방하다. 한 예가 RESTful 웹 서비스다. 이 경우 장비는 GetXXX 메소드와 SetXXX 메소드를 포함한 SOAP[3] 인터페이스를 공개한다. 두 메소드는 자원으로서 장비 내부 상태를 조작할 때 사용된다(**그림 5.20** 참조).

유사한 방식을 적용하면 프로토콜을 크게 손보지 않고도 게이트웨이가 여러 프로토콜을 지원할 수 있다. 실제로 이제는 GetXXX 메소드를 HTTP GET 요청으로 변환할 수 있게 되었다.

실제로 일어난 상황을 보면, (우리가 관심있어 하는 해당 자원 상태를 가리키는) URI 마지막 부분으로 SOAP 요청을 쉽게 만들 수 있다. SOAP 응답은 XML 그대로 HTTP 응답에 담겨 반환된다.

이 메커니즘은 DPWS(Device Profile for Web Services)와 벡엔드 웹 서비스를 위한 디바이스 프로파일을 공개할 때도 사용할 수 있다.

3 SOAP(Simple Object Access Protocol)는 간단한 XML 기반 프로토콜이다. 애플리케이션들은 RPC를 사용해 HTTP로 정보를 교환한다.

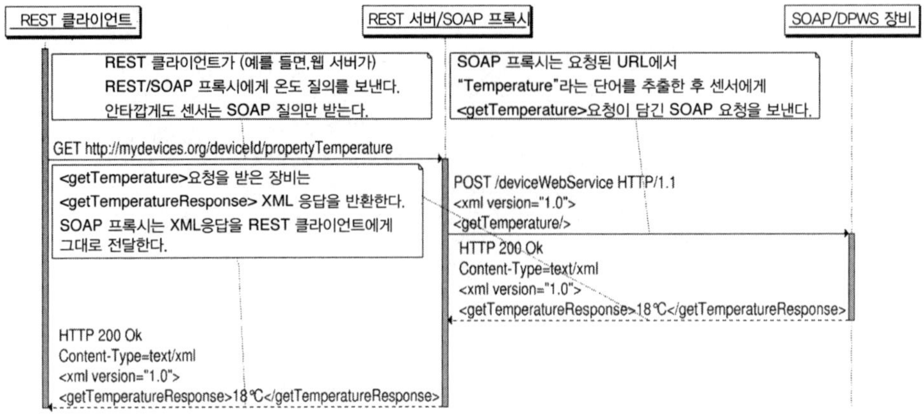

그림 5.20 REST에서 SOAP으로 변환

하지만 REST 기반 시스템과 SOAP 기반 시스템에는 근본적인 차이가 있다는 사실에 주의해야 한다.

실제로, REST는 시스템을 조작하는 인터페이스가 *균일*(uniform)해야 한다는 원칙이 있다. 앞서 설명한 HTTP 메소드 네 개가 모든 REST 자원에 똑같이 쓰인다는 뜻이다.

SOAP와 관련 표준에는 이런 균일성이 없다. 웹 서비스마다 (그리고 SOAP 인터페이스를 공개하는 장비마다) 인터페이스가 아예 다를 수도 있다.

이처럼 서로 다른 SOAP 시스템들 사이의 간극을 메우려면 J2EE[4]처럼 복잡하고 무거운 프레임워크가 필요하다. 프레임워크를 사용하면 시스템에 새 인터페이스가 추가될 때마다 추가로 코드를 작성할 필요가 없다. 프레임워크가 SOAP 인터페이스를 바인딩하는 코드를 생성해주기 때문이다.

관련된 인터페이스 수가 증가하면 시스템의 복잡도와 개발 비용도 비슷하게 증가한다는 뜻이다. 다양한 장비 유형마다 자체적인 인터페이스를 제공하는 M2M에서 인터페이스 수의 증가는 불가피하다.

특히 새 장비가 시장에 나왔을 때 시스템 확장이 불가능해진다. 시스템이 새 장비의 인터페이스를 지원해야 하기 때문이다.

방 온도를 읽는 온도계를 예로 보자. SOAP으로 온도를 읽으려면 다음 단계가 필요하다.

1. 온도계 제조사가 (대개 UDDI[5] 저장소에) 온도계의 SOAP 인터페이스를 게시한다.

2. 온도계를 애플리케이션에 포함하기를 원하는 애플리케이션 개발자는 인터페이스 설명서

[4] J2EE(Java 2 Enterprise Edition)는 엔터프라이즈 애플리케이션을 겨냥한 자바 명세다.

[5] UDDI(Universal Description Discovery and Integration)는 XML에 기반한 디렉토리 서비스 명세다.

를 내려 받는다. 설명서는 대개 WSDL(Web Service Description Language) 파일이다. 그리고 개발자는 WSDL 관련 기술로 (예를 들면, J2EE) 파일을 컴파일한다. 이로 인하여 WSDL 컴파일에 사용된 기술과 애플리케이션 사이에 의존성이 생긴다. 즉, 애플리케이션 각 부분이 다른 기술 상에서 구현되었다면 관련 기술마다 WSDL을 재컴파일해야 할지도 모른다는 뜻이다.

3. 생성된 코드를 애플리케이션에 통합한다.

어떤 이유에서든 미래 어느 시점에 온도계 인터페이스가 바뀌면 애플리케이션 전체를 다시 빌드해야 한다. 반면 REST를 사용하면 일이 훨씬 간단하다. 온도를 읽을 때는 언제나 HTTP GET을 쓰면 된다.

온도계 클라이언트가 특정 MIME 타입(HTTP accept 헤더), 인코딩(HTTP accept-encoding 헤더), 문자 집합(HTTP accept-charset 헤더)을 요구하면 M2M 서버는 온도계로부터 받은 데이터를 요청 받은 형식으로 변환해야만 한다. 이는 특별한 문제가 아니다. 대다수 MIME 타입, 인코딩, 문자 집합은 알려져 있어 데이터를 변환하는 코드는 여러 애플리케이셔 사이에서 변환 코드를 재사용해도 된다.

예를 들어, 온도계는 온도 값을 단순한 텍스트로 반환하는데 온도계 클라이언트가 M2M 서버에게 온도 값을 audio/mp3 MIME 타입으로 달라고 요청할 수도 있다.

5.7 ETSI TC M2M 자원 기반 M2M 통신과 절차

5.7.1 도입

이 절에서는 RESTful 방식이 ETSI TC M2M 아키텍처에 적용되는 방식을 자세히 살펴본다. ETSI TC M2M에서는 M2M 아키텍처에 정의된 세 가지 참조점 mIa, mId, dIa 모두가 REST를 사용한다고 가정한다. 물론 예외는 있다. 가령 mId 참조점에서 장비 관리는 RPC 기반인 OMA DM과 BBF TR069 와 같은 기존 프로토콜을 사용해 수행한다.

ETSI TC M2M은 구현에 HTTP 프로토콜이 쓰인다고 가정하지 않는다. (제약된 장비에 더 적합한) CoAP이 널리 보급될 때까지 HTTP가 자연스러운 선택이지만 말이다. HTTP에만 있는 특정 연산을 사용하지 않게 이 절에서는 주로 네 연산을 사용한다.

- Create: 자원을 생성한다.

- Retrieve: 자원 값을 읽는다.
- Update: 자원에 값을 쓴다.
- Delete: 자원을 삭제한다.

아래서는 이들을 CRUD 메소드라 칭한다. 이들 기본 메소드에 더해 자원 변경을 구독하는 메소드(S, Subscribe)), 자원 변경을 통보하는 메소드(N, Notify)도 유용하다. 두 메소드 모두 더 일반적인 RESTful 아키텍처에 포함된다. 아래에서는 서비스 기능 계층(SCL, Service Capability Layer)에 있는 자원에 CRUD와 SN을 적용할 수 있다고 가정한다.

(ETSI TC M2M TS 102 690에서 발췌한) **그림 5.21**은 장비 애플리케이션과 네트워크 애플리케이션이 REST 방식으로 데이터를 교환하는 방식을 보여 준다.

그림 5.21에서 1단계로 DA가 NSCL(Network Service Capability Layer)에 데이터를 저장해 달라고 요청한다. DA는 NSCL과 직접 통신하지 않으므로 로컬 SCL이 (이 경우는 DSCL)이 데이터 저장을 수행한다. 이때 DA가 사용하는 연산은 생성(Create)이나 갱신(Update)이다.

2단계는 선택적이다. NSCL이 NA에게 데이터가 사용 가능하다고 통보한다. 이 단계는 NA가 특정 조건에 부합하는 데이터가 사용 가능할 때 통보를 받겠다고 이미 구독한 경우를

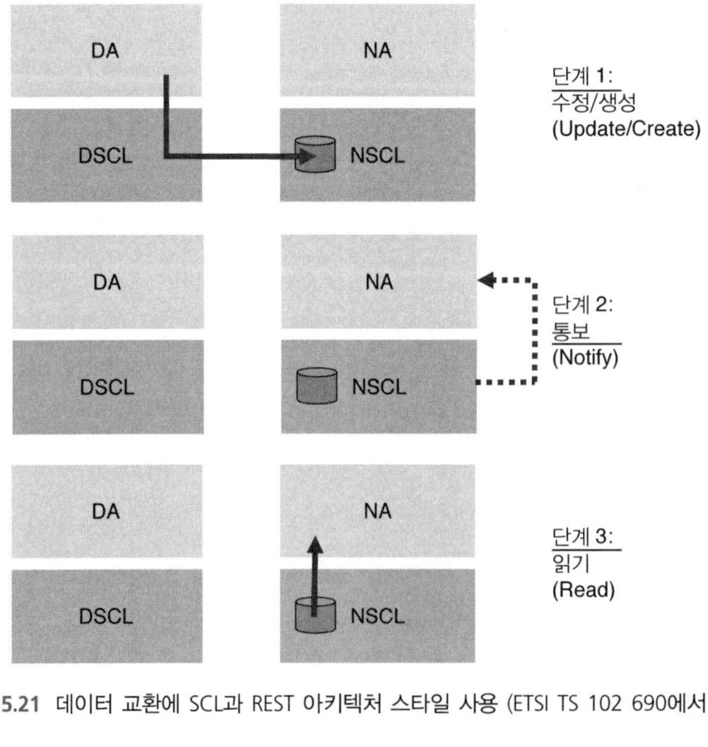

그림 5.21 데이터 교환에 SCL과 REST 아키텍처 스타일 사용 (ETSI TS 102 690에서 발췌)

가정한다. 3단계로 NA가 수신한 데이터를 읽는다.

5.7.2 이 절에서 사용하는 용어

이 절 이후부터는 다음 용어를 사용한다. ETSI TS 102 690에서 쓰는 용어와 동일하다.

- **요청자** (Issuer): 요청을 보내는 액터다. 애플리케이션이나 SCL이다.
- **호스트** SCL: (Hosting SCL) 접근하려는 (마스터/원본) 자원이 존재하는 SCL이다.
- **지역** SCL (Local SCL): 애플리케이션이나 SCL이 자신을 등록하는 SCL이다. 원래 요청자로부터 (애플리케이션이나 SCL로부터) 요청을 받는 첫 SCL이다.
- **공표된 자원** (Announced resource): 이 자원의 내용이 호스트 SCL에 있는 (마스터/원본) 자원의 위치를 참조한다. 공표된 자원은 제한된 속성 몇 개로만 이루어진 자원이다. 일반적으로는 (lastModifiedTime 등) 자원 자체에 대한 정보만 저장되어 있다. 그 중에서도 가장 중요한 정보가 검색 문자열과 원본 자원의 링크다. 이 자원은 원본 자원을 찾기 쉽게 만드는 목적이 있다. 따라서 이 자원이 있으면 요청자가 자원 위치를 찾으러 모든 SCL과 접촉할 필요가 없다.
- **공표된** SCL (Announced-to SCL): 공표된 자원을 포함하는 SCL이다. 자원 하나가 여러 SCL에 공표될 수도 있다.
- **수신자** (Receiver): 요청자로부터 요청을 받은 액터다. SCL이나 애플리케이션이다.

5.7.3 자원 구조

5.7.3.1 자원 구조를 정의하는 이유

M2M 서비스 기능의 목적은 데이터 중개 기능 제공이다. TS 102 690에서 ETSI TC M2M 이 자원 구조를 트리로 표현하는 이유는 다음과 같다.

- M2M SC를 이용해 자원 중재 기능을 M2M 애플리케이션에게 제공하기 위해서다. 자원에 접근하는 좋은 방법이지만 새로운 자원을 생성할 수 있는 위치는 굉장히 다양하다 (특히 자료 교환 목적으로). 그렇기 때문에 자원 구조는 클라이언트와 서버를 분리하는 REST 원칙을 무시하려는 의도라기보다 최소한의 노력으로 (URI 생성으로) 자원 검색, 유지보수, 데이터 수명주기 관련 작업을 쉽게 하려는 의도에서 만들어졌다. 가령 DA 데이터가 NSCL에 저장되어 있는데 장비 등록이 해제되었다고 가정하는 경우에 모든 관련 데이터를 쉽게 파악할 수 있다면 NSCL에서 제거하기도 훨씬 쉬워진다.

- 다른 유형의 자원들이 서로 연관되는 방식을 기술하기 위해서다.
- 최소로 구조화된 데이터를 사용해 전반적인 시스템 성능을 높이기 위해서다. 예를 들어, 특정 장비에서 돌아가는 애플리케이션 전부를 찾아야 하는 요구 사항이 있다고 가정하는 경우에 해당 장비에서 돌아가는 애플리케이션을 표현하는 URI를 사용하면 훨씬 더 쉽다.

5.7.3.2 자원 구조에 사용된 자원 유형

그림 5.22는 TS 102 690에 명세된 자원 트리 구조를 개괄한다. 다음 절에서는 자원 트리 구조에 사용된 자원 유형을 소개한다. 대개 자원 트리 구조에 속하는 자원마다 특정 자원 유형이 사용된다.

- **sclBase 자원**: M2M SCL에 있는 모든 자원의 루트다. sclBase 자원은 절대 URI로 접근한다. sclBase 아래 있는 모든 자원의 URI는 sclBase URI를 기반으로 계층적으로 찾을 수 있다. 예를 들어, NSCL을 식별하는 sclBase 자원의 URI가 〈protocol〉://m2m.operator.com/라 하자. 동일 SCL에 있으며 계량기 데이터 교환에 사용되는 컨테이너 자원의 URI는 〈protocol〉://m2m.operator.com /containers/meterDataSamples/와 같은 형태가 된다.

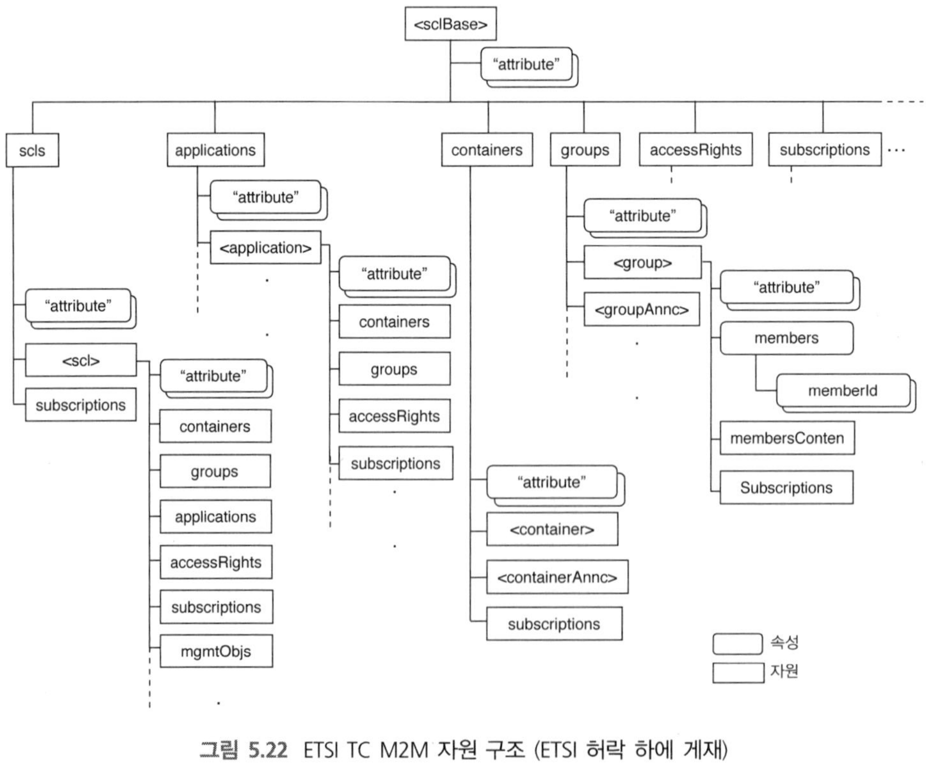

그림 5.22 ETSI TC M2M 자원 구조 (ETSI 허락 하에 게재)

- **scl 자원**: 다른 엔티티가 관리하는 M2M SCL이다. NSCL에 대응하는 sclBase에서 scl 자원은 NSCL과 상호 작용하려고 등록된 DSCL/GSCL에 정보를 저장한다. 등록은 (따라서 적절한 SCL 자원의 존재는) SCL들이 데이터를 교환하는 선행 조건이며, 등록된 scl 자원은 다른 자원들을 포함한다. 가령 원격 scl에 등록된 애플리케이션 표현 일부를 제공하기도 한다.
- **application 자원**: 애플리케이션에 대한 정보를 저장한다. 애플리케이션이 성공적으로 등록되면 애플리케이션 자원이 생성된다. 애플리케이션은 지역 SCL에만 자신을 등록하지만 지역 SCL이 등록된 sclBase에게도 알려진다.
- **container 자원**: 애플리케이션이나 SCL이 M2M SC로 데이터를 교환할 때 사용하는 자원이다. 데이터 버퍼링은 M2M SCL이 처리한다.
- **accessRight 자원**: 어떤 엔티티가 자원 트리의 어떤 부분에 접근할 수 있는지 결정하는 권한 정보를 저장한다. 이 자원은 SCL 아래 있는 다른 자원들에 연결된다.
- **group 자원**: 다른 자원들의 그룹에 대한 정보를 저장한다. 그룹 자원은 요청자가 (즉, 애플리케이션이) 여러 수신자에게 데이터를 보내고 싶을 때 쓰기를 한 번만 수행하면 된다는 장점이 있다. 즉, 요청자 입장에서 API 사용이 단순해진다. 이때 SCL은 그룹 구성원들의 자원 각각에 데이터를 복제해야 할 필요성이 생길지도 모른다.
- **subscription 자원**: 부모 자원에 대한 활성 구독 상태를 추적한다. 구독이란 특정 이벤트가 발생하면 (예를 들어, 자원이 수정되면) 구독자에게 통보하는 기능이다.
- **collection 자원**: 어떤 공통성이 있는 자원들을 묶을 때 사용한다. 여러 자원을 묶으면 요청자가 URI 하나로 자원 그룹 전체를 가리키는 수단을 제공한다. ETSI M2M 자원 트리 구조는 scls, applications, containers 등과 같이 여러 곳에서 collection을 사용한다.
- **announced 자원**: 원본 자원의 검색 문자열(searchString)과 링크(URI) 등 제한된 속성 몇 개만 포함하는 특별 자원이다. 일반적으로 이 자원은 원격 SCL에 있는 원본 자원 표현 일부도 포함하도록 허용된다. 호스트 SCL들을 모두 찾아 볼 필요 없이 (searchString 속성을 이용해) 자원을 쉽게 찾아내기 위해서다. 이 자원은 완전한 URI로 직접 접근할 때만 사용할 수 있다.
- **discovery 자원**: 발견에 사용하는 특별 자원이다. 발견 필터 조건에 일치하는 자원 URI 목록을 인출할 때 사용한다.

5.7.3.3 ETSI M2M 트리 구조 모델

그림 5.22는 자원 트리 구조다. 이렇게 자원을 논리적으로 묶으면 자원에 접근하기 쉬워지

고 애플리케이션 데이터 교환이 유연해지고 API가 단순해진다. 다음은 트리 구조에 사용된 표기법이다.

- 〈resourceName〉은 자원 이름을 넣는 판박이 틀이다. 미리 정해진 이름은 없다. 실제로, 자원을 생성하는 과정에서 SCL이 동적으로 할당하거나 요청자가 선택한다. 예를 들어, applications 컬렉션 자원 아래 있는 〈application〉 자원의 실제 값이 "utility1smartmeterApplication"라고 하자. 〈sclBase〉가 〈protocol〉://m2m.operator.com/라고 가정하면 그림 5.22와 같은 자원 구조에서 이 애플리케이션의 URI는〈protocol〉://m2m.operator.com/applications/utility1smartmeterApplication/이 된다. 여기서 〈protocol〉은 자원에 접근할 때 사용하는 실제 프로토콜이다. ETSI M2M R1에서는 HTTP와 CoAP를 후보로 선택했다.
- 〈 와 〉 혹은 "..."이 사용되지 않았다면 사각형 안에 있는 이름은 고정된 자원 이름이다.
- 사각형은 자원과 하위 자원을 뜻한다.
- 둥근 사각형은 속성을 뜻한다. 속성은 lastModifiedTime처럼 자원 자체에 대한 정보를 저장한다. 필수 속성도 있고 선택 속성도 있다. 읽기/쓰기 권한도 있다. 속성은 자원과 동일한 방식으로 접근한다. 예를 들어, 요청자가 〈sclBase〉의 최종 수정 시간을 알고 싶다면 〈protocol〉://m2m.operator.com/lastModifiedTime URI로 읽기를 요청하면 된다.
- 컬렉션 자원은 항상 복수다. 즉, 이름이 항상 s로 끝난다. 컬렉션 자원과 이름이 〈...〉인 자식은 1:N 관계다.

그림 5.22는 트리 구조의 일부다. 그림에서는 다음을 알 수 있다.

- scls **자원**은 자원 컬렉션이다. 등록된 SCL마다 〈scl〉 자식 자원이 생성되어 지역 SCL에 관련이 있는 SCL들을 추적한다. 다른 자식 자원으로는 subscribtions가 있다. subscriptions는 scls 자원에 대한 구독 정보를 (예, 요청자, 지연 포용 시간 등을) 추적하는 컬렉션이다. 〈scl〉은 applications 등 여러 하위 자원을 포함한다. applications는 구독된 SCL에 지역적인 모든 애플리케이션들의 컬렉션이다. 〈scl〉은 또한 containers 컬렉션도 포함한다. containers는 애플리케이션이 컨테이너 자원을 생성할 수 있는 곳이다. 컨테이너는 애플리케이션들이 데이터를 교환할 때 사용하는 자원이다. 컨테이너는 〈application〉 아래 생성해도 무방하다. containers 컬렉션 아래 생성할지 〈application〉 아래 생성할지 여부는 애플리케이션이 결정할 몫이다. 흔히 저장할 데이터의 수명과 비즈니스 논리에 달렸다. scl 자원이 사용되는 방식을 예제로 살펴보면 큰 그림을 이해하기 쉬워진다. 유틸리티 회사의 백엔드 계량 애플리케이션이 sclBase로 〈protocol〉://m2m.operator.com/utility1/를 쓴다고 가정하자. scls 컬렉션 아래에는 등록된 계량기마다 〈scl〉 인스턴스가 생성된

다. 예를 들어, 〈scl〉 인스턴스의 주소 URI는 〈protocol〉://m2m.operator.com/utility1/scls/meter123456 형태다. 스마트 계량기 하나에 애플리케이션 두 개를 돌린다고 가정하자. 하나는 스마트 계량 데이터 보고 프로그램이고 다른 하나는 가정 자동화 프로그램이다. 그러면 애플리케이션마다 〈application〉 자원 인스턴스가 생성된다. 이 자원 인스턴스는 원본 자원의 제한된 표현만을 포함하는 announced 자원이다. 각 자원 인스턴스의 주소 URI는 〈protocol〉://m2m.operator.com/utility1/scls/meter12345/applications/meteringApp12345/와 〈protocol〉://m2m.operator.com/utility1/scls/meter12345/applications/homeAutomation-App12345/ 형태다. 이제 스마트 계량기에서 동작하는 스마트 미터링 애플리케이션이 NSCL 아래 계량기 데이터를 보고하게 구성되어 있다고 가정하자. 한 가지 방법은 〈application〉 announced 자원의 컬렉션 컨테이너 자원 아래 〈protocol〉://m2m.operator.com/utility1/scls/meter12345/meteringApp/applications/meteringApp12345/containers/meterSamples/에 저장하는 것이다. 예를 들면, 시간 별 측정 값을 〈protocol〉://m2m.operator.com/utility1/scls/meter12345/meteringApp/applications/meteringApp12345/containers/meterSamples/contentInstances/Day1H1에 저장한다.

- applications **컬렉션 자원**은 지역적으로 등록된 애플리케이션에 관한 자원을 저장한다. NSCL은 NA 관련 자원, DSCL이나 GSCL은 DA 관련 자원, GSCL은 GA 관련 자원을 저장한다.
- accessRights **컬렉션 자원**은 〈accessRight〉 인스턴스들을 단일 자원으로 묶을 때 사용한다. 〈accessRight〉 자원은 여러 접근 허가를 허용하며, 각 permissions는 특정 접근 모드들이 "허용되는" 엔티티를 모두 정의한다(permissionFlags: 읽기 전용, 읽기 쓰기, 한 번 쓰기). **그림 5.23**은 〈accessRight〉 자원 구조를 보여 준다. 여기서 permission은 이 〈accessRight〉에 연결된 자원에 접근할 수 있는 엔티티들의 권한을 저장한다. selfPermission은 이

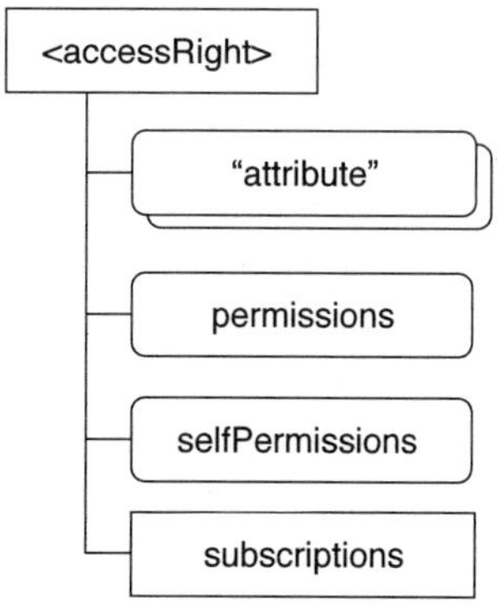

그림 5.23 〈accessRight〉 자원 구조

표 5.1 흔히 사용되는 M2M 속성 목록

이름	설명
accessRightID	accessRight 자원 URI이다. 이 속성이 가리키는 accessRight 자원에 정의된 permission은, 이 속성을 포함하는 자원에 접근할 수 있는 엔티티들과 그들의 접근 권한을 정의한다.
creationTime	자원이 생성된 시간이다.
expirationTime	절대 시간이며, 이 시간 이후 호스트 SCL은 자원을 삭제한다.
lastModifiedTime	자원이 최종적으로 수정된 시간이다.
searchString	자원 탐색에 사용할 키워드다.

〈accessRight〉 자원 자체를 수정할 수 있는 엔티티들의 권한을 저장한다. 예를 들어, 앞서 스마트 계량 예제에서 accessRight 자원 URI가 〈protocol〉://m2m.operator.com/utility1/accessRights/smartmetersRight/라고 가정하자. 이 accessRight을 잘 설정하면 계량기 데이터에 접근할 수 있는 권한을 계량 백엔드 프로그램에게만 부여할 수 있다. 그러려면 모든 계량기 애플리케이션 자원이 이 accessRight 리소스에 연결되어야 한다.

표 5.1은 흔히 사용되는 속성 목록이다. 출처는 ETSI TC M2M TS 102 690다.

5.7.4 인터페이스 절차

인터페이스 절차는 mIa, dIa, mId 인터페이스에서 자원을 조작하는 연산과 동작 집합을 가리킨다. 궁극적으로 인터페이스 절차의 목적은 M2M 시스템 내에서 애플리케이션 사이에 일어나는 데이터 교환이다. 하지만 데이터를 교환하려면 수행해야 할 몇 가지 선행 절차가 있다.

- **SCL 발견**: DSCL이나 GSCL이 NSCL을 발견하는 절차다. NSCL에 등록하기 위해서다. 이 책을 출간할 당시는 SCL 발견 절차가 정의되지 않았다. 초창기에 구축된 ETSI M2M 아키텍처는 구성 값으로 NSCL을 발견하기도 한다.
- **SCL 등록**: GSCL이나 DSCL이 NSCL에 등록하는 절차다. SCL이 자원 관리 절차를 시작하려면 SCL 등록이 반드시 필요하다. SCL 등록은 적절한 인증과 인가 메커니즘을 수행했다고 가정한다. 자세한 내용은 8장을 참조한다.
- **애플리케이션 등록**: 애플리케이션이 (NA, DA, GA가) 지역 SCL에 등록하는 일련의 절차다. 애플리케이션이 자신을 알리고 (자원 기반 절차들을 사용해) 데이터를 교환하려면 애플리케이션 등록 절차가 반드시 필요하다.

이들 절차를 모두 수행하고 나면 SCL은 애플리케이션의 요청에 따라 다음 어느 절차든 수행할 수 있다.

- **접근 권한 관리**: (생성, 삭제, 수정, 읽기 등) 접근 권한에 관한 자원을 조작하는 절차다.
- **컨테이너 관리**: 컨테이너 자원을 사용해 애플리케이션 데이터를 교환하는 일련의 절차다.
- **그룹 관리**: 자원 그룹을 조작하는 절차다. 그룹 자원을 이용하면 애플리케이션과 SCL이 혹은 SCL과 SCL이 원활하게 통신할 수 있다.
- **자원 발견**: 특정 SCL에 저장된 자원 혹은 특정 SCL에 공표된 자원 중 필터 조건에 맞는 자원을 발견하는 절차다. 필터 조건은 creationTime, searchString 등과 같은 속성들의 조합을 포함할지도 모른다.
- **컬렉션 관리**: 컬렉션 자원을 관리하는 일련의 절차다.
- **구독 관리**: 구독과 통보를 관리하는 절차다. 애플리케이션이나 SCL은 자원을 구독하고 구독 조건이 맞을 때 통보를 받는다.
- **자원 공표/공표 철회**: 원격 SCL에게 자원을 공표하거나 공표를 철회하는 일련의 절차다.

> 아래서는 구체적인 예제를 사용해 인터페이스 절차를 더 쉽게 설명한다. 하지만 아래 예제가 TS 102 690에 정의된 가능한 절차 전부를 보여 주지는 않는다.

5.7.4.1 스마트 계량 예제로 자원 관리 이해하기

이 예제에서는 다음을 가정한다.

- NA는 스마트 미터링 애플리케이션이며 M2M 서비스 사업자가 운영하는 NSL에 이미 등록되었다. 양측 엔티티가 합의한 〈sclBase〉는 〈protocol〉://smartmetering.utility1.com/다.
- 특정 스마트 계량기가 설치되었고 가동 중이다. 스마트 계량기는 측정 애플리케이션 하나를 돌린다. 측정 프로그램은 매 시간 측정 데이터를 생성한다. 스마트 계량기는 DSCL을 돌린다. DSCL의 〈sclBase〉는 〈protocol〉://meter12345.utility1.com/로 구성된다.

그림 5.24는 NSDL과 DSCL 그리고 각각의 자원 구조를 그림으로 보여 준다.

스마트 계량기가 운영을 시작할 때 다음 절차를 수행한다.

- **네트워크 부트스트랩과 네트워크 등록**: 이들 절차는 접속 네트워크에 달렸다. 네트워크 부트스트랩은 장비가 네트워크에 연결하고 등록하는 데 필요한 매개변수들을 구성하는 절

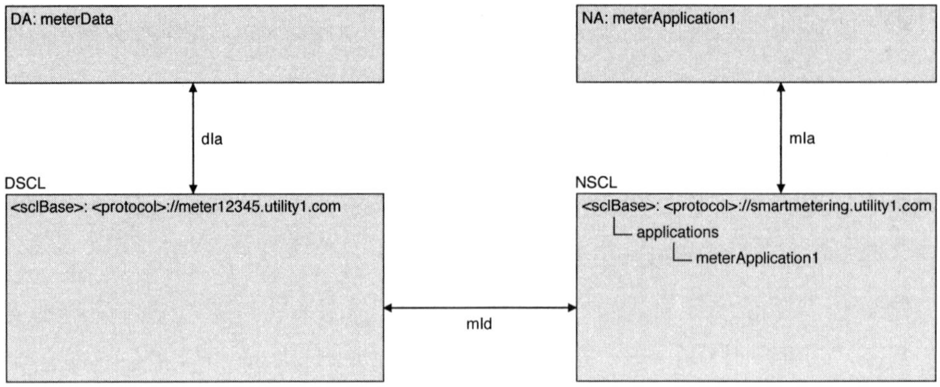

그림 5.24 초기 자원 구조

차다. 예로는 (흔히 SIM 카드라고도 부르는) UUIC(Universal Integrated Circuit Card)로부터 실행되는 부트스트랩이 있다. 일단 부트스트랩이 끝나면 장비는 네트워크 인증과 인가에 필요한 자격 증명 인증서를 갖게 된다.

- **서비스 부트스트랩**: (식별자, 보안 키 등) 영구적인 M2M 서비스 자격 증명 인증서에 대한 권한을 설정하는 절차다. 이들 정보는 M2M 서비스 계층과 연결하고 등록하는 데 사용된다.

5.7.4.2 스마트 계량기 등록을 위한 NA 구독

스마트 계량기가 배포될 때마다 NA가 통보 받기를 원한다고 가정하자. 이를 위한 한 가지 방법으로 NSCL을 구독해 〈sclBase〉의 scls 자원에 DSCL이 등록될 때마다 통보 받는다. ETSI M2M 아키텍처에서 구독은 특정 자원(즉 구독 자원)을 생성하는 방법으로 수행된다. NA가 〈protocol〉://smartmetering.utility1.com/scls/ 아래 〈scl〉 인스턴스 생성을 감시하고 싶으므로 구독 자원은 scls의 subscribtions 컬렉션 자원 아래에 생성되어야 한다. **그림 5.25**는 구

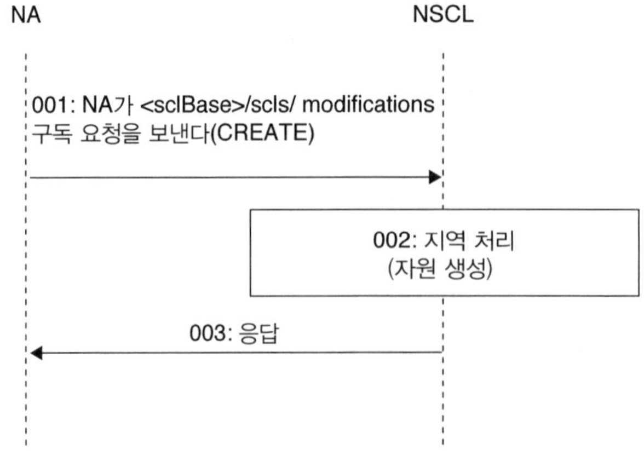

그림 5.25 scl 자원 구독 절차

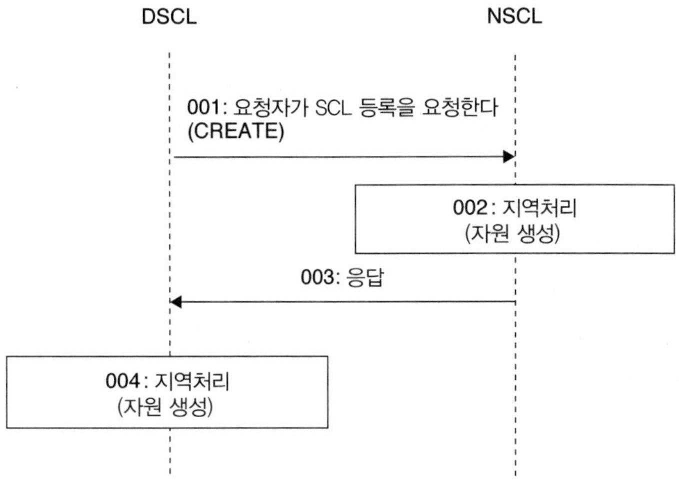

그림 5.26 등록 절차 예제

독 절차의 메시지 흐름을 보여 준다.

구체적인 메시지 흐름은 다음과 같다.

- 001: NA가 ⟨protocol⟩://smartmetering.utility1.com/scls/subscriptions/ 아래 구독 인스턴스 생성을 요청한다. (표준에서 필수는 아니지만) NA는 인스턴스 이름으로 newMeters를 제공한다. 지연 포용 시간 등 다른 매개변수를 제공하기도 한다. 지연 포용 시간은 NA가 얼마나 빨리 통보를 받을지를 알려준다.
- 002: NSCL이 요청을 검증하고 구독 자원을 생성한다.
- 003: NSDL이 NA에게 자원 생성 결과를 확인해준다.

NA는 스마트 계량기가 NSCL에 등록되어야 통보를 받는다. 그러려면 DSCL 등록 절차가 수행되어야 한다. DSCL 등록 절차는 다음 절에서 설명한다.

5.7.4.3 스마트 계량기를 NSCL에 등록하기

부트스트랩 절차가 끝나면 DSCL은 NSCL 발견 절차와 SCL 등록 절차를 수행할 수 있다. 간단하게 이 예제에서는 NSCL을 발견하는 데 필요한 정보가 (예를 들어, FQDN[6], 포트 번호가) 스마트 계량기에 구성되어 있다고 가정한다. 이는 SCL 등록 절차를 즉시 수행할 수 있다는 의미다. **그림 5.26**은 SCL 등록 절차의 메시지 흐름을 보여 준다.

6 FQDN(Fully Qualified Domain Name)은 DNS를 사용해 네트워크 주소를 결정할 수 있는 고유 이름이다.

다음 단계가 수행된다.

- 001: DSCL이 등록을 요청한다. 등록은 〈protocol〉://smartmetering.utility1.com/scls/ 컬렉션 아래 자원을 생성하는 방법으로 이루어진다. 자원 식별자는 meter12345이며 이것은 스마트 계량기의 SCL을 가리키는 고유 식별자다.
- 002: NSCL은 DSCL이 제대로 인증되었는지 그리고 (일반적으로 DSCL이 구성하는) scl 자원 이름이 〈sclBase〉/scls 컬렉션에 이미 존재하지는 않는지 확인한다. 그런 다음 scl 자원 〈protocol〉://smartmetering.utility1.com/scls/meter12345을 생성한 후 expirationTime 등과 같은 기본 속성을 채운다.
- 003: 호스트 SCL이 (이 경우 NSCL)이 요청에 긍정적으로 응답한다.
- 004: DSCL은 NSCL을 표현하는 자원을 생성한다. 이를 DSCL에 명시적으로 등록할 필요는 없다. NSCL에 DSCL과 GSCL만 명시적인 등록이 필요하다.

5.7.4.4 스마트 계량기 등록을 NA에 통보하기

DSCL이 NSCL에 등록되면 NSCL이 자동으로 통보 절차를 실행해 NA에 장비 등록을 통보한다. **그림 5.27**은 해당 메시지 흐름을 보여 준다.

통보 메시지 흐름은 다음과 같다.

- 001: scls 컬렉션 자원 아래 〈scl〉 자원 인스턴스가 생성된다. 스마트 계량기가 등록되었다는 뜻이다.
- 002: NSCL이 새 SCL 등록을 NA에 통보한다. 새 스마트 계량기가 배포되었다는 뜻이다.
- 003: NA가 통보를 받았다는 확인 응답을 보낸다.

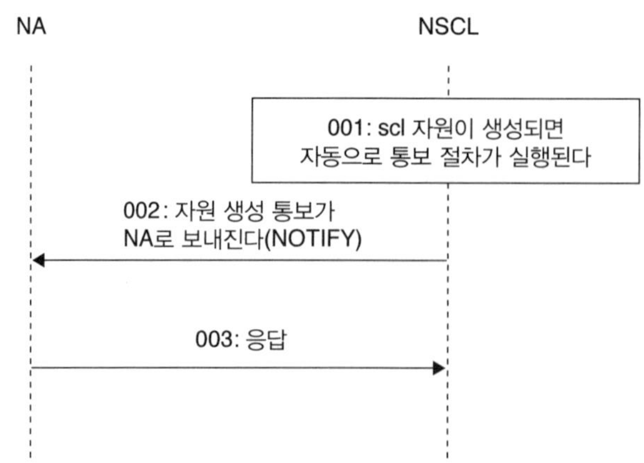

그림 5.27 통보 절차 예제

5.7.4.5 DSCL에 장비 애플리케이션 등록하기

이번에는 DA가 dIa 인터페이스를 사용해 지역적으로 DSCL에 자신을 등록한다. 애플리케이션을 등록하려면 (**그림 5.28**에서 보듯이) 지역 SCL에 애플리케이션 자원을 생성하면 된다. 등록은 애플리케이션이 접근 권한에 따라 지역 SCL이나 원격 SCL에 있는 자원을 조작하려면 반드시 선행되어야 하는 단계다. DSCL이 NSCL에 등록되어 있으므로 DA가 NSCL에 등록할 필요는 없다.

- 001: DA가 등록을 요청한다. 등록은 〈protocol〉://meter12345.utility1.com/applications/ 컬렉션 아래 자원을 생성하는 방식으로 이뤄진다. applications 컬렉션 인스턴스 이름은 meterData이며 주소 URI는 〈protocol〉://meter12345.utility1.com/applications/meterData다.
- 002: DSCL은 DA가 등록을 위한 자원 생성 권한이 있는지 확인한다. 인증을 마치면 DSCL은 자원을 생성한 후 DA가 제공하지 않는 속성 값들을 채운다. DSCL은 DA가 제공하지 않는 선택적 속성에 대한 기본 값도 제공한다. 이들 값은 SCL 정책에서 유추한다. 예를 들어,
  - DSCL이 요청자가 제안한 만료 시간을 축소할지도 모른다.
  - 만약 DA가 applicationStatus 속성 값을 제공하지 않는다면 호스팅 SCL은 applicationStatus 속성 값을 "ONLINE"으로 설정한다.
- 003: DSCL은 DA에게 등록 성공을 통보한다.

5.7.4.6 등록된 DA를 NSCL에 공표하기

이제 DA가 자신의 등록을 NSCL에 공표하기를 원한다고 가정하자. 그래야 NA가 스마트 계

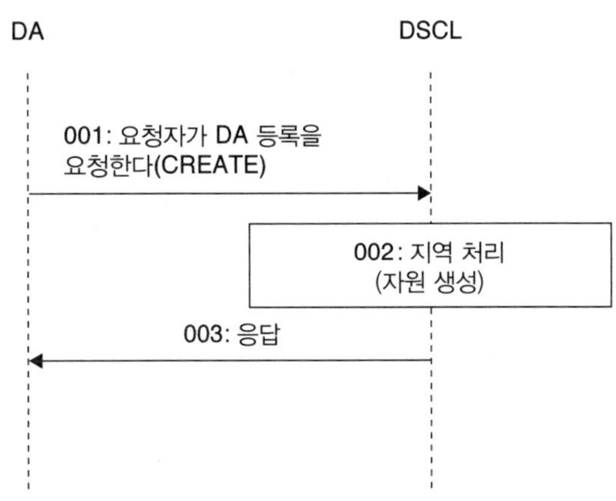

그림 5.28 애플리케이션 등록 절차 예제

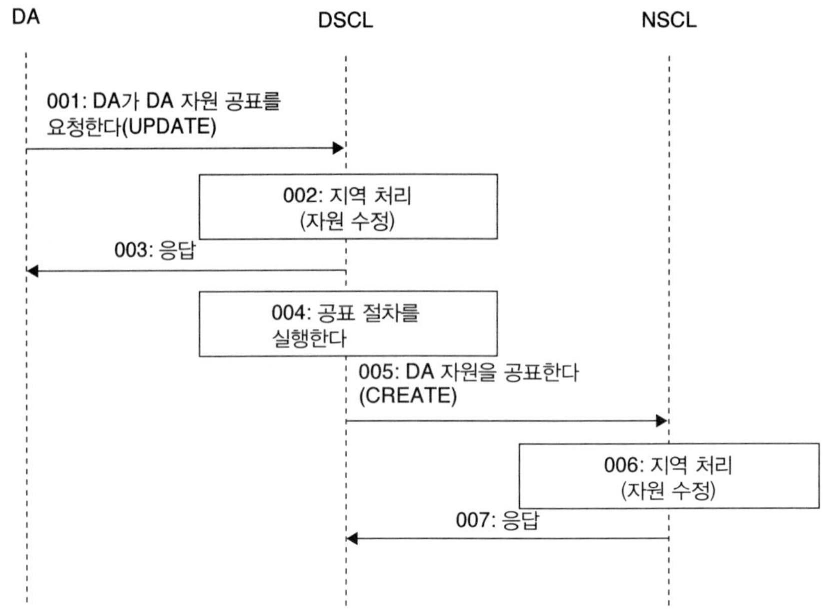

그림 5.29 애플리케이션 등록 공표 절차 예제

량기 애플리케이션을 발견할 수 있다. 이 경우, DA는 DA 자원에서 announceTo 속성을 수정해 NSCL로 공표를 요청한다. **그림 5.29**는 자세한 메시지 흐름을 보여 준다.

- 001: DA가 DA 자원 공표를 요청한다. 공표는 갱신(Update) 연산으로 announceTo 속성에 특정 값을 설정하는 방식으로 수행된다.
- 002: DSCL이 요청을 점증한 후 DA의 announceTo 속성 값을 갱신한다.
- 003: DSCL이 DA에게 공표 요청을 수령했다는 일반적인 확인 응답을 보낸다. 실제 공표가 이루어졌다는 확인 응답은 아니다.
- 004: DSCL이 NSCL에 공표 자원을 생성하는 절차를 실행한다.
- 005: DSCL이 〈protocol〉://smartmetering.utility1.com/scls/meter12345/applications/ 아래 새로운 하위 자원 생성을 요청한다. 하위 자원 타입은 〈applicationAnnc〉이며, 자원 구조는 **그림 5.30**을 참조한다.
- 006: NSCL이 수신한 요청을 검증한 후 주어진 속성으로 announced 자원을 생성한다.
- 007: NSCL이 자원 생성의 성공을 알리는 응답을 반환한다.

그림 5.31은 DA가 지역적으로 DSCL에 등록되고 DSCL이 NSCL에 등록된 후 NSCL과 DSCL의 자원 구조를 보여준다.

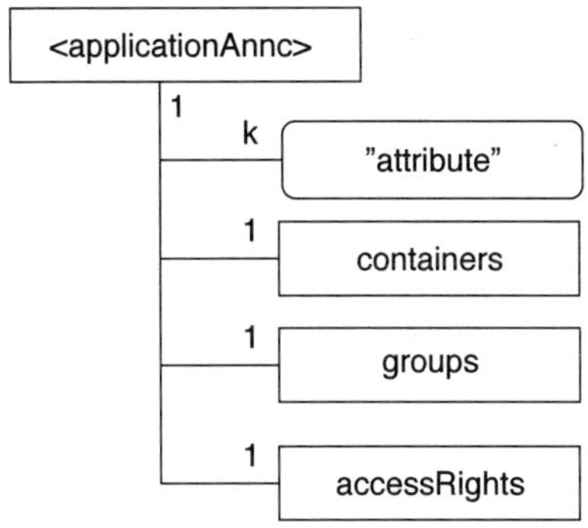

그림 5.30 ApplicationAnnc 자원 구조

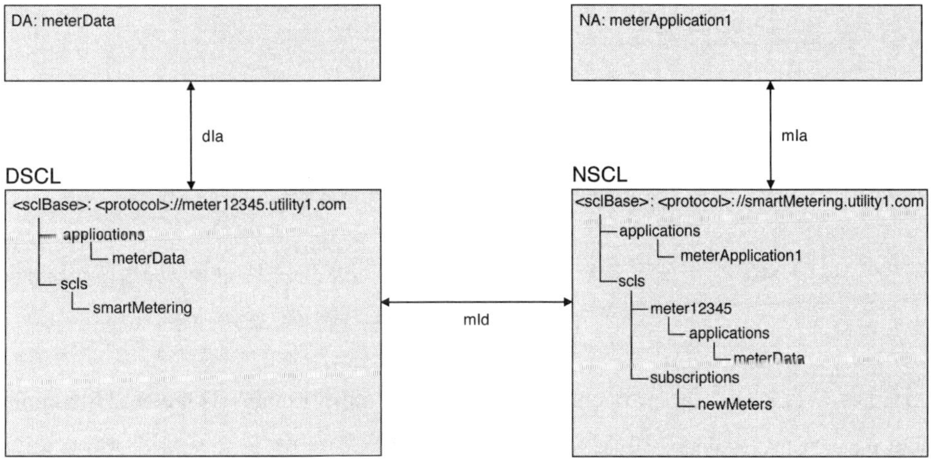

그림 5.31 지역 DA 등록을 공표한 후 자원 구조

5.7.4.7 컨테이너 자원을 사용해 계량기 데이터 보고하기

이제 DA가 애플리케이션 데이터를 보고하게 프로그램 되어 있다고 가정하자. ETSI 102 690 명세에 따르면 데이터를 보고하는 방법은 여러 가지다. 애플리케이션 데이터 교환은 컨테이너 컬렉션 자원을 사용해 수행된다. 그림 5.22에서 보듯이, 컨테이너 하위 자원을 생성할 수 있는 자원은 〈sclBase〉, 〈scl〉, 〈application〉 등 여러 가지다. 이 예제에서는 DSCL DA application 자원 아래나 DSCL DA announced 자원 아래에 컨테이너 컬렉션 자원을 생성하는 편이 합리적이다. 〈protocol〉://meter12345.utility1.com/applications/meterData/containers/meterDataSamples 또는 〈protocol〉://smartmetering.utility1.com/scls/meter12345/applications/meterData/containers/meterDataSamples, 여기서 meterDataSamples는 컨테이너 컬렉션으로, 계량기 데이터는 meterDataSamples의 하위 자원으로 보고된다. 두 위치 중 최종 선택은 애플리케이션 개발자의 몫이다. 결정은 비즈니스 논리, 요금제, 네트워크 사용량 등에 달렸다.

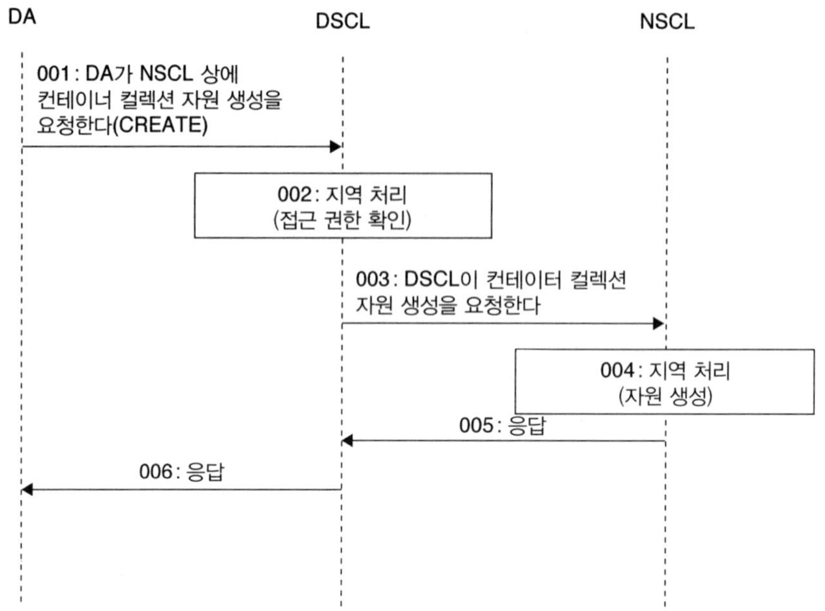

그림 5.32 컨테이너 컬렉션 자원 생성 절차

이 예제에서는 NSCL에 공표된 DA 자원 아래에 실제 계량기 측정 값을 보고한다고 가정할 것이다. **그림 5.32**는 초기에 컨테이너 컬렉션을 생성하는 메시지 흐름이다.

- 001: DA가 NSCL 자원 〈protocol〉://smartmetering.utility1.com/scls/meter12345/applications/meterData/containers/ 아래 컨테이너 자원 생성을 요청한다. 요청 매개변수는 컨테이너 컬렉션 이름인 meterDataSamples를 포함한다.
- 002: DSCL이 부모 자원의 URI를 보고 NSCL 아래에 자원을 생성해야 한다는 사실을 인지한다. DSCL은 필요한 요청 검증 작업을 수행한다. 필요하다면 접근 권한도 확인한다.
- 003: DSCL이 요청을 NSCL에 전달한다.
- 004: NSCL이 요청을 검증하고 요청자에게 자원 생성 권한이 있는지 확인한다. 그런 다음 NSCL은 컨테이너 자원과 DA 공표 자원을 생성한다. 결과로 생성된 컬렉션 자원의 URI는 〈protocol〉://smartmetering.utility1.com/scls/meter12345/applications/meterData/containers/meterDataSamples다.
- 005: DSCL이 응답을 받는다.
- 006: DSCL이 응답을 DA로 전달해 자원 생성 결과를 확인해 준다.

컨테이너 인스턴스 생성 절차 역시 앞서 설명한 컨테이너 컬렉션 생성 절차와 정확히 동일하다. 컨테이너 인스턴스는 컨테이너 컬렉션 아래 생성되므로 001 단계에서 자원 URI

만 〈protocol〉://smartmetering.utility1.com/scls/meter12345/applications/meterData/containers/meterDataSamples로 바꾸면 된다.

5.8 결론

5장은 ETSI M2M 자원 기반 아키텍처를 설명하였다. ETSI TC M2M 릴리스 1에서 가장 중요한 기능 세 가지를 설명하고, 자원 구조를 소개하고, 가장 중요한 절차들을 예제로 설명했다.

ETSI TC M2M 명세는 M2M 수평 서비스 플랫폼의 기반 표준을 제공하는 중요한 단계다. 첫 릴리스는 주로 데이터 중개, 보안, 장비 관리에 집중했지만 이후 릴리스는 다른 서비스 기능들의 표준화에도 큰 진전을 보이리라 기대된다.

이 책을 쓰는 현재에도 ETSI M2M 명세 작업은 여전히 현재진행형이라 세부 내용이 명세와 다소 다를 수도 있다. 5장은 시스템/아키텍처를 이해한다는 생각으로 읽어 주기 바라며 자세한 내용은 명세서 최종 버전을 참고한다. 5장은 2 단계 측면에 (아키텍처와 메시지 흐름에) 초점을 맞췄으며 프로토콜 예제는 의도적으로 제외했다. 몇 가지 프로토콜 예제는 나른 책 "The Internet of Things, Key Applications"에서 제공한다.

참고문헌

[3GPP TS 23.060] 3GPP TS 23.060. General Packet Radio Service (GPRS). Service description. Stage 2 (2011).

[3GPP TS 23.401] 3GPP TS 23.401. General Packet Radio Service (GPRS) enhancements for Evolved Universal Terrestrial Radio Access Network (E-UTRAN) Access (2011).

[BBF TR069] Broadband Forum TR-069. Amendment 3 CPE WAN Management Protocol (2010).

[ETSI TS 102 690] ETSI TS 102 690: Machine-to-Machine communications (M2M); Functional architecture; v1.1.1, 25 Oct 2011.

[G.hn] ITU-T Recommendation G.9960. Next generation Home Networking Transceivers Foundation (Copperpair, Powerline and coax PHY Layer) (2010).

[OMA DM] OMA-AD-DM-V1_3. Device Management Architecture, Version 1.3 (2010).

[Yankee Group] Yankee Group (2010) A Closer Look at M2M Carrier Strategy, Market Research Report.

Chapter

06 공개 모바일 네트워크에서 M2M 최적화

M2M Optimizations in Public Mobile Networks

툰 노프[1], 브루노 랑데[2]

[1]TNO, 델프트, 네덜란드

[2]알카텔-루슨트, 레니온, 프랑스

6.1 개괄

많은 M2M 애플리케이션이 M2M 장비에서 M2M 서버로 데이터를 전송하기 위해 공개 통신 네트워크를 사용한다. 이런 공개 통신 네트워크는 M2M 애플리케이션의 예상되는 성장 추세에 따라 생성되는 트래픽에 맞춰 조정될 필요가 있을 것이다. 머지 않은 장래에 점점 많은 M2M 애플리케이션이 등장함에 따라 아주 많은 장비가 현존하는 네트워크에 연결될 것이다. 이런 M2M 장비는 인간 중심 장비와 비교해 전화 통신 네트워크에 아주 다른 영향을 미칠 것이다. 6장은 M2M이 공개 통신 기반 구조에 미친 영향을 소개하고, M2M 통신 목적으로 네트워크를 최적화하기 위해 네트워크 운영자가 사용할 몇 가지 수단을 설명한다.

공개 통신 네트워크는 데이터 통신 그리고 관련된 부가가치 서비스를 M2M 애플리케이션에 제공할 것이다. M2M 서비스 수준에서 통신 운영자들은 단순한 M2M 데이터 통신보다 더 많은 서비스를 제공할 방법을 찾고 있다는 사실에 주목해야 한다. 몇몇 운영자는 M2M을 기반으로 완벽한 가정용 보안 서비스를 제공한다. 하지만 6장에서는 M2M 통신의 일부로서 데이터 통신까지만 범위를 제한한다.

6장에서 초점을 맞추는 내용은 모바일 네트워크와 관련된 M2M이다. M2M 애플리케이션 소유자들에게는, 종종 모바일 네트워크가 더 적합하다. 구독 제어를 위한 더 나은 가능성과 데이터 연결을 위한 양단 사이의 가시성을 제공하기 때문이다. 운영자 관점에서 보면, 모바일 네트워크는 대규모 M2M 트래픽을 처리하기 위해 필요한 최적화라는 더 강력한 도전을 요구하고 있다. 그럼에도 불구하고, 일반적으로 많은 쟁점, 문제점, 해법을 토론해 왔고, 이를 고정 네트워크에도 적용할 것이다.

6장은 M2M을 대상으로 통신 네트워크에 필요한 네트워크 개선 사항이 무엇인지 보여준다. 하지만, 6장은 M2M 애플리케이션 소유자, M2M 애플리케이션 공급자, 모바일 업계를 넘어 다른 업계와 관련된 M2M 네트워크 쟁점을 제대로 이해하는 과정에도 유용하다.

6.2절에서 공개 통신 네트워크 상에서 동작하는 M2M을 전체적으로 설명한다. 6.3절에서 M2M에 더욱 적합해지기 위한 공개 통신 네트워크의 최적화에 초점을 맞춘다.

6.2 전화 통신망 네트워크 상의 M2M

6.2.1 도입

많은 M2M 애플리케이션은 데이터 전송을 위해 전용 기반 구조를 사용한다. 예를 들어, 사설 지역 무선 기반 구조는 온실에서 화분 식물의 습도를 감시하기 위한 가장 단순한 솔루션일 것이다. 하지만, 공개 통신 네트워크 사용이 더 적합한 M2M 애플리케이션도 많다. 예를 들어, 외래 환자를 원격으로 집에서 감시하는 전자 보건 애플리케이션은 공개적으로 사용 가능한 통신 네트워크에 의존해야만 한다.

6장에서, M2M 애플리케이션이 공개 통신 네트워크를 사용하는 방법과 이런 네트워크에 대해 M2M 애플리케이션이 원하는 요구 사항을 설명한다. M2M 애플리케이션이 공개 통신 네트워크에 미치는 영향은 전통적인 전화 통신 서비스의 영향과 상당히 다를 수 있다. M2M 통신은 대부분 데이터 통신을 포함한다. 하지만 심지어 오늘날 (모바일) 광대역 인터넷 서비스와 M2M 데이터 통신을 비교해도 많은 차이점이 보인다.

전화 통신 운영자 입장에서는 M2M 통신을 위한 네트워크 준비 방식을 고려해야 한다. M2M 통신이 꽤 오랫동안 계속 성장하며 아마도 전통적인 트래픽 유형을 초과하는 수준까지 이르리라 가정한다. 공개 통신 네트워크가 사람 대 사람 통신과 인터넷 접속에만 최적화된다면, M2M 애플리케이션을 엄청나게 많이 연결할 경우 네트워크로 전송하는 서비스와 네트워크 효율에 부정적인 영향을 미칠 것이다.

M2M 애플리케이션 소유주와 M2M 애플리케이션 개발자들은 애플리케이션이 동작할 기반 공개 전화 네트워크 이해에 관심이 많다. M2M 애플리케이션이 데이터 통신을 조직화하는 방법에서 벌어진 사소한 차이는 애플리케이션이 공개 통신 네트워크에 미치는 영향에 큰 차이를 낳는다. 기반 네트워크에 친밀한 M2M 애플리케이션 설계는 M2M 애플리케이션 소유자에게 비용 측면에서 효과적인 해법을 제공한다. 운영자가 가격 구조 내에서 M2M 애플리케이션에 미치는 영향을 고려할 가능성이 높기 때문이다.

6.2.2절은 먼저 M2M 통신 시나리오와 이런 시나리오에서 공개 통신 네트워크가 차지하는 역할을 소개한다. 그리고 나서 6.2.3절은 M2M 통신을 위해 고정 또는 모바일 통신 중 무엇을 사용할지 설명할 것이다. 마지막으로 6.2.4절은 공개 통신 네트워크 상에서 M2M 애플리케이션이 데이터를 연결하기 위한 요구 사항을 설명할 것이다.

6.2.2 M2M 통신 시나리오

대다수 M2M 통신 시나리오에서 많은 M2M 장비는 중앙 서버와 통신한다. 이렇게 장비에서 서버로 향하는 통신 시나리오는 모든 고객의 계량기 수치를 원격으로 수집하는 에너지 회사가 대표적인 예다. 장비 범위를 보면, 기업용 차량 관리 애플리케이션을 사용하는 작은 트럭 회사인 경우 수십 대에서 시작해 에너지 대기업인 경우 수백만 대에 이른다.

장비에서 서버로 향하는 통신 시나리오는 **그림 6.1**과 같이 장비와 서버 비율이 정확히 N:1로 떨어지지 않는다. 예를 들어, 부하 분산이나 중복을 위해 여러 서버가 존재할 수 있다. 하지만, M2M 장비 수는 일반적으로 M2M 서버 수보다 훨씬 많다. 또한 대다수 M2M 장비는 통신하려는 특정 M2M 서버에 대해 고려할 필요가 없다. M2M 장비는 단순히 서버와 통신을 위해 구성되며, 서버 선택의 여지가 없다.

진짜 장비에서 서버로 향하는 시나리오에서, 공개 네트워크 운영자는 M2M 장비와 M2M 서버 사이의 연결을 지원한다. 일반적으로 네트워크 운영자는 M2M 장비의 개별 소유주에게 이런 연결을 제공하는 대신 M2M 애플리케이션 소유주에게 연결을 제공한다. 장비에서 서버로 향하는 기본적인 시나리오에서, M2M 애플리케이션 소유주는 모든 M2M 장비와 M2M 서버를 소유한다. 아니면 M2M 애플리케이션 소유주는 실제로 M2M 장비를 소유하지 않을지도 모르며, 데이터 통신 구독만 소유할지도 모른다. 예를 들어, 차량 네비게이션

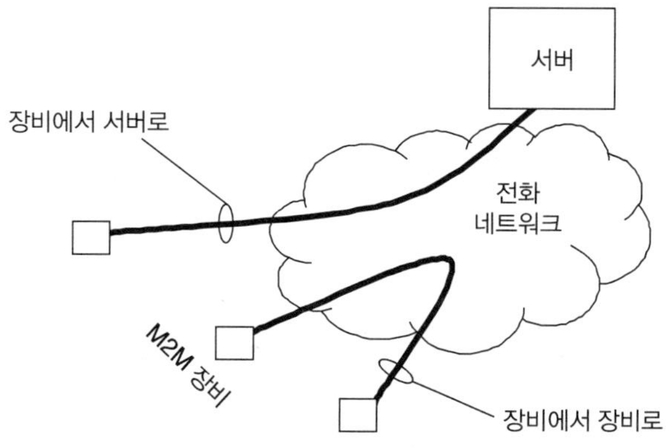

그림 6.1 장비에서 서버로, 장비에서 장비로 향하는 통신 시나리오

장비 제조사는 실시간 교통량 정보와 관심 있는 지역 정보를 위한 구독과 함께 네비게이션 장비를 판매할지도 모른다. 네비게이션 장비는 최종 소비자에게 판매되었지만, 네비게이션 장비의 제조사가 네비게이션 장비에 정보를 전송하기 위해 필요한 모바일 데이터 구독을 소유한다.

네트워크 운영자는 M2M 장비와 M2M 서버 사이에 이뤄지는 통신 이외에 더 많은 서비스를 제공할지도 모른다는 사실에 주목하자. 운영자는 또한 실제 M2M 서버에 기반한 서비스 기능을 제공할지도 모른다. 하지만, 6장의 집필 목적에 따라 데이터 통신 공급자의 역할에 충실한 공개 네트워크 운영자에 초점을 맞춘다. 이런 의미에서, 네트워크 운영자는 내부 M2M 서비스 공급자에 데이터 통신 서비스를 제공한다고 볼 수도 있다.

특히 네트워크 운영자가 네트워크 기반 서버와 함께 M2M 서비스 기능을 제공할 때, 양단 사이 통신 경로(그림 6.2 참조) 또한 M2M 사용자를 끌어들일 것이다. 예를 들어, 이 M2M 사용자는 M2M 서버에 수집되어 있는 계량 데이터에 접근할 수도 있다. M2M 사용자와 M2M 서버 사이 통신은 M2M에 밀접한 특성이 없다. 일반적으로 사용자와 서버 사이 통신은 인터넷 기반 인터페이스를 사용해 어떤 전화 통신 네트워크 유형에서도 동작할 수 있다.

그림 6.1처럼, M2M 장비가 M2M 서버의 개입 없이 다른 장비와 직접 통신하는 시나리오도 존재한다. 이런 시나리오의 예는 사진 카메라가 원격으로 고객 집에 있는 미디어 서버와 동기화하는 애플리케이션이다. 또 다른 예제는 소유주의 전화기에 메시지를 보내는 방법으로 직접 연락하는 가정용 경보 시스템이 될 수 있다. 장비에서 장비로 향하는 통신은 M2M 서버를 경유해 두 M2M 장비 사이에 일어나는 통신과 동일하지 않다. 예를 들어, 다중 사용자 게임에서, 동일 게임 세션과 관련된 두 게임 콘솔은 동일 게임 서버에 둘 다 연결되거나 관련된 서버 없이 서로 직접 연결될 수 있다. 장비에서 장비로 향하는 연결 시나리오는 (대량의 M2M 통신을 수반하는) 장비에서 서버로 향하는 시나리오에 비해 아직 일반적이지는 않다. 그럼에도 불구하고 향후 점점 더 많은 장비들이 연결될 때, 장비에서 장비로 직접 향하는 통신 시나리오가 늘어날 가능성이 높다.

장비에서 장비로 향하는 통신에서, M2M 장비는 통신을 원하는 다른 M2M 장비를 선택

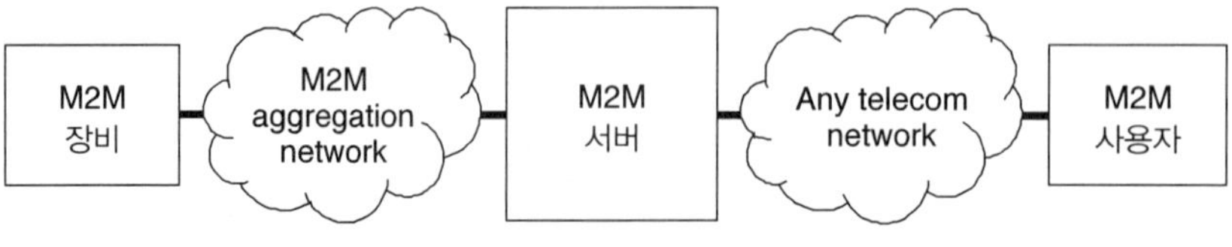

그림 6.2 M2M 서버를 경유하는 M2M 통신

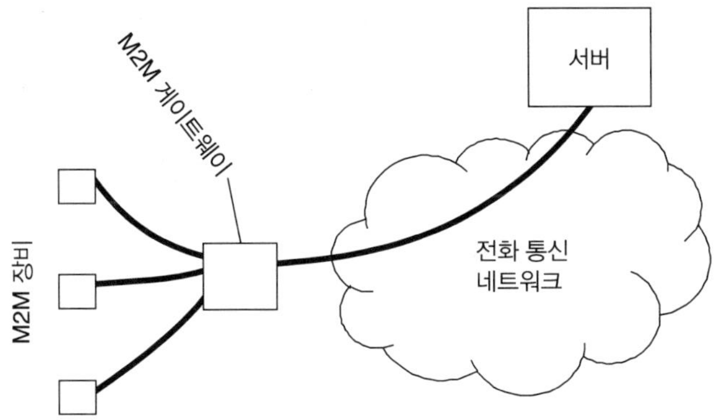

그림 6.3 M2M 게이트웨이 시나리오

할 수 있어야 한다. 따라서 M:N 연결이 존재한다. 비즈니스 시나리오 또한 가능성을 따져보면 달라질 수 있다. 통신에 관련된 모든 M2M 장비를 소유한 단일 M2M 애플리케이션 소유자가 반드시 있어야 할 필요가 없다. 이런 측면에서, 장비에서 장비로 향하는 통신 시나리오는 전화와 같이 잘 알려진 서비스에서 볼 수 있는 통신 시나리오와 무척 흡사하다.

단일 지역에 엄청나게 많은 M2M 장비가 존재할 때, M2M 게이트웨이(GW) 시나리오를 채택하면 유리하다(그림 6.3 참조). M2M GW 시나리오에서, 많은 M2M 장비는 공개 전화 통신 네트워크를 통해 단일 연결을 공유할 수 있다. M2M 장비와 M2M GW 사이의 통신을 위해 지역 네트워크 기술을 사용한다(LAN, WLAN, 직비 등).

6.2.3 모바일 또는 고정된 네트워크

대체로, 공개 통신 네트워크는 고정 또는 모바일 통신 네트워크 중 하나다. 양쪽 모두 M2M 애플리케이션이 사용 가능하다. 그럼에도 불구하고 오늘날 M2M에서는 모바일 통신 네트워크에 초점을 맞춘다.

명확하게 모바일 통신이 유일한 선택인 M2M 애플리케이션도 많다. 트럭 회사를 위한 추적 애플리케이션은 확실히 고정된 통신 솔루션으로는 동작하지 않는다. 하지만, M2M 장비가 모바일이 아닌 경우에도 모바일 통신을 종종 더 선호한다. 특히 오지에 설치된 M2M 장비의 경우에 고정 네트워크 설치 비용이 높다. 관개용 펌프, 수문, 기타 용수 관리를 위한 장비가 좋은 예다. 이런 장비는 종종 시골에 위치하며 다른 빌딩이나 기반 구조 설비에서 멀리 떨어져 있다. 따라서 이런 지역으로 케이블을 끌어오기 위한 비용은 너무 높다.

또한, M2M 장비가 개인 거주지나 사무실에 설치될 경우에는 모바일 통신을 더 선호한다. M2M 애플리케이션 소유주는 고정된 네트워크를 구독하는 소유주와 다를 수도 있기 때

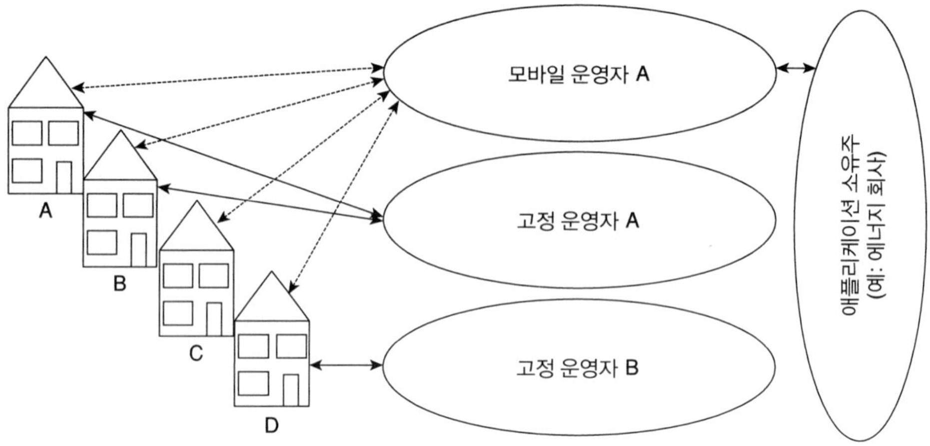

그림 6.4 모바일 네트워크를 사용하는 M2M은 운영자로부터 독립적이다.

문이다. 이 경우에 M2M 애플리케이션 소유주는 고정 네트워크를 구독하는 소유주에 의존하고 싶지 않다.

그림 6.4에서 전력 계량기 연결을 원하는 에너지 회사 예를 고려해보자. 이 경우, 에너지 회사는 M2M 애플리케이션 소유주다. 에너지 회사의 고객 대부분은(A에서 D) 에너지 계량기를 연결하기 위해 사용할 수 있는 고정 네트워크 연결을 구독하고 있을 것이다. 하지만, 몇몇 고객은 고정 네트워크 운영자 A를, 다른 고객들은 고정 네트워크 운영자 B를 구독할 것이다. 에너지 회사가 기존의 고정된 네트워크 연결을 사용하기를 원한다면, 고객이 선택한 고정된 네트워크 운영자와 무관하게 동작하게 기술적인 솔루션을 맞춰야만 한다. 고객이 고정된 네트워크 연결을 구독하지 않은 상황(아니면 요금 납부를 잊어먹은 상황) 또는 정전으로 인해 고정된 네트워크 게이트웨이가 비활성화되는 상황에서 고정된 네트워크를 기반으로 하는 솔루션은 훨씬 더 복잡해진다. 대안으로, 에너지 회사는 모바일 운영자 A와 계약을 맺어 모바일 구독을 체결하고 SIM 카드를 모든 전기 계량기에 삽입한다.

모바일이 아닌 M2M 장비를 위해 모바일 네트워크를 사용할 경우 단점도 있다. M2M 장비는 모바일 네트워크 도달 범위를 나쁘게 만드는 실내에 위치할지도 모른다. M2M 장비를 위해 모바일 네트워크를 사용할 경우, 장소마다 네트워크 도달 범위가 달라질지도 모른다. 하지만 나쁜 네트워크 도달 범위에 위치한 고정식 M2M장비는 결코 자료를 송신하지 못할 것이다.

네트워크 도달 범위에 대한 해법은 로밍 SIM 카드다. 특정 국가의 운영자가 발급한 SIM 카드를 사용할 때, 일반적으로 자국 네트워크 운영자에만 접속이 가능하다. 한 국가 내에서 운영자 사이의 로밍은 지원하지 않는 경우가 많기 때문이다. 따라서, 특정 국가의 운영자가 특정 지역에 충분한 네트워크 도달 범위를 제공하지 않으면, 다른 대안이 없다. 하지만, 외국 모바일 네트워크 운영자가 발급한 SIM 카드를 사용하면, M2M 장비는 특정 국가의 네트워크 운영자가 유효한 로밍 계약을 채결했다고 가정하고 선호하는 네트워크 운영자를 먼저 시도해보지만, 다른 모바일 네트워크에 대해서도 시도할 수 있다. 로밍 SIM 카드를 사용할 경우에는 로밍 비용으로 인한 데이터 통신 비용이 상승한다는 단점이 있다. 하지만, M2M 애플리케이션이 소량의 데이터만 전송한다면, 문제가 거의 없다. 또한 로밍 SIM 카드는 물류 문제 때문에 사용될 수도 있다. 예를 들어, 디지털 액자 제조사가 디지털 액자가 판매되는 모든 국가를 위해 전용 SIM 카드를 사용할 경우 생기는 물류 문제를 피하고 싶을지도 모른다. 일반적으로 모바일 M2M 장비 중에서 상당히 많은 비율이 반영구적으로 로밍을 선택할 것으로 기대한다.

6.2.4 M2M 애플리케이션을 위한 데이터 연결

M2M 애플리케이션마다 통신 요구가 많이 다르다. 24/7 감시 카메라 애플리케이션은 (예를 들어) 특정 제품이 바닥났을 때만 데이터를 소량으로 보낼 필요가 있는 자판기 애플리케이션보다 데이터 통신을 더 많이 요구한다. 심지어 유사한 M2M 애플리케이션조차도 개별 애플리케이션의 요구 사항이 전혀 다를 수 있다. 스마트 계량 애플리케이션 도입을 원하는 두 에너지 회사는 계량 정보를 기록하는 주기와 같은 특정 매개변수에 대한 요구 사항이 완전히 다를 수 있다.

특정 M2M 애플리케이션의 특징을 목록으로 열거하기란 불가능하다. M2M 애플리케이션마다 특징이 제 각각이기 때문이다. 그럼에도 불구하고, 다양한 M2M 애플리케이션의 특징을 구분하기 위해 사용 가능한 몇 가지 측면을 다음과 같이 정리할 수 있다.

- **자료 크기** (data volume) — M2M 애플리케이션이 송신하는 자료량은?
- **QoS 요구사항** (QoS requirements) — (존재한다면) M2M 애플리케이션이 데이터를 전송하려면 어떤 QoS 요구사항이 필요한가?
- **시간 민감성** (time sensitivity) — 애플리케이션이 즉시 데이터 통신을 요구하는가 아니면 몇 시간 정도 지연된 데이터 통신을 요구하는가?
- **통신 방향** (communication direction) — 특정 M2M 애플리케이션에서는, M2M 장비가 항상 데이터 통신을 시작한다. 다른 M2M 애플리케이션에서는, M2M 서버가 데이터 통신을 시작할 수 있게 요구한다.

표 6.1은 통신 요구가 다양한 M2M 애플리케이션의 몇 가지 예를 제시한다. 예제일 뿐이

표 6.1 통신 요구가 다양한 M2M 애플리케이션. TNO의 허락 하에 게재

		자료 크기	요구되는 서비스 품질	시간 민감성	통신 방향
	감시 카메라	높음	높음	높음	네트워크 시작
	에너지 계량기	낮음	낮음	보통	네트워크 시작
	기업용 차량 관리	낮음	낮음	보통	장비/네트워크 시작
	전자책 리더기	높음	낮음	보통	장비 시작
	미디어 동기화	높음	낮음	보통	장비/네트워크 시작
	PoS 단말	낮음	보통	높음	장비 시작

므로, 더 많은 M2M 애플리케이션이 존재하고 유사한 M2M 애플리케이션에 아주 다른 특성이 있을지도 모른다는 사실에 주목하자.

M2M 애플리케이션에서 통신 방향 요구 사항은 대다수 네트워크에서 통신 설정을 위해 중요한 요인이다. 연결 지향적인 네트워크에서, 연결은 데이터 통신이 일어나기 전에 먼저 설정될 필요가 있다. GSM/UMTS 패킷 교환 네트워크와 같은 네트워크에서는 네트워크 시작 연결 설정을 지원하지 않는다[1]. 연결 무지향적인 네트워크에서는 연결 수립에 대한 필요성이 없다. 하지만 연결 무지향성 네트워크에서는 방화벽과 NAT가 네트워크 시작 통신에 있어 병목이 될 수 있다. 일반적으로 방화벽과 NAT에서 핀홀과 변환은 장비 시작 통신에서 구성한다. 이런 구성은 네트워크 시작 통신을 요구하는 M2M 애플리케이션의 주소 지정에서 문제가 된다.

서버 요청에 따라 장비 시작 연결을 수립하기 위해, '트리거'를 사용한다. M2M 서버는 트리거로 M2M 서버와 통신을 수립해야 한다는 사실을 장비에게 알려주는 신호를 송신할

1 3GPP는 네트워크 요청 PDP 맥락 활성화 절차를 명세했지만 거의 구현되지 않는다.

수 있다. 모바일 네트워크를 사용하는 현재 M2M 애플리케이션에서는 네트워크가 요청한 PDP(Packet Data Protocol) 맥락 수립 절차가 없기에 트리거를 사용한다. M2M 서버는 SMS 또는 회선 교환(CS, Circuit Switched) 전화 호 설정 형태로 M2M 장비에 트리거를 송신한다. 특별한 형식의 SMS를 받고 나면, 장비는 M2M 서버로 향하는 데이터 연결(예: PDP 맥락)을 설정한다. 또한 CS호 설정의 경우, 장비는 호에 응답하지 않고 M2M 서버에 데이터 연결을 설정한다. 일반적으로 장비는 이미 M2M 서버의 주소를 구성한 상태이므로 트리거 신호만 필요하다.

연결 지향 네트워크에서, 데이터 연결 수립과 해제 시점을 고려해야 한다. 데이터 연결 수립과 관련된 시그널 발생은 M2M 애플리케이션이 송신하는 데이터 양과 비교해 상당한 부하가 될 수 있다. 데이터를 자주 송신하는 장비라면, 연속적인 데이터 송신 사이의 데이터 연결을 활성으로 유지하는 편이 훨씬 더 효율적이다. 연결 수립이나 해제와 관련된 시그널 발생은 연결을 열어둔 상태보다 더 많은 자원을 소비할 것이다. 하지만, 데이터를 거의 송신하지 않는 애플리케이션이라면, 데이터를 몰아서 주는 주기 사이에 데이터 연결을 해제하는 편이 훨씬 더 효율적이다.

또한 M2M 모바일 네트워크에서는 데이터를 송신하지 않을 때 장비를 네트워크에 붙여 놓을지 말지를 결정해야 한다. 많은 네트워크에서는 통신이 가능하기 앞서 장비를 등록하고 네트워크에 인증 절차를 밟아야 한다. GSM/UMTS 네트워크에서는 이런 등록이 네트워크에 붙는 절차 형태이며, 장비가 네트워크에 붙을 때, 이동성 관리를 수행한다. 이는 네트워크가 지역 단위로 장비 위치를 추적하고 있음을 암시한다. 네트워크는 알려진 지역 내에서 장비를 호출하는 방법으로 연결을 설정한다. 데이터 통신을 시작할 필요가 있는 M2M 애플리케이션을 위해, 네트워크는 장비를 어디서 호출할지 알아야한다. 장비를 네트워크에 항상 붙여놓으면, 네트워크에서 이 정보를 확실히 알게 된다. 반면에 간헐적으로 데이터를 송신하는 장비일 경우에는 이동성 관리 시그널이 송신된 사용자 자료량에 비교해 상당한 부하가 될 것이다. 장비를 더 이상 트리거할 필요가 없다면, 통신을 하지 않을 때 장비를 네트워크에서 분리하는 편이 더 효율적이다.

다양한 애플리케이션에 따라 다양한 활동 패턴을 살펴볼 때 위에서 설명한 연결성은 아주 중요하다. 활동 패턴은 데이터 통신의 효율성을 결정하는 주요 요인이다.

그림 6.5는 M2M 장비 활동 모델의 전형적인 예를 보여주며, 상태 갱신을 수행하는 자판기를 표현한다. 먼저, 장비는 데이터 연결을 설정하기 앞서 네트워크에 접속한다. 몇 차례 데이터 송신을 몰아서 수행한 다음에 더 이상 송신할 자료가 없을 때 연결이 해제된다. 연결 해제 후에는 분리 절차가 뒤따를지도 모른다(그림에서는 나타나지 않는다).

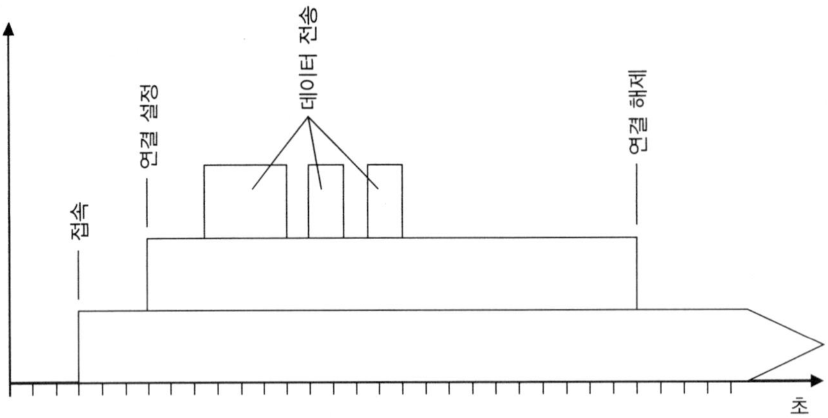

그림 6.5 셀룰러 모바일 네트워크에서 데이터 연결 수립

다양한 M2M 애플리케이션을 위한 데이터 연결 수립의 최적화는 데이터 통신 패턴에 의존한다. 거의 데이터를 송신하지 않는 장비는 자주 데이터를 송신하는 장비와 상당히 다른 최적화를 요구한다. **그림 6.6**은 몇 가지 데이터 통신 패턴의 예를 보여준다. 데이터 통신 패턴의 특성은 M2M 애플리케이션마다 상당히 다를 수 있다. 몇몇 애플리케이션은 데이터를

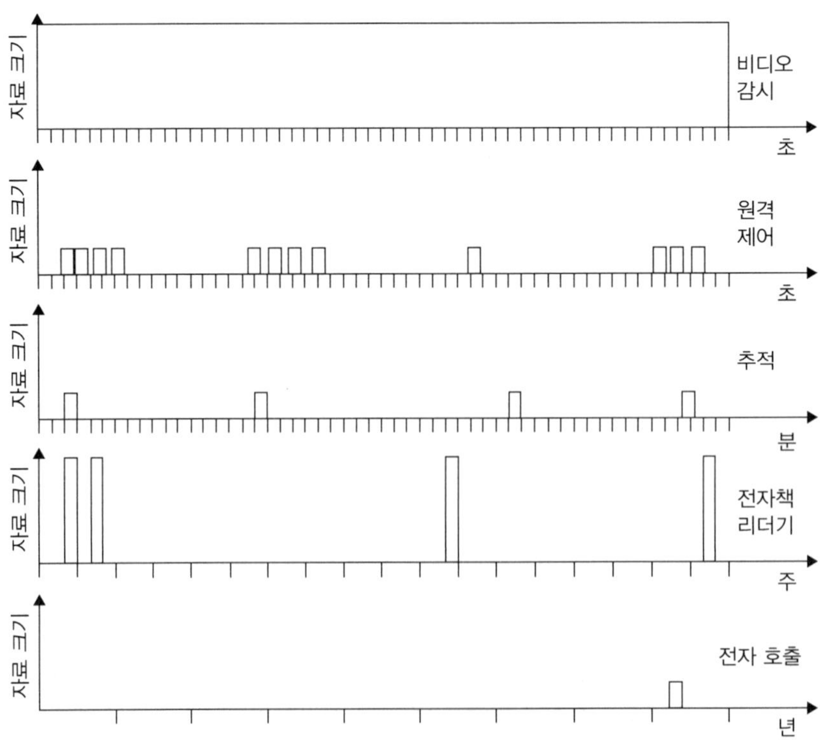

그림 6.6 다양한 통신 패턴을 보이는 다양한 M2M 애플리케이션

꾸준히 송신하는 반면, 다른 애플리케이션은 몰아서 데이터를 송신하기 앞서 15년 이상 기다려야 할지도 모른다.

그림 6.6에서 비디오 감시 애플리케이션은 끊임없이 자료를 생성할 것이다. 이 경우, 연결을 수립해 설정한 다음 유지하는 편이 더욱 효과적이다. 또한 원격 제어를 위해서도 끊임없는 연결을 유지하는 방식이 최선이다. 이 경우, 데이터는 몇 초 간격으로 몰아서 송신된다. 데이터를 몰아서 전송하는 사이에 연결을 해제할 수도 있지만, 연결을 맺고 끊는 방식은 연결을 유지하는 방식에 비해 더 많은 자원을 소비한다. 추적 애플리케이션에서, 데이터를 몰아서 전송하는 주기가 훨씬 길어진다(예: 매 15분). 데이터를 몰아서 전송하는 주기 동안 연결을 맺고 있는 방식이 옳은지 아니면 연결을 해제하는 편이 옳은지 논쟁이 시작될 시점이다. 전자책 리더 애플리케이션의 경우에는 데이터를 몰아서 전송하는 주기가 훨씬 더 길어진다. 온라인으로 책을 구매하는 시점 사이에 여러 주가 지나갈지도 모른다. 책을 구입하지 않을 경우에는 연결할 필요가 없다. 전자 호출 애플리케이션에서, 차량은 사고가 났을 때 자동으로 응급실에 연락한다. 이 경우, 바라건대 전자 호출 애플리케이션이 어떤 데이터라도 송신하기 앞서 여러 해가 걸릴지도 모른다. 여러 해 동안 M2M 장비를 네트워크에 물린 상태로, 특히 연결된 상태로 두는 방식은 자원 낭비다.

6.3 M2M을 위한 네트워크 최적화

6.3.1 도입

오늘날 공개 통신 네트워크는 M2M 애플리케이션 목적으로 설계되지 않았다. 이런 네트워크는 원래 전화 트래픽을 위해 설계되었다. 심지어 패킷 교환 통신과 차세대 네트워크의 도입 이후에도, 네트워크는 여전히 M2M 통신을 위해 최적화되지 않은 상황이다. 오늘날 패킷 교환 통신 네트워크는 주로 최종 사용자에게 광역 인터넷 접속을 제공할 목적으로 최적화되어 있다. 하지만 M2M 데이터 통신을 수많은 M2M 장비에 제공하고 최종 사용자가 아닌 M2M 애플리케이션 소유주에게 서비스를 제공하려면 또 다른 네트워크 최적화가 필요하다. 오늘날 패킷 교환 통신 네트워크 아키텍처는 완전히 뜯어 고칠 필요는 없지만 성장하고 있는 M2M 시장을 지원하기 위해서는 상당한 변경이 필요할 것이다.

M2M을 위한 네트워크 최적화는 다음과 같은 다섯 가지 범주로 분류된다.

- **비용 절감** (cost reductions) — 네트워크 운영자가 M2M 데이터 통신을 제공하기 위한 비용

을 절감하게 만든다.

- **부가가치 서비스** (value-added services) — 네트워크 운영자가 M2M에 밀접한 부가가치 서비스를 제공하게 만든다.
- **트리거 최적화** (trigger optimizations) — 네트워크를 통해 시작되는 M2M 애플리케이션을 위한 개선된 지원을 제공한다.
- **부하와 혼잡 통제** (overload and congestion control) — M2M 애플리케이션의 과부하가 네트워크를 중단시키지 않게 보증한다.
- **이름과 주소 체계** (naming and addressing) — M2M 장비가 수십 억 개 연결되는 시대가 도래하더라도 충분한 식별자와 주소가 존재하게 보증한다.

다음 절은 먼저 모바일 네트워크를 위한 네트워크 최적화의 표준화와 관련된 3GPP 활동을 소개한다. 그리고 나서 M2M을 위한 다양한 네트워크 최적화 범주를 자세히 설명한다.

6.3.2 기계 유형 통신을 위한 3GPP의 네트워크 개선 표준안

M2M 표준화를 위해 작업하는 여러 표준 개발 단체가 있다. 하지만 모바일 네트워크 표준 조직인 3GPP(Third Generation Partnership Project — www.3gpp.org)는 확실히 M2M을 위한 네트워크 최적화를 표준화하는 작업에 가장 앞서있다.

3GPP에서, 서비스와 요구 사항 그룹 3GPP WG SA1은 2008년 기계 유형 통신을 위한 네트워크 개선 작업 항목을 수립했다. 이 작업의 목표는 M2M을 위한 서비스 요구 사항 정의다. 3GPP는 또한 인간과 통신하는 기계의 가능성을 고려하기 위해(M2H 또는 H2M 통신) M2M을 기계 유형 통신(MTC, Machine Type Communication)으로 지칭한다.

3GPP WG SA1에서 진행한 작업은 3GPP TS 22.368 “Service Requirements for Machine-Type Communications (MTC); Stage 1” [22.368]이라는 요구 사항 명세 문서로 결실을 맺었다. 이 명세를 보면, 모든 MTC 장비/구독에 적용할 공통 서비스 요구 사항과 특정 구독에만 적용할 MTC 기능 사이에서 차이점이 나타난다. MTC 기능 이면에 존재하는 아이디어는 구독 기준으로 특정 M2M 애플리케이션을 위해서만 제공되는 기능을 차별화할 수 있는 데 있다. [22.368]의 첫 버전은 3GPP 릴리스 10을 위해 완료되었다.

[22.368]에 정의된 MTC 서비스 요구 사항은 다른 3GPP 그룹에서 수행하는 아키텍처와 프로토콜 명세를 위한 기초로 쓰인다. 하지만 [22.368]은 3GPP의 아키텍처와 프로토콜 명세 그룹이 단일 릴리스에서 다룰 수 있는 요구 사항보다 더 많은 내용을 포함한다는 사실이 명백해졌다. 릴리스 10에서 부하와 혼잡 통제 관련 기능만 완전하게 명세되었다. 심지어 릴리

표 6.2 3GPP 릴리스 10과 11에 정의된 기계 유형 통신을 위한 네트워크 최적화

3GPP 릴리스 10	EAB(Extended Access Barring)
	무선 자원 통제에서 낮은 접속 우선순위 지시
	무선 자원 통제에서 확장 대기 타이머
	하향 데이터 통지 요청 조절
	APN 기반 혼잡 통제
	일반적인 핵심 네트워크 이동성 관리 제어
	부하가 PLMN 재선택을 막기 위한 최적화
3GPP 릴리스 11	트리거 최적화와 트리거 아키텍처
	주소 지정 최적화와 전화 번호에 대한 의존성 제거

스 11 조차도 아키텍처와 프로토콜 명세 작업은 [22.368]에 정의된 기능의 작은 부분 집합에만 초점을 맞췄다. 릴리스 10과 11에서 정의된 기능을 있는 그대로 정리하면 **표 6.2**와 같다.

MTC를 위한 핵심 쟁점과 아키텍처 솔루션은 다양한 아키텍처와 프로토콜 명세에 앞서 MTC 관련 기술 보고서인 3GPP TR 23.888 "System improvements for Machine-Type Communications (MTC)" [23.888]에서 먼저 검토되었다. MTC를 위한 3GPP 규범적인 아키텍처 명세는 여러 명세서에서 찾을 수 있다(예: 외부 M2M 서버와 상호 작용은 [23.682]에 명세되어 있으며, 패킷 교환(PS) 핵심 네트워크의 MTC 특성은 [23.060]과 [23.401]에 명세되어 있으며, EAB(Extended Access Barring)는 다른 접속 통제 메커니즘과 함께 [22.011]에 명세되어 있다).

3GPP의 MTC를 위한 네트워크 개선 작업은 상당한 시간 동안 지속될 가능성이 높다. 릴리스 11 이후에도 구현되어야만 하는 다양한 요구 사항이 [22.368]에 존재한다. 또한 3GPP WG SA1은 여전히 새로운 요구 사항을 정의하고 있다. [22.888]에서, 장비에서 장비로 향하는 통신이나 게이트웨이 시나리오와 같은 새로운 요구 사항을 현재 검토 중이다.

6.3.3 비용 절감

많은 M2M 애플리케이션은 저비용이어야 한다. 예를 들어, 스마트 계량기를 위한 데이터 통신 비용은 가정용 전기 요금 청구서의 총합을 크게 늘여서는 안 된다. 이는 네트워크 운영자의 매출 축소를 암시한다. 광역 인터넷 접속 구독에 따른 평균 매출과 비교하면, 평균적인 M2M 구독에서 발생하는 매출은 상당히 적다. M2M 통신 서비스가 경제적으로 타당성을 보이려면, M2M 데이터 통신을 제공하기 위한 비용은 최소로 줄여야 마땅하다.

운영자에게 있어, 데이터 통신을 위한 비트당 평균 비용 감소는 항상 매력적이다. 하지만

M2M 데이터 통신에서, M2M 애플리케이션의 특정 성질을 활용하면 추가로 비용을 절감할 수 있게 된다. 예를 들어, 네트워크 운영자는 M2M 애플리케이션을 위한 데이터 통신이 네트워크를 가장 많이 사용하는 시간을 피하게 제한하는 방법으로 M2M 애플리케이션 소유주와 협상이 가능할지도 모른다. 네트워크 운영자에게, 이는 네트워크 용량에 추가적인 투자가 필요하지 않음을 암시한다. M2M 애플리케이션 소유주(M2M 애플리케이션에 따라 달라진다)에게, 이는 가장 몰리는 시간대를 지나 하루에 한 번 데이터를 송신하는 제약을 어렵지 않게 받아들일 수 있음을 의미한다.

네트워크 운영자는 광역 인터넷 접속과 같은 다른 데이터 통신과 M2M 데이터 통신을 구분해야 한다. M2M 데이터 통신을 위한 특정 제약이 더 낮은 비용을 가능하게 만든다면, 네트워크 운영자는 이런 제약을 지원할 수 있는 M2M 애플리케이션에 대해 낮은 가격을 협상할 수 있다. 하지만, 평균적인 M2M 애플리케이션 소유주가 받아들일만한 가격 수준에 도달하기 위해 모든 데이터 통신 비용을 낮추면 더 높은 가격을 받아들일 수 있는 다른 통신 사용자로부터 얻는 수입을 희생시킬 것이다. 다양한 애플리케이션에 매력적일 수 있도록 부가가치 서비스와 함께 제약의 적절한 혼합으로 M2M 포트폴리오를 차별화하는 목표를 수립한다.

M2M 애플리케이션에서 비용 절감 기회를 찾기 위해서는 원가요인과 네트워크 비용 구성 요소에 대해 먼저 조사하는 편이 효과적이다. 표 6.2는 모바일 통신 네트워크에서 M2M 대상으로 원가동인을 보여준다. 가장 중요한 원가요인 정의는 M2M 애플리케이션의 유형에 의존한다. 원격 차량 진단을 위한 애플리케이션에서 가장 중요한 원가요인은 동시에 접속하는 장비 수다. 모든 차량은 매년 몇 차례만 점검할 가능성이 높다. 하지만 차량에 탑재된 M2M 장비는 접근 가능한 상태를 유지하기 위해 항상 네트워크에 붙어 있을 필요가 있다. 반면에 공공 운송 수단에 탑재된 감시 카메라 애플리케이션의 경우, 동시에 붙어있는 장비 수는 중요하지 않다. 끊임없는 비디오 화면을 전송하는 데이터량이 훨씬 더 큰 원가요인이다(**표 6.3** 참조).

많은 M2M 애플리케이션 소유주는 구독량이 많다. 스마트 계량 애플리케이션을 보유한 에너지 회사의 경우 구독 수가 수 백만을 넘어설 것이다. 이런 구독 대다수는 기본적으로 동일하다. 예를 들어, QoS 프로파일을 위한 서비스 프로파일은 구독 사이에 차이가 없을 것이다. 따라서 모든 개별 구독을 위한 서비스 프로파일 데이터를 중복하는 대신에 모든 구독이 공통 서비스 프로파일을 참조하는 방법으로 구독자 데이터베이스 저장소를 절약할 수 있다. 이는 그룹 기반 구독을 생성한다.

M2M 애플리케이션 소유주에게, 그룹 기반 구독은 또한 관리하기도 쉽다. 애플리케이션

표 6.3 모바일 전화 통신 네트워크에서 M2M 애플리케이션에 대한 원가 요인. (TNO의 허락 하에 게재)

원가요인	네트워크 비용 구성 요소	예제 애플리케이션
그룹 기반 구독 수	SIM 카드 E.164 번호 HLR 용량	드물게 데이터를 송신하지만 장비에서 시작하는 애플리케이션 (예: 경보)
동시에 붙는 장비 수	네트워크 노드에서 이동성 맥락 데이터 이동성 관리 시그널	드물게 데이터를 송신하지만 항상 도달 가능해야 하는 애플리케이션 (예: 원격 관리)
항상 존재하는 동시 데이터 연결 수	네트워크 노드에서 세션 맥락 방화벽 기능 IP 주소	데이터를 계속해서 송수신할 필요가 있는 애플리케이션 (예: 원격 제어)
데이터 세션 수	연결 설정 시그널 RADIUS/Diameter 용량 CDR 처리	작은 데이터를 송신하기 위해 연결을 주기적으로 설정하는 애플리케이션 (예: 계량)
데이터 처리량	무선 용량 전송 네트워크 용량 네트워크 노드 용량	비디오 감시와 같은 고대역 애플리케이션

을 위해 서비스 프로파일의 변경이 필요하면, 아마도 이런 변경은 모든 개별 구독에 적용될 필요가 있다. 모든 개별 구독을 위해 이런 변경을 하나씩 적용하는 작업은 상당히 방대하며, 데이터 오류와 불일치라는 위험도 존재한다. 공통 서비스 프로파일을 변경함으로써 모든 구독에 대한 서비스 프로파일을 변경하는 편이 훨씬 더 쉽다. 그룹 기반 구독의 한 가지 단점은 관리 프로세스에서 어떤 구독이 어떤 그룹에 속하는지 명시해야 하다는 점이다.

그룹 기반 구독은 또한 등록을 위한 절차에도 영향을 미친다. 종종 등록 과정에서 서비스 프로파일 데이터는 구독자 데이터베이스에서 서비스 제어 노드(예: GSN, MME, S-CSCF)에 다운로드 된다. 데이터베이스에 들어있는 구독 정보에 변경이 있을 때, 갱신 절차는 서비스 제어 노드에 들어있는 데이터에도 변경을 가할 필요가 있다. 이런 갱신 절차가 M2M 통신을 위해 개선되지 않았다면, 공통 서비스 프로파일 데이터는 잠재적으로 수 백만 개에 이르는 개별 서비스 프로파일 갱신 내역을 동시에 서비스 제어 노드에 밀어 넣으려 시도할지도 모른다. 이는 네트워크에 위험한 수준의 부하를 주게 될 것이다. 한 가지 가능한 해법으로 서비스 제어 노드에서도 공통 서비스 프로파일을 참조하게 만든다. 서비스 제어 노드에 등록된 구독 그룹에 최소한 구독이 하나라도 있으면, 공통 서비스 프로파일 데이터를 다운로드한다. 이제 서비스 제어 노드에서 다운로드된 공통 서비스 프로파일만 갱신하면 된다.

그룹 기반 구독은 그룹에 속한 모든 구독을 대상으로 과금 데이터를 결합해 과금 관련 비용을 줄이는 데 도움을 줄 수 있다. 그룹 기반 구독을 위한 최적화 없이, 모든 개별 구독을 위한 CDR(Charging Data Record)을 생성한다. 이는 활성 장비가 백만 개인 M2M 애플리케이션을 위해 CDR이 백만 개 생성됨을 암시한다. 이 모든 개별 CDR을 처리하기에는 비용이 많이 든다. CDR을 생성하고, 수집하고, 중재하고, 저장하고, 처리해 청구서로 만들 필요가 있다. 단일 CDR에 속한 데이터 총량이 보고하는 애플리케이션 사용자 데이터의 총합보다 실제로 더 커질지도 모른다. 운영자와 M2M 애플리케이션 소유주는 그룹 기반 과금을 적용할지 말지에 동의해야 한다. 네트워크 운영자는 그룹 기반 과금에 동의하는 M2M 애플리케이션 소유주에게 더 낮은 가격을 제공할지도 모른다. 그룹 기반 과금에는 M2M 애플리케이션 소유주가 개별 장비의 (일반적이지 않은) 사용 패턴을 구분할 수 없다는 한 가지 단점이 존재한다. 일례로 개별 장비의 사용 패턴은 부정 사례를 파악하기 위해 사용 가능하다.

그룹 기반 과금 데이터는 그룹에 속한 많은 구독이 CDR을 생성하는 네트워크와 동일한 네트워크에 있는 노드를 사용할 때 가장 잘 동작한다. 이는 CDR을 생성하는 개별 서비스 노드에 대해 항상 그룹을 위한 단일 CDR만 존재한다는 사실을 암시한다. 그룹 기반 과금이 적용될 때 이를 알려주기 위해 서비스 프로파일 데이터의 구독 과금 특징에 새로운 옵션을 추가할 필요가 있다. CDR이 생성되는 네트워크 노드는 그룹 기반 과금이 적용되었는지 통보 받을 필요가 있다. 이 때, 다른 구독 기반 과금 특징(예: 후불/선불)을 배포하는 방식과 마찬가지로 통보할 수 있다.

또 다른 그룹 기반 최적화는 그룹 기반 정책이다. 예를 들어, 네트워크 운영자는 일반적으로 최대 데이터 전송량을 특정 구독에 대해 설정하는 공정 사용 정책을 적용한다. 게이트웨이 노드는 해당 구독에 대해 전송된 데이터를 계량하고 한도가 초과될 경우 행동을 취한다. 개별적으로 엄청난 데이터를 송신하지 않는 M2M 애플리케이션에 대해서는 구독 기반의 공정 사용 정책이 의미가 없을지도 모른다. 하지만 집합적으로 큰 M2M 장비 그룹이 여전히 많은 데이터를 생성할지도 모르기에 그룹 기반의 공정 사용 정책은 더 큰 의미가 있을지도 모른다.

그룹 기반 정책에 따라 게이트웨이 노드는 그룹에 속한 모든 장비에 대해 집합적으로 데이터 사용량을 측정한다. 게이트웨이를 통해 얻은 그룹에 속한 모든 장비에 대한 총사용량은 중앙 OCS(Online Charging Service) 플랫폼에서 감시할 수 있다. 일간, 주간, 월간 한도에 도달했음을 판단할 때, 해당 애플리케이션에 대한 처리량을 줄이는 등 행동을 취한다. 예를 들어, 개별 장비에 대한 개별 데이터 연결의 최대 처리량을 줄이는 방법으로 처리 가능하다. 특정 처리량을 넘어서면 패킷을 버리면 되므로, 게이트웨이 노드에서 처리량에 대한 정책을 수립하는 방식이 더 손쉬울 수 있다. 이런 접근 방식의 문제점은 다양한 게이트웨이 노드를 거쳐 장비가 연결될지도 모르므로 장비의 처리량이 분산될 가능성이 높다. 동일 그룹에 속한 모든 장비에 대해 단일 게이트웨이 노드가 사용되리라고 보장하기는 어렵다.

세 번째 그룹 기반의 최적화는 그룹 기반 트리거다. M2M 애플리케이션 소유주가 여러 M2M 장비에 대해 트리거하기를 원한다면, 그룹 기반 트리거가 모든 장비에 대해 동시에 브로드캐스트할지도 모른다. 이는 M2M 애플리케이션 소유주가 트리거가 필요한 M2M 장비 위치를 어느 정도 알고 있다는 사실을 가정한다. 네트워크 기반 브로드캐스트는 실질적으로 대규모의 M2M 애플리케이션에는 효율적이지 못할 것이다. 대규모 M2M 장비 그룹에 대해 동시에 트리거할 때 각별한 주의가 필요하다. 트리거에 대한 응답으로 M2M 서버에 이 모든 장비가 동시에 연결할 경우 네트워크 부하를 초래할지도 모른다.

M2M 장비들은 잠재적으로 다양한 그룹에 속할지도 모른다. 예를 들어, M2M 애플리케이션 소유주는 특정 모델이나 버전의 장비를 지정하기 위해 그룹 집합을 하나 사용할지도 모른다. 반면에 운영자와 맺은 과금 계약의 특정 유형을 지정하기 위해 다른 그룹을 하나 사용할지도 모른다. 따라서 특정 구독은 여러 그룹에 속할 수 있다. 그럼에도 불구하고 구독을 여러 그룹에 허용할 경우 구독 관리와 서비스 프로파일 관련 절차를 상당히 복잡하게 만든다. 따라서 3GPP는 어떤 구독도 항상 한 그룹에만 속해야만 한다는 내용을 3GPP TS 22.368에 명세해왔으나, 이런 제약이 미치는 영향은 제한적이다. 다섯 가지 장비 모델과 두 가지 구독 계약을 구분하기를 원하는 M2M 애플리케이션 소유주는 단순히 10개 그룹을 정의할 수 있다.

그룹 식별자는 구독 절차와 서비스 프로파일 관련 절차에 따라 특정 그룹을 식별하기 위해 정의할 수 있다. 로밍을 지원해야 하는 경우에는 그룹 식별자는 전역으로 유일해야만 한다. 이는 그룹 식별자 앞에 운영자 식별자를 붙여 해결할 수 있다. **그림 6.7**은 그룹 기반 구독자를 위한 데이터 모델에 그룹 식별자를 사용하는 방법을 보여준다.

구독 식별자	<operator><subscription identifier>
그룹 식별자	<operator><group identifier>
기타 구독 관련 매개변수	...

Group identifier	<operator><group identifier>
그룹 기반 비용 청구	<예/아니오>
그룹 기반 서비스 프로파일 데이터	...
...	...

그림 6.7 그룹 기반 구독을 위한 데이터 모델 예제

6.3.3.1 데이터를 전송하지 않을 때 장비를 위한 네트워크 자원 사용량 줄이기

M2M 장비는 심지어 데이터를 전송하지 않을 때도 네트워크 자원을 소비한다. 네트워크 연결을 유지하는 세션 맥락 데이터나 모바일 네트워크의 경우 붙어 있는 장비를 위한 이동성 관리 맥락이 좋은 예다. 동시 데이터 연결이나 동시에 붙는 사용자는 패킷 교환 모바일 코어망 장비에 대한 매개변수를 복잡하게 만든다. 이는 네트워크 운영자가 연결되거나 붙어 있는 M2M 장비를 위한 네트워크 장비에 더 많은 투자가 필요하다는 사실을 암시한다. 추가적으로 방화벽 용량과 필요한 IP 범위는 동시 접속 수에 의존한다.

M2M 애플리케이션의 통신 패턴에 따라(6.2.4절 참조), 아무 데이터도 송신하지 않을 때 M2M 장비의 연결을 끊거나 분리하는 편이 더 효율적일지도 모른다. 맥락 데이터를 제거해 네트워크 자원을 절약하는 경우와 전송할 데이터가 있어 다음에 네트워크에 붙어 재접속하기 위해 시그널을 보내는 경우를 따져보면 둘 사이에서 균형점을 잡아야 한다. 이상적인 균형은 사용되는 네트워크 기술[2], 재접속 용이성, 그리고 맥락 데이터를 유지하는 비용에 따라 달라진다. 명확하게 결론을 내려주는 규칙은 없다. 하지만 매 3분마다 데이터를 송신하는 애플리케이션은 연결을 유지해야 하는 반면, 하루에 한 번만 데이터를 송신하는 애플리케이션은 분리된 상태로 있는 편이 최선이다.

데이터를 전송하지 않을 때 장비에 대한 네트워크 자원을 줄이는 방식은 네트워크 운영자에게만 적용되는 비용 최적화 기법이다. M2M 애플리케이션 소유주는 아마도 장비가 연결되고 붙어 있는 상태를 선호할 것이다. 예를 들어, M2M 장비를 분리하면 M2M 서버가 장비에 도달하지 못함을 의미한다. M2M 장비 연결을 해제한 상태로 두면 연결을 수립하기 위해 트리거가 필요하다. 하지만 몇몇 M2M 운영자는 장비가 붙어 있거나 연결되어 있는 기간을 제한하는 구독에 대해 요금을 할인해주는 방법으로 M2M 애플리케이션 소유주에게 장려책을 제공한다.

네트워크 자원 사용을 줄이고 싶은 네트워크 운영자들은 M2M 장비의 네트워크 상태(연결됨/붙어있음)에 영향을 미치는 몇몇 메커니즘을 원할 것이다. 예를 들어, 장비가 데이터 전송 직후 해야 할 작업에 대한 지시 사항(예: 데이터가 15분 동안 없으면 분리, 3분 동안 없으면 연결 해제)을 담은 정책을 M2M 장비에 전송하는 옵션이 있다. 이는 네트워크 선택을 위해 모바일 장비에 전송되는 정책과 유사하다. 네트워크에서 네트워크 상태를 감시하는 대안도 있다. 예를 들어, 네트워크는 미리 합의된 일간 최대 접속 주기를 넘어선 M2M 장비를

[2] EPS(Evolved Packet System)에서, 모바일 장비가 E-UTRAN을 사용해 붙을 때 기본 연결이 항상 설정되어 있다. 장비가 도달 가능하게 네트워크에 붙어 있지만 송신할 데이터가 거의 없을 경우, 이런 방식은 효율이 떨어진다.

끊을지도 모른다.

네트워크에 저장된 맥락 데이터를 제한하는 또 다른 이유에 주목해야 한다. 최종 사용자는 M2M 장비를 위해 네트워크에 저장되는 맥락과 관련된 사생활 문제를 걱정할지도 모른다. 예를 들어, 차량 관리 애플리케이션을 위한 M2M 장비가 네트워크 기반 연결을 활성화한 채로 붙어 있다면, 네트워크는 해당 차량의 위치 추적을 활성화하는 맥락 데이터도 유지할 것이다. 몇몇 차량 소유주에 대한 사생활 침해 가능성 때문에, 차량 관리 애플리케이션에는 제외 수단이 있어야 할 것이다. 통행료나 전자 호출과 같이 제외 가능성이 없는 정부가 개입된 애플리케이션의 경우, 네트워크에서 영구적인 이동성 관리 맥락을 유지하기는 불가능할 것이다.

6.3.3.2 네트워크 시그널 피하기

M2M 통신에서, 네트워크 시그널 전송량과 사용자 데이터 전송량 사이의 비율은 상대적으로 높다. M2M 통신에 대해, 네트워크 시그널 전송량을 줄일 수 있는 방법을 탐색하면 성과가 높아진다.

네트워크 시그널 전송량을 줄이는 한 가지 수단은 장비에서 시작된 시그널(예: 네트워크에 붙이는 요청, 위치 갱신, 연결 요청)에 대한 과금이다. M2M 애플리케이션 소유주는 최대한 효율적으로 사용함에 따라 자동으로 장려책을 제공 받을 것이다. 그럼에도 불구하고, 사람과 사람을 연결하는 네트워크에 대해서는 시그널에 비용을 청구하지 않는다. 시그널을 위한 CDR 생성은 네트워크 시그널을 줄여 절약한 비용과 비교해 CDR을 처리하는 데 있어 실제로 더 많은 부하를 일으킬지도 모른다.

모바일 네트워크에서, 이동성이 떨어지는 장비에서는 이동성 관리 시그널 생성을 줄일 수 있다. 일반적으로, 이동성 관리 시그널 생성은 M2M 장비가 여전히 네트워크에 붙어 있음을 보증하기 위해 주기적으로 반복된다. 물론 되풀이해서 반복되는 이동성 관리 시그널 생성은 주기를 늘이거나 무한대로 확장할 수 있다. 이 경우, M2M 장비가 위치 변경을 감지했을 때만 이동성 관리 시그널 생성 작업이 수행된다. 이동성이 떨어지는[3] M2M 장비인 경우에는 이동성 관리 시그널 생성을 거의 하지 않음을 암시한다.

시그널 생성량을 줄이기 위해서는 송신할 데이터가 없을 경우 최대한 장비를 분리된 상태로 유지하는 또 다른 손쉬운 방법이 존재한다. 붙어있지 않은 M2M 장비는 어떤 네트워크 시그널 생성도 하지 않을 것이다.

[3] 자판기나 프린터/복사기는 종종 위치를 바꿀 수 있다. 하지만 일반적으로 이를 모바일이라 하지 않는다. 이런 장비 유형을 위해, 저이동성, 제한된 이동성 관리를 위한 최적화를 적용한다.

예를 들어, 몇 분마다 데이터를 자주 송신하는 장비에 대해서는 연결을 열어놓는 편이 더 효율적일지도 모른다. 연결을 자주 맺고 끊거나 장비를 자주 붙였다 뗐다 하면 연결을 열어 놓은 방식보다 더 많은 시그널 생성이 실제로 필요할지도 모른다.

예를 들어, 경보와 같이 작은 데이터를 드물게 전송하는 애플리케이션에 대해서는 장비를 붙이고 연결을 설정하고 연결을 해제하고 장비를 분리하기 위해 필요한 시그널 생성은 전송할 데이터의 작은 양에 비해 상당히 많은 부하를 일으킨다. 실제 사용자 데이터보다 시그널 생성과 관련된 데이터가 훨씬 더 늘어날 것이다. 이런 유형의 애플리케이션을 위해 시그널에 사용자 데이터를 추가하는 방식이 최선이다. 사용자 데이터는 장비를 붙이기 위해 이미 M2M 장비에서 네트워크로 전송한 요청에 포함되어 있다. 장비를 붙이기 위한 전반적인 과정의 일부인 인증이 성공하면 사용자 데이터는 목적지로 전달된다.

6.3.3.3 사용자 데이터를 최고점에서 벗어나게 만들기

네트워크 운영자는 네트워크 최고 사용량에 대해 범위를 제한할 필요가 있다. 가장 바쁜 시간 동안 처리해야 할 추가적인 트래픽은 네트워크 용량에 대한 추가적인 투자를 암시한다. 다른 한 편으로 이는 M2M 트래픽을 최고점에서 벗어난 지역으로 옮기면, 거의 무료로 처리할 수 있음을 암시한다. 해당 시점에서 충분한 여유 공간이 남은 네트워크 상의 트래픽 한계 비용은 상당히 낮다.

3GPP에 정의된 바와 같이 시간 통제라는 개념은 시간에 민감하지 않은 애플리케이션을 최고점에서 벗어난 시간대로 옮김으로써 전화 통신의 하루 사용 패턴을 최대한 잘 활용한다. 예를 들어, 하루에 한번 데이터를 전송할 필요가 있지만 언제 전송해도 특별히 문제가 없는 애플리케이션도 많다. 이 경우, 데이터를 최고점에서 벗어난 시간 동안 전송해 비용을 줄일 수 있다.

시간 통제 기능을 활용해, 운영자와 M2M 애플리케이션 소유주는 특정 접속이 허가된 기간 동안만 데이터를 전송할 수 있다고 동의한다. 여기서 다시 한 번, 이런 시간 통제 제약을 지원할 수 있는 애플리케이션을 위해 데이터 전송 가격을 낮추는 방법으로 M2M 애플리케이션 소유주에게 운영자가 장려책을 제공한다는 가정이 필요하다. 이런 할인 혜택이 주어지기에, 운영자는 M2M 애플리케이션 소유주가 정말 설정된 제약을 따르는지 감시하기를 원한다.

M2M 장비에 대해 접속을 허용하는 시간 범위 이외에 장비를 붙이거나 연결 설정을 하기 위한 접속 요청이 들어올 경우, 요청은 거부되거나 다른 요율로 과금하면서 받아들일 수 있다. 더 높은 요율로 과금할 경우에는 여전히 매출을 일으키기에 운영자가 선호할지도 모른

다. 하지만, 과금 솔루션이 아주 복잡해지는 단점이 있다. 과금 요율 변경은 예전 요율로 전송된 데이터량을 정산하기 위해 기존 CDR을 닫고 새로운 요율로 전송되는 데이터를 위해 새 CDR을 열 필요가 있다. 생성되어 처리될 필요가 있는 추가적인 CDR은 최고점에서 벗어난 시간대에 일어나는 데이터 전송 비용 절약을 상쇄할지도 모른다.

운영자에게 있어, 최고점에서 벗어난 기간은 시간이 경과함에 따라 바뀔지도 모른다. 특히, 운영자가 엄청난 트래픽량으로 대규모 M2M 계정에 영향을 미칠 경우, 최고점에서 벗어난 기간이 실제 데이터로 꽉 차기 시작할지도 모른다. 또한 일간 패턴과 다양한 시간대에 따라 지역적인 차이가 있기에, 최고점에서 벗어난 기간이 지역마다 다르다. 따라서, 시간 통제 기능은 운영자에게 지역적인 요구에 맞추기 위해 접속 허용 시간을 변경하게 만들어준다. 변경된 접속 허용 시간 주기를 M2M 장비와 M2M 서버 양쪽에 알릴 필요가 있다. 접속 요청을 위한 거부(승낙) 메시지에 정보를 실어 변경 사항이 있음을 M2M 장비에 통지할 수 있다.

시간 통제 기능은 또한 허용되지 않는 시간 주기를 포함한다. 허용되지 않는 시간 주기 동안, 모든 접속 요청은 거부된다. 이는 M2M 서버에서 아무 데이터도 수신하지 않는 서비스 중지 기간을 허용한다. 허용되지 않는 시간 주기는 네트워크 운영자가 변경할 수 없다. 허용되지 않는 시간 주기와 접속 허용 시간 주기는 중첩되어서는 안 된다는 사실은 명확하다.

접속 허용 시간 주기 내에서 M2M 장비의 접속을 임의로 분산해야 한다. 그렇지 않으면, 접속 허용 시간 주기 바깥에 있어 통신 시도를 멈춰야만 했던 모든 M2M 장비가 접속 허용 시간 주기의 시작 시점에서 정확히 통신을 개시할 것이다. 예를 들어, M2M 장비는 접속 허용 시간 주기의 시작 시점에 임의 시간 변위를 더할지도 모른다.

한 걸음 더 나가, 접속 허용 시간 주기의 끝 부분에 무엇이 일어나는지 파악하는 데도 관심을 기울여야 한다. 몇몇 M2M 애플리케이션이 접속 허용 시간 주기 내에 송신할 데이터를 받았는데 연결이 끊어지는 상황을 관리하지 못할 경우, 결코 송신을 성공하지 못할 것이다. 하지만, 접속 허용 시간 주기는 M2M 애플리케이션이 필요로 하는 모든 데이터를 전송할 만큼 충분히 넓다고 가정할 수 있다. 예를 들어, 데이터를 송신하기 위해 대략 5분이 필요한 M2M 애플리케이션의 경우에 1시간이라는 접속 허용 시간 간격이 적절할 것이다. 그러면 다양한 M2M 애플리케이션은 1시간이라는 접속 허용 시간 간격 내에서 흩어져서 송신하면 된다. 이 경우, 접속 허용 시간 간격의 마지막을 벗어난 연결은 M2M 애플리케이션 소유주가 네트워크 운영자와 맺은 협정을 위반하므로 네트워크에서 그냥 연결이 끊어질 수 있다(선불 계정 잔액이 바닥나면 전화가 끊어지는 방식과 동일하다).

3GPP는 예외 상황(6.3.7절 참조)에서 M2M 트래픽이 초래한 부하와 싸우기 위한 메커니즘으로 낮은 우선순위 통신이라는 개념을 정의해왔다. 그러나 M2M 장비와 구독을 낮은 우선순위로 정의할 경우 M2M 트래픽을 네트워크 사용량 관점에서 일반적인 최고점에서 벗어나게 우회하는 방식으로 네트워크 투자를 줄이는 수단으로 기능할 수도 있다. 우선순위가 낮은 M2M 장비가 트래픽 부하의 최고점에서 네트워크에 접속하려 시도할 때, 백 오프 타이머와 함께 거부 메시지를 되돌려 송신하는 방법으로 요청을 나중으로 연기할 수 있다. 백 오프 타이머가 만료된 다음에야 M2M 장비는 네트워크에 재접속을 허락 받는다. 따라서, 이런 메커니즘은 M2M 트래픽을 다루기 위해 필요한 최고점 용량에 대한 추가 투자를 피할 목적으로 사용할 수 있다.

6.3.3.4 M2M을 위해 분리된 네트워크

M2M 트래픽이 사람에서 사람으로 향하는 트래픽과 실제로 아주 다를 때, M2M 트래픽을 위해 완전히 분리된 기반 구조를 구현하는 편이 이익이 될 수 있다. 이런 경우, 인간에서 인간으로 향하는 통신을 위해 다른 네트워크를 최적화한 상태로 유지하면서 M2M에 밀접한 네트워크만 M2M 트래픽을 위해 특별히 구성하고 확장할 수 있다. M2M에 최적화된 네트워크에서 핵심 네트워크 구성 요소는 데이터 처리량은 제한되어 있지만 대규모 구독은 물론이고 관련된 맥락 데이터를 위해 확장 가능하다. 이와 유사하게, M2M 트래픽을 위한 접속 네트워크 기반 구조는 높은 처리량이 가능하지는 않지만 통신을 수립할 때 낮은 대기 시간을 유지하는 방법으로 더 저렴하게 만들 수 있을지도 모른다.

가장 극단적인 경우에, M2M 통신을 위해 완전히 다른 액세스망과 코어망을 설정할 수도 있다. 이 경우 M2M 장비는 특정 M2M 네트워크와 동작하게 구성한다. 조금 덜 극단적인 사례는 M2M과 인간 트래픽 사이에서 액세스 네트워크를 공유하는 방식이다. 물론 M2M 트래픽을 위한 분리된 코어 네트워크가 존재해야 한다. 이 경우, 액세스 네트워크는 M2M 전용 코어 네트워크에 트래픽의 일부를 전송하기 위해 M2M 트래픽을 파악할 수 있어야 한다.

6.3.4 M2M 부가가치 서비스

앞 절에서, 데이터 통신을 위해 더 낮은 가격을 책정할 수 있게 끔 특정 제약을 지원하는 M2M 애플리케이션을 살펴봤다. 하지만, M2M 애플리케이션은 종종 일반적인 데이터 통신에 추가되는 부가가치 서비스를 위해 특정 요구 사항이 존재한다. M2M 부가가치 서비스에서, 운영자는 M2M 애플리케이션 소유주에 기본 연결 서비스를 더 소구하게 만들고 표준 연결 서비스만 제공하는 운영자와 스스로를 차별화한다.

비용 절감이 일반적인 데이터 연결 가격을 지불하고 싶지 않은 M2M 애플리케이션 소유주에게 운영자가 더 낮은 가격을 제시하게 끔 이끄는 반면, M2M 부가가치 서비스는 추가 비용을 청구하게 만들 것이다. 이는 운영자가 M2M 서비스에서 더 많은 매출을 일으키게 도와준다.

M2M 부가가치 서비스는 M2M 애플리케이션 수준에서 제공되는 서비스가 아니라는 사실에 주목해야 한다. M2M 부가가치 서비스는 데이터 통신 서비스 자체와 관련되지 M2M 장비와 M2M 서버의 애플리케이션과 관련되지는 않는다. M2M 부가가치 서비스는 다음과 같다.

- QoS와 우선순위 구분
- 과금과 구독 관리
- 장비 관리
- 연결 감시
- 부정 사용 통제
- 보안 연결

6.3.4.1 더 높은 QoS와 우선 순위

M2M 애플리케이션마다 QoS 요구 사항이 다르다. 비록 많은 M2M 애플리케이션에는 엄격한 QoS 요구사항이 없으며 가능한 범위에서 최선을 제공하는 QoS와 완벽하게 잘 맞음에도 불구하고, 몇몇 애플리케이션은 더 높은 QoS나 일반 데이터 서비스보다 높은 우선순위를 요구한다, 운영자는 패킷 기반 네트워크에서 차별화된 QoS를 점점 더 많이 제공하고 있다. 이는 많은 M2M 애플리케이션에 부가가치를 제공할 것이다.

M2M 애플리케이션을 위한 몇몇 QoS 요구사항은 전송되는 매체 유형에 의존한다. 예를 들어, 비디오 감시는 QoS 요구 사항이 존재하는 다른 비디오 스트리밍 서비스와 매우 유사한 방식으로 충분한 대역폭을 갖춘 스트리밍 클래스 QoS를 요구한다.

다른 QoS 요구 사항은 사람에서 사람으로 향하는 현재 데이터 서비스보다는 더 구체적이지만 빈도는 낮다. 이런 요구 사항 중 하나는 전송 지연에 대한 엄격한 요구 사항이다. 몇몇 원격 제어 애플리케이션은 일반적인 애플리케이션과 비교해 최소한 2G와 3G에서 더 낮은 지연 시간을 요구한다. 예를 들어, 발전기를 제어하기 위한 피드백 루프는 몇 백 밀리 초의 왕복 지연 시간을 허용하지 않을 것이다. 충분히 낮은 전송 지연을 얻으려면 고정된 네트워크가 더 적합할 것이다. 하지만, LTE의 낮은 지연 시간 역시 M2M 애플리케이션을 위한 기회를 제공할 것이다.

UMTS에서 지연 시간은 일반적으로 대략 200 ms인 반면, LTE의 지연 시간은 일반적으로 15 ms 이하다. LTE는 낮은 지연 시간을 제공하기 위해 특별히 설계되었고, 다중 사용자 게임과 같이 새로운 M2M 애플리케이션의 가능성을 열어준다.

또 다른 예제는 ARP(Allocation and Retention Priority)다. ARP는 네트워크 혼잡 상황에서 장비가 연결을 얻고 유지하게 도와 준다. 다른 트래픽 클래스와 반대로, ARP는 개별 IP 패킷 대신 연결을 기준으로 동작한다. 많은 M2M 애플리케이션은 예를 들어 표준 인터넷 연결보다 더 낮은 ARP를 다룰 수 있다. 이런 M2M 애플리케이션은 실시간성이 중요하지 않으며, 혼잡이 사라질 때까지 데이터 전송을 지연할 수 있다. 하지만 몇몇 M2M 애플리케이션은 더 높은 ARP를 요구한다. 예를 들어, 지진 센서는 심지어 지진이 네트워크에 혼잡 상황을 초래하는 경우에도, 지진에 대한 경보가 가능할 필요가 있다. 애플리케이션은 혼잡이 가실 때까지 데이터 통신을 지연할 수 있다. 심장 감시 장비를 착용한 환자는 새해 전야제에 대규모 모바일 통신 트래픽이 몰릴 때 자신의 장비가 다른 데이터 트래픽보다 어느 정도 우선 순위가 더 높기를 희망할 것이다.

데이터 연결의 QoS는 QoS 프로파일에 정의된다. **표 6.4**와 **6.5**는 UMTS를 위한 QoS 프로파일에 존재하는 다양한 매개변수를 보여준다. 다시 말해, 트래픽 클래스에 따라 다양한 매개변수가 적용된다. 연결을 위한 QoS 프로파일은 수립되는 연결에 따라 설정될 수 있다. 구독에서 QoS 프로파일은 특정 구독자를 위한 연결에 대해 요청 가능한 최대 QoS를 결정한다. 현재 고정된 네트워크와 모바일 네트워크에서 QoS 제어로 가능한 수준은 M2M 통신을 위해 충분한 듯이 보인다.

3GPP에 정의된 특정 부가가치 서비스는 우선순위 경보 메시지다. 3GPP는 모바일 운영자가 비용을 줄일 수 있지만 또한 M2M 애플리케이션 소유주에게 제약을 가할지도 모르는 여러 MTC 기능을 정의해왔다. 예를 들어, MTC 시간 통제 기능으로 M2M 장비는 특정 접속 허용 시간 주기 내에서만 데이터를 전송할 수 있다. 우선순위 경보 메시지는 이런 제약을 극복할 수 있게 의도된 기능이므로, 여기서 사용될 필요가 있다. 우선순위 경보 메시지는 모

표 6.4 UMTS에서 QoS 트래픽 클래스. 3GPP의 허락 하에 게재

트래픽 클래스	대화 클래스	스트리밍 클래스	상호대화 클래스	배경 클래스
기본 특성	스트림의 정보 주체 사이에 시간 관계(변화) 보존	스트림의 정보 주체 사이에 시간 관계(변화) 보존	요청/응답 패턴	목적지에서 특정 시간 내에 데이터를 기대하지 않음
	대화 패턴(엄격하고 낮은 지연 시간)		페이로드 내용 보존	페이로드 내용 보존

표 6.5 다양한 UMTS 트래픽 클래스에 작용 가능한 QoS 매개변수. (3GPP의 허락 하에 게재).

트래픽 클래스	대화 클래스	스트리밍 클래스	상호대화 클래스	배경 클래스
최대 비트률	✓	✓	✓	✓
전송 순서	✓	✓	✓	✓
최대 SDU 크기	✓	✓	✓	✓
SDU 형식 정보	✓	✓	✓	-
SDU 오류률	✓	✓	✓	✓
잔여 비트 오류	✓	✓	✓	✓
오류가 난 SDU 전송	✓	✓	✓	✓
전송 지연	✓	✓	-	-
보장되는 비트률	✓	✓	-	-
트래픽 처리 우선순위	-	-	✓	-
할당/유지 우선순위	✓	✓	✓	✓
출발지 통계 구분자	✓	✓	-	-
시그널 지시	-	-	✓	-
진화된 할당/유지 우선순위	✓	✓	✓	✓

바일 운영자를 위한 비용 절감 효과를 상쇄하므로, 우선 순위 경보 메시지에 별도 요금이 책정될 것이다.

6.3.4.2 과금과 구독 관리

고정된 전화 통신이나 모바일 전화 통신에서, 기업 고객을 위해 특정 과금 관리나 구독 관리가 관례적으로 제공된다. 직원 수 천 명을 위한 모바일 구독을 유지하는 기업 고객은 신입 직원에게 더 쉽게 전화 번호를 할당할 수 있는 사내 전화 통신 관리자를 위한 특정 기능을 요구할 것이다. 또한 과금과 관련해 단일 요금 청구서가 모든 구독을 포괄하며, 다양한 보고 기능을 제공하기 위한 특정 부가가치 기능을 예상해야만 한다.

M2M 애플리케이션 소유주가 수 천이 아니라 수 백만에 이르는 구독을 유지할지도 모른다. 이는 또한 구독과 과금과 관련해 특정 요구 사항을 암시한다. M2M 애플리케이션 소유주에게 M2M 애플리케이션은 종종 주요 프로세스의 일부다. 이는 주요 프로세스에 관련된 IT 프로세스와 구독 관리가 통합이 필요하다는 사실을 암시한다. 전기 회사를 예로 들면, 새로운 주소에 대한 전기 공급은 해당 주소에 설치될 스마트 계량기용 M2M 구독을 제공할 필요성을 암시한다. 이는 IT 시스템과 통합되지 않고서는 불가능한 과업이다.

가전 제품 업계에서 M2M 애플리케이션 소유주는 구독 관리와 관련해 다른 요구 사항이 존재한다. 종종 특정 국가에서 장비를 제조한 다음 이 장비를 전 세계 곳곳에 수출한다. 네비게이션 장비나 카메라와 같은 가전 제품에서는 모바일 네트워크에 접속하기 위해 필요한 SIM 카드가 흔히 장비에 내장되어 있다. SIM 카드를 탑재한 장비는 공장에서 테스트되어야 한다. 하지만 M2M 애플리케이션 소유주는 이런 테스트를 위해 로밍 비용을 지불하고 싶지 않을지도 모른다. 나중에, M2M 장비는 전세계에 흩어진 상점에 들어갈 때까지 공급망을 탄다. M2M 애플리케이션 소유주는 장비가 창고에 머무는 동안에는 구독 비용 지불을 원하지 않는다. 장비가 최종 사용자에게 팔릴 때만 구독을 활성화해야 마땅하다. 공장에서 장비에 내장된 SIM과 더불어 이 모든 M2M 관련 물류는 특정 M2M 구독 권한 설정을 요구한다.

이상적으로, M2M 애플리케이션 소유주는 공급망에서 모바일 운영자를 선택할 수 있는 유연성을 선호한다. M2M 애플리케이션 소유주는 장비에 '재판매' SIM 카드를 장착하는 편을 선호한다. 후반 단계에서, 장비가 팔릴 국가를 결정하고, 해당 국가를 위한 적절한 모바일 운영자를 선택한다. 이를 위해, SIM 카드는 특정 운영자를 위한 구독 세부 사항(IMSI(international mobile subscriber identity), 보안 키, 암호화 알고리즘)을 OTA로 SIM 카드에 권한 설정할 수 있다. 운영자들은 구독에 대한 통제가 약화되기에 SIM 카드의 원격 관리 도입을 당연히 주저함에도 불구하고, GSMA(GSM Association), ETSI 스마트 카드 플랫폼, 3GPP는 SIM 카드의 원격 관리가 가능하게 만드는 표준화 작업을 진행 중이다.

6.3.4.3 장비 관리

수 백만 대에 이르는 M2M 장비를 관리하는 M2M 애플리케이션 소유주에게 장비 관리는 아주 중요한 부가가치 서비스다. 모든 장비를 서비스하기에는 비용이 너무 많이 들며, M2M 애플리케이션 소유주는 종종 장비에 물리적으로 접근하기 힘들거나 아예 접근하지 못할 가능성도 있다. 예를 들어, 지도 업데이트 서비스를 장비와 함께 판매하는 네비게이션 장비 제조사가 있다면, 서버의 네트워크 주소를 나중에 갱신하기를 원할 때 이미 최종 고객에게 팔린 네비게이션 장비 또한 업그레이드해 줘야 한다. 고속도로 정보 표지판을 원격으로 제어하는 또 다른 예도 있다. 이런 M2M 장비 유형을 서비스하려면 종종 비용이 아주 많이 드는 이유는 표지판에 물리적으로 접근하려면 고속도로의 일부를 폐쇄해야 하기 때문이다. 따라서, M2M 애플리케이션 소유주가 M2M 장비에 대한 설정을 원격으로 관리할 수 있는 솔루션은 늘 환영 받는다.

장비 관리는 M2M 애플리케이션 수준(예: 네비게이션 장비에서 지도 데이터 갱신)이나 통신 수준(예: M2M 서버에 대한 APN(Access Point Name)이나 IP 주소 갱신)에서 고려할 수 있다. 애플리케이션 수준의 장비 관리는 M2M 애플리케이션 소유주 스스로가 M2M 서버에 제공할 수 있으며, 네트워크 운영자의 책임으로 보이지는 않는다. M2M 장비에 국한되지 않는 일반 네트워크 운영자는 통신 수준의 장비 관리에 초점을 맞춘다. 그럼에도 불구하고, 네트워크 운영자는 M2M 애플리케이션 소유주에 애플리케이션 수준의 장비 관리를 제공하기 위해 장비와 네트워크 관리를 위한 기능을 사용할지도 모른다.

M2M 장비의 초기 활성화를 위한 장비 관리에 특별한 주의를 기울여야 한다. 이런 상황에서, M2M 장비는 여전히 M2M 서버와 연결을 위해 필요한 매개변수(예: APN, IP 주소)를 획득할 필요가 있다. 특히 초기 활성화의 경우, 네트워크 운영자가 부가가치 서비스를 제공할 필요가 있다.

네트워크 운영자는 장비 관리에 대한 기존 메커니즘을 보유하고 있으므로 다른 데이터 통신 장비에도 또한 사용할 수 있다. 모바일 네트워크 운영자는 OMA-DM(Open Mobile Alliance-Device Management) 프레임워크 [OMA DM]를 사용할 수 있다. 고정된 네트워크 운영자들은 브로드밴드 포럼의 TR-069 프레임워크 [TR-069]를 사용할지도 모른다.

6.3.4.4 연결 감시

정상적인 데이터 통신에서, 최종 사용자는 일반적으로 장비 하나와 연결 하나만 감시해야 한다. 하지만, M2M 애플리케이션 소유주는 장비 수 백 만 대와 연결 수 백만 개를 감시해야 할지도 모른다. 한 술 더 떠, M2M 애플리케이션 소유주에게 장비 접근은 종종 어렵거나 비용이 많이 든다. 예를 들어, 복사기의 원격 서비스를 위해 M2M 연결을 사용하는 회사가 있다고 가정하자. 복사기에 대한 서비스 업무 통화는 단순히 기사가 고객을 방문해야 하는 서비스 호출의 불편함을 암시한다. 하지만, 바다에서 풍력 터빈을 감시하는 M2M 애플리케이션을 사용하는 회사에 있어서는 M2M 장비에 대한 방문은 정말 엄청난 비용을 의미한다. 몇몇 M2M 애플리케이션 소유주는 결코 M2M 장비에 접근할 수 없을 것이다. 예를 들어, 네비게이션 장비를 판매하는 회사는 원격 지도 업데이트 기능이 동작하지 않는다는 고객의 항의 전화를 받을지도 모른다. 해당 문제의 원격 진단이 유일한 선택 사항이다.

종종 M2M 장비의 연결 상태를 감시하는 기능이 중요하다. 보안 경보 시스템 애플리케이션에서, 어떤 경보도 받지 않으면 모든 사항이 문제 없는지 아니면 보안 애플리케이션이 M2M 서버와 연결이 불가능 상황을 지시하는지 알아야 한다. 예를 들어, M2M 장비가 셀룰러 범위에서 벗어날지도 모른다,

감시는 애플리케이션 수준에서 수행될 수 있다. 장비와 서버 사이에서 주기적인 진단 메시지를 송신하면 M2M 애플리케이션 소유주가 M2M 장비와 M2M 서버 사이의 연결에서 놓치는 뭔가가 있음을 감지하게 만들 것이다. 하지만, 많은 애플리케이션에 있어, 주기적인

진단 메시지 송신만으로는 충분하지 않다. 경보 애플리케이션에서는 진단 메시지는 실제 사용자 데이터보다 훨씬 더 많은 데이터를 생성할 것이다. 특히 데이터 연결을 백업으로 사용할 경우에는 데이터를 끊임없이 송신하지 않고서 백업 연결이 여전히 사용 가능한지 알아야 한다.

장비 상태의 네트워크 기반 감시를 사용하는 옵션이 더 좋다. 한 가지 옵션으로 일반적인 이동성 관리 시그널을 받아들이는지 감시하는 방법이 있다. 일반적인 이동성 관리 시그널을 받을 때, M2M 장비는 셀룰러 범위에 존재하며, 네트워크에 접근할 수 있어야 한다. 많은 추가 데이터나 시그널을 생성하지 않고서 M2M 장비 연결에 대한 상태 정보를 감지한다는 아이디어다.

3GPP는 3GPP TS 22.368에 M2M 감시 기능에 대한 요구 사항을 정의해왔다. M2M 애플리케이션 소유주는 어떤 이벤트를 감시할 필요가 있는지 정의할 수 있다. 예를 들어, 연결 상실, UICC(Universal Identity Chip Card) 제거, 특정 지역 외부의 이동성과 같은 이벤트가 있다. M2M 애플리케이션 소유주는 또한 특정 이벤트를 감지할 때 무엇을 실행할 필요가 있는지 정의할 수 있다. 대부분 M2M 애플리케이션 소유자에게 통보할 것이다. 아니면 부정 사용을 암시하는 이벤트를 감지했을 경우 네트워크는 자동으로 해당 M2M 장비에서 서비스를 제한할지도 모른다.

6.3.4.5 부정 사용 통제

많은 M2M 애플리케이션 소유주는 엄청난 M2M 장비를 보유한다. 한술 더 떠, 이런 M2M 장비들은 공공 장소에 위치하는 경우가 많으며 부정 사용이나 절도에 취약하다. 예를 들어, 지역 에너지 회사는 가로등을 켜고 끄기 위해 M2M 장비를 사용할지도 모른다. M2M 장비는 가로등 구조물에서 높은 곳에 위치할지도 모르지만, 공개되어 있으며 일반 사람들이 접근할 수 있다. 누군가 이런 M2M 장비를 열어 SIM 카드를 꺼내고 다른 목적으로 이 SIM 카드를 사용하려 들지도 모른다.

M2M 애플리케이션 소유주에게, 최대한 빨리 부정 사용을 감지하는 수단이 중요하다. 네트워크 운영자는 부정 동작을 암시하는 네트워크 기반 정보를 제공하는 방법으로 소유주를 도울 수 있다. 예를 들어, 특정 구독이 갑자기 동일 애플리케이션 내의 다른 구독의 평균보다 10배 이상 데이터를 전송한다면, 부정 사용이 일어나고 있을 가능성이 있다. SIM 카드나 장비는 도난 직후 엄청난 개인 데이터를 송신하기 위해 다른 목적으로 사용되었을지도 모른다.

제1방어선으로 (준) 실시간으로 모든 장비의 사용량을 감시한다. 특정 구독이 기대하지 않았던 동작 패턴을 보이면, M2M 애플리케이션 소유주는 행동을 개시한다. 예를 들어, 특정 구독을 차단해버린다.

뭔가 잘못되었음을 암시하기 위해 다른 측면을 활용할 수도 있다. 예를 들어, (스마트 계량기와 같은) 저이동성 M2M 애플리케이션에서 M2M 장비가 갑자기 도시의 다른 곳에서 보고하리라 기대하지 않는다. 만일 M2M 장비가 예상보다 이동성이 강하면, 이는 부정 사용을 암시하는 또 다른 힌트다.

SIM 카드를 오용하지 못하게 만드는 다른 옵션으로 특정 장비에서만 SIM 카드를 사용하게 제한한다. 예를 들어, M2M 장비의 IMEISV(International Mobile Equipment Identity and Software Version) 범위에 기반해 사용성을 제한한다. 그러면 USIM은 특정 장비 유형에서만 동작할 것이다. 다른 장비 유형에 SIM 카드를 넣을 수는 없지만 유사한 장비로 대체는 가능할 것이다.

부정 사용 통제의 셋째 가능성은 데이터 통신을 위해 주소 지정이 가능한 목적지를 제한하는 방법이다. 예를 들어, APN 제한이나 그리고/또는 사용을 허가한 M2M 장비의 IP 주소 제한이 가능하다.

6.3.4.6 보안 연결

네트워크 운영자는 일반적으로 네트워크로 전송되는 데이터의 보안 보호(예: 무결성과 기밀성)를 보증해야 한다. 예를 들어, 모바일 네트워크 운영자는 무선 인터페이스로 송신되는 데이터에 암호화를 적용한다. 운영자 네트워크에 있는 게이트웨이 노드와 고객의 M2M 서버 사이의 인터페이스 또한 일반적으로 IP VPN과 같은 기술로 보호된다.

하지만 몇몇 애플리케이션 소유주는 종단 사이에서 추가적인 보안 보호를 원한다. 예를 들어, 모바일 지불 애플리케이션에서 네트워크에 있는 지불 장비와 M2M 서버 사이에서 안전한 종단 사이 IPSec 터널을 사용할지도 모른다. 네트워크 운영자는 이런 종단 사이 보안을 제공하지 않을지도 모른다. 이럴 경우 애플리케이션 수준에서 보증해야만 한다.

그럼에도 불구하고 3GPP는 보안과 관련된 M2M 부가가치 서비스를 [22.368]에 정의했다. 운영자는 종단 사이 암호화에 필요한 키 교환을 위해 애플리케이션 소유주에 지원을 제공할 수 있다. GBA(Generic Bootstrap Architecture) [33.220]의 사용과 유사하게, UICC에 있는 SIM 애플리케이션과 네트워크 사이의 관계는 장비와 M2M 서버에 있는 암호화 키를 생성하는 데 사용한다.

6.3.5 숫자 표기, 식별자, 주소 지정

M2M의 예상되는 성장은 더 많은 M2M 장비와 더 많은 M2M 관련 구독이 존재할 것이라는

사실을 암시한다. 이 모든 장비는 번호, 식별자, 주소를 요구한다. 문제는 기존 번호, 식별자, 주소가 M2M의 예상되는 성장에 대응할 수 있는가 이다. 번호와 식별자 구조가 수 십 억에 이르는 M2M 장비와 구독의 요구를 보살필 만큼 충분한가?

3GPP [22.368]는 사람에서 사람으로 향하는 통신과 비교해 M2M 통신에는 두 자리 수 이상이 넘는 장비와 구독을 식별하고 주소를 지정할 필요가 있다고 가정한다. 만일 지구 상에 인구가 65억이 있다면, 100억 정도의 구독이나 장비를 식별할 수 있는 식별자 구조면 사람에서 사람으로 향하는 통신에는 충분해야 마땅하다. 하지만, 3GPP 요구 사항은 식별자 구조가 100 × 100억 = 1조 정도는 수용할 수 있어야 한다고 시사한다.

6.3.5.1 E.164 번호

E.164 번호 또는 전화 번호는 가용 범위가 급격하게 줄어들고 있다. 전화 번호 계획과 할당은 전화 통신 규제 기관의 책임이다. 하지만, 규제 기관은 몇몇 국가에서 M2M 통신을 위한 E.164 번호가 고갈되는 중이라고 밝히고 있다[ECC 153].

전화 번호는 전화 애플리케이션을 위해 의도되었다. 여기서 A가 B의 전화 번호를 돌려 호의 의도된 목적지를 지정한다. 주요 M2M 통신을 처리하는 데이터 통신에서, 전화 번호는 엄격하게 요구되지는 않는다[4]. 데이터 통신에서 목적지를 식별하기 위해서는 IP 주소가 더 적합해 보인다. 그럼에도 불구하고, 여전히 전화 번호에 의존하는 몇몇 전화 통신 네트워크 구성 요소가 존재한다. 예는 다음과 같다.

- **과금** — 과금 데이터를 수집하고 전송하기 위해 사용되는 CDR은 전화 번호를 포함한다.
- **권한 설정** — 전화 번호 없이 HSS(Home Subscriber Server)에 존재하는 구독 프로파일 레코드는 비활성으로 취급된다. 이 구독 프로파일에 전화 번호를 추가해야 구독이 활성화되었다고 나타난다.
- **모바일 전화 통신에서 OTA 장비 관리와 SIM 관리** — 종종 SMS 전송을 암시한다. 따라서 SMS 목적지를 지정하기 위해 전화 번호가 필요하다.

그림 6.8에 제시한 전화번호 구조는 ITU-T 권고안 E. 164 [E.164]에 정의되어 있다.

전화 번호의 최대 길이는 15자리다. 15자리를 사용하면, 모든 M2M 장비를 식별할 수 있어야 마땅하다. 심지어 국가 코드를 위해 세 자리를 제외해도 남은 12자리로 여전히 국가별로 유일한 전화 번호를 1조까지 식별할 수 있다. 전화번호 번호 부족 현상이 나타나는 이유

4 3GPP 패킷 교환 모바일 네트워크 표준[23.060, 23.401]에서, 연결 설정이나 이동성 관리 절차에 전화 번호를 사용하지 않는다. 전화 번호는 CDR에서 전화 번호를 기록하기 위해 시그널 메시지에 담겨 전송될 뿐이다.

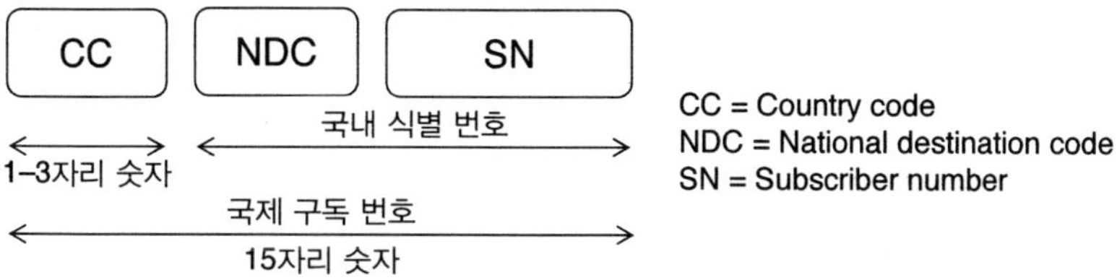

그림 6.8 전화 번호를 위한 E.164 숫자 형식

는 대다수 국가에서 번호가 훨씬 더 짧기 때문이다. 예를 들어, 미국 번호 시스템은 (국가 코드를 포함해) 11자리 번호를 사용한다. 또한 국가 목적지 코드는 특정 지역이나 지역이 아닌 번호 유형을 지정하기 위해 사용된다. 이는 번호 할당을 비효율적으로 만든다. M2M 통신을 위한 대다수 번호는 모바일 번호 범위에서 요청된다. 번호 부족이 가장 급한 사안인 이유가 바로 여기에 있다.

몇몇 국가에서는 M2M 통신을 위한 기존 번호 계획 내에서 새로운 번호 범위를 정의하는 방식이 가능할지도 모른다. 조금 더 미래를 고려한 해법은 M2M 통신을 위해 더 긴 전화 번호를 정의하는 방식이다. 사람들이 사용하는 더 짧고 사용자 친화적인 전화 번호는 M2M 통신에 적용되지 않으므로 더 긴 전화 번호를 할당할 수 있다.

E.164 [E.164]에서 정의한 최대 번호 길이 내에 안전하게 머물기 위해서는 M2M 통신을 위한 번호로 12에서 14자리 전화 번호를 선택한다. 이런 전화 번호 길이는 모든 국제적인 전화 통신 네트워크에서 안전하게 다룰 수 있어야 마땅하다. 하지만, 전화 번호 길이가 늘어나면 과금과 권한 설정을 위한 대다수 IT 시스템에 심각한 영향을 미칠 것이다. 운영자는 일반적으로 M2M 통신을 위한 더 긴 전화 번호 사용을 기뻐하지 않는다.

운영자를 가로질러 E.164 번호를 재사용하는 또 다른 방법도 있다. 이렇게 하면 국가 내 모든 운영자가 특정 번호 범위를 사용할 수 있다. 이 경우, 번호는 운영자 사이에서 교환되지 않으며, 이런 번호에 대해 상호 접속도 지원되지 않는다. 여러 애플리케이션에서, M2M 애플리케이션 소유주, 네트워크 운영자, M2M 장비 사이에 전화번호 사용을 제한하더라도 문제는 없다. M2M 장비는 애플리케이션 소유주 이외 다른 주체들이 접근하면 안 되기 때문이다. 여러 주체들이 M2M 애플리케이션과 관련되어 있을 경우에만 공유된 번호 범위가 문제가 된다.

번호 상호운용성이 공유된 번호 범위에 제공될 수 없는 이유는 특정 전화 번호가 다른 모바일 네트워크에 이미 할당되어 있을지도 모르기 때문이다. 하지만 번호 호환성은 대다수 M2M 애플리케이션에서 실제로 문제가 되지 않는다. M2M 애플리케이션 소유주는 새로운 네트워크 운영자로 전환하기를 원할지도 모르지만, 전화 번호 변경은 단지 M2M 애플리케이션 소유주의 내부 문제일 뿐이다. 전화 번호의 변경과 관련해 통보 받아야만 되는 다른 주체들은 없다.

M2M 서비스의 장래 진화와 관련해, E.164 번호의 대안이 제안되고 있다. 이런 대안은 E.164 번호를 요구하지 않는 패킷 교환 전화 통신을 제공할 수 있어야 한다. E.164의 의존성을 제거하기 위한 다른 솔루션도 3GPP [23.888]와 [22.988]에서 연구되고 있다.

- 한 가지 방법으로 전화 번호(MSISDN)를 단순히 사용하지 않고 구독 식별자(IMSI)와 IP 주소에만 의존한다. 과금 목적이나 운영자와 구독 소유주 사이의 권한 설정 과정에 IMSI가 적합하다. 하지만, 운영자와 구독 소유주 사이의 관계 이외에 IMSI를 사용할 경우 몇 가지 보안 문제가 생기므로, 외부 주체가 M2M 장비에 연결할 필요가 있는 시나리오에서는 IMSI 사용이 힘들다. 그럼에도 불구하고, 많은 M2M 애플리케이션 시나리오에서 M2M 장비와 M2M 서버의 구독이 모두 동일 M2M 애플리케이션 소유주에 속하므로, IMSI 또한 사용 가능하다. 모바일 네트워크와 M2M 서버 사이의 인터페이스에서 IMSI를 보호하려면 (IP VPN과 같은) 충분한 보안이 필요하다. 기존 IMSI와 IP 주소만을 사용할 경우 새로운 식별자의 정의를 요구하지 않는다는 장점이 존재한다. 하지만 모든 M2M 애플리케이션 시나리오를 모두 다룰 수 없다는 단점이 존재한다.
- 단일 M2M 애플리케이션에 참여하는 주체가 여럿인 경우, MSISDN을 대체하는 새로운 식별자는 장점을 제공한다. 예를 들어, 두 사람이 양자간 다중사용자 게임을 하기를 원할 때, 둘 사이에 통신을 설정하려면 상대편 게임 콘솔을 식별할 필요가 있다. IP주소만 사용할 경우 동작하지 않는 이유는 게임 콘솔은 네트워크 접속 지점(따라서 IP 주소)을 변경할지도 모르기 때문이다. 이 경우에 IMSI가 실제로 적절하지 않은 이유는 IMSI가 공개 영역에서 외부 식별자로 사용되게 설계되지 않았기 때문이다. MSISDN의 역할을 대체할 새로운 식별자가 필요하다. FQDN(Fully Qualified Domain Name) 사용이 한 가지 대안이다. 해당 식별자에 속한 M2M 장비의 IP 주소를 저장하기 위해 DNS를 사용한다. SIP URI 사용이라는 또 다른 대안도 있다. 이 경우 IP 주소와 식별자 사이의 관계를 저장하기 위해 SIP/IMS 등록을 사용한다. MSISDN를 새로운 식별자로 대체할 경우 생기는 단점으로 새로운 식별자 구조를 정의할 필요가 있다. 또한 새로운 식별자는 이런 식별자를 할당하기 위해 새로운 패킷 구조를 요구한다. 호환성 요구 사항과 같은 사업 모델이나 규제 쟁점과 관련해 이런 프레임워크 설정에는 시간이 제법 걸릴지도 모른다.

6.3.5.2 다른 식별자

예상되는 M2M 장비 수에 따르면, 다른 식별자 역시 공간이 부족해질지도 모른다. IMSI,

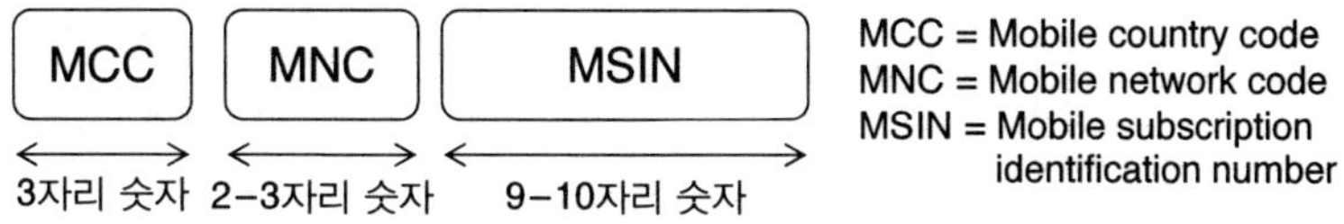

그림 6.9 IMSI(International Mobile Subscriber Identity) 형식

IMEI, ICCID(Integrated Circuit Card Identifier)라는 세 가지 관련 식별자가 M2M 트래픽의 예상되는 성장에 대응 가능한지 살펴볼 것이다.

IMSI는 특정 구독을 식별하기 위해 모바일 네트워크에서 사용된다. IMSI 구조는 **그림 6.9** [23.002]에 제시한다.

최소 9자리 MSIN(Mobile Subscriber Identification Number)을 사용하면, IMSI 구조는 모바일 운영자당 최소 999,999,999 구독을 유지할 수 있다. 하지만 M2M 통신이 사람에서 사람으로 향하는 통신에 필요한 식별자보다 100배 더 많은 식별자를 요구한다고 가정하면, 천만에 이르는 사람 구독자를 보유한 운영자는 이미 어려움에 처할 것이다. 현재 구독자가 천만이 넘는 모바일 운영자가 여럿 되므로, 9자리 MSIN을 사용할 경우 충분치 않다. 10자리 MSIN을 사용하면 더 많은 여유가 있는 이유는 극소수 운영자만 1억 명 이상 고객을 확보하고 있기 때문이다. 그럼에도 불구하고 IMSI 구조는 장기적인 M2M 통신에 대응할 만큼 충분하다고 보기는 어렵다. 한 가지 가능한 해법으로 단일 운영자에 여러 MNC(Mobile Network Code)를 할당한다. MNC 수에 운영자를 위한 최대 구독수를 곱하면 된다.

IMEI(International Mobile Equipment Identity)와 IMEISV(International Mobile Equipment Identity Software Version)은 개별 모바일 장비를 식별하기 위해 쓰인다. IMEI 구조는 **그림 6.10**에 제시한다[23.003].

IMEISV의 구조는 IMEI의 구조와 유사하다. **그림 6.11** 처럼 두 자리 소프트웨어 지시자가 점검 자리를 대신한다[23.003].

TAC(Type Allocation Code)는 모바일 장비의 특정 모델을 식별한다. SNR은 해당 타입의 모든 장비를 위한 일련 번호다.

IMEI로 유일하게 식별 가능한 장비의 총 수는 10^{14}로서 충분해 보인다. 하지만, 14자리

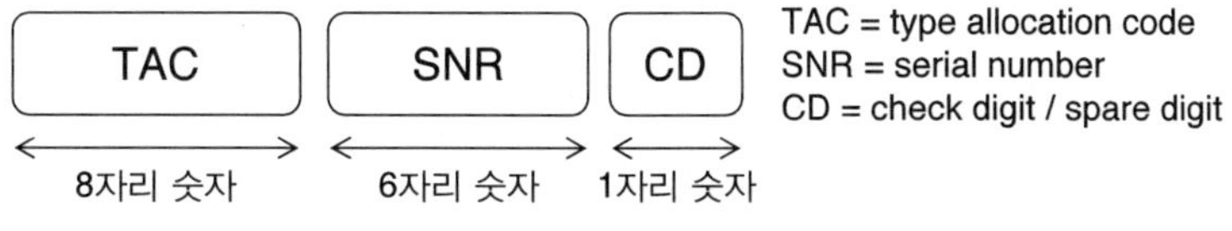

그림 6.10 IMEI(the International Mobile Equipment Identity) 형식

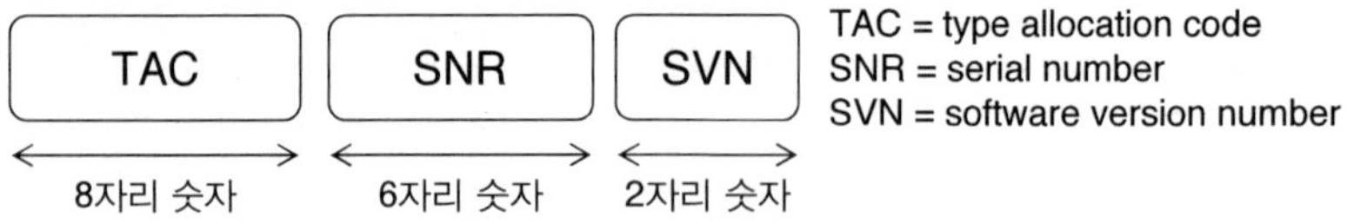

그림 6.11 IMEISV(International Mobile Equipment Identity and Software Version Number) 형식

대부분을 TAC가 차지한다. 6자리 SNR를 사용할 경우, 단일 유형의 최대 장비 수는 백만에 불과하다. 특정 장비 모델이 백만 대 넘게 제조되는 경우도 충분히 가능하다. 한 가지 가능한 해법으로 실제로 동일한 장비 유형에 여러 TAC를 할당한다.

ICCID는 개별 UICC를 식별한다. [E.118]에서 ITU-T가 정의한 ICCID 구조는 **그림 6.12**와 같다. 개별 UICC를 위해 발급자마다 식별 번호로 최소한 12자리를 제공하므로 ICCID 구조는 충분해 보인다.

식별자 구조가 제한적인 상황에서, M2M을 위한 변경이 필요하다. IMSI로 식별 가능한 구독의 제약과 더불어 살 수 있는지 아니면 IMSI의 확장이나 교체가 필요한지를 결정하는 판단은 대규모 모바일 운영자에 달려 있다. IMSI를 교체하거나 확장하는 작업은 운영자의 전화 통신 기반 구조와 IT에 엄청난 영향을 미칠 것이다. IMEI/IMEISV와 ICCID의 구조는 문제를 덜 일으키는 듯이 보인다.

6.3.5.3 IP 주소

전세계적으로 IPv4 주소 공간이 빠르게 줄어든다는 문제에 직면해 있다. 따라서, 대규모 M2M 애플리케이션을 위한 공인 IPv4 주소 사용은 현실적인 선택안이 아니다. 반면, IPv6는 엄청난 주소 공간을 제공한다. 정확히 3.4×10^{38}라는 수치는 M2M 애플리케이션이 문제

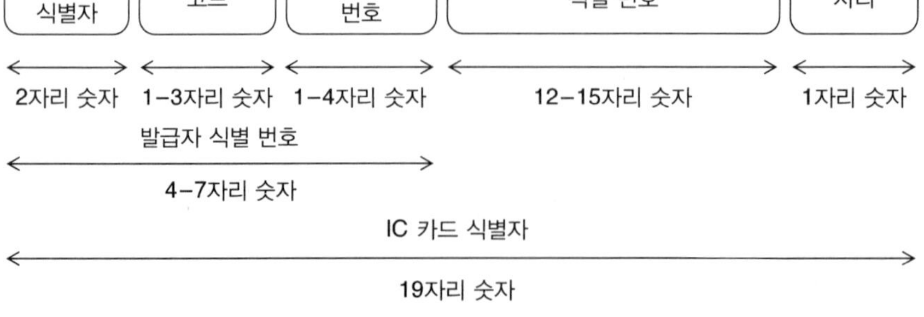

그림 6.12 ICCID(International Circuit Card Identifier) 형식

를 일으킬 기회조차 주지 못하는 듯이 보인다. 이상적으로 M2M 장비와 M2M 서버는 공인 IPv6 주소를 발급 받으며, 이 경우 모두 동일한 IPv6 주소공간을 공유할 것이다. 이를 **그림 6.13**에 보여준다.

불행하게도, IPv6로 이전하는 작업은 아직 많이 진척되지 않았다. 여전히 많은 인터넷 목적지는 IPv4 주소로만 도달 가능하다. 많은 운영자와 서비스 공급자들은 여전히 IPv6를 확실하게 준비하지 못하고 있다. 따라서 M2M 애플리케이션에서 상당히 오랜 기간 동안 IPv4를 계속해서 사용하리라 기대한다. IPv4 주소의 부족은 사설 IPv4 주소를 사용해 회피하고 있다. 전형적인 시나리오는 **그림 6.14**와 같다.

그림 6.14에서 M2M 장비는 네트워크 운영자가 사설 IPv4 주소를 할당했다. 이 모든 M2M 장비에 공인 IPv4 주소를 제공하면 IPv4 자원 낭비다. 네트워크 주소와 포트 변환(NAPT, Network Address and Port Translation)은 단일 공인 IP 주소를 여러 M2M 장비가 공유하게 만들어준다. M2M 서버는 공인 IP 주소를 할당 받는다. 이는 M2M 서버가 여러 고정 네트워크 운영자나 모바일 네트워크 운영자가 운영하는 다양한 네트워크에 쉽게 접속 가능하게 만든다. M2M 서버 수가 훨씬 더 적기 때문에 이 경우 IPv4 주소 부족은 문제가 되지 않는다.

M2M 서버에서 M2M 장비의 주소 획득이 항상 가능하지 않다는 한 가지 문제가 있다. M2M 서버가 M2M 장비로 IP 패킷을 송신할 때, NAPT는 NAPT에서 M2M 장비를 대표하

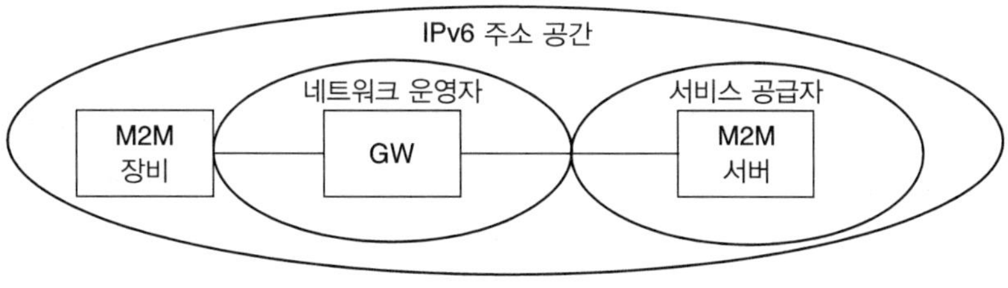

그림 6.13 IPv6 주소 체계를 사용하는 M2M 통신 시나리오

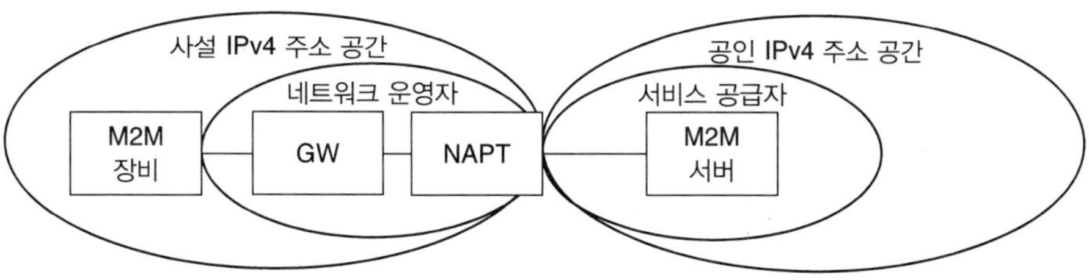

그림 6.14 사설 IPv4 주소 체계와 공인 IPv4 M2M 주소 체계를 사용하는 통신 시나리오

는 공인 IPv4 주소/포트 번호 쌍과 M2M 장비의 사설 M2M 주소 사이의 관계를 유지할 필요가 있다. 이런 관계는 M2M 장비가 M2M 서버로 데이터를 송신할 때 설정되며, M2M 장비가 데이터 전송을 유지하는 동안만 유효하다. M2M 장비가 keep-alive 메시지 전송을 유지하거나, 통신을 활성화하기 위해 M2M 장비가 새로운 데이터 세션을 시작해야만 한다. M2M 서버는 M2M 장비와 통신을 시작하고 싶은 경우 데이터 세션을 설정하기 위해 M2M 장비를 트리거해야 할 것이다(6.3.6절 참조).

NAPT의 또 다른 문제는 식별자 매핑이다. 예를 들어, 전화번호를 대체하기 위해 FQDN을 사용하는 경우라면 FQDN과 IP 주소 사이의 매핑은 대개 DNS에 유지할 수 있다. 만일 M2M 서버가 FQDN으로 식별되는 M2M 장비에 뭔가를 전송할 필요가 있으면, 특정 M2M 장비를 위한 IP 주소와 포트 번호는 데이터 세션마다 변경될 수 있다.

IPv6 주소 체계를 사용하면 M2M 장비와 M2M 서버 모두 동일 IP 주소 지정 공간에 속할 수 있기에 NAPT가 필요하지 않다. 그럼에도 불구하고 IPv6를 사용하더라도 데이터 경로에 방화벽과 같은 중간을 가로막는 기계가 존재할지도 모른다. 네트워크 운영자는 아마도 모든 사람이 IP 패킷을 M2M 장비에 보내게 허용하지 않을지도 모른다. 또한 네트워크 운영자는 외부에서 내부 IP 주소와 주소 구조를 보지 못하게 막을지도 모른다. 이는 IPv6 주소 지정 방식에도 NAPT 관련 IPv4와 유사한 문제가 있음을 암시한다. 다시 말해, 미리 데이터를 교환해 IP 주소에 대한 식별자를 매핑하지 않은 상태에서 M2M 서버가 M2M 장비 주소를 파악하는 방식 역시 IPv6에서 광범위하게 사용될 수 있다.

M2M 서버가 하나 또는 서너 개의 네트워크만 사용한다면, M2M 장비와 M2M 서버 양쪽을 위한 동일 사설 IP 주소 체계 영역을 사용하면 된다(그림 6.15 참조). 이 경우 NAPT가 필요하지 않다는 장점이 있다. M2M 서버가 물리적으로 동일 네트워크에 위치하지 않을 경우(예: 네트워크 운영자가 소유하지 않을 경우)에는 게이트웨이(GW)와 M2M 서버 사이에 터널(예: IP VPN)을 설정한다. M2M 장비는 M2M 서버로 터널을 여는 종단점으로 특정 게이트웨이를 선택한다. 패킷 교환 모바일 네트워크에서 M2M 서버/애플리케이션을 위한 특정 APN을 사용해 이를 구현한다. 사설 IP 주소는 네트워크 운영자나 M2M 서버를 소유한

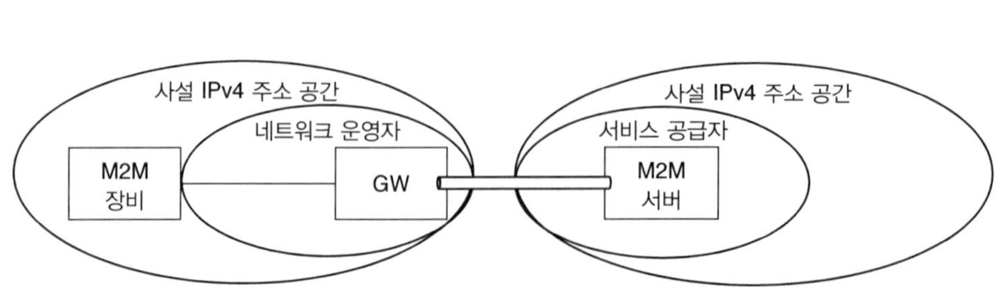

그림 6.15 사설 IPv4 주소 체계만 사용하는 M2M 통신 시나리오

서비스 공급자가 할당할 수 있다. RADIUS/Diameter를 사용해 M2M 장비에 IP를 하나 할당할 때, RADIUS/Diameter 서버는 M2M 서버에 이를 통지할 수 있다. 이런 식으로, M2M 서버는 심지어 M2M 장비가 아직 데이터를 보내지 않은 경우에도 연결이 수립될 때 즉시 M2M 장비에 데이터를 전송할 수 있다. 식별자를 IP 주소로 매핑하는 과정에 아무 문제가 없다. 사설 IPv4 주소 체계만 사용하는 시나리오가 항상 적합하지 않은 이유는 M2M 서버가 접근할 수 있는 위치에 제약이 있기 때문이다. 하지만 단순함이 이런 솔루션을 매력적으로 만든다.

6.3.6 트리거 최적화

많은 M2M 애플리케이션은 장비 시작과 네트워크 시작이라는 두 가지 통신 메커니즘을 모두 요구한다. 몇몇 경우에는 M2M 장비가 M2M 장비와 M2M 서버 사이의 데이터 연결을 시작해도 충분하지만, 종종 M2M 서버 또한 데이터 연결을 시작해야 할 필요가 있다. 하지만, 고정된 네트워크와 모바일 네트워크에서 데이터 연결 수립은 장비 시작이 일반적이다. 예를 들어, GSM과 UMTS 네트워크의 데이터 연결인 PDP(Packet Data Protocol) 맥락은 UE(User Equipment)가 설정한다. 또한 방화벽과 NAT와 같은 IP 중간 장비는 데이터 세션을 장비가 시작했다는 가정 하에서 동작한다. 네트워크 쪽에서 연결을 설정하기 위해, 네트워크는 장비에게 연결을 설정해야만 한다고 통보할 필요가 있다. 이런 과정을 트리거라 한다.

트리거는 오늘날 M2M 통신에서 흔히 볼 수 있다, 물론 현재 형태에서 트리거에는 몇 가지 문제가 있다. 예를 들면 다음과 같은 몇 가지 네트워크 개선 사항을 요구한다.

- 여전히 일반적으로 많이 쓰이고 있는 한 가지 트리거를 위한 특정 방식은 M2M 장비에 대한 CS 전화 호 설정이다. M2M 장비는 호에 응답하는 대신 들어오는 호를 트리거로 취급해 M2M 서버와 연결을 수립한다. 이런 트리거 방식은 사업자에게 특히 매력이 떨어진다. M2M 장비는 CS 네트워크에서 용량을 요구하지만 이런 CS 자원에 대한 매출은 결코 일어나지 않을 것이다. 장비가 호에 응답하지 않기 때문이다. 이상적으로 M2M 구독은 패킷 교환만 지원해야 한다.
- 트리거를 위한 또 다른 방법은 SMS 메시지 사용이다. M2M 장비가 (특별히 형식을 갖춘) SMS를 수신할 때, 트리거로 취급할 것이다. 패킷 교환 영역에서 SMS 메시지 송신이 가능하다. 여기서 SMS 송신이 목적지를 명세하기 위해 전화 번호를 요구한다는 문제점이 있다. M2M을 위한 전화 번호가 부족한 상황이다(6.3.5절 참조).
- SMS와 관련되어 텍스트 메시지 서비스라는 또 다른 문제점이 있다. 바로 SMS는 시그널

을 전송하는 수단으로서 '오용이' 가능하다. 모바일 운영자는 스팸 차단과 같은 SMS 부가가치 서비스를 위한 장비를 도입하고 있다. 이런 장비는 텍스트 메시지 관련 부가가치 서비스로부터 이익을 얻지 못하는 사실상 시그널 메시지인 트리거 메시지를 엄청나게 많이 처리하게 확장되어야만 할 것이다.

트리거의 중요성 때문에, 3GPP 릴리스 11에서 가장 우선순위가 높은 작업 중 하나로 인식되었다. 트리거는 더욱 효율이 높아지며 전화 번호에 의존하지 않고서도 처리가 가능하게 만들어야 할 것이다.

6.3.6.1 트리거 기초

M2M 서버가 M2M 장비를 트리거하기로 결정할 때, 일반적으로 트리거 메시지에 다음 정보를 포함한다.

- 목표 M2M 장비의 식별자
- 애플리케이션의 식별자
- 중복된 요청을 감지하기 위해 요청에 연결된 요청 카운터. 응답과 요청을 관계 맺으며, 애플리케이션이 요청을 취소할 수 있도록 허용
- (추가적으로) UE가 연결해야만 하는 IP 주소 (또는 FQDN) 그리고/또는 애플리케이션 서버의 포트 번호
- (추가적으로) 긴급 요청 지정
- (추가적으로) 유효성 타이머로, (예를 들어) SMS를 사용해 장비에 접근할 수 없을 때 네트워크에 저장된 트리거 제거를 허용
- (추가적으로) 예를 들어, M2M 장비가 M2M 서버와 통신을 수립하기 앞서 어떤 작업을 해야 할지 지시하는 내용과 같은 분량이 제한적인 애플리케이션 관련 정보

M2M 서버가 트리거 메시지를 송신할 수 있기 앞서, 트리거 요청을 어디로 송신할지 결정할 필요가 있다. 3GPP는 M2M 서버에서 오는 제어 메시지를 위해 모바일 네트워크에서 진입점 역할을 하는 MTC GW(Machine Type Communication Gateway)를 정의하고 있다. MTC GW는 M2M 서버가 네트워크 운영자 하나만 통신할 경우 M2M 서버에 미리 권한 설정되어 있을지도 모른다. 그렇지 않으면, M2M 서버는 전송될 필요가 있는 트리거 요청을 어느 운영자에게 보낼지 먼저 결정할 필요가 있다. 장비 ID나 IMSI에 기반해, M2M 서버는 올바른 모바일 운영자 네트워크를 찾아낼 수 있어야 마땅하다.

그림 6.16은 MTC GW를 거쳐 모든 장비를 트리거하는 방식을 보여준다. M2M 장비와

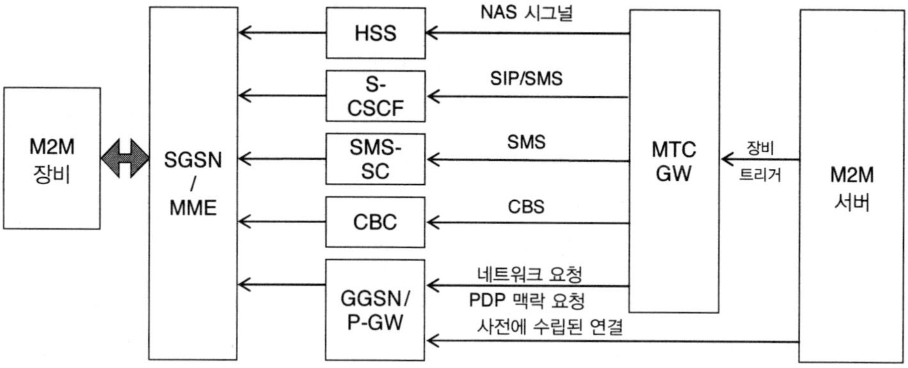

그림 6.16 다양한 트리거 솔루션을 보여주는 전반적인 아키텍처

M2M 서버 사이에 활성 데이터 세션이 이미 존재할 경우에만 M2M 서버는 GGSN(Gateway GPRS Service Node)나 P-GW(Packet data network GateWay)에 올바른 IP 주소를 설정한 IP 패킷을 전송함으로써 M2M 장비에 데이터를 전송할 수 있다.

MTC GW 이외에도 잠재적인 트리거 솔루션이 여러 개 있다. 몇몇 솔루션은 [23.888]에 제안되었다. (예를 들어) MTC GW는 네트워크의 상태 정보에 기반해 어떤 트리거 방식을 사용할지 결정하는 역할을 할당 받을 수도 있다. 하지만, M2M 서버는 어떤 트리거 방식을 사용할지 결정권을 유지할지도 모른다. M2M 서버는 M2M 애플리케이션, M2M 애플리케이션과 관련된 M2M 장비, M2M 장비가 지원하는 트리거 유형에 대해 지식이 가장 풍부하다.

트리거는 다른 연결 상태에서도 가능하다. [22.368]에서 3GPP는 트리거가 연결된 상태, 연결되지 않은 상태, 붙은 상태 붙지 않은 상태에 필요하다고 명세한다.

M2M 장비가 연결된 상태에 있을 때, M2M 장비에 접근하기 위해 기존 연결을 사용할 수 있다. M2M 서버는 M2M 장비의 IP 주소를 알고 있으며, 중간을 가로 막는 기계와 관련한 문제가 없다고 가정한다. 그러면 IP 패킷은 M2M 장비에 전송 가능하다. 몇몇 경우에는, M2M 장비는 논리적인 데이터 연결(예: PDP 맥락)은 있지만 무선 자원 연결은 없는 관점에서 (가상적으로) 연결된 상태에 있다. 이 경우 기존 페이지 방식[23.060, 23.401]을 사용해 무선 연결을 재수립하고 IP 패킷을 전송할 수 있다.

M2M 장비가 붙었지만, 데이터 연결이 없을 때, 트리거를 사용해 M2M 서버에서 통신을 설정할 수 있다. 추가적으로 M2M 장비가 연결되었지만, M2M 서버가 M2M 장비의 사용 가능한 IP 주소를 얻지 못했을 때, M2M 서버는 M2M 장비를 트리거할 필요가 있다.

또한 M2M 장비가 붙지 않았을 때, M2M 장비를 트리거할 수 있으면 유용하다. 일반적으로 붙지 않은 상태는 M2M 장비에 도달 가능하지 않음을 암시한다. 네트워크에 붙지 않으면, 어떤 이동성 관리 맥락도 네트워크에 가용하지 않으며, M2M에 페이지 방식으로 접근할 위치도 알지 못한다. 하지만 다른 수단으로 위치를 알 때 장비에 트리거할 수는 있다. 예를 들어, M2M 장비가 고정형인 경우라면, M2M 장비 위치가 HSS(Home Subscription Server)에 저장되어 있을지도 모른다. 아니면 M2M 애플리케이션이 M2M 장비 위치를 알지도 모른다. 예를 들어, 자판기 회사는 자판기가 위치한 장소를 IT 시스템에 정보 형태로 저장할 것이다. M2M 서버는 이 정보를 사용해 해당 위치에 트리거 메시지를 브로드캐스트하도록 네트워크에 지시할 수 있다. M2M 장비에 대한 위치 정보는 또한 M2M 장비 자체에서 얻을 수도 있다. 위치가 바뀔 때마다(예: 복사기가 다른 건물로 이동), 매번 이를 감지해 M2M 장비가 위치를 보고하는 이벤트를 발생시킨다.

초저전력 M2M장비에 대한 트리거는 특정 문제를 낳는다. 초저전력 M2M 장비가 항상 네트워크를 듣지 않는 이유는 이에 필요한 전력 때문이다. 이런 M2M 장비는 네트워크를 듣기 위해 간헐적으로 켜진다. 따라서 초저전력 장비를 트리거 하려면, 네트워크를 듣고 있는 시점을 알아야 한다는 문제가 있다. 듣지 않는 시점에 트리거를 송신하면, 트리거를 받지 못할 것이다. 대안으로 M2M 장비가 네트워크에 다시 등록할 때, 트리거 메시지를 송신하는 저장-후-전달(store-and forward) 메커니즘을 사용할 수 있다. 예를 들어, SMS는 네트워크에 저장된 다음, 분리되어 꺼진 M2M 장비가 네트워크에 다시 붙을 때 전송될 것이다.

보안 이유로 인해, 트리거는 종종 허가 받은 출발지에서만 가능하게 제한된다. 트리거는 M2M 장비가 M2M 서버에 연결을 설정하게 만든다. M2M 애플리케이션 소유주는 해당 연결을 사용해 송신된 데이터에 요금을 지불해야 할 것이다. 따라서 만일 허가 받지 않은 곳에서 실수로 M2M 장비들에 대해 트리거를 할 경우에도 M2M 애플리케이션 소유주가 여전히 요금을 지불할 것이다. 악의적인 이유에서 M2M 장비에 트리거를 하는 더 나쁜 시나리오도 있다. 예를 들어, M2M 장비에 대한 반복적인 트리거는 서비스 거부 공격을 초래할지도 모른다. MTC GW는 트리거 요청의 출발지를 인증해, 출발지가 특정 M2M 장비에 대해 트리거를 송신할 권한을 보증한다.

[23.888]에서는 M2M 장비를 트리거하기 위해 다양한 메커니즘을 기술한다. 3GPP는 아직 어떤 트리거 메커니즘을 공식적으로 표준화할지 선택하지 않았다. 십중팔구 여러 솔루션이 표준화될 것이다. 다양한 트리거 메커니즘마다 제각각 장점과 단점이 있기 때문이다. 여기에 다섯 가지 트리거 메커니즘을 제시한다.

- 모바일에서 차단된 SMS를 사용한 트리거
- IMS 메시지를 사용한 트리거
- 셀 브로드캐스트를 사용한 트리거

- HSS를 거치는 트리거와 NAS(Non Access Stratum) 시그널
- 네트워크에서 요청된 PDP 맥락 수립을 거치는 트리거

6.3.6.2 모바일에서 차단된 SMS를사용한 트리거

그림 6.17은 M2M 서버가 송신한 트리거를 MTC GW가 SMS 서비스 센터(SMS SC, Service Center)로 전달하는 방법을 보여준다. 거기서부터, 절차는 모바일에서 차단된 SMS 표준 절차와 거의 유사하다[23.040]. 주된 차이점을 보면 일반적인 SMS 절차에서는 장비 식별자로 MSISDN을 사용하지만, M2M 통신에서는 IMSI나 MSISDN을 대신 사용한다. 이는 SendRoutingInfoforSMS에서 변화를 암시한다.

모바일에서 차단된 SMS를 사용한 트리거는 기존 네트워크와 표준에 많은 변경이 필요하지 않는다는 장점이 있다. 하지만 개선된 M2M 트리거 솔루션을 위한 모든 요구 사항을 처리하지 못한다는 단점도 있다. 심지어 MSISDN에 대한 의존성을 회피할지라도, 허가 받지 않은 SMS 메시지를 방지하기가 어렵다는 문제는 여전히 남아 있다. 악성 송신자는 M2M 장비의 목적지로 기대되는 SGSN에 허가 받지 않은 ForwardShortMessage 메시지를 송신하기 위해 표준 운영자간 인터페이스를 사용할 수 있다. 많은 M2M 장비가 모바일이 아니므로, HSS에서 라우팅 정보를 요청하지 않고서도 M2M 장비를 찾을 기회는 상당히 많다. 이런 허가 받지 않은 ForwardShortMessage 메시지를 진짜 들이오는 SMS 메시지와 구분하기란 아주 어렵다.

6.3.6.3 IMS 메시지를 사용한 트리거

LTE에는 자체적인 SMS 지원이 없다. 텍스트 메시지는 IMS 인스턴트 메시지를 사용해 구현되기 때문이다. 따라서, LTE SMS 기반 트리거가 어려울지도 모르지만, SIP 메시지를 사용하는 대안이 있다. **그림 6.18**은 M2M 장비를 트리거 하기 위해 IMS 메시지를 사용하는 방

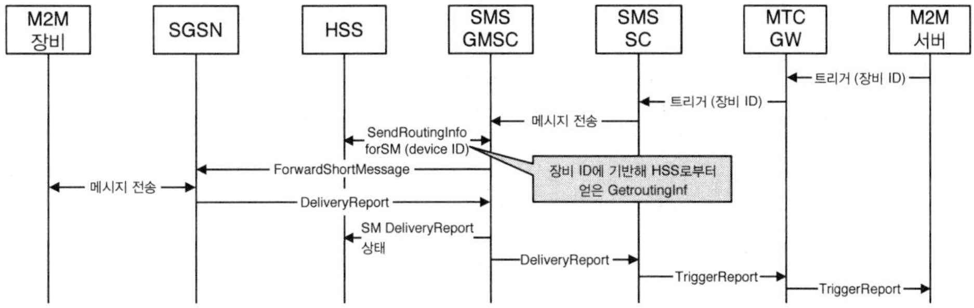

그림 6.17 모바일에서 차단된 SMS를사용한 트리거 절차

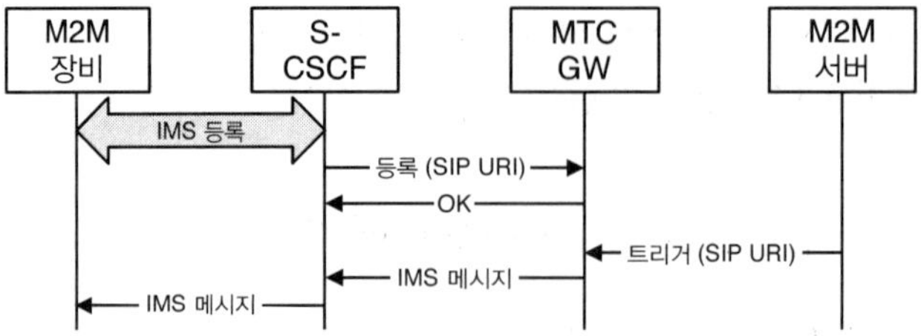

그림 6.18 IMS 메시지를 사용한 트리거

법을 보여준다. 우선 M2M 장비는 IMS 메시지를 수신할 수 있게 IMS에 등록할 필요가 있다. MTC GW는 IMS 애플리케이션 서버로 보이며, S-CSCF(Serving Call Session Control Function)에 M2M 장비를 등록하는 요청은 MTC GW로 전달된다. 트리거가 MTC GW에 도달하면, MTC GW는 S-CSCF와 IMS 서비스 제어 인터페이스를 거쳐 M2M 장비로 SIP 메시지를 보낸다.

이런 솔루션은 M2M 장비가 IMS 등록을 유지해야 한다는 단점이 존재한다. 이는 IMS 신원 인증서, 인증, 되풀이되는 재등록, S-CSCF 용량 등을 요구하므로, 소량의 자료만 송수신하는 M2M 애플리케이션에게는 엄청난 부하다. 하지만, 기존 표준에 대한 변경을 거의 요구하지 않는다는 장점이 있다.

6.3.6.4 셀 브로드캐스트를 사용한 트리거

그림 6.19는 셀 브로드캐스트를 사용한 트리거를 보여준다. 이 솔루션 이면에 숨은 가정은 M2M 서버는 M2M 장비가 위치한 장소를 알고 있다는 사실이다. 이 영역에 대한 트리거 요청은 MTC GW로 송신되며, MTC GW는 CBC(Cell Broadcast Center)로 트리거를 전달한다. 여기서, 셀 브로드캐스트를 위한 표준 절차[23.041]는 지정된 영역 내에서 트리거 메시지를 브로드캐스트하기 위해 쓰인다. M2M 장비는 브로드캐스트 메시지를 듣고 있다. 만일 트리거 메시지에 송신된 식별자와 자신의 식별자가 일치하면, M2M 장비는 M2M 서버에 연결을 설정할 것이다.

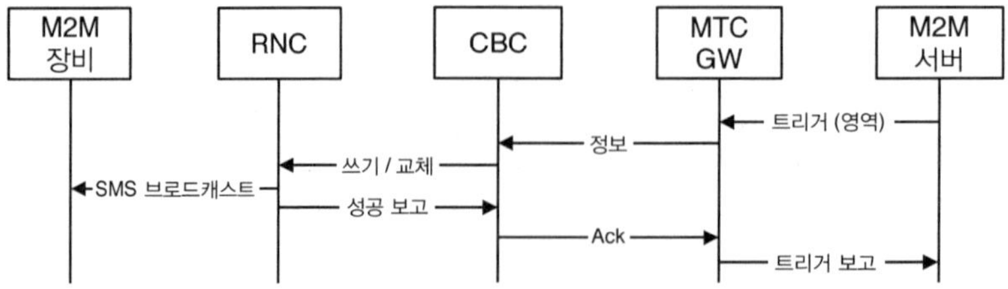

그림 6.19 셀 브로드캐스트를 사용한 트리거

트리거 메시지에 쓰이는 식별자는 어떤 애플리케이션 수준의 식별자도 가능하다. 모바일 네트워크에는 완전히 투명하다. 예를 들어, 스마트 미터링 애플리케이션은 전기 계량기의 일련 번호를 사용할 수 있다. 이 식별자는 또한 M2M 장비 그룹을 식별할 수도 있다. 예를 들어 소프트웨어 업그레이드를 수행하기 위해 한 무리의 M2M 장비에게 트리거하는 효율적인 수단이 된다. 하지만 동시에 M2M 서버에 접속하는 M2M 장비 그룹이 너무 커지지 않게 각별한 주의가 필요하다. 트리거 메시지에 대한 응답은 시간이 지남에 따라 분산되어야 마땅하다.

M2M 서버는 셀 브로드캐스트에서 수행하는 동일한 방식으로 트리거 메시지를 브로드캐스트할 영역을 결정한다. 브로드캐스트 채널에 대한 용량 요구 사항을 최소화하기 위해, 트리거 메시지는 이상적으로는 제한된 영역에서 브로드캐스트 되어야 한다. 모바일이 아닌 M2M 장비의 경우, 몇몇 셀에 대한 브로드캐스트만으로 충분하다. 그럼에도 불구하고, 더 큰 영역으로 트리거 메시지를 브로드캐스트할 수도 있다. 예를 들어, 도난이 보고된 차량에 탑재된 추적 장비를 트리거 하려면, 작은 영역에서 브로드캐스트하는 경우보다 더 많은 비용이 들 것이다. M2M 애플리케이션 수유주에게, 셀 브로드캐스트는 M2M 장비를 트리거하기 위한 효율적인 수단이 될지도 모르지만, 모바일 사업자에게는 셀 브로드캐스트는 추가적인 수입원이자 셀 브로드캐스트 기반 구조에 대한 ROI를 제공한다.

셀 브로드캐스드를 사용한 트리거는 붙어 있지 않은 M2M 장비에 대해서도 동작할 수 있다. 이는 M2M 장비가 붙었을 때 계속해서 브로드캐스트 채널을 듣고 있게 요구한다. 붙어 있지 않은 장비는 전통적인 관점에서 보면 명백히 전원이 꺼진 개념으로 볼 수 있지만, 모바일 장비 표준에서 셀 브로드캐스트를 사용한 트리거를 달성하기 위해 필요한 변경 작업이 존재할 것이다.

6.3.6.5 HSS와 NAS 시그널을 사용한 트리거

그림 6.20은 기존 NAS 시그널을 사용한 트리거를 위한 메시지 순서를 보여준다. 이 개념 이면의 아이디어는 트리거 메시지가 M2M 장비와 네트워크 사이에 존재하는 시그널 위에 업혀 전송될(piggy-backed) 수 있음을 보여준다.

트리거 요청은 MTC GW를 거쳐 HSS로 송신된다. HSS는 요청을 저장하고, M2M 장비가 붙을 때, M2M이 등록된 SGSN이나 MME로 삽입 구독자 메시지를 전송한다. 예를 들어, 주기적인 라우팅 영역 갱신을 위해 M2M 장비가 다음 번에 SGSN/MME로 시그널을 보낼 때, SGSN/MME는 M2M 장비에 대한 응답에 트리거 메시지를 업혀 실어 보낸다(piggy back). 트리거 메시지를 성공적으로 수신했을 때, 트리거 요청은 SGSN/MME와 HSS에서 삭

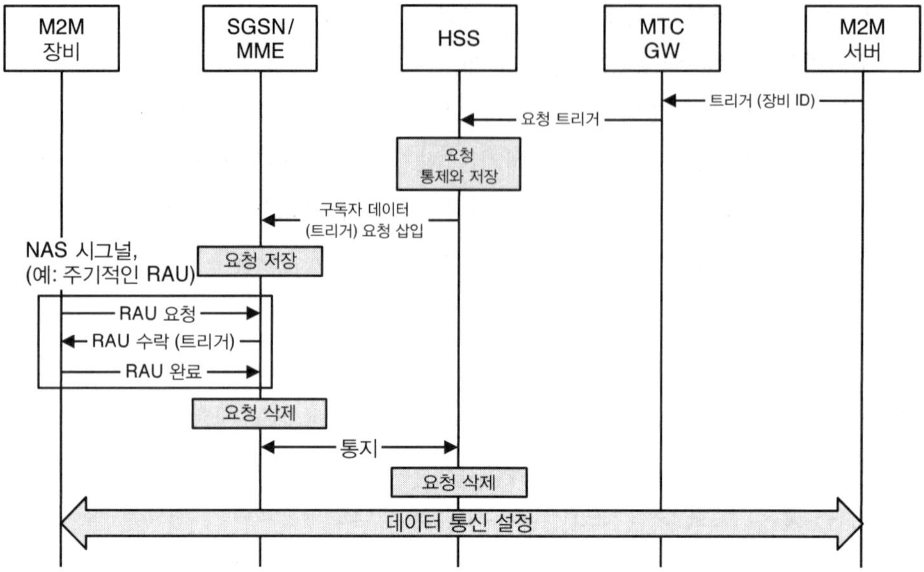

그림 6.20 HSS와 NAS 시그널을 사용한 트리거

제된다. M2M 장비가 붙어있지 않을 경우, HSS는 다음에 M2M 장비가 네트워크에 다시 붙을 때까지 트리거 요청을 저장할 것이다.

이런 메커니즘의 장점은 트리거 메시지를 전송하기 위해 무선 인터페이스를 거쳐 추가적인 시그널을 보낼 필요가 없다는 사실이다. 이 메커니즘의 저장-후-전달 특성에는 장점과 단점이 동시에 존재한다. 트리거 메시지가 M2M 장비에 도달했음을 알려주는 즉각적인 피드백이 없다. 하지만 '발사-후-망각'(fire-and-forget) 메커니즘은 M2M 서버가 어떤 트리거 메시지가 수신되었고 재송신이 필요한지를 추적할 필요가 없음을 암시한다.

6.3.6.6 네트워크에서 요청된 PDP 맥락 수립을 거치는 트리거

다섯 가지 트리거 메커니즘 중에서 마지막을 **그림 6.21**에 제시한다. 네트워크에서 요청된 PDP 맥락 활성 절차는 오래 전에 [23.060]에 명세되었다. 유일하게 새로운 면은 MTC GW에서 GGSN으로 연결 요청이 일어난다는 점이다. 기존 네트워크에서 요청된 PDP 맥락 활성 절차는 시그널 메시지가 아니라 장비를 위한 IP 패킷 수신에서 비롯되었다.

트리거 메시지를 전송하기 위해 SGSN을 결정하는 라우팅 정보는 IMSI의 기초인 HSS에서 찾는다. 이는 네트워크에서 요청한 PDP 맥락 활성화가 표준화된 방식을 보여준다. 하지만 이렇게 HSS의 IMSI 기반 질의는 종종 구현되지 않는 경우도 있다. HSS를 질의하기 위해 MSISDN의 새로운 대체 장비 ID를 사용하는 방식도 가능하다.

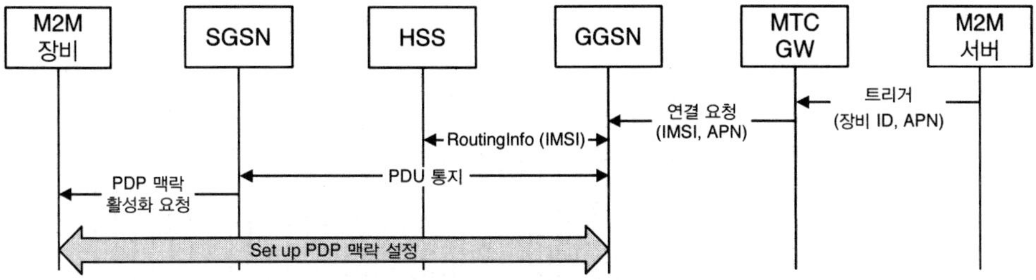

그림 6.21 네트워크에서 요청된 PDP 맥락 수립을 거치는 트리거

6.3.6.7 트리거 메커니즘의 결론

3GPP에서 트리거 메커니즘을 위한 다양한 제안이 나왔다. 공식 표준 명세에서 어떤 메커니즘을 선택할지는 아직 명확하지 않다. 아마도 여러 해법을 혼합한 형태로 표준화될 가능성이 높다. M2M 서버는 애플리케이션과 M2M 장비에 가장 잘 맞아 떨어지는 트리거 메커니즘을 선택할 수 있다.

6.3.7 부하와 혼잡 통제

장기적으로, 개인용 통신 장비보다 100배 더 많은 M2M 장비가 등장할 것으로 기대된다. 모바일 네트워크 사업자에 직접 연결된 M2M 장비 수는 이미 상당한 수준이며, 대규모 M2M 장비가 모바일 네트워크에 심각한 혼잡을 초래하는 다양한 사례가 있다. M2M 장비가 초래하는 부하와 혼잡은 주로 네트워크에 한꺼번에 동시 접속하는 M2M 장비의 동기화된 동작 방식의 결과다. 부하와 혼잡은 모바일 사업자 자신의 M2M 구독과 사업자 네트워크로 로밍하는 M2M 장비에 의해 균등하게 초래된다. 로밍의 경우, 트래픽 패턴을 예측하기가 더 어려울지도 모른다.

M2M 관련 시그널 혼잡과 부하는 다음과 같은 이유로 발생한다.

- 정확하게 동기화된 시간 주기로 데이터 전송을 반복하는 M2M 애플리케이션(예: 정확히 1시간이나 30분 단위로 트래픽을 생성하는 경우, **그림 6.22** 참조).
- 한번에 엄청난 M2M 장비를 붙거나 연결하게 만드는 외부 이벤트 트리거. 예를 들어, 정전 기간 직후 거의 동시에 엄청난 계량기가 활성화되는 상황.
- 엄청나게 많은 센서들이 한번에 트리거 되는 경우. 특정 예로 다리 감시 애플리케이션을 들 수 있다. 기차가 다리 위로 지나갈 때, 모든 센서가 거의 동시에 감시 데이터를 전송한다. 폭우가 쏟아질 경우 기상 감시 시스템이나 침입자가 들어올 경우 빌딩 감시 시스템에서도 유사한 상황이 벌어진다.

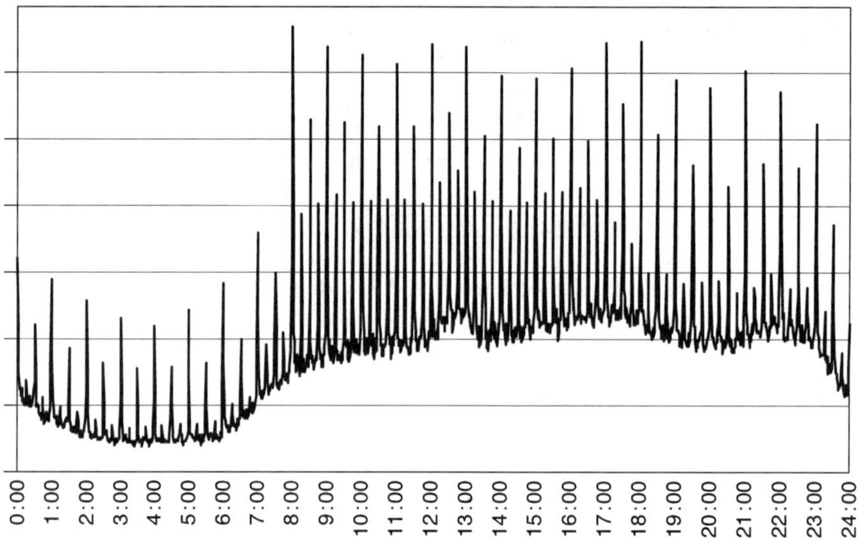

그림 6.22 M2M 애플리케이션에서 동기화된 데이터 접속 예(RADIUS 서버에 가해지는 부하). (TNO의 허락 하에 게재)

- M2M 애플리케이션이나 서버의 오동작. 예를 들어, M2M 서버가 M2M 장비에서 송신한 데이터 수신을 확인해주지 않을 경우, 모든 M2M 장비는 계속해서 데이터를 재송신한다.
- 기지국 정전에 이어 많은 M2M 로밍 장비가 네트워크 범위에서 벗어나는 경우. 이런 M2M 장비들은 동시에 다른 지역 경쟁 모바일 네트워크에 로밍하기 위한 경쟁을 벌일 것이다.

몇몇 부하와 혼잡 사례는 주기적으로 일어날지도 모르는 반면, 어떤 사례는 아주 드물게 일어날 것이다. M2M 애플리케이션에서 데이터 접속의 동기화된 최고 몰림 현상을 일반적인 상황으로 취급해야만 하는 이유는 다른 애플리케이션이 M2M 애플리케이션의 동작 방식으로부터 피해를 입지 않아야 마땅하기 때문이다. 마찬가지로 단일 M2M 애플리케이션이 혼잡을 초래할 때, 다른 M2M과 비 M2M 애플리케이션은 영향을 받지 않아야 마땅하다. 하지만 네트워크 정지, 지진, 기타 재난 상황과 같이 일반적이지 않은 이벤트가 벌어지기 마련이다. 이런 이벤트가 벌어지면, 네트워크 접속을 시도하는 엄청나게 많은 M2M 장비의 조합 가능성이 존재한다. 예를 들어, 화재/침입자 경보가 지진에 의해 트리거되며, 또한 네트워크 중단이나 재앙에 의해 용량이 감소된 네트워크까지 문제를 증폭한다. 이런 예외적인 상황에서는 우선 순위가 높고 긴급 서비스만 기능하게 보증함으로써 파국으로 치닫는 네트워크 붕괴 예방을 목표로 삼는다.

M2M 혼잡과 부하는 주로 제어 영역 혼잡과 부하와 관련이 있다. M2M 애플리케이션

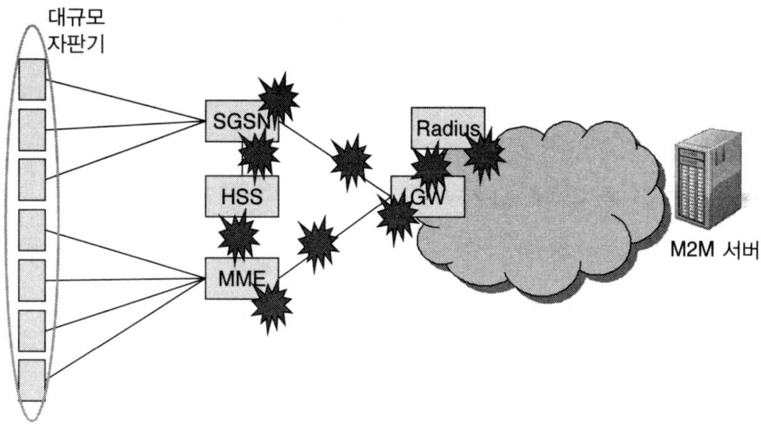

그림 6.23 모바일 코어망에서 M2M 시그널 혼잡. (3GPP의 허락 하에 게재)

이 아주 높은 사용자 영역 데이터 부하를 생성할지도 모른다는 사실이 말이 안 되지는 않지만, 대다수 M2M 장비는 제한된 사용자 데이터만 송신한다. M2M 관련 혼잡과 부하는 (예를 들어 많은 M2M 장비가 특정 지역에서 거의 동시에 데이터를 송신할 필요가 있을 때) 모바일 무선 네트워크와 (예를 들어, 대규모 계량기가 **그림 6.23**처럼 동일 M2M 서버로 거의 동시에 데이터를 송신할 필요가 있을 때) 모바일 코어망 양쪽 모두에 영향을 미칠지도 모른다.

M2M 관련 시그널 혼잡 현상을 겪을지도 모르는 모바일 코어망 노드는 다음을 포함한다.

- 모든 PS 영역 제어 노드와 게이트웨이. 대규모로 장비가 붙어야 하는 요청이 있을 경우, 주로 서비스 제어 노드인 SGSN/MME가 취약해진다. 데이터 연결 요청이 있을 경우에도, 역시 SGSN/MME가 취약한 이유는 이 노드는 연결 요청 당 부하가 상대적으로 크게 걸리기 때문이다. 게이트웨이 노드인 GGSN/PGW가 특히 취약한 이유는 M2M 애플리케이션이 종종 GGSN/PGW 한 곳에서 차단될지도 모르는 전용 APN을 사용하기 때문이다. 이 경우에 특정 애플리케이션을 위한 모든 연결 요청은 단일 GGSN/PGW에서 처리해야만 한 것이다. M2M장비는 제한된 지역에서만 시그널 상호작용을 동시에 시도할지도 모른다. 이는 시그널 혼잡이 단지 시그널 링크 한 곳이나 여러 특정 시그널 링크 여러 곳에서 일어나며, 전반적인 혼잡이 여러 네트워크 노드에는 일어나지 않음을 의미한다.
- CS 영역에서 MSC/VLR. 모바일 운영자들이 SMS로 장비를 구성할 필요성과 제한적인 PS 영역 SMS의 가용성 때문에, 대다수 현존하는 M2M 장비는 CS 영역에 접속하려 시도할 필요가 있다. 지역적으로 경쟁하는 네트워크가 실패하는 상황에서 엄청나게 많은 M2M 장비가 CS 네트워크에서 동시에 등록을 시도할지도 모른다.

구독자(음성 호나 SMS)에 현재 제공하고 있는 CS 또는 PS 서비스의 품질을 떨어뜨리지 않아야 하므로, 모바일 네트워크 사업자가 자신들의 네트워크를 잠재적인 M2M 관련 부하로부터 지켜야 하는 위치에 있다는 사실이 중요하다.

6.3.7.1 부하와 혼잡 통제 메커니즘

일반적인 부하와 혼잡 통제 메커니즘은 수 많은 M2M 애플리케이션과 장비에서 비롯된 비정상적인 사용과 관련한 부하 상황이 발생할 때 모바일 사업자 네트워크를 파국으로 치닫는 네트워크 붕괴 상태로부터 보호할 필요가 있다. 보호 메커니즘은 다른 '전통적인' 장비와 독립적인 모든 M2M 장비/애플리케이션에서 비롯된 네트워크 부하를 관리한다는 목표가 있다. 또한 상당히 많은 M2M 애플리케이션이나 전체 M2M 애플리케이션에 영향을 미칠 것이다.

애플리케이션에 밀접한 혼잡 통제 메커니즘은 특정 M2M 애플리케이션이나 특정 M2M 사용자의 M2M 장비로부터 비롯된 네트워크 부하를 관리하기 위해 필요하다. 예를 들어, 모바일 사업자 네트워크를 나쁘게 행동하는 애플리케이션에서 보호하는 경우를 생각해보자. 애플리케이션 하나가 초래한 혼잡은 다른 (M2M) 애플리케이션에 부정적인 영향을 미치지 않아야 마땅하므로, 보호 메커니즘은 문제를 일으키지 않는 다른 M2M 애플리케이션에서 비롯된 트래픽이나 M2M과 무관한 트래픽을 제한하지 않는 상태에서 (문제를 일으킨) 해당 애플리케이션을 목표로 삼아야 한다. 전용 APN이나 M2M 그룹 식별자는 대규모 특정 M2M 애플리케이션을 식별하기 위해 가능한 수단이다.

장비 연결 요청 거부는 M2M 장비가 동일 네트워크나 다른 네트워크에서 동일 요청을 즉시 재시작하는 결과를 일으키지 않아야 마땅하다. 네트워크는 M2M 장비에게 백 오프 시간까지 동일 요청을 시작하지 않게 지시할 수 있어야 한다. 이런 백 오프 시간은 되풀이해서 시도하는 애플리케이션과 관련된 M2M 장비에게 연결 요청 시간 정책을 변경하게 지시할 목적으로도 사용 가능하다.

많은 경우에, M2M 장비는 네트워크 사업자 하나와 여러 다국적 기업 사이에서 계약의 일부로 사용될 것이다. 전통적으로, 자동차 제조사와 같은 다국적 M2M 고객은 M2M 장비를 사용하는 다양한 국가와 무관하게 하나나 소수의 네트워크 사업자와만 계약을 맺고 싶어할 것이다. 이는 필연적으로 상당히 많은 M2M 장비가 대부분 로밍 상태로 동작하게 만들었다. 많은 M2M 장비가 로밍 상태로 동작하는 상황에서 네트워크가 실패할 때, 이 모든 M2M 장비는 동시에 지역 경쟁 네트워크로 이동하므로, (아직) 실패하지 않은 네트워크에 잠재적인 부하를 초래한다. 이런 네트워크 실패 현상의 도미노에서 시스템을 보호하기 위한 메커니즘이 필요하다.

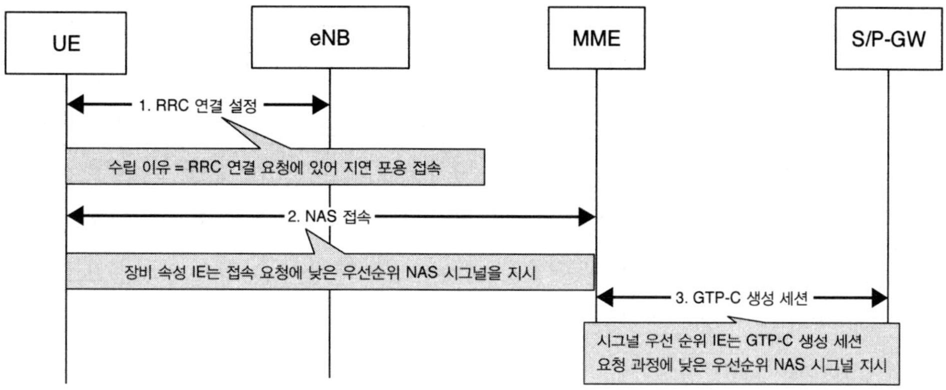

그림 6.24 낮은 접속 우선순위로 구성된 UE가 네트워크에 붙는 절차

모바일 네트워크를 M2M 관련 시그널 혼잡과 부하로부터 보호하기 위해 다음 기능이 3GPP 릴리스 10에 정의되어 왔다. 주로 M2M 시나리오와 사용 사례에서 자극 받았지만, 이런 기능은 일반적으로 적용 가능하다. 다시 말해, 어떤 모바일 장비도 사용할 수 있게 일반적인 방식으로 명세되어 왔다. 장비의 운영자 구성이나 구독 데이터 설정으로 이런 기능을 활성화하거나 비활성화할 수 있다.

6.3.7.2 '낮은 접속 우선순위'로 구성된 모바일 장비를 위한 네트워크 부하 통제

지연 포용이 가능한 M2M 애플리케이션을 사용하는 M2M 장비는 모바일 운영자와 M2M 구독자 사이에서 맺은 '낮은 접속 우선순위'(low-access priority) 대기 협정에 맞춰 제조 후 구성이 진행될지도 모른다.

모바일에서 시작된 서비스를 위해, 낮은 접속 우선순위로 구성된 M2M 장비는 RRC(Radio Resource Control) 과정에서 무선 액세스망과 NAS[5] 시그널 절차 과정에서 CS나 PS 코어망(MSC, SGSN, MME)에 자신의 '낮은 접속 우선순위'를 시그널로 보낸다. 예를 들어, CS나 PS 코어망에 등록하거나 데이터 연결 수립을 요청할 때 이런 절차가 진행된다. 데이터 연결 수립 과정에서, PS 코어망 노드(MME 또는 SGSN)는 연결 수립 요청 메시지에 포함된 낮은 접속 우선순위 지시 내역을 게이트웨이 노드(서비스 GW와 패킷 데이터 네트워크 GW)로 전달한다.

그림 6.24는 낮은 접속 우선순위로 구성된 모바일 장비(UE)가 시작한 네트워크에 붙는

5 NAS 시그널은 모바일 단말과 핵심 네트워크 노드 사이에서 시그널이 직접 일어나므로, 무선 접속 네트워크를 투명하게 가로지른다.

절차를 고차원적으로 보여준다. 이 그림에서는 RRC 연결(무선 시그널 연결), MME를 향해 네트워크에 붙는 절차 시작, P-GW로 향하는 데이터 연결 수립만 제시한다.

낮은 접속 우선순위는 무선 액세스망 노드(RNC/eNodeB)와 코어망 노드(MSC, MME, SGSN, SGW, PGW)가 현재 네트워크 부하에 기반해 NAS 요청이나 RRC 연결 설정을 받아들일지 말지를 결정하게 만든다. 일반적인 부하를 겪고 있는 무선 액세스망과 코어망 노드는 낮은 접속 우선순위가 아닌 요청 메시지를 거부하기 앞서 낮은 접속 우선순위로 구성된 모바일 장비에서 온 요청을 거부할지도 모른다. 일반적인 부하를 겪고 있는 MME 또한 "부하 시작"(overload start) 메시지를 보내는 방법으로 낮은 접속 우선순위로 구성된 장비로부터 네트워크 접속을 제한하기 위해 무선 액세스망에 eNodeB 선택을 요청할지도 모른다. 필요하다면, MME 또한 낮은 접속 우선순위로 구성되지 않은 장비가 시작한 RRC-연결 요청을 거부하게 무선 액세스망에 요청할지도 모른다. 다시 말해 긴급하지 않고 우선 순위가 높지 않은 모바일에서 시작된 서비스를 위한 모든 RRC-연결 요청을 거부한다.

요청이 들어오면, eNodeB는 네트워크에 대한 요청을 거부하는 기간 동안 확장된 대기 타이머를 갖춘 낮은 접속 우선순위로 구성된 장비가 시작한 RRC 연결 수립 요청을 거부한다.

MME가 복구되어 낮은 접속 우선순위로 구성된 모바일 장비에 대한 부하를 늘이기를 희망할 때, MME는 "부하 중단"(overload stop) 메시지를 eNodesB에 송신한다.

전반적인 절차는 **그림 6.25**에 제시한다.

일반적인 부하를 겪고 있는 SGSN에 대해서도 유사한 메커니즘을 정의해왔다. 부하 상황에서, SGSN은 무선 네트워크 컨트롤러에게 낮은 접속 우선순위로 구성된 모바일 장비의 부

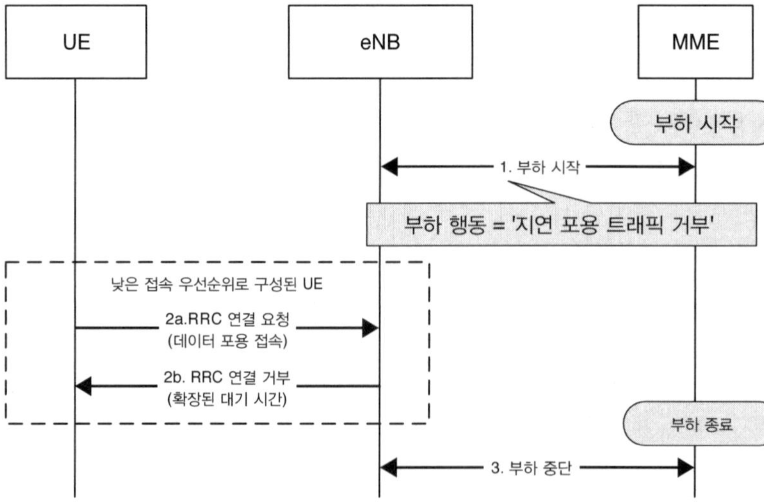

그림 6.25 낮은 접속 우선순위로 구성된 UE에 대해 네트워크 접속을 제한하기 위한 전반적인 절차

하를 제한하게 요청할 수 있다. 이런 상황에서, 무선 액세스망은 연결 요청을 거부한다.

적절한 타이머 값으로 대응하는 장비의 하위 범주를 지정한 RRC 연결 수립은 향후 RRC 연결 요청을 제한한다.

6.3.7.3 일반적인 코어망 이동성 관리 혼잡 통제

일반적인 부하 조건에서, MME나 SGSN은 모바일 장비에서 비롯된 이동성 관리 시그널 요청(예: 네트워크에 붙는 요청, 추적 영역 갱신 요청, 라우팅 영역 갱신 요청)을 거부할지도 모른다. NAS 요청을 거부할 때 MME나 SGSN은 이동성 관리 백 오프 타이머를 장비에 제공할지도 모른다. 이 기간 동안 모바일 장비는 우선순위가 높은 서비스, 긴급한 서비스, 모바일에서 차단한 서비스를 제외한 나머지 NAS 요청을 시작하지 않을 것이다.

CS 영역을 위해서도 유사한 절차가 정의되어 왔다. MSC/VLR 역시 이동성 관리 동안 혼잡 통제를 수행할지도 모른다. 다시 말해, MSC/VLR이 혼잡을 겪으면 모바일 장비가 시작한 위치 갱신 요청이나 IMSI에 붙어야 하는 요청 메시지를 거부할지도 모른다. 이 때, 혼잡이나 CS 영역을 위한 특정 이동성 관리 백 오프 타이머 때문에 거부되었다고 알려준다. 이동성 관리 백 오프 타이머가 동작하는 동안, 장비는 어떤 이동성 관리 절차의 시작도 허용되지 않는다. 여기서도 우선순위가 높거나 긴급한 서비스, 모바일에서 차단된 서비스는 예외다.

엄청난 모바일 장비가 지연된 요청을 (거의) 동시에 시작하지 않게 만들려면, MSC/VLR, MME, SGSN은 각각 이동성 관리 백 오프 타이머 값을 다르게 선택해 지연된 요청을 분산시켜야 한다.

이동성 관리 혼잡 통제를 적용하는 결정은 모바일 장비에서 시그널이 올 경우 낮은 접속 우선순위 지시를 고려해야 할지도 모른다.

6.3.7.4 휴식 모드에 있는 낮은 우선순위 하향 트래픽에 대한 선택적인 조절

위에서 설명한 메커니즘은 모바일 장비가 시작한 상향 시그널을 통제하거나 조절하게 만든다. 또한 M2M 서버에서 시작되어 장비로 향하는 낮은 우선순위 데이터 연결을 맺은 대량의 동시다발적인 하향 트래픽으로부터 MME를 보호하는 메커니즘도 존재한다. 하향 사용자 영역 패킷이 휴식 모드에 있는 모바일 장비를 위한 서비스 GW에 도착할 때, 모바일 장비는 논리적인 데이터 연결이 있음에도 불구하고 페이지로 호출될 필요가 있을 것이다. 이런 페이지 절차는 MME가 처리한다. 부하를 겪고 있는 MME는 하향 사용자 영역 패킷으로 인해 서비스 GW가 생성하는 시그널 부하를 제한할지도 모른다. 이와 같은 메커니즘은 **그림 6.26**에 제시한다.

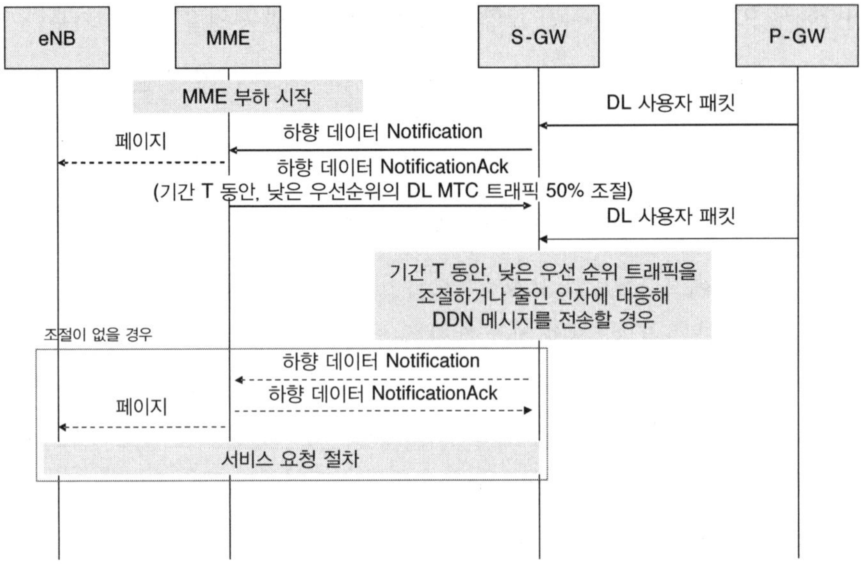

그림 6.26 휴식 모드에 있는 낮은 우선순위 하향 트래픽에 대한 선택적인 조절

서비스 GW가 휴식 모드에 있는 모바일 장비에 대한 하향 사용자 영역 패킷을 수신할 때, MME에 하향 데이터 통지를 송신할 것이다. MME는 낮은 우선순위 트래픽을 위한 하향 데이터 통지 요청을 거부할지도 모른다. 아니면 MME 부하를 줄이기 위해 특정 기간 동안 조절 인자에 대응해 하향 데이터 통지 요청 수를 선택적으로 줄이게 서비스 GW에 요청할지도 모른다.

서비스 GW와 MME는 베어러의 ARP(Allocation and Retention Priority) 수준과 운영자 정책(예: ARP 수준을 우선순위가 높은 트래픽인지 낮은 트래픽인지를 고려하게끔 만드는 운영자의 구성)에 기반해 베어러가 낮은 우선순위 트래픽과 관련이 있는지 그렇지 않은지를 판단한다. MME는 하향 데이터 통지 메시지에서 서비스 GW가 지정한 ARP 우선순위 수준을 받는다.

조절 과정에서, 서비스 GW는 사용자 영역에 연결되지 않았다고(다시 말해 서비스 GW 맥락 데이터는 어떤 하향 사용자 영역 터널도 지시하지 않는다) 알려진 모바일 장비를 위한 모든 낮은 우선순위 베어러에 수신된 하향 패킷을 조절 인자에 비례해 누락하고 조절하지 않는 베어러에 대해서만 MME로 하향 데이터 통지 메시지를 전송한다.

서비스 GW는 조절 기간이 만료하면 정상적인 운영을 재개한다.

6.3.7.5 애플리케이션에 특화된 혼잡 통제

애플리케이션에 특화된 혼잡 통제는 특정 APN과 관련된 혼잡을 피하고 시그널을 처리하는 보호 메커니즘이다. 다시 말해, 특정 APN을 사용하는 M2M 애플리케이션만 목표로 삼는다.

패킷 데이터 네트워크 GW는 APN 관련 혼잡을 감지하고 다음과 같은 기준에 기반한 부하 통제를 시작하고 중단할지도 모른다.

- APN당 최대 활성 베어러 수
- APN당 베어러 활성 최대 속도

부하 통제를 수행할 때, 패킷 데이터 네트워크 GW는 데이터 연결 수립 요청을 거부한다. 연이은 데이터 연결 수립 요청을 MME가 얼마나 오래 거절할지를 지시하는 세션 관리 백 오프 타이머를 응답에 포함할지도 모른다. 패킷 데이터 네트워크 GW가 거절하면, MME는 해당 APN을 서비스하는 다른 패킷 데이터 네트워크 GW를 선택하거나, 모바일 장비에서 시작한 데이터 연결 요청을 거절할지도 모른다.

MME/SGSN은 특정 APN과 관련된 세션 관리 혼잡을 감지한다. 또한 다음 기준을 감시하는 방법으로 APN-기반 세션 관리 혼잡 통제를 시작하고 중단할지도 모른다.

- APN당 최대 활성 베어러 수
- APN당 베어러 활성 최대 속도
- APN의 하나 이상의 패킷 데이터 네트워크 GW가 도달하지 못하거나 MME에 혼잡을 일려주는 상황

APN 기반 세션 관리 혼잡 통제는 세션 관리 백 오프 타이머를 갖춘 모바일 장비에서 시작한 세션 관리 요청(예: 새로운 데이터 연결 수립 요청) 거부를 포함한다. 백 오프 타이머가 동작하는 동안, 모바일 장비는 연결 해제 요청을 제외하고 혼잡한 APN을 위한 어떤 세션 관리 절차도 시작하지 못한다. 모바일 장비는 다른 APN에 대한 세션 관리 절차를 여전히 시작할 수 있다. 또한 모바일 장비는 우선 순위가 높거나 긴급한 서비스를 위한 세션 관리 절차를 시작하거나 페이지에 응답할 수 있다. 모바일 장비는 모바일 장비가 활성화할지 모르는 모든 APN에 대해 분리된 세션 관리 백 오프 타이머를 유지할 것이다.

MME/SGSN은 특정 APN과 관련된 이동성 관리 혼잡을 감지해 특정 APN과 관련된 이동성 관리 시그널 요청의 최대 속도를 감시하는 방법으로 APN 기반 이동성 관리 혼잡 통제를 시작하고 중단할지도 모른다. APN 기반 이동성 관리 혼잡 통제는 이동성 관리 백 오프 타이머와 특정 구독 APN을 갖춘 모바일 장비가 시작한 관련 요청 거부를 포함한다. 해당 장비는 타이머가 만료될 때까지 우선 순위가 높거나 긴급한 서비스를 제외한 어떤 이동성 관리 절차도 시작할 수 없다.

6.3.7.6 네트워크 재선택 과정에서 부하를 방지하는 최적화

해당 국가에서 하나 이상의 다른 네트워크 실패로 인해 초래된 부하에서 방문한 네트워크를 보호하기 위해 다음 메커니즘을 정의해왔다.

모바일 장비는 다음과 같은 제조 후 구성이 진행될지도 모른다.

- 길어진 최소 주기 네트워크 탐색 시간 제한은 선호하는 네트워크를 탐색하기 위해 필요한 최소 시간을 늘인다.
  선호하는 네트워크가 실패하면, 모바일 장비는 다른 지역 경쟁 네트워크로 변경할지도 모른다. 탐색 타이머 만료는 모바일 장비가 선호하는 네트워크에 접속하기 위해 다시 시도하게 만든다. 네트워크가 아직 복구되지 않았다면, 지역 경쟁 네트워크 중 하나에 재접속을 시도한다. 주기적인 네트워크 탐색 시간을 위해 너무 짧은 타이머를 사용하면, 실패한 네트워크 복구를 방해하며 경쟁 네트워크에 더 많은 부하를 걸 수 있다.
- 네트워크 변경 과정에서 추적 영역 갱신 절차를 수행하기 보다는 IMSI에 붙는 절차를 수행한다.
  추적 영역 갱신 절차는 일반적으로 네트워크에 붙는 절차에 비해 훨씬 효율적이다. 하지만 네트워크 변경 이벤트가 벌어지면, 추적 영역 갱신은 일반적으로 받아들이지 않는다. IMSI에서도 네트워크에 붙는 절차를 수행해야 하기 때문이다. 추적 영역 갱신 절차를 피하면 지역 경쟁 네트워크에 메시지 처리 부하를 줄여주기에 다른 네트워크의 실패 상황에서도 지역 경쟁 네트워크가 생존할 가능성을 높인다.

MME, SGSN, MSC/VLR이 모바일 운영자가 구독 데이터에서 이런 주기 타이머를 예측하게 만드는 옵션뿐만 아니라 더 긴 주기적인 추적 영역 갱신, 라우팅 영역 갱신, 모바일 장비에 대한 위치 갱신 타이머를 시그널로 모바일 장비에 알릴 수 있다. 이런 구독 관련 타이머와 모바일 장비가 시그널로 알린 낮은 접속 우선순위 사용을 사용해, MME, SGSN, MSC/VLR은 M2M 장비에 대해 더 길어진 주기적인 갱신 타이머를 할당할지도 모른다. 이렇게 하면 일반적으로 UE가 네트워크 실패를 감지하는 속력을 느리게 만들고 실패한 네트워크에서 다른 경쟁 네트워크로 장비 이동 속력도 느리게 만들 가능성이 있다. 더 긴 주기 타이머는 M2M 장비에서 생성되는 시그널 부하를 줄이게 만든다.

6.3.7.7 EAB(Extended Access Barring)

EAB는 액세스망과 코어망의 부하를 방지하기 위해 특정 M2M 장비의 모바일에서 시작된 접속 시도를 운영자가 제어하게 만드는 메커니즘이다. EAB를 반드시 따라야 하는 모바일

표 6.6 다양한 부하 시나리오에서 활성화되는 부하 메커니즘

부하 시나리오	부하 통제 메커니즘
한번에 엄청난 M2M 장비 연결을 초래하는 외부 이벤트 트리거(예: 정전 후 동시에 모든 M2M 장비 활성화)	낮은 접속 우선순위로 구성된 모바일 장비에 대한 네트워크 부하 통제. 노드가 일반적인 부하를 겪고 있다면 무선이나 코어망이 트리거
M2M 애플리케이션 그리고/또는 M2M 서버의 비정상 동작	비정상 동작 애플리케이션을 목표로 하는 APN 기반의 혼잡 통제.
많은 로밍 M2M 장비가 실패할 때	EAB 최소 주기 네트워크 탐색 시간 제약을 길게 잡음 네트워크 변경 시 IMSI로 붙음 TAU/RAU/LAU 갱신 타이머를 길게 잡음 일반적인 코어망 이동성 관리 혼잡 통제
새해 전야제 한 시간 동안 부하 최고점	M2M 낮은 접속 우선순위 트래픽은 이 기간 동안 거부된다.

장비는 EAB 지시에 맞춰 구성된다. 혼잡 상황에서, 유영자는 다른 장비의 접속은 허용하면서 EAB를 위해 구성된 모바일 장비의 접속을 제한할 수 있다. EAB를 위해 구성된 모바일 장비는 다른 장비에 비해 접속 제약에 더 관대하다. 운영자가 EAB를 적용하기에 적절한 상황으로 판단할 때, 네트워크는 특정 지역에 필요한 정보를 브로드캐스트한다.

EAB는 또한 네트워크 재선택에서 발생하는 부하를 방지하는 데도 도움을 줄 수 있다. EAB 정보는 모바일 로밍 장비나 선호하는 네트워크에 존재하지 않는 모바일 장비에만 접속 차단이 적용 가능하다고 지시할지도 모른다.

6.3.7.8 혼잡과 부하 통제 메커니즘의 평가

모든 유형의 부하 시나리오에 적용 가능한 만병통치약과 같은 부하 메커니즘은 없다. 모바일 운영자는 네트워크를 보호하기 위해 여러 부하 통제 메커니즘을 활용해야 한다. **표 6.6**은 부하 시나리오의 몇 가지 사례에서 활성화될지도 모르는 부하 메커니즘을 제시한다.

참고문헌

[22.011] 3GPP TS 22.011. Service Accessibility.

[22.888] 3GPP TR 22.888. Study on Enhancements for Machine-Type Communications.

[22.988] 3GPP TR 22.889. Study on Alternatives to E.164 for Machine-Type Communications.

[22.368] 3GPP TS 22.368. Service Requirements for Machine-Type Communications (MTC); Stage 1

(2011).

[23.888] 3GPP TR 23.888. System Improvements for Machine-Type Communications (MTC).

[23.682] 3GPP TS 23.682. Architecture Enhancements to facilitate communications with Packet Data Networks and Applications (2011).

[23.060] 3GPP TS 23.060. GPRS Service Description; Stage 2 (first published 2000).

[23.401] 3GGP TS 23.401. GPRS Enhancements for E-UTRAN Access (2008).

[OMA DM] Open Mobile Alliance Device Management Architecture (2006).

[TR-069] Broadband Forum TR-069 (2004). CPE WAN Management Protocol.

[33.220] 3GPP TS 33.220. Generic Authentication Architecture; Generic Bootstrapping Architecture (GBA) (first published 2004).

[ECC 153] Electronic Communications Committee (2010), Numbering and Addressing in M2M Communications, ECC Report 153.

[E.164] ITU-T Recommendation E.164. The International Public Telecommunication Numbering Plan (2010).

[E.118] ITU-T Recommendation E.118. The International Telecommunication Charge Card (2006).

[23.040] 3GPP TS 23.040. Technical Realization of the Short Message Service (SMS) (first published 1999).

[23.041] 3GPP TS 23.041. Technical Realization of Cell Broadcast Service (CBS) (first published 1999).

[23.002] 3GPP TS 23.002, Network architecture http://www.3gpp.org/ftp/Specs/html-info/23002.

[23.003] 3GPP TS 23.003, Numbering, addressing and identification.

Chapter 07

M2M에서 IP의 역할

The Role of IP in M2M*

로랑 투탱과 아나 미네브로
텔레콤 브르타뉴, 세슨 세비뉴 시덱스, 프랑스

7.1 도입

아주 극 소수의 컴퓨터 네트워크 프로토콜만 IPv4 프로토콜만큼 오래 버텼다. 심지어 처음부터 IP는 오늘날 우리가 알고 있는 범용 프로토콜로 결코 설계되지 않았음에도 불구하고, 계속 증가하는 애플리케이션 수를 다루고 진화할 만큼 충분히 다목적으로 만들어졌다. 얼핏 보기에도 엄청난 성공이 네트워크 가치(기술로부터 얻는 사용자의 이익)가 사용자 수의 제곱이라는 멧칼프의 법칙과 밀접히 연결되어 있다고 볼 수 있다. 심지어 참고문헌 [1]에서는 이 공식을 n*log(n)(n은 사용자 수)로 완화했음에도 불구하고, 선 순환을 이끈다. 즉, 한편으로 네트워크는 점점 더 매력적으로 변하고 있고, 다른 한 편으로 새로운 프로토콜이나 새로운 동작 형태에 대한 저항도 더불어 커지고 있다.

일반 대중들에게는 인터넷은 네트워크가 제공하는 서비스와 동의어다. 하지만 네트워크 공학도들에게는, 인터넷은 IETF가 RFC 791[2]로 정의한 프로토콜 스택(ISO 7 계층에서 셋째 층), TCP[3], UDP[4], 그리고 최근에 나온 SCTP[5], DCCP[6]와 같은 전송 프로토콜, 그리고 최종적으로 DNS[7]과 같은 몇몇 애플리케이션으로 보여질 수 있다.

또 다른 정의는 실제 이름 자체에 기반한다. IP는 연결과 네트워크를 포함하고 있으며, 종종 '네트워크의 네트워크'(the network of networks)라는 모토를 사용하고 있기 때문이다. 여기서 더 일반적인 정의를 고려하지 않는 이유는 네트워크 설계나 아키텍처를 실제 프로토콜보다 더 중요하게 여기는 '철학적인' 접근 방법을 유도하기 때문이다. 이런 정의는 M2M

* 저자들은 오랜지 랩의 도미니크 바르텔과 ANR ARESA2 프로젝트에 감사한다. 이 장 집필에 많은 도움을 주었다.

통신에서 더욱 정확하다. 현재 인터넷을 위해 개발된 프로토콜은 M2M 제약 사항에 노출될 때 잘 들어맞지 않는다. 전력 소비도 고려되지 않았다. 인터넷 프로토콜은 종종 아주 수다스럽거나 업그레이드 가능한 환경에서 적용되지 않는 상태를 요구한다. 일반적인 서비스나 부트스트랩을 위한 자동 구성이 필요한 이유는 M2M 장비에는 대부분 키보드가 없으며, 대규모 장비 배포가 필요하며, 수동이나 관리되는 구성을 허용하지 않기 때문이다. M2M과 WSN(Wireless Sensor Network)을 지원하기 위한 인터넷 진화는 라우팅 프로토콜에서 단순히 몇 가지 변경 사항만으로 해결되지 않는다. 이는 헤더 형식, 프로토콜, 라우팅 알고리즘, 주소 체계의 변경된 역할에 맞춘 애플리케이션 설계와 같은 급격한 재정의로 이어진다. 다른 한편으로, 현존하는 장비나 사용 중인 애플리케이션과 상호운용성이 요구된다. 그렇지 않으면 인터넷 프로토콜을 포용하기 위한 노력이 허사가 될 것이기 때문이다.

인터넷은 현재 급격한 프로토콜 진화를 경험하고 있다. 패킷 형식은 IPv4에서 초기에 사용된 32비트 주소 대신 128비트를 지원하게 변경되고 있다. 현재 예측에 따르면 2012년 중반에 이르면 IPv4 주소 공간이 고갈되리라 예상한다. 새로운 인터넷 표준(IPv6)이 한동안 표준화 절차를 밟았지만, 심지어 몇몇 핵심 주체가 네트워크 장비에 IPv6를 포함시켜왔음에도 불구하고, 실제 IPv6 배포는 아주 제한적인 상황이다. 멧칼프의 법칙은 IPv6에 불리하게 작용한다. 대다수 서비스나 컨텐트는 IPv4로만 가능하며, 신형 프로토콜을 사용해야만 하는 실질적인 필요성이 떨어지기 때문이다. 시급한 필요성이 없기에, 새로운 애플리케이션은 아마도 더 큰 어려움이 있더라도 프로토콜 버전 4로 배포되며, 버전 6에 대한 필요성은 낮은 상태로 남아있다. 동시에 두 프로토콜 버전으로 동작한다고 IETF가 예측한 시나리오는 실패했으며, 공급자가 핵심 네트워크에서 IPv6 주소 체계를 채택하지만 기존 애플리케이션은 IPv4에 남아있는 시나리오가 더 현실적이다.

IPv4가 기존 애플리케이션을 위한 주요 프로토콜로 남아있다면, 대규모 배포를 이끄는 전화 통신의 새로운 영역은 이 버전(IPv4)으로 지원하기 힘들 것이다. IPv4에서 32비트로 제한된 주소 체계는 라우팅 프로토콜과 할당 정책으로 인한 제약 사항을 고려하지 않을 경우에도 이론적으로 장비 40억대만 지원할 뿐이다. 이 숫자는 인터넷에 물릴 수 있는 자동차, 기계, 센서 수를 고려할 때 상대적으로 적다고 볼 수 있다. IPv6은 머지 않은 장래에 배포될 서비스를 위한 매력적인 해법으로 등장했다. LTE와 같은 새로운 네트워크 기반 구조에서는 IPv6을 기본으로 선택했다.

7.1.1 간단히 요약하는 IPv6

IPv6 프로토콜은 IPv4 패킷을 단순하게 만들면서, 동일한 원칙을 유지한다. 여러 해 동안 이용했지만, 사용되지 않는다고 증명된 필드는 제거되었다. 가장 먼저 가변 헤더 크기를 지원

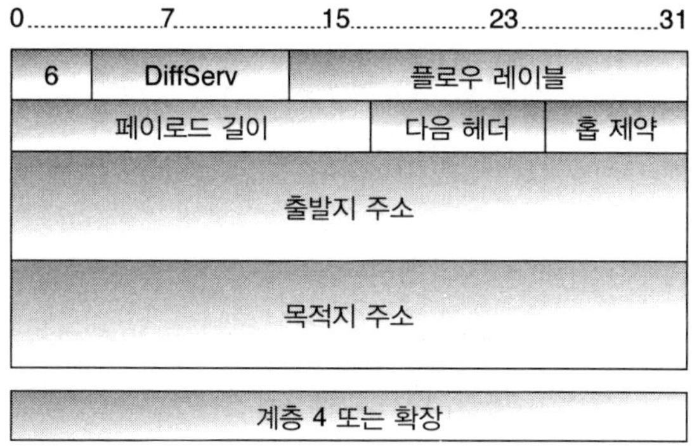

그림 7.1 IPv6 헤더

하는 옵션 필드가 제거되었고, 확장으로 대체되었다. 확장은 계층 3(IP)과 계층 4(UDP, TCP) 사이에 존재하는 중간자 프로토콜로 볼 수 있다. 경로에 존재하는 라우터마다 반드시 처리해야 하는 홉 사이 확장은 예외다. 다른 확장은 코어망에서 보이지 않으며, 최종 목적지에서만 처리된다. 오늘날 IPSec을 위해 정의된 확장을 제외하고는 극소수 확장만이 실제로 사용된다. 이런 확장은 모바일 IP나 shim6에서 볼 수 있는 멀티호밍과 같이 이동성을 관리하기 위해 주로 사용된다.

단편화 역시 주 헤더에서 제거되었으며, 확장으로 분류된다. 따라서 안정성이 높고 예측 가능한 필드를 담고 있기에 패킷이 훨씬 더 단순해졌다. 주소 크기가 4배 더 커졌음에도 불구하고, **그림 7.1**에서 볼 수 있듯이 IPv6 헤더 크기는 IPv4 헤더 크기의 두 배에 불과하다.

IPv6에서 유일하게 새로 도입된 필드는 플로우 레이블이다. IPv6 설계 초기에는, 코어망 내부에서 쉬운 플로우 식별이 가능하게 만들기 위해 플로우 레이블을 도입했다. 계층 4 포트 번호는 확장 사용으로 인해 IPv4처럼 쉽게 접근할 수 없었기 때문이다. 그 이후로 MPLS(MultiProtocol Label Switching)가 플로우 개념을 재정의하기 시작했기에, 플로우 레이블의 용법은 중요도가 떨어졌다.

패킷 형식 변경은 IP 프로토콜 두 버전 사이에 연결 문제를 초래했다. IPv4와 IPv6 애플리케이션 사이의 호환성을 보증하려면 ALG(Application Level Gateway)를 사용하거나 복잡한 헤더 변환이 필요하다. 그럼에도 불구하고 네트워크를 관리하는 방식은 동일하다. 주소는 여전히 CIDR 규칙을 따라 할당되며 라우팅된다. IP와 관련된 대다수 프로토콜은 더 큰 주소를 고려해 진화했지만, 알고리즘은 바뀌지 않았다.

IPv6가 제공하는 더 큰 주소 공간은 인터넷에 연결되는 장비 수를 늘릴 뿐만 아니라, 네트워크 관리에 있어 제약을 단순화한다. IPv6는 IPv4보다 더욱 명확한 주소 체계를 지원한다. **그림 7.2**처럼 IPv6 주소는 세 부분으로 나뉘어진다. 첫째 부분인 GP(Global Prefix, 전역

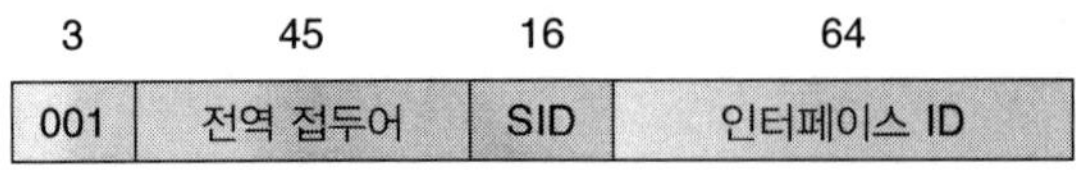

그림 7.2 IPv6 헤더

접두어)는 ISP가 할당하며, 인터넷 핵심에서 IPv6 패킷을 라우팅하기 위해 사용된다. 지역 네트워크 관리자는 둘째 부분인 SID(Subnet ID)를 할당하며, 내부적으로 적절한 네트워크에 패킷을 전달하기 위해 사용된다. GP와 SID는 주소의 첫 64비트를 채워야만 한다. 일반적으로 GP는 길이가 48비트이며, SID는 길이가 16비트이지만, 지역 사이트 크기와 공급자에 따라 값이 달라질 수 있다. 주소 공간에 남은 64비트는 IID(Interface IDentification, 인터페이스 ID)에 모두 할당된다. 주소 표기법은 16비트 워드를 16진수로 표현하며, 각 워드를 콜론(:)으로 구분한다. 콜론이 두 번 나오면(::) 연속적인 0의 반복을 표현하지만 모호함을 없애기 위해 주소 하나당 한번만 사용할 수 있다.

IID를 할당하는 방식은 여러 가지가 있다. 원래 IID는 인터페이스의 MAC 주소(MAC-48 또는 EUI-64)에서 유도되었다. 이렇게 링크에 단일 할당을 보증하기 위해 사용된 가장 쉬운 방법에는 단점이 존재한다. 심지어 장비가 특정 네트워크에서 다른 네트워크로 옮겨 GP:I-ID::/64 부분이 바뀌었을 경우에도, IID는 동일하게 남아 있으며, 몇몇 서버는 (네트워크) 장비를 쫓아갈지도 모른다. MAC 주소는 컴퓨터 브랜드를 나타내는 OUI(Organization Unique Identifier)를 포함한다. 몇몇 회사는 자신들의 네트워크 바깥으로 이런 정보가 전송되는 상황을 꺼려할지도 모른다. 이런 비판에 대응하기 위해, IID는 임의로 정할 수 있다. 비교적 긴 IID의 길이와 링크에 존재하는 상대적으로 적은 장비 수는 충돌 가능성을 현저히 낮춘다.

임의로 만들거나 MAC 주소를 기반으로 만들거나 상관없이, IID는 종종 관리가 아주 어렵다. 네트워크 관리자가 기억하기 아주 어려우며 예측 불허이기 때문이다. IID는 기억하기 쉽게 작은 값을 수동으로 할당할 수도 있다. IID 또한 인증서에서 유도될 수도 있다(CGA: Cryptographic Generated Address). 이런 식으로도 네트워크 상에서 호스트 인증이 가능하다.

IPv6는 다음과 같은 다른 접두어도 정의한다.

- FE80::/64는 LL(Link-Local) 주소를 생성하기 위해 MAC IID나 난수와 함께 사용된다. 이런 주소를 사용하는 패킷은 링크 외부로 라우팅될 수 없지만, 부트스트랩 기간 동안 시작하는 호스트가 이웃 탐색(7.3.3절 참조)으로 불리는 프로토콜을 사용해 계층 3을 구성하게 만들어 준다. LL 주소 역시 라우팅 테이블에서 찾을 수 있다.
- ULA(Unique Local Address)는 사이트를 위해 임의로 생성된 접두어를 포함한다. 이런 주소를 실어 나르는 패킷은 사이트 바깥으로 나갈 수 없지만, 사이트가 IPv6로 연결되어 있

지 않거나 IPv4에서 사설 주소를 사용하는 경우와 마찬가지로 전체 인터넷으로부터 몇몇 장비를 격리할 경우에 사용할 수 있다.

- 멀티캐스트 접두어는 FF00::/8로 시작한다. 접두어 다음에 나오는 4비트는 대규모 멀티캐스트 네트워크를 관리하기 위해 사용되는 몇 가지 플래그를 포함한다. 다음 4비트는 멀티캐스트 범위를 지정한다(예: 1은 호스트 내부에서 통신하게 제한된 멀티캐스트를 나타낸다. 2는 링크 내부에서 통신하게 제한된 멀티캐스트를 나타낸다. 5는 관리 주체 내부에서 통신하게 제한된 멀티캐스트를 나타낸다).
- 몇몇 특수 그룹이 정의되어 있다. 예를 들어, FF02::1은 송신자의 링크에 연결된 모든 장비에 패킷을 보내기 위해 사용되며, FF02::2는 송신자의 링크에 연결된 라우터 그룹을 대표한다.

7.1.2 NDP(Neighbor Discovery Protocol)

NDP(Neighbor Discovery Protocol)는 IP 네트워크로 호스트를 자동으로 끼워 넣는 새로운 방식이나. IPv4에서는 DHCP를 사용한 클라이언트/서버 접근 방식이 가능했다. IPv6는 DHCP를 재정의했지만, DNS 서버와 같은 정적 매개변수를 배포하기 위해 주로 사용된다. 물론 DHCPv6도 호스트에 주소를 할당하거나 라우터에 접두어를 붙이기 위해 사용할 수 있나. IPv6는 무상태 자동 주소 구성(SLAAC, StateLess Auto Address Configuration) 메커니즘을 권장한다. NDP는 RS(Router Solicitation), RA(Router Advertisement), NS(Neighbor Solicitation), NA(Neighbor Announcement)라는 네 가지 특정 ICMPv6 메시지를 사용한다. 메시지의 첫 쌍은 노드와 라우터 사이에서 교환을 위해 사용되며, 남은 쌍은 두 노드 사이에서 교환을 위해 사용되며, IPv4에서 ARP로 수행하듯 주로 IPv6 주소와 MAC 주소 사이의 매핑을 결정한다.

노드가 초기화될 때, 잘 알려진 FE80::/64 접두어를 사용해 LL 주소를 생성하고 IID를 덧붙인다. NS 요청을 전송하는 방법으로 이 주소를 다른 호스트가 사용하고 있지 않은지 테스트하기 전에 자신의 LL 주소를 매핑한다. 만일 응답을 받지 못하면, 노드는 자신의 LL 주소가 유일하다고 가정하고 라우터와 통신하기 위해 해당 주소를 사용할 수 있다. 이 단계는 DAD(Duplicate Address Detection)로 알려져 있으며, 요청이나 응답이 링크 상에서 사라지지 않게 보증하기 위해 여러 차례 NS 탐색 패킷을 전송할 수 있다.

DAD가 성공하면, 노드는 RS 메시지를 사용해 구성 매개변수를 얻기 위해 라우터에 질의할 수 있다. 라우터는 다음과 같은 여러 매개변수로 대답한다.

링크에 사용될 접두어와 길이

- 노드가 수신된 접두어와 IID를 결합해 전역 주소를 구성할 수 있는지 유무. 구성하지 못할 경우에는 반드시 DHCPv6 요청을 보내 전역 주소를 얻어야 한다.
- DHCPv6으로 몇 가지 정적 매개변수를 인출할 수 있는지 유무
- 링크가 노드끼리 직접 통신하는 브로드캐스트 링크인지 아니면 모든 통신이 라우터를 거쳐 수행되는 NBMA(Non-Broadcast Multi-Access) 링크인지 판단. NBMA의 경우 라우터가 해당 매핑을 알고 있으므로 주소 결정(NS/NA 교환)이 필요하지 않다.
- 링크에서 사용될 MTU(Maximum Transmission Unit)와 HL(Hop Limit)

RA 메시지에 포함된 접두어로 자신의 주소를 구성하는 노드는 기본 라우터로 응답한 라우터를 사용할 것이다. GP 유일성은 DAD를 사용해 점검한다. DNS resolver를 얻기 위해 DHCPv6 질의를 사용하는 상황을 피하기 위해, RA 메시지는 옵션으로 DNS resolver의 IPv6 주소를 포함할 수도 있다.

7.2 M2M을 위한 IPv6

M2M 네트워크에서, 모든 장비가 IPv6를 위해 초기에 정의한 네트워크 상에서 동작하기 위한 동일한 능력을 갖추고 있지는 않다. IPv6는 전력과 대역폭 소비를 고려하지 않았다. IPv6는 또한 전송 지원이 이더넷과 유사한 기능을 갖춘다고 추정한다. WSN(Wireless Sensor Network)는 이런 제약이 현실적이지 않음을 보여준 첫 번째 분야다. WSN은 (3G 네트워크를 포함해) M2M 네트워크의 일부만 다루지만, 네트워크의 새로운 분야를 대표하고 있다. 얼마 전까지 WSN을 위한 애플리케이션은 IEEE 802.15.4와 같은 계층 2 프로토콜 위에서 직접 설계되었다. 이는 라우팅과 같은 전체 네트워크 부분은 개별 사례에 맞춰 개발해야만 했기에 제한적인 유연성만 제공했다. 또한 인터넷에 물린 다른 장비와 직접 대화하지 못하는 애플리케이션을 차단하기 시작했다. 지그비 포럼은 더 나은 상호운용성을 제공하기 위해 센서와 구동기용 프로토콜 스택과 프로파일을 정의한다. 이런 네트워크는 또한 경보 시스템 메시지와 조도 조절 시그널을 실어 나르기 위해 여러 가지 방법으로 사용 가능하다. 그럼에도 불구하고, 지그비 네트워크는 폐쇄적인 구조이며, 외부 세상과 통신은 애플리케이션 게이트웨이를 거쳐야만 했다. 이는 새로운 서비스 배포를 더 복잡하게 만들었다. 새로운 애플리케이션을 고려해 게이트웨이를 수정해야만 하기 때문이다.

앞서 설명한 바와 같이, IP는 아주 유연한 아키텍처를 제공한다. 라우터는 애플리케이션을 고려 사항에 넣지 않고 특정 인터페이스에서 다른 인터페이스로 패킷을 전달할 뿐이며,

매체의 특징을 반영하기 위해 패킷 전달을 조정할지도 모른다. IETF에 속한 6LoWPAN 작업 그룹은 LoWPAN 네트워크에서 IPv6를 나르기 위해 적응 계층을 정의하는 작업을 하고 있다. 심지어 LoWPAN 네트워크 정의가 IEEE 802.15.4보다 더 일반적임에도 불구하고, 주로 저전력 환경에서 동작하기 위한 지원에 초점을 맞추고 있다.

만일 조명 제어와 같이 몇 가지 가정용 자동화 애플리케이션이 지그비의 닫힌 모델을 지원하기 위해서는, 지그비 스마트 에너지와 같은 몇몇 다른 기능은 외부 세상과 상호 접속을 요구한다. 에너지 가격에 기반해 동작하기 위해 에너지 공급자와 몇몇 메시지를 교환해야 하므로, 전역 상호 접속이 필요하다. 지그비 포럼은 이런 프로파일을 위해 IPv6를 선택해 왔다. ISA가 업계에서 센서를 위한 표준 프로토콜을 정의함에 따라 다른 분야에서도 유사한 선택이 이어지고 있다. 또한 산업계 프로세스가 주로 지역적으로 제어됨에 따라 요구되는 상호 접속 능력뿐만 아니라 대량 판매를 목표로 개발된 장비를 배포함으로써 발생하는 비용 절감에서 오는 이익을 얻기 위해 IPv6이 선택되어 왔다.

IPv6와 LoWPAN 네트워크 관련 프로토콜의 주요 제약 사항은 다음과 같다.

- IPv6를 정의하는 표준에서[8], 링크 계층은 페이로드로 최소 1280 바이트를 지원해야만 한다. 이런 제약은 NDP, NDP 메시지, 특히 RA가 단편화되어서는 안 된다는 사실에서 기인한다. 이 크기는 IP 헤더의 여러 캡슐이 터널링을 지원하게 만든다. 표준은 링그 계층이 이런 최소 크기를 지원할 수 없을 경우 적응 계층을 두고서 이런 제약을 감춰야 한다고 정의한다. ATM과 적응 계층 AAL5에서 이런 사례를 찾아볼 수 있다.
- WSN에서는 브로드캐스트나 라우팅 기능을 허용하는 계층 2 프로토콜을 정밀하게 지원하고 IPv6 헤더 압축을 지원할 목적으로 새로운 적응 계층이 개발되고 있다.
- 6장에서 설명한 바와 같이, IPv6은 NDP 프로토콜을 WSN에 맞게 조정해 링크에서 배경 멀티캐스트 트래픽을 생성한다. 또한 LoWPAN에서는 링크가 제대로 정의되어 있지 않다. 프레임 범위가 시간에 지남에 따라 아주 급격하게 변하기 때문이다. 적응 계층은 프로토콜이 만드는 메시지 수를 엄청나게 줄이며, 잘 알려지고 도달 가능한 장비 항목에 대한 정보를 중앙 집중화하는 기능을 포함한다.

저전력으로 움직이며 손실 가능성이 높은 네트워크 상에서 라우팅을 위한 IETF 작업 그룹(Roll)은 기반 링크와 트래픽 패턴의 특성을 고려한 라우팅 프로토콜을 현재 개발 중이다. Roll은 WSN을 위한 RPL 라우팅 프로토콜을 작업하고 있다. RPL은 시간 경과에 따른 노드 사이의 링크 진화를 고려하며, 이는 주로 무선 신호의 약점에 기인한다. 제어를 위해 사용되는 TCP와 같은 계층 4 프로토콜이 센서 통신에 항상 적합하지는 않다. 연결 지향 프로토콜의 여닫는 단계는 단순 질의/응답 교환에는 너무 무겁다. 또한 TCP는 아주 복잡한 프로토콜로 연결을 효율적으로 처리하기 위해 센서 메모리를 많이 요구한다. 몇몇 단순한 질의/응답 기법이 UDP 상에서 개발되고 있으며, IETF CoRE 작업 그룹은 현재 이 주제에 초점을 맞추고 있다.

7.3 6LoWPAN

6LoWPAN 작업 그룹은 IPv6 프로토콜을 맞춰 LoWPAN 네트워크에서 지원할 수 있게 만드는 목표를 세웠다. 주요 목표는 IPv6 프로토콜과 NDP와 같은 관련 프로토콜을 LoWPAN 네트워크 특징에 맞추기 위해 인터넷과 WSN 사이의 상호 접속을 보증하는 데 있다. 6LoWPAN 프로토콜은 센서 노드와 공개 인터넷에 연결된 몇몇 LBR(LowPAN Border Router)에 구현되어 있다. LBR 장비는 라우터 기능을 포함하며, 패킷 압축과 압축 해제도 가능하다. 다음과 같은 몇 가지 제약 사항이 IPv6를 LoWPAN 환경으로 맞추는 작업을 요구한다.

- 1280바이트로 MTU의 최소 규정이 정해진 IPv6와 비교해 계층 2 프레임 크기가 제한적이다. IPv6 RFC에 명세된 프레임 크기를 제공하기 위해서는 단편화가 필요하다.
- 몇몇 노드에서는 전력이 상당히 제한적일 수 있다. 예를 들어, 몇몇 계량기 장비는 배터리 교체 없이 몇 년(15년까지)을 버텨야 한다. 불필요한 교환과 멀티캐스트 트래픽은 전력을 아끼기 위해 반드시 피해야 한다.
- 이웃 탐색 메시지는 단편화되어서는 안 된다. 몇몇 조각이 사라지면, 프로토콜의 효율이 떨어진다.
- 무선 범위는 줄어들지도 모르며, IPv6 패킷은 목적지나 LBR에 도달하기 위해 노드에서 노드로 전달되어야 할지도 모른다.
- 이웃 탐색은 유선이나 와이파이 네트워크처럼 잘 정의되어 있지 않으며, 무선 범위의 차이로 인해 이웃 목록이 변경될지도 모른다.

6LoWPAN 네트워크는 다음과 같은 세 가지 토플로지를 중심으로 조직화할 수 있다.

- **스타 토플로지** (Star topology): 모든 센서 노드에 접근 가능하며, LBR에서 도달 가능하다.
- **그물망** (Meshed): 노드는 목적지로 프레임을 전달하기 위해 계층 2에서 조직화된다. 상호 접속을 위한 알고리즘은 6LoWPAN이 정의하지 않으며, 브로드캐스트와 홉 사이의 연결을 관리하기 위한 일반적인 지원만 제공할 뿐이다. 인터넷 관점에서 보면, 그물망 네트워

크는 모든 노드가 동일 접두어를 공유하는 이더넷 네트워크와 유사하다. 6LoWPAN은 이 기술을 MU(mesh-under)로 지칭한다.

- **라우팅** (Routed): 노드는 라우터로 동작 가능하며, 패킷을 목적지로 전달한다. 라우팅 프로토콜은 전달 정보를 구성하기 위해 몇몇 노드에서 동작하고 있어야 한다. LoWPAN 네트워크 내부에 있으며 인터넷에 직접 연결되지 않은 상태에서 라우터로 동작하는 노드는 LR(LowPAN Router)이라 한다. 6LoWPAN은 이 기술을 RO(Route-Over)로 지칭한다. 최고의 후보는 Roll 작업 그룹이 정의한 RPL 프로토콜이다.

7.3.1 프레임워크

작업을 두 가지 측면으로 조직화한다. 첫째는 제한된 크기의 단일 프레임에 단순 질의와 NDP 메시지가 들어가게 만들고 부하를 최소로 줄이기 위해 앞서 언급한 프로토콜과 IPv6 헤더를 압축하는 작업이다. 둘째는 특히 NDP가 라우팅 프로토콜과 상호작용을 해야만 할 때 NDP를 링크의 특수성에 맞추는 작업이다.

7.3.2 헤더 압축

6LoWPAN은 특정 기술 형태와 관련이 없다. 하지만, 현재 구현은 주로 IEEE 802.15.4에 기반한다. 여기 MAC 프로토콜 네트워크에는 4가지 프레임 형태(비콘, 데이터, 전달 확인, 제어)가 정의되어 있다. 각각은 32비트 전문과 수신자와 동기화하기 위한 시작 프레임 구분 문자로 시작한다. 다음으로 127바이트까지 데이터를 허용하는 7비트로 인코딩된 길이가 따라온다. 그리고 나서 프레임 제어 필드가 프레임 타입, 출발지와 목적지 주소(16또는 64비트)의 존재와 크기, PAN(Personal Area Network) 식별자(PANid)와 같은 몇 가지 정보를 제공한다. 시퀀스 번호는 프레임을 식별하고 확인하기 위해 사용된다. 프레임이 PANid와 출발지/목적지 주소를 담은 주소 필드를 실어 나를 경우 확인을 사용하지 않는다. 확인 프레임만 비어 있으며, 다른 프레임은 데이터를 포함한다. 네 가지 프레임 모두 CRC로 끝난다.

이 프로토콜은 최대 127바이트까지 데이터 크기를 허용하지만, IPv6 표준[8]은 최소 값을 1280바이트로 정한다. 6LoWPAN[9]은 이런 제약을 극복하기 위한 단편화 프로토콜을 포함한다. 6LoWPAN은 또한 헤더 압축 메커니즘을 제공해 IPv6 헤더 크기를 줄인다. 따라서, 센서 네트워크 계층에서 찾을 수 있는 정보나 잘 알려진 정보를 송신하지 않아도 된다. 표준에 정의된 압축 기법은 곧 무효화되며, IPHC(IP Header Compression)라는 효율적인 버전으로 교체될 것이다[1]. 여기서는 새로운 헤더 압축 알고리즘만 설명할 것이다. 프로토콜은 또한 그

1 RFC 6282.

물망 네트워크나 브로드캐스트 지원을 위해 사용 가능한 몇 가지 필드를 나르지만, 정의된 프로토콜은 없다. 계층 2 프로토콜이 IETF 명세의 범위 바깥에 있기 때문이다. 6LoWPAN은 또한 L4 헤더 압축을 정의한다. 현재 메커니즘은 UDP를 위해서만 존재하지만 ICMPv6나 TCP와 같은 다른 프로토콜 역시 조만간 포함될 것이다.

6LoWPAN는 데이터 필드의 첫 바이트를 자료 구조를 나타내는 식별자로 정의한다. 예는 다음과 같다.

- 01000001은 남은 비트가 압축되지 않은 IPv6 헤더라는 사실을 나타낸다.
- 011은 헤더가 새로운 압축 방식으로 압축되었음을 나타낸다.
- 10은 그물망 캡슐화를 나타낸다. 출발지와 목적지 주소를 포함한다.
- 01010000은 그물망 토플로지에서 브로드캐스트 프레임의 태그 한계 전파를 나타낸다.
- 11000xxx와 11100xxx는 각각 처음과 남은 조각의 단편화 헤더를 나타낸다.

이런 값을 프레임에 넣는 방법은 디코딩을 단순화기 위해 고정된다. 존재할 경우, 프레임은 그물망 헤더와 브로드캐스트 헤더로 시작하고, 단편화 헤더가 따라오며, 마지막으로 L3 헤더(압축되거나 압축되지 않은 형태)와 L4 헤더(압축되거나 압축되지 않은 형태)로 마무리한다.

지그비 데이터 프레임과 충돌을 방지하기 위해 식별자 값을 선택했을 경우에도, 6LoW-PAN 패킷과 지그비 패킷을 구분할 수 있는 안정적인 방법은 없다. 따라서 특정 순간에 WSN에서 동작하는 프로토콜은 둘 중 하나만 가능하다.

그림 7.3은 IPHC으로 압축되거나 압축되지 않은 ICMPv6 메시지 예를 보여준다. 가장 좋은 경우에, IPHC 식별자 이후에 전송되는 값은 원래 헤더에서 차지하는 40바이트와 비교해 2바이트로 줄어든다. 압축 결과에 대한 세부 설명은 7.3.2.5절을 참조한다. 다음에 이어지는 절에서는 식별자의 동작 방식을 기술한다.

7.3.2.1 인터페이스 ID

6LoWPAN는 MAC 주소에서 ID를 유도한다는 장점이 있다. MAC 주소는 유일한 값으로 가정할 수 있기에, IPv6 주소가 유일한지 보증하기 위해 DAD 알고리즘이 필요하지 않다. 또한 6LoWPAN에서 개발한 압축 과정을 돕기도 한다. 주소가 계층 2에서 전송될 경우 계층 3으로 전송할 필요가 없다.

계층 2 주소가 16비트로 인코딩되어 있으면, IID는 앞에 0000:00ff:fe00를 붙여 만들어진다.

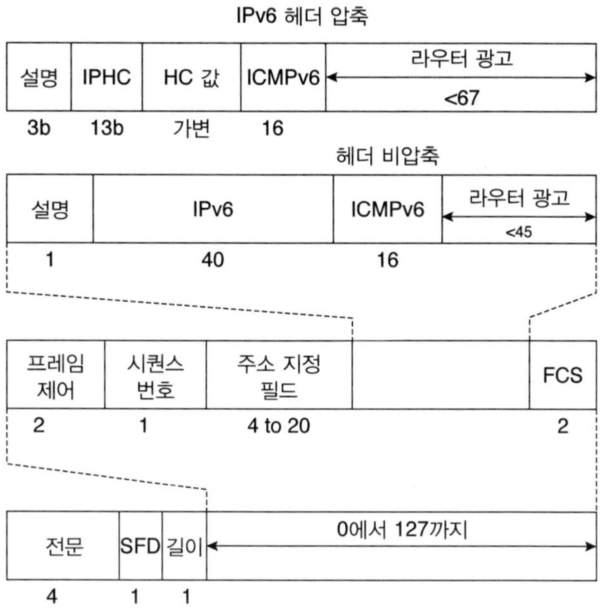

그림 7.3 IEEE 802.15.4 RA 캡슐화

7.3.2.2 그물망 식별자

무선 네트워크에서 무선 범위에 위치한 모든 노드는 프레임을 수신할 수 있다. 모든 수신자가 목적지로 프레임을 복사한다면, 목적지 노드는 원본 메시지의 복사본을 여러 번 수신할 것이다. 이를 피하기 위해, 송신자는 어떤 노드가 목적지로 프레임을 전달할지를 명세해야 한다. 그물망 네트워크에서는 프레임 헤더에 포함된 주소를 사용해 홉 사이 노드를 설계한다. 다시 말해, 실제로 프레임을 전송하는 노드는 목적지로 프레임을 전달해야 하는 이웃이다. **그림 7.4**에서 보는 바와 같이 그물망 헤더에 양단 사이 주소를 실어 나른다. V와 F 비트는 출발지(가장 첫 주소)와 마지막 종착지의 주소 길이를 지정하기 위해 쓰인다. 0으로 설정될 경우 길이는 4바이트이며, 1로 설정될 경우 길이는 16바이트다. 주소 값은 식별자 다음에 나온다. 남은 홉 필드는 그물망 네트워크에서 무한 루프에 빠지는 영향을 제한하기 위해 쓰인다.

6LoWPAN은 특정 목적지를 고려해 다음 홉 주소를 발견하기 위한 구체적인 알고리즘을

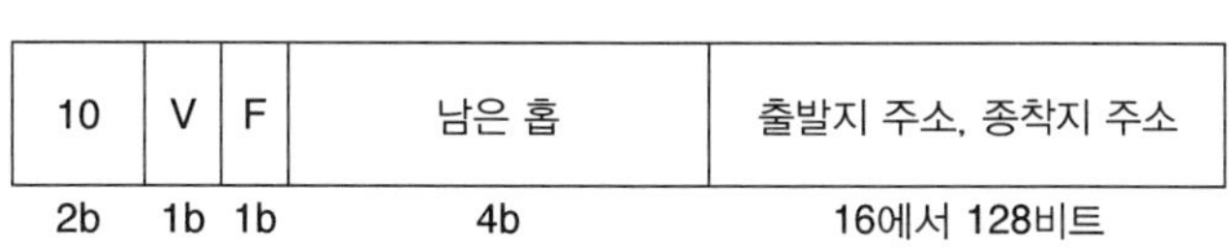

그림 7.4 그물망 식별자

정의하지 않는다. MU 전달에 사용될 식별자는 널리 쓰이지 않는다. 각 노드가 라우터로 동작하는 RO를 선호한다. 이 경우에는 식별자가 필요하지 않다. 패킷은 목적지 주소를 찾는 방법으로 전달되며, 라우팅 테이블이 다음 홉을 알려준다. RPL과 같은 라우팅 프로토콜을 사용해 라우팅 테이블을 채운다.

7.3.2.3 브로드캐스트 식별자

브로드캐스트 프레임은 WSN에서 모든 노드에 도달해야 하거나 또는 쉽지만 비효율적인 멀티캐스트를 플러딩 메커니즘으로 구현하기 위해 필요하다. 브로드캐스트 식별자는 루프 방지 목적의 정보를 실어 나른다. 8비트 식별자 다음에, 출발지 노드가 선택한 유일한 8비트 시퀀스 값이 나온다. RFC에서 시퀀스 값의 사용 방법은 명세하지 않았지만, 알고리즘은 상대적으로 단순하다. 브로드캐스트 식별자로 메시지를 전달할 때, 노드는 한동안 출발지 주소와 이 시퀀스 값을 기억한다. 주기 내에 동일 출발지 주소와 시퀀스 번호가 담긴 새로운 프레임을 수신하면, 프레임을 그대로 버린다.

7.3.2.4 단편화 식별자

두 식별자가 **그림 7.5**에서 제시한 단편화를 관리한다. 단편화 과정은 IP가 사용하는 과정과 아주 흡사하다. 다른 데이터그램에 속한 조각 사이를 구분하기 위해 단편화를 수행하고 있는 라우터가 선택한 태그를 사용한다.

모든 조각은 원본 데이터그램 길이를 실어 나른다. 그리고 첫 번째를 제외한 모든 조각은 원본 데이터그램에서 주어진 위치를 지정하는 오프셋을 실어 나른다.

그림 7.5 단편화 식별자

7.3.2.5 헤더 압축 식별자

IPv6 헤더 압축은 6LoWPAN 프로토콜에서 가장 중요한 부분이다. 이 압축은 무상태이며, 패킷 헤더를 압축하거나 재구성하기 위해 어떤 주변 맥락 정보도 유지할 필요가 없음을 의미한다. 이런 식으로 다시 라우팅할 수 있으며, 다른 LBR을 거쳐 데이터그램을 전송할 수 있다. 압축 방식은 IPv6 헤더의 대다수 필드가 예측 가능하므로 길이를 측정할 수 있다는 사실에 기반한다. 플로우 레이블은 종종 0으로 설정되어 있고, 만일 IPv6 주소가 EUI-16이나 EUI-64를 포함해 만들어졌다면 계층 2 프레임에서 찾을 수 있는 값을 굳이 전송할 필요는 없다. 접두어 부분은 압축하기가 복잡하다. [9]에서 압축은 링크 층 주소에만 최적화되어 있으므로, NDP의 경우에만 효율적이다. RFC 6282는 어떤 접두어 유형은 물론이고 멀티캐스트 주소에 대해서도 적용되는 압축 메커니즘을 일반화하고 있다. 접두어는 예측 가능하지 않기에 테이블에 저장되어야 하며, 압축 메커니즘은 특정 접두어를 참조하기 위해 색인을 사용할 것이다.

패킷은 원본 IPv6 헤더의 어느 부분을 전송하고 어느 부분을 전송하지 않아야 하는지를 기술하는 13비트 비트맵에 이어 세 비트 식별자로 시작한다. **그림 7.6**에 다양한 플래그 값을 정리한다.

인코딩 관례를 유지하기 위해, 플래그의 모든 비트가 0으로 설정되면, 필드는 식별자 다음에 전송된다. 그리고 모든 비트가 1로 설정되면 필드는 생략된다. 모든 필드 길이를 알고 있기에, 목적지에서 값을 복구하기는 쉽다.

TF(traffic class, flow label)는 DiffServ 필드(6비트), ECN(Explicit Congestion Notification, 2비트), 플로우 레이블(20비트)를 다룬다. 플래그 값은 DSCP나 플로우 레이블을 막는다.

NH(Next header) 플래그는 계층 4 프로토콜 처리 방법을 명세한다. 이 플래그를 0으로 설정하면, NH 필드는 변경되지 않은 상태로 IPv6 헤더에 전송된다. 1로 설정하면, 상위 압축 메커니즘을 지정하는 또 다른 태그가 IPHC 헤더 값 다음에 정의될 수 있다. 현재, 표준은 두 가지 가능한 태그를 정의한다. 하나는 IPv6용으로 IPv6 확장이나 IPv6 터널을 사용해 실어나르며, UDP를 위한 단순 압축 기법이기도 하다. 다른 메커니즘은 TCP와 같이 계층 4 프로토콜을 위해 장래에 정의될지도 모른다.

011	TF	NH	HLIM	CID	SAC	SAM	M	DAC	DAM
3b	2b	1b	2b	1b	1b	2b	1b	1b	2b

그림 7.6 IPHC 식별자

표 7.1 SAC과 SAM 비트

SAC/SAM	00	01	10	11
IID		64 첫 접두어 비트가 송신되지 않고 IID는 완전히 송신됨	112 첫 접두어 비트가 송신되지 않고 마지막 16 IID 비트가 송신됨	128비트가 송신되지 않음
0	주소는 완전히 송신됨(LL과 전역)	접두어는 FE80::/64	접두어는 FE80::0:FF: FE00/112	접두어는 FE80::/64 이며 IID는 L2 출발지 주소에서 얻음
1	명세되지 않은 주소 (::/0 (송신되지 않음))	접두어는 맥락에서 얻음	접두어는 맥락에서 얻고, IID는 0000: 00FF: FE00:에서 시작	접두어는 맥락에서 얻고 IID는 L2 출발지 주소에서 얻음

HLIM (hop limit) 플래그는 온라인 값에 추가해 잘 알려진 몇 가지 값을 정의한다.

맥락은 모든 센서가 알고 있는 접두어를 참조한다. 따라서 모든 IPHC 헤더에 접두어 값을 전송하지 않아도 된다. 단일 맥락(0x)는 기본적으로 정의되어 있다. 이 맥락은 출발지 주소와 목적지 주소가 다를 수 있다. CID 플래그를 1로 설정할 때, 16가지 맥락을 사용할 수 있음을 지시한다. 이 경우, 정보의 추가 바이트가 식별자 다음의 값 필드에 추가된다. 맥락 필드의 첫 4비트는 출발지 접두어 값을 가리키며, 남은 4비트는 목적지 접두어 값을 가리킨다. 맥락 번호와 값 사이의 동기화는 WSN을 위해 향상된 NDP가 수행할 수 있다(7.3.3절 참조).

SAC(Source Address Compression) 플래그는 출발지 주소를 위한 접두어의 특징을 제공한다. 이 플래그를 0으로 설정하면 접두어는 대부분 LL이다. **표 7.1**에 가능한 값을 정리한다.

압축은 토폴로지 관점에서 달라진다. SAC/SAM (source address mode) = 0/00를 어떤 상황에서도 사용 가능한 이유는 전혀 압축하지 않기 때문이다. SAM = 11은 주로 스타형 토폴로지나 MU 네트워크를 위해 정의되었다. L2 주소가 헤더, IEEE 802.15.4 헤더, 그물망 헤더에 각각 반드시 존재해야 하기 때문이다. SAM = 01 or SAM = 10은 RO 토폴로지에서 사용 가능하다. 홉 사이 전송은 L2 헤더에 포함된 정보를 엄격하게 두 홉 사이에만 국한하기 때문이다. 이 두 값은 64나 16비트로 주소를 지정할 경우 출발지 코드의 길이를 구분하기 위해 필요하다.

목적지 주소에 대해서도 원칙은 동일하다. DAC(Discovery Address Confirmation) 플래그는 접두어가 LL인지 맥락에서 왔는지를 나타낸다. 목적지 주소는 또한 멀티캐스트 주소도 가능하므로, 유니캐스트 주소와 구분하기 위해 M 플래그를 추가한다. **표 7.2**에 가능한 값을

표 7.2 M, DAC, DAM 비트

M-SAC/SAM	00	01	10	11
00	주소가 완벽하게 송신됨(LL과 전역).	접두어는 FE80::/64	접두어는 FE80::0:FF:FE00/112	접두어는 FE80::/64이며, IID는 L2 출발지 주소에서 얻음
01	예약됨	접두어는 맥락이 제공	접두어는 맥락이 제공하며, IID는 0000:00FF:FE00에서 시작	접두어는 맥락이 제공하며, IID는 L2 출발지 주소에서 얻음
10	주소가 완벽하게 송신됨	48비트가 송신되었고 FFXX:00XX:XXXX XXXX 멀티캐스트 주소로 전파	32비트가 송신되었고 FFXX::00XX:XXXX 멀티캐스트 주소로 전파	8비트가 송신되었고 FF02::00XX 멀티캐스트 주소로 전파
11	48비트가 송신되며, [11]에 정의된 대규모 멀티캐스트에 쓰임. 맥락 값은 랑데부 지점 주소를 포함	예약됨	예약됨	예약됨

정리한다.

7.3.3 이웃 탐색

LoWPAN 네트워크에서 무선 범위는 제한적이며, 모든 노드가 직접 대화할 수 있지는 않다. 또한 대기 습도 수준과 다른 네트워크나 장비가 생성한 방해 전파로 인해 급격하게 무선 범위가 줄어들지도 모른다. 양방향 트래픽을 항상 보증할 수도 없다. [10]에 정의된 바와 같이 NDP 프로토콜이 의존하는 링크 정의는 이더넷이나 심지어 와이파이에서 사용되는 정의만큼 명확하지 않다. NDP는 링크 특성을 고려할 뿐만 아니라 노드가 이웃과 이야기하게 만드는 기능을 보증하기 위해 필요한 전력을 줄이게 조정해야만 한다.

NDP는 네트워크 매개변수를 얻고, DAD를 구동하며, 원격 노드의 IPv6 주소와 MAC 주소 사이의 매핑을 결정하기 위해 광범위하게 계층 2 멀티캐스트에 의존한다. 이더넷, 와이파이, 브리지 네트워크는 멀티캐스트 트래픽을 쉽게 지원하기 때문이다. LoWPAN에서 멀티캐스트는 복잡한 구현을 암시한다.

- MU 모델에서, 브로드캐스트를 허용하기 위해 특정 발송 값을 정의해왔다. L3 멀티캐스트 주소는 L2 브로드캐스트 주소로 쉽게 변환 가능하나 네트워크에 부하를 주며, 모든 노

드가 이 메시지를 처리해야만 할 것이다.

- RO 네트워크는 특정 서버가 멀티캐스트를 수행할지도 모르는 NBMA[2] 네트워크에서 동작이 유도되었다고 볼 수 있다. NDP를 RO LoWPAN에 맞추기 위해 노드가 인접한 라우터를 발견할 필요가 있을 때만 브로드캐스트를 허용할 것이다. 일단 라우터의 주소를 파악하고 나면, 유니캐스트를 사용해 트래픽을 송신할 것이다.
- 한 걸음 더 나가, RO 네트워크는 주로 목적지에 정보를 중계하는 라우터로 동작하는 노드로 구성되어 있지만, 주소 지정 관점에서 보면 단일 링크로 보인다. 다시 말해, 모든 노드에 동일 접두어가 할당될지도 모른다. 반면에 NDP는 구현상 라우터를 거치지 않는다고 가정한다. 명세가 원래 물리적인 링크를 사용하게 의도하고 있기 때문이다. 6LoWPAN를 위한 NDP는 다중 홉 접두어라는 개념을 도입했다. NDP는 라우팅 프로토콜로 여겨서는 안 된다. 대신 물리적으로 도달 가능한 이웃 사이에 통신을 허용하는 수단으로 생각해야 한다. LoWPAN 내부에 존재하는 RPL과 같은 라우팅 프로토콜은 LoWPAN에 속한 모든 노드 사이에서 연결을 구축하기 위해 필요하다.

멀티캐스트 트래픽을 줄이는 또 다른 방법으로 인접 노드에 라우터 상태와 LoWPAN 접두어 값을 알려주는 수단으로 사용되는 주기적인 RA를 피한다. LoWPAN 네트워크에서 각 노드는 주소를 무효화하기 앞서 접두어와 네트워크 매개변수가 여전히 유효한지 반드시 검증해야 한다.

DAD 용례 역시 완전히 검토해야 한다. DAD는 특정 주소가 다른 노드에 할당되지 않았음을 보증하기 위해 사용되는 타임 아웃 메커니즘에 기반한다. LoWPAN에서 인접 노드에 일시적으로 도달하지 못하기 때문에 타임 아웃이 초과될지도 모른다. 이는 DAD 과정이 비효율적이라는 사실을 의미한다.

LoWPAN 네트워크에서, IEEE 프로세스를 올바르게 따른 경우라면 EUI-64는 유일하게 할당된다고 가정할 것이다. IEU-64에서 유도된 LL 주소는 구현상 유일하며, 유일성을 보증하기 위해 검증할 필요가 없다. DHCPv6를 사용해 결정된 주소에 대해서도 동일한 가정이 성립한다. 인증서로부터 발급된 주소나 임의 값으로 만든 주소인 경우에는 지역에서 사용된 주소와 송신자의 MAC 주소 목록을 유지하는 몇몇 중앙 서버가 검증 작업을 수행할 것이다.

목표는 트래픽 감소와 멀티캐스트 메시지 사용 회피다. 주기적인 라우터 선전 메시지는 억제되며, RA는 노드가 요청할 때 유니캐스트를 사용해서만 전송된다.

2 브로드캐스트가 아닌 다중 접속: 어떤 노드도 도달 가능하지만 전화 네트워크에서 볼 수 있듯이 한번에 하나만 가능하다.

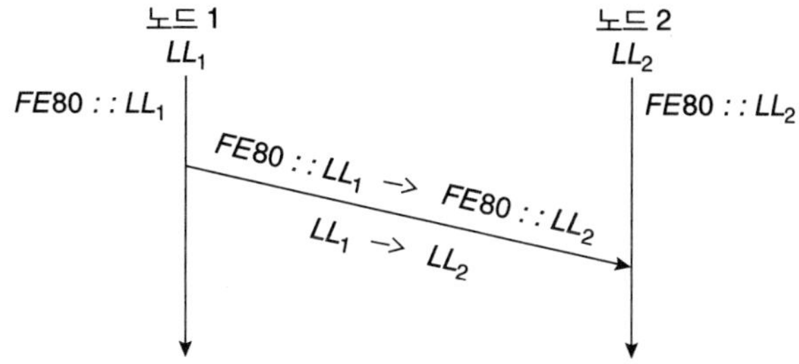

그림 7.7 이웃 탐색

7.3.3.1 LL(Link-Local) 주소

LL 주소는 링크 상에 존재한다고 가정한다. IID가 MAC 주소에 기반하며, 정의상 동일 매체를 공유하므로(다시 말해, 출발지와 목적지 사이에 라우터가 없다), 주소를 결정할 필요가 없다. MU 모델에서는 LL 주소는 LoWPAN에 위치한 모든 호스트에 도달하기 위해 사용할 수 있다. 계층 2는 다른 노드에 도달하기 위한 라우팅 프로토콜(IETF가 명세하지 않은)을 관리한다. RO 모델에서는 무선 인터페이스가 도달 가능한 이웃에 직접 접근하기 위해서만 LL 주소를 사용할 수 있다.

그림 7.7은 이웃 탐색의 예를 제공한다. 노드마다 설계상 유일한 계층 2 EUI-64를 포함한다. 이웃 노드는 개별 EUI-64값에 FE80::/64를 덧붙여 자신들의 LL 주소를 생성한다. 계층 3에서, 노드 1이 노드 2에 패킷을 송신해야 한다면, 노드 2의 MAC 주소는 IPv6 주소에서 추출될 것이다.

7.3.3.2 전역 주소

LL 주소와 반대로, 전역 주소에는 IUE-64에서 IID 기반과 임의 값 사이를 구분하기 위한 수단이 존재하지 않는다. 이런 이유 때문에 링크 상에 존재하지 않는(off-link) 모드에서 이런 주소 유형을 관리할 수 있다. IPv6는 모든 패킷을 기본 라우터 계층 2 주소로 송신되게 지시하는 (RA 메시지에 실려 운반되는) 링크 상에 존재하지 않는 모드를 정의한다. 이럴 경우 주변을 둘러싼 호스트를 더 잘 볼 수 있으며, 주소와 MAC 주소 사이에 변환이 가능할 것이다.[3]라우터가 IP와 MAC 주소 사이의 변환을 이해하게 만들려면 노드는 자신의 주소를 반드시 등록해야 한다. 등록은 주소의 유일성을 검증하기 위한 단순한 메커니즘을 제공한다.

그림 7.8은 RO 토폴로지에서 라우터 하나와 노드 둘을 포함한 시나리오에서 전역 주소를

---

3 링크 상에 존재하지 않는 경우 라우터가 목적지의 MAC 주소를 송신자에게 알려주기 위해 ICMPv6 리디렉트 메시지를 송신하게 허용할 수 있다. 이는 남은 패킷에 대한 직접 송신이 가능하게 만든다.

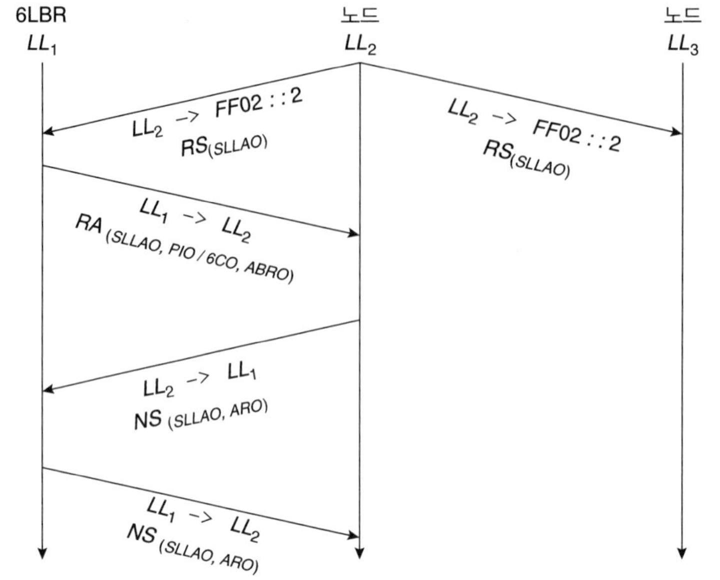

그림 7.8 이웃 탐색

처리하기 위한 NDP를 설명한다. 직전 시나리오와 마찬가지로, 모든 노드 유형은 EUI-64에 기반한 LL 주소를 생성한다. 가장 단순한 사례로, 모든 센서 노드는 중계를 위한 요구 사항 없이 LBR에서 정보를 송수신할 수 있다.

노드가 네트워크에 들어올 때, 여러 단계가 필요하다. 첫째 단계는 모든 라우터를 파악하고 네트워크 매개변수를 받는 작업이다.

- 노드는 인접한 라우터를 파악하기 위해 멀티캐스트 메시지를 전송한다. RS(Router Solicitation)를 사용하며, 노드 MAC 주소를 주는 옵션을 포함한다.
- 경계 라우터(6LBR)와 다른 노드는 RS를 수신하지만, 6LBR 라우터만 MAC 주소와 접두어를 포함한 RA(Router Advertisement)로 응답한다. 6LoWPAN 패킷에서 접두어 압축을 허용하는 공표된 접두어(6CO)에 맥락 식별자를 매핑하기 위한 6LoWPAN용 특정 옵션이나 6LBR (PIO)이 접두어를 관리한다. 링크 상에 존재하지 않음(off-link)을 지시하기 위해 비트 L은 설정하지 않는다.
- NDP의 표준 명세와 비교해, 접두어의 최대 수명은 최대값(0xFFFF, 대략 18시간)으로 설정 가능하다. 경계 라우터는 또한 다른 6LR이 중계할 특정 옵션(ABRO: Authoritative Border Router Option)을 추가한다. 이런 식으로 노드는 접두어를 공표하는 경계 라우터의 IPv6 주소를 알게 되며, 유니캐스트 트래픽을 사용해 모든 패킷을 직접 송신할 수 있게 된다.

둘째 단계는 전역 주소 등록이다.

- 노드는 자신의 주소를 등록하고 MAC 주소와 잠정적인 IPv6 주소(ARO: Address Registration Option)를 둘 다 포함하는 유니캐스트 NS 메시지를 송신하는 방법으로 주소의 유일성 점검 작업을 6LBR에 위임한다.
- 노드가 여러 RA를 수신했다면, 안정성을 강화하기 위해 모든 6LBR에 자신의 주소를 등록하는 방식을 권장한다. 라우터는 활성 이웃 캐시를 유지하며, SLLAO에 포함된 MAC 주소와 ARO에 포함된 잠정적인 IPv6 주소로 구성된 쌍 사이에 충돌이 있는지 점검한다. 항목이 새롭거나 이미 존재할 경우, 충돌이 일어나지 않으며, 6LBR은 상태를 0으로 설정한 ARO를 포함하는 NA로 응답한다. 충돌을 감지하면(동일 IPv6지만 MAC 주소가 다를 경우), 상태 1을 반환한다. 이웃 캐시가 꽉 차 있다면 상태 2를 반환한다.
  노드가 주소 수명을 0으로 설정하면, 라우터는 이웃 캐시에서 항목을 삭제한다.
- 충돌이 일어난 경우, 노드는 다른 주소를 선택해 등록 절차를 재시작할 수도 있다. 예를 들어, 주소 선택 과정에서 임의 숫자를 뽑는 방식을 생각할 수 있다.
- 둘째 노드는 주소를 찾고 등록하기 위해 정확히 동일한 방법으로 진행한다. 노드 1이 패킷을 노드 2로 송신하고 싶을 때, 노드 1은 기본 라우터로 IP 패킷을 송신한다.
- 라우터는 이웃 캐시에서 목적지의 MAC 주소를 점검하고 목적지로 패킷을 송신한다.

RO 모드에서, 노드는 직접 6LBR에 도달하지 못할지도 모르며, 메시지는 6LR이 중계해야 마땅하다. 6LR은 다른 6LBR이나 6LR에서 온 RA를 수신할 때 수집된 정보 사본을 보관한다. 각각은 원본 메시지를 발행한 6LR의 IPv6 주소로 태그를 달아놓으며, 원본 통지의 단일 복사본만 저장한다.

직전 사례에서, 노드는 멀티캐스트 RS 메시지와 주변을 둘러싼 6LR이나 6LBR 응답을 점대점 RA 메시지와 함께 송신한다. 노드는 앞서 설명한 절차에 따라 몇몇 라우터에 자신의 주소를 등록한다. 이 시점에서, 동일 라우터에 등록된 노드에 대해서만 주소를 점검할 수 있다. 전체 LoWPAN을 대상으로 유일성을 점검하려면, 라우터는 접두어를 할당한 6LBR에 해당 요청을 송신해야만 한다. 이런 작업은 DAR(Discovery Address Request)과 DAC라는 새로운 메시지 두 개로 가능하다. DAR과 DAC는 각각 호스트가 송신한 NS와 6LBR이 제공한 NR 상태를 터널링하기 위해 쓰인다.

라우터에서 유지되는 이웃 캐시는 라우팅 목적으로 쓰이지 않는다. 단지 링크에서 연결을 허용하기 위해 사용할 뿐이다. RO 그물망 네트워크에서는 다른 라우터가 주소(또는 집계가 가능할 경우 접두어)를 학습할 수 있게 라우팅 프로토콜을 시작해야만 한다.

7.4 RPL(Routing Protocol for Low-Power and Lossy Network)

직전 장에서 소개한 LoWPAN 네트워크는 다양한 토폴로지 상에서 구현 가능하다. 스타형 토폴로지는 관리가 가장 쉽지만 가장 일반적인 형태는 아니다. LoWPAN은 무선 전송 범위를 넘어서 더 큰 영역을 다루기 때문이다. 따라서, 대부분의 경우에 노드는 정보를 중계해야만 한다. 앞서 설명한 듯이, 6LoWPAN 아키텍처는 다음 두 가지 시나리오를 다룰 수 있다.

- 첫째 시나리오(mesh-under)는 L2 중계 전략을 정의하며, 그물망 네트워크가 IP 계층을 위한 링크로 동작하게 만든다.
- 둘째 시나리오(route-over)는 몇몇 노드가 목적지로 패킷을 전달할 수 있는 라우팅 기능이 있다고 가정한다.

이 장에서는 IP 아키텍처 내부에서 제대로 통합된 RO 아키텍처에 초점을 맞춘다.

몇몇 라우팅 프로토콜은 이미 고정되거나(fixed) 임의(ad-hoc) IP 네트워크를 위해 정의되어 왔다. 일련의 RFC[주 12-15]에서, Roll[4] 작업 그룹은 다음과 같은 다양한 네트워크 아키텍처를 위한 요구 사항을 정의해왔다.

- 도시 네트워크
- 산업 네트워크
- 가정 네트워크
- 빌딩 네트워크

오늘날, 현존하는 어떤 프로토콜도 연구 대상 아키텍처의 구체적인 요구 사항을 충족하지 못한다. 링크 상태의 알고리즘에 기반한 프로토콜(OSPF, Open Shortest Path First) 또는 IS-IS(Intermediate System to Intermediate System)는 연결이 오락가락하는 상황이거나, 임의 네트워크를 위한 프로토콜(AODV, Ad hoc On-demand Distance Vector) 또는 OLSR(Optimized Link State Routing)이 대규모 센서 노드에 대응해 올바르게 확장하지 못할 때 엄청난 트래픽을 쏟아낸다.

---

4 이 작업 그룹이 수행한 내용은 6LoWPAN 작업 그룹과 직교적이므로, 용어가 다를 것이다. LoWPAN 네트워크는 저전력 손실 네트워크라고 불린다. 또한 그래프 이론에서 유도된 다른 이름이 존재한다. 예를 들어, 6LBR은 루트라 불리고, 6LR은 노드가 되며, 6LN은 더 이상 패킷을 전송할 수 없을 경우 말단이 된다.

Roll 작업 그룹이 정의한 프로토콜은 RPL이라 한다. RPL은 RIP(Routing Information Protocol)와 같은 거리 벡터 알고리즘에 기반하며 나쁜 루프 감지에 기인한 성능 문제를 바로잡기 위해 설계되었다. RPL은 라우팅 전략의 정의 관점에서 유연하게 남아 있어야 한다. 도시 네트워크는 가정 네트워크와 제약이 동일하지 않으며, 개별 네트워크 유형 내에서 애플리케이션은 동일한 목적을 항상 공유한다고 보기 어렵다. 경보 시스템은 전파 지연을 줄이려 노력할지도 모르고, 주기적인 메시지를 생성하는 애플리케이션은 가장 높은 전력 수준을 유지하는 라우터를 선택하려 시도할 것이다.

그림 7.9은 Roll 작업 그룹이 설정한 다양한 명세 사이의 관계를 보여준다. RFC 표준 [12-15]은 다양한 애플리케이션 사례에 존재하는 다양한 제약을 보여준다. RPL은 불가지론적으로 라우팅 척도를 만들어내는 라우팅 프로토콜을 고려할 것이다. RPL은 루트에서 거리를 나타내는 순위 개념에 기반한다. RPL의 여러 인스턴스는 단일 노드에서 동작하며, 각각은 다른 라우팅 토폴로지를 고려할지도 모른다. RPL 메시지는 향후 그래프를 개선하기 위한 다양한 척도나 제약을 포함할 수도 있다. 현재, 목적 함수는 두 가지가 정의되어 있다. 첫째인 OF0는 기본 목적 함수이며, RPL 메시지가 척도를 하나도 포함하지 않을 경우에 홉 수에 기반한 라우팅을 위해 사용될 수 있다. 둘째인 MRHOF(Minimum Rank with Hysteresis Objective Function)는 척도 변환을 위해 사용된다. 이력(hysteresis)은 심지어 낮은 링크 품질로 인해 척도가 급격하게 바뀌는 상황인 경우에도 라우팅에서 상대적인 안정성을 유지하기 위해 쓰인다.

작업 그룹의 주요 초점은 상향 트래픽(MP2P, Multi-Point To Point, 말단에서 루트로 가는)과 하향 트래픽(P2MP, Point to Multi-Point, 루트에서 말단으로 가는) 트래픽이다. MP2P 트

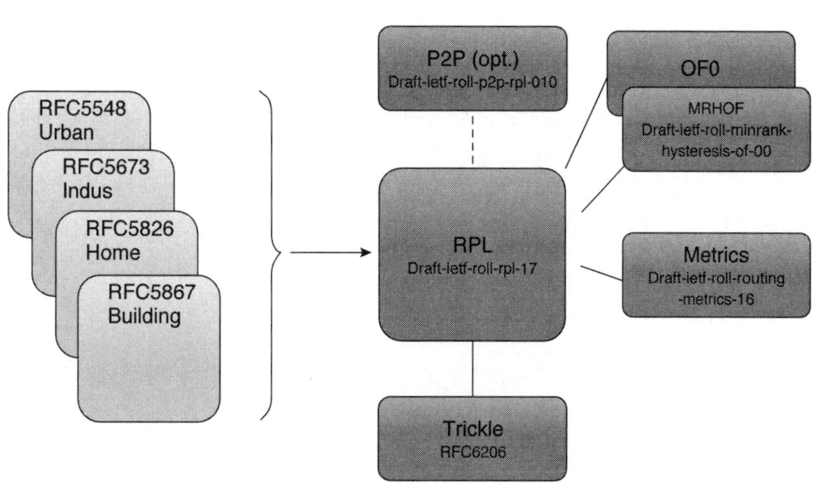

그림 7.9 RPL 은하

래픽은 LLN(Low Power and Lossy Network)이 전통적인 인터넷에 연결될 때 생성되며, 패킷은 LLN의 외부로/외부에서 전달된다. M2M 트래픽은 주로 게이트웨이와 여러 장비 사이에서 일어나므로, MP2P와 P2MP는 다뤄야 할 가장 중요한 측면이다. 이는 지그비 스마트 에너지와 ETSI M2M 아키텍처와 부합한다.

P2P 트래픽, 다시 말해 동일 LLN 내부에 위치한 두 노드 사이의 트래픽은 첫 표준 버전에서는 최적화되지 않았다. P2P 패킷은 루트로 송신되어 패킷이 목적지까지 전달될 수 있는 노드에 도달할 때까지 전파된다. 최적화는 또 다른 초안에서 다룬다[5].

네트워크에서 송신되는 메시지 수를 줄이기 위해 트리클(trickle) 알고리즘이 송신되는 주기성 메시지 수를 제약할지도 모른다. 동일 메시지를 주기적으로 송신하는 노드는 정의된 최대 값에 도달할 때까지 주기를 늘일 것이다. 통지가 변경되면, 주기는 정의된 최소값으로 설정된다. 주기적인 메시지가 세 차례 오지 않으면 송신 장비가 죽었다고 보는 RIP와 비교해 드러나는 주요 차이점은 트리클 알고리즘이 감지를 지연시킨다는 사실이다. 노드는 죽은 라우터를 감지하기 위해 NUD(Neighbor Unreachability Detection)나 계층 2의 수신 확인과 같은 다른 전략을 사용해야 할 것이다.

7.4.1 RPL 토폴로지

RPL 토폴로지는 DODAG(Direction Oriented Directed Acyclic Graph)에 기반한다. DODAG는 상향 트래픽이 LLN을 떠나게 허용하기 위해 사용되지만, 또한 나중에 노드와 말단으로 향하는 역경로를 구성하기 위해 사용될 수도 있다. 목적지를 향해 단일 경로만 유지하는 RIP와 비교해 나타나는 한 가지 차이점은 DODAG가 목적지로 향하는 루프에서 해방된 여러 경로를 포함할 수 있다는 사실이다. 이는 안정성을 높이고 라우트 실패 사건이 발생할 경우 회복 속도를 빠르게 만든다.

DODAG 구성은 RPL 프로토콜 명세에 정의된 일반 규칙을 따르며, 또한 분리된 목적 함수 문서에 정의된 구체적인 동작 방식 패턴을 존중한다(7.4.1.2절 참조).

단일 DODAG가 전체 LLN을 포괄할지도 모르지만, 여러 DAG가 DODAG 하나를 포함할지도 모른다. 또한 **그림 7.10**처럼 다양한 루트 노드를 LLN에서 사용할 수 있을지도 모른다. 여기서 노드 11과 51은 루트 노드다.

노드는 다양한 RPL 프로토콜의 인스턴스(VLAN에 대응)를 구동하며, 각 인스턴스는 DODAG를 만들기 위해 다양한 척도나 제약을 사용할지도 모른다. 다양한 DODAG 인스턴

5 Draft-ietf-roll-p2p-rpl, draft-ietf-roll-p2p-measurement 참조.

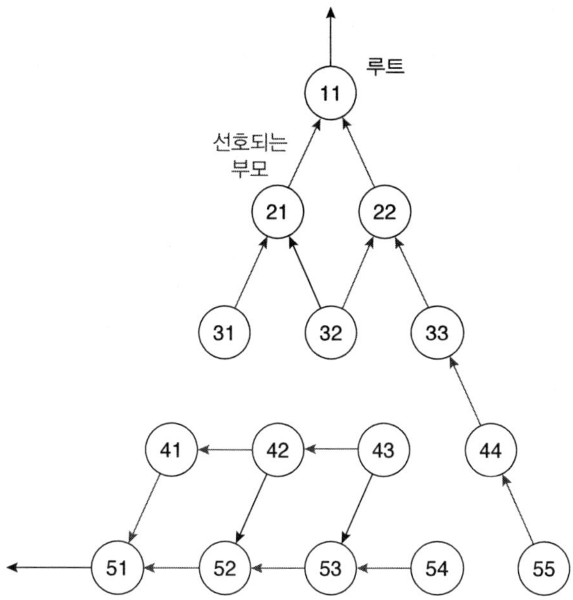

그림 7.10 여러 DAG가 있는 DODAG

스에 기반해 다양한 전달 테이블을 구축하는 작업은 상대적으로 쉽다. 패킷은 어떤 DODAG 인스턴스를 사용해야 하는지 지시하기 위해 홉 사이 확장을 실어 날아야만 한다.

루드들은 DODAG 버선 번호를 변경할 수 있다. 예를 들어, 라우팅 메시지 손실로 인해 DODAG에서 불일치를 발견할 경우 버전 번호가 변경된다. 이 경우 새로운 DODAG가 만들어진다.

DODAG는 고정될 수 있다. 이 경우 DAG의 루트가 경계 라우터임을 의미한다. DODAG 생성 단계나 부모와 연결이 끊어질 경우, 하위 DAG의 루트는 경계 라우터가 아닐지도 모른다. 이 경우 DAG를 부동(floating) 상태라 부른다.

7.4.1.1 이웃과 부모

말단을 제외한 모든 노드들은 DIO(DODAG Information Object) ICMPv6 메시지를 생성한다. **그림 7.11**에서 제시하는 메시지 형식은 DODAG를 구성하는 방식을 이해하기 위한 기회를 제공한다. DIO 메시지는 네트워크가 안정 상태에 있음을 보일 때 트래픽을 줄이기 위해 트리클 알고리즘을 사용해 유도된 기간마다 주기적으로 송신된다. DIO는 또한 다른 노드가 송신한 DIS(DODAG Information Solicitation)에 응답하기 위해 송신될 수도 있다. DIS는 이웃에게 응답하는 수를 제한하는 옵션을 포함할지도 모른다.

노드는 이웃에서 수신한 DIO 메시지를 사용해 순위와 (선택적으로) 추가 척도와 제약을

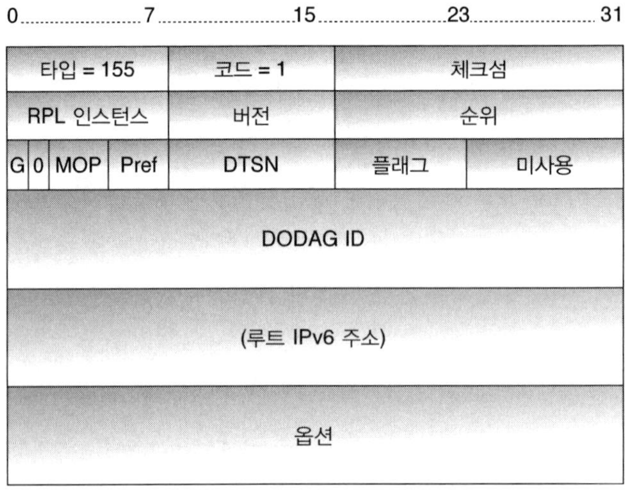

그림 7.11 DIO 형식

결정한다. 목적 함수에 정의된 정보와 규칙에 기반해 노드는 트래픽을 위로 송신하기 위해 가능한 부모와 선호하는 부모 집합을 선택할 것이다. 노드는 더 나은 순위 공지를 수신할 경우 루트 근처로 더 쉽게 이동할지도 모른다.

예를 들어, 가능한 모든 부모가 사라져 특정 노드가 순위를 높여야만 한다면, 라우팅 루프라는 위험을 최소로 줄이기 위해 운영이 더욱 복잡해진다. 해당 노드는 DIO 메시지에 INFINITE_RANK를 설정함으로써 이웃의 위치를 잡으며 그 결과 하위 DODAG 루트를 깨고 부동(floating) DODAG의 루트가 된다. 이 메시지를 받은 노드들은 순위가 높아지지 않거나 스스로가 부동 상태가 되어 다른 부동 노드에 다시 붙어야만 하는 상황일 경우 다음 부모에 붙는 편을 선호한다.

반대 방향으로, 노드(또는 말단)는 DAO(DODAG Advertisement Object)를 송신해 이 노드를 거쳐 접근 가능한 주소(또는 접두어)를 부모에게 통보한다. 루트까지 올라가는 방식으로, 이 노드는 라우팅 테이블을 채울 것이다. 그럼에도 불구하고, 몇몇 노드들은 메모리 제약 때문에 라우팅 테이블을 유지하지 못할 가능성도 있다. RPL은 다음과 같은 두 가지 동작 방식을 구현한다.

- **저장 모드** (storing mode): 모든 노드는 아래로 내려가는 주소를 기억할 만큼 자원이 충분하므로 라우터가 다음 홉에 패킷을 전달한다.
- **비 저장 모드** (non-storing mode): 루트만 네트워크 토폴로지를 추적한다. 노드들은 자신들의 주소와 부모의 주소를 포함하는 자신들의 DAO 메시지를 루트로 송신한다. 루트는 목

적지로 행하는 경로를 찾을 수 있으며, 거쳐 가야만 하는 라우터 목록을 포함하는 IPv6 라우팅 확장을 사용해 패킷을 송신할 것이다.

7.4.1.2 목적 함수

목적 함수는 네트워크 라우팅 동작 방식을 애플리케이션에 맞춘다. 다양한 동작 형태가 가능하며, 다양한 RPL 인스턴스에서 병렬로 동작할 수 있다. 루트는 RPL 인스턴스에 반드시 적용되어야 하는 목적 함수를 정의하는 코드 지점을 주기적으로 흘러 보내야 한다.

현재 두 가지 목적 함수가 정의되어 있다.

- **OF0**: 아주 단순한 동작 형태로, 루트가 공표한 목적 함수를 노드가 구현하지 않았거나 척도 컨테이너가 DIO 공표를 포함하지 않을 경우 마지막 수단으로 사용될 수 있다. 이럴 경우 (예를 들어) RIP와 같은 홉 수를 최소로 줄이는 토폴로지를 이끌어낸다. LLN을 위한 최선의 라우팅 선택은 아니다.
- **MRHOF**: 순위 계산은 DIO 메시지에 포함된 척도에 기반한다. 이런 척도는 홉 수보다 훨씬 동적이며, (예를 들어) 링크 품질을 고려할 수 있다. MRHOF는 (매번 노드를 거칠 때마다 값이 증가하는) 더하기 척도만 가능하며, 경로에서 불안정한 상태를 회피한다. 이력(hysteresis)은 현재 선호되는 부모의 경로와 현격히 다른 경우에만 더 나은 루트를 선택하게 허용한다.

7.4.1.3 척도와 순위 계산

RPL은 토폴로지 구축을 위해 다양한 척도와 제약을 사용한다. 사용되는 척도는 (경로 품질처럼) 더하거나, (경로에 위치한 노드의 전력처럼) 최소나 최대가 되거나, (경로의 오류률처럼) 곱할 수 있다. 추가적인 제약은 DODAG의 범위를 확장하기 위해 사용된다. 사용되는 범주 중에서 하나를 선택하는 작업은 척도 자체와 독립적이다. 예를 들어, 링크 품질은 더하기 척도나 최소 척도로 바라 볼 수 있다. 또한 척도나 제약은 노드와 관련이 있다.

- 전력: 노드 전력 공급 방식이나 남은 전력 비율
- 홉 수: 거처 간 호스트 수
- 처리량과 대기 시간
- 링크 품질 수준: 1(가장 높음)에서 7(가장 낮음)
- ETX(Expected Transmission): 패킷을 성공적으로 송신하기 위해 필요한 전송 수

7.5 CoRE

앞서 장비 사이나 최소한 장비와 게이트웨이 사이의 연결이 가능하게 만드는 방법을 보여줬다. CoAP(Constraint Application Protocol)는 REST(REpresentational State Transfer) 패러다임에 기반해 M2M 애플리케이션에 최적화된 방식으로 정보를 교환하는 구조화된 방법이다.

HTTP 프로토콜은 REST 아키텍처에서 가장 유명한 예제다. GET이나 PUT과 같은 단순한 몇 가지 명령은 서버에서 문서를 인출하거나 서버에 밀어 넣게 만들어준다. REST 아키텍처는 또한 센서 세상에도 적용 가능하다. GET은 값에 접근하며, PUT은 값을 저장하거나 장비 활동을 트리거하기 위해 사용 가능하다. 불행히도 HTTP와 TCP는 센서와 같은 장비에 사용하기에는 너무 무겁다. UDP는 가벼운 질의에 적합하며, HTTP는 데이터 메시지 해석을 쉽게 만들며 또한 부하를 줄이게 단순화할 수 있다.

CoAP는 단순 HTTP 인터페이스를 압축하기 위해 사용되지만 내장 탐색, 멀티캐스트 지원, 비동기식 트랜젝션도 제공한다. CoAP는 다음을 정의한다.

- 처리 자원이 제한적인 장비가 쉽게 처리할 수 있는 단순한 메시지 형태
- 패킷 손실을 감지해 바로 잡을 수 있는 단순한 전송 프로토콜
- REST 패러다임을 사용해 노드에서 정보를 질의하고 노드에 정보를 저장하는 방법
- LoWPAN 네트워크 내부에서 자원을 탐색하는 방법

7.5.1 메시지 형태

CoAP 메시지는 UDP를 사용해 전송되며, 포트 번호는 제한이 없다. 하지만 6LoWPAN UDP 압축을 최적화하기 위해 61616에서 61631 사이의 포트 번호를 사용한다. **그림 7.12**은 기본적인 메시지 형태를 보여준다. CoAP는 TCP 상에서 TLS(Transport Layer Security)를 사용해 안전하게 만들 수 있지만, 더 나은 정보 암호화를 위해 DTLS(Datagram Transport Layer Security)[rfc4347]를 선호한다.

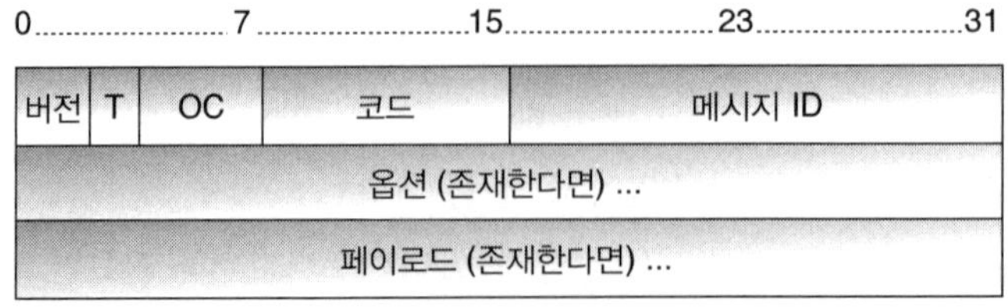

그림 7.12 CoAP 헤더 형태

메시지는 다음 필드를 포함한다.

- 버전 번호는 2비트이며, 현재 값은 1이다.
- T 필드(2비트)는 메시지 특성을 나타낸다.
  - 0: CON(CONfirmable) 메시지로 수신자는 반드시 확인 목적으로 응답해야 한다.
  - 1: NON(NON confirmable) 메시지로 수신자는 확인 목적으로 응답할 필요가 없다.
  - 2: 확인 목적으로 응답하기 위한 ACK 메시지
  - 3: 리셋을 위한 RST 메시지
- OC (Option Count)는 4비트 필드이며, 헤더에 포함된 옵션 수를 포함한다. 그림 7.12에 나오듯, 필수 필드는 제한적이며, 옵션 필드는 메시지 헤더를 확장해 TLV(Type Length Value)로 추가 필드를 저장할 필요가 있다. 이런 식으로 CoAP 헤더는 특정 행동을 위해 적절한 정보만 실어 나를 수 있다.
- 코드는 메시지 특성을 나타낸다. 코드는 한 바이트로 코드화되어 있고, 4비트 니블로 두 개로 나뉘진다. HTTP[16]에서, 상태 코드는 세자리 숫자로 코드화되어 있다. 1xx는 정보 전달 목적이며, 요청을 고려해 계속 처리해야 하는 경우를 제외하고 오류를 통지하지 않는다. 2xx는 성공을 나타내며, 3xx는 리디렉션을 포함하며, 4xx는 오류를 통지하기 위해 클라이언트가 전송하며, 5xx는 오류를 통지하기 위해 서버가 전송한다. 어떤 경우에도 xx는 15보다 작기에, 코드는 한 바이트로 압축되어 S.XX로 표현 가능하다(여기서 S는 1에서 5 사이 값이다).
  - 어떤 상태 코드도 0과 같지 않으므로, 31이하의 값은 요청에 사용한다(O은 아무 것도 아님, 1은 GET, 2는 POST, 3은 PUT, 4는 DELETE). GET은 서버에 위치한 자원 내용을 클라이언트가 인출하며, POST는 서버에 특정 내용으로 새로운 자원을 생성하며, PUT은 기존 자원에 내용을 저장하며, DELETE는 자원을 제거한다.
  - 32를 초과하는 값은 응답이다. 표 7.3은 오류 코드를 보여준다. HTTP 상태 200(OK)는 CoAP 코드로 변환되지 않지만, 2.05를 대신 사용할 수 있음에 주목하자.
- 메시지 ID는 확인 목적으로 응답하는 과정에 사용된다. CONfirmable 메시지는 송신자가 선택한 유일한 값을 포함한다. ACKnowledgment 메시지나 ReSeT 메시지는 반드시 이 값을 복사해야 한다.

CoAP는 단순한 이진 형태의 기본 헤더와 함께 따라오는 TLV 형태의 옵션을 사용한 비동기식 트랜잭션을 수행한다. 데이터그램 길이는 메시지 페이로드 길이를 암시한다.

쉽게 해석하기 위해, 옵션은 항상 타입에 기반한 동일한 숫자 순서로 전송된다. 구현에서

표 7.3 응답 값

성공 통지 코드			클라이언트 오류 통지 코드			서버 오류 통지 코드		
65	2.01	생성됨	128	4.00	잘못된 요청	160	5.00	내부 서버 오류
66	2.02	삭제됨	129	4.01	인증되지 않음	161	5.01	구현되지 않음
67	2.03	유효함	130	4.02	잘못된 옵션	162	5.02	잘못된 게이트웨이
68	2.04	변경됨	131	4.03	허용되지 않음	163	5.03	서비스 사용 불가
69	2.05	내용	132	4.04	찾을 수 없음	164	5.04	게이트웨이 타임아웃
			133	4.05	허용되지 않는 메소드	165	5.05	프록시 미지원
			141	4.13	너무 큰 요청 항목			
			143	4.15	지원하지 않는 매체 타입			

이를 강제하고 많은 경우 타입 필드 크기를 줄일 목적으로, 연속된 두 타입 사이의 차이 값만 전송한다. 예를 들어, 메시지가 옵션 타입 1, 5, 6, 7, 11을 포함하면, 차이 값은 1, 4, 1, 1, 4다. 현재 정의된 타입은 다음과 같다.

- 1(Content-Type)은 페이로드의 구문을 기술하는 MIME 값을 참조하는 숫자 값이다. 예를 들어, 0은 text/plain, 44는 application/soap+xml이다.
- 2(Max-Age)는 대답을 캐시할 최대 기간을 초로 제공한다.
- 3(Proxy-Uri)은 프록시가 처리할 URI를 포함한다.
- 4(ETag)는 캐시에 있는 문서 버전과 서버에 있는 문서 버전이 동일한지 점검하기 위해 쓰인다.
- 5(Uri-Host), 6(Location-Path), 7(Uri-Port), 8(Location-Query), 9(Uri-Path), 15(Uri-Query)는 서버가 쉽게 해석하게 만들기 위해 URI의 다양한 구성 요소를 포함한다.
- 10(Observe)은 서버에서 주기적으로 갱신된 값을 수신하기 위해 쓰인다.
- 11(Token)은 질의와 응답을 일치시키기 위해 쓰인다.

홀수는 중요한 옵션을 나타내며, 수신자가 이를 어떻게 처리할지 반드시 알아야 함을 의미한다. 그렇지 않을 경우 오류 코드가 생성된다. 짝수는 선택 옵션을 나타내며, 수신자가 어떻게 처리할지 모를 경우 무시할 것임을 의미한다.

몇몇 옵션은 헤더에 여러 차례 등장할지도 모른다. 예를 들어, URL 경로는 /로 구분되는 구성 요소로 분리될 것이다. 각각은 다른 URI-path 옵션에 저장될 것이다.

이런 TLV 정의와 사용 방법은 나중에 설명할 것이다.

7.5.2 전송 프로토콜

전통적인 인터넷에서, TCP는 패킷 손실을 감지해 수정하기 위해 사용되며, 네트워크와 목적지 용량을 고려해 처리량을 조정한다. 하지만 TCP는 아주 복잡한 프로토콜이므로 무겁다. contiki[6]와 같은 특정 운영체제는 제한된 TCP 버전을 구현했으며, 전송 윈도우가 세그먼트 하나인 관계로 인해 성능에 제약이 있다. 따라서 이런 추가적인 복잡성을 회피하기 위해, CoAP는 UDP에 의존한다. 하지만 독자적인 "전송" 프로토콜을 구현해 오류나 중복을 바로잡는다.

기본적인 프로토콜은 메시지를 추적하기 위해 메시지 ID 필드를 사용한다. 송신자는 CON 메시지를 보낼 때 새로운 메시지를 송신할 때마다 카운터를 증가하는 방법으로 유일한 값을 선택한다. 첫 값은 난수가 되어야 한다. 수신자는 메시지를 처리할 수 있을 경우 ACK 메시지를 전송하며, 나머지 경우에는 동일 메시지 ID를 포함하는 RST 메시지를 전송한다.

송신자는 전송한 메시지를 추적하고 타이머를 트리거한다. 송신자가 ACK나 RST 메시지를 수신하면, 타이머를 멈추고 메시지 ID와 관련된 메시지를 메모리에서 삭제한다. ACK 메시지는 또한 정보를 포함할 수 있다. 나머지 경우에는 타이머가 만료될 때 송신자는 메시지 ID가 동일한 메시지를 재전송할 것이다.

그림 7.13은 몇 가지 단순한 예제를 보여준다.

첫째 경우에 송신자는 메시지가 ID 0x1234인 CON 메시지를 전송하고, 수신자는 즉시 이 메시지에 확인 목적으로 응답한다. 둘째 경우에 ACK 메시지를 잃어버렸기에 송신자는 정보를 재전송한다. 수신자는 메시지 ID가 동일하기에 메시지가 중복되었다는 사실을 인지해야 한다. 그리고 이 메시지를 처리하지 않지만 송신자의 타이머를 멈추기 위해 확인 목적으로 응답해야 한다.

타이머 값 설정은 상당한 기교가 필요한 부분이다. 메시지를 전달하는 노드가 잠들지도 모르기 때문이다. 전파 지연이 아주 크고 변동이 심할지도 모른다. 모든 네트워크 유형에 대한 표준 값을 정하기가 어렵다. 기본값은 2초다. 이 값은 메시지를 재전송할 때마다 두 배로 커진다. 여러 차례 시도하고 나면(기본값은 4회), 송신자는 메시지를 버린다.

6 http://www.sics.se/contiki/ 참조.

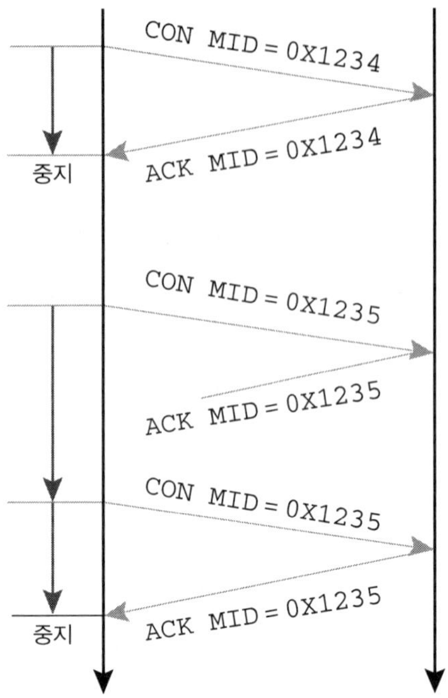

그림 7.13 단순화된 CoAP 전송 흐름 예제

7.5.2.1 비동기식 교환

그림 7.13에 기술된 시나리오는 CON 메시지를 수신한 직후 ACK를 바로 송신하는 모습을 보여준다. 대답을 지연하기가 어려운 이유는 수신자 쪽의 재전송 타이머를 트리거할 가능성이 있기 때문이다. 하지만 CON 메시지는 즉시 사용 가능하지 않을지도 모르는 값을 수신자에게 물어볼지도 모른다. token 옵션(11, 중요함)은 질의와 대답을 매핑하기 위해 사용된다. **그림 7.14**는 token 옵션 예를 보여준다.

송신자는 token 옵션으로 요청을 전송하고, 수신자는 즉시 요청에 확인 목적으로 응답한다. 수신자가 질의에 응답할 수 있을 때, 대답을 포함하는 CON을 전송하고 확인 목적의 응답을 기다린다.

7.5.2.2 주기적인 메시지

종종, 센서 노드를 주기적으로 점검해 최신 상태 정보를 얻을 필요가 있다. 이는 끊임없이 질의를 반복하고 응답을 기다리는 방법으로 수행 가능하다. CoAP는 단일 질의에 응답을 주기적으로 보내는 긴급하지 않은 옵션인 observe를 정의한다. observe 옵션은 질의와 대답 사이에 연결을 수립하는 token 사용과 연결되어 있다. observe 옵션은 증가하는 값을 포함하며, 필요에 따라 송신자가 메시지 순서를 바꾸게 만든다. **그림 7.15**는 예를 보여준다.

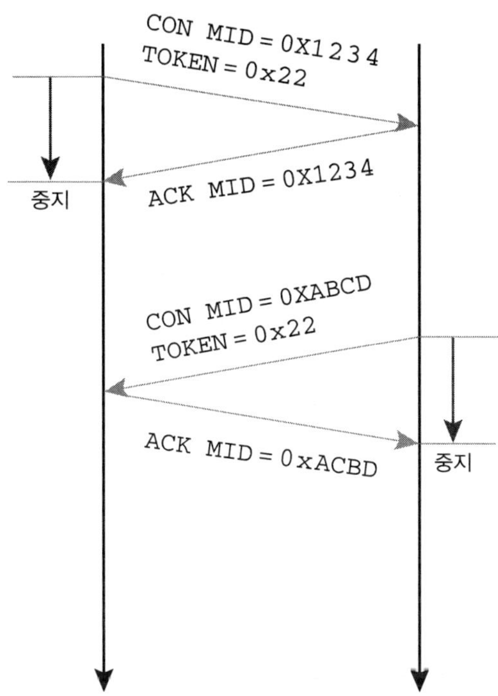

그림 7.14 token 옵션의 예

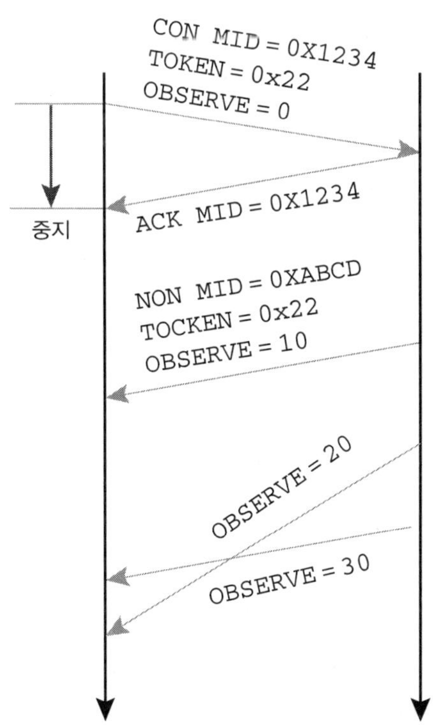

그림 7.15 observe 옵션의 예

송신자는 요청에 observe 옵션을 포함한다. 수신자가 이 옵션을 인식하면, 주기적인 통지를 반환할 것이다. 이 예제에서, NON에 실어 나르는 이유는 주기적인 전송에서 손실이 덜 중요하기 때문이다. 하지만 여기서도 CON을 사용할 수 있다. 이 경우, 새로운 값을 보내야 한다면 직전 값의 재전송 시도를 멈춰야만 한다.

이 예제는 통지를 받은 수신자가 observe 값이 20인 통지를 무시하게 선택할 수 있는 상황을 보여준다. 값이 30으로 설정된 통지를 직전에 받았기 때문이다.

observe 시퀀스를 완료하려면, observe 시퀀스를 시작한 장비는 CON으로 전달되는 observe 이벤트에 RST 메시지를 전송하거나 observe 옵션이 없는 다른 질의를 수행할 수 있다. 통지를 전송하는 장비는 오류 메시지를 보내며 끝내거나, CON에 확인을 위한 응답이 오지 않을 경우 멈출 수 있다.

7.5.2.3 대규모 블록 전송

요청이나 결과는 종종 단일 메시지로 보낼 수 없는 경우가 있다. 큰 파일을 보내는 쪽에서 block 옵션(13, 중요함)을 사용해 더 작은 부분으로 쪼갤 수 있다. 이 옵션은 1, 2, 3바이트 길이가 가능하며, 파일에서 블록 번호를 지시하는 NUM 필드(4, 12, 20비트)를 포함한다. M 비트가 1인 경우 더 많은 블록을 전송해야 한다는 사실을 나타내며, 0인 경우에는 마지막 블록이라는 사실을 나타낸다. 마지막 세 비트는 두 주체 사이에 협상 가능한 블록 크기(SZX)를 포함한다. 블록 크기는 항상 2의 승수로 나타내며, block_size = 2^(SZX + 4)라는 공식으로 표현 가능하다. 따라서 블록 길이는 16에서 2048 바이트 사이가 될 수 있다.

블록 번호는 항상 0부터 시작하며, 블록은 메시지와 동일한 방식을 사용해 확인 목적으로 응답한다.

GET 메소드에서 클라이언트는 대응하는 자원의 크기를 모르기에, 요청은 block 옵션을 포함하지 않는다. 서버 응답은 block 옵션을 사용하며, 서버는 연이은 블록 요청 과정에 이 옵션을 사용할 것이다.

PUT과 POST 메소드에서, 클라이언트는 block 옵션을 직접 사용할 것이다.

그림 7.16은 블록 전송의 예를 보여준다. 호스트 A(REST 용어로 클라이언트는 자원/상태를 얻기 위해 호스트 B(서버)에 GET 요청을 전송한다. 대답 크기를 무시하기 위해, 요청에 block 옵션을 포함하지 않는다. B는 요청한 문서의 첫 블록으로 대답한다. B는 첫 블록(0)을 전송하고, 다른 블록이 따라 나오기 때문에 M 비트를 1로 설정한다. B는 또한 블록 크기를 128바이트(SZX = 3)으로 선택한다. ACK 메시지에 데이터가 포함되어 있음에 주목하자. 앞서 설명한 token 옵션을 사용한 교환 역시 가능하다.

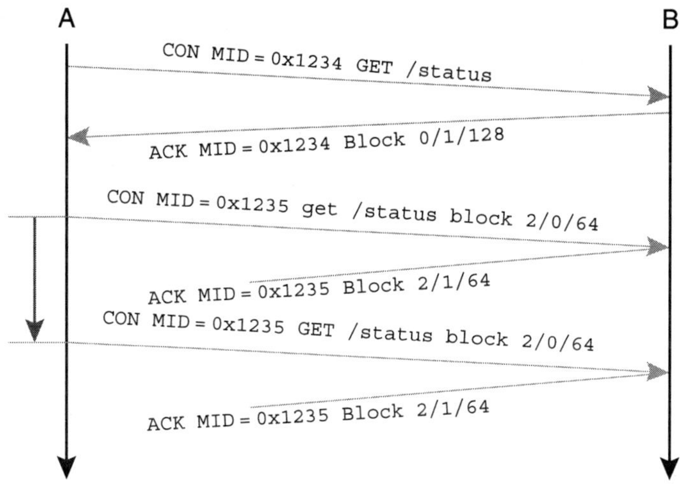

그림 7.16 블록 전송의 예제

서버 A는 정보를 받아 다음 블록을 요청하지만, 메모리 제약 관점에서 B의 선택 값이 너무 크기 때문에, A는 더 작은 64바이드 블록을 요청한나. 블록 번호는 새로운 블록 크기에 맞춰 변경되며, 더 이상 전송할 정보가 없기 때문에 M 비트는 0으로 설정된다.

예제에서는 메시지를 잃어버린 경우를 가정하고 있다. A는 개별 요청마다 타이머를 시작해, 타이머가 만료될 경우에 A는 요청을 재전송한다.

7.5.2.4 멀티캐스트

예를 들어, 빌딩의 여러 조명을 동시에 제어할 때, 멀티캐스트는 유용한 기능이다. RPL 라우팅 프로토콜은 LoWPAN에서 멀티캐스트를 구현하기 위해 사용될 수 있다. 하지만 그룹 관리는 전체 네트워크에 패킷이 흘러가기 위해 엄청난 전력을 요구할지도 모른다. CoRE 작업 그룹은 현재 프록시 게이트웨이의 애플리케이션 단계에 멀티캐스트를 구현하기 위한 수단을 정의하고 있다. 멀티캐스트 그룹에 속하기를 원하는 노드는 CoAP 메시지를 전송해 게이트웨이에 자신의 주소를 등록할 것이다. 게이트웨이가 해당 그룹에 메시지를 전송할 때, 유니캐스트를 사용해 모든 멤버에 전송할 것이다.

7.5.3 REST 아키텍처

REST는 HTTP 프로토콜을 사용해 웹의 아키텍처 모델을 형성하는 규칙으로 널리 알려져 있다. 웹과 마찬가지로 대다수 M2M 애플리케이션 유형에 RESTful 아키텍처가 잘 맞아 떨어진다. REST 아키텍처는 클라이언트-서버 패러다임에 기반한다. 서버는 클라이언트가 저장하거나 인출할 수 있는 정보를 포함한다. 예를 들어, 센서나 구동기를 서버처럼 생각할 수 있으며, 애플리케이션이나 게이트웨이는 클라이언트처럼 취급한다.

요청은 무상태형이며, 이는 특정 요청은 다른 요청과 항상 독립적임을 의미한다. 그럼에도 불구하고, 서버는 상태형이며, 요청에 의해 갱신될 수 있다. 이런 특성으로 인해 요청을 캐시하거나 클라이언트와 서버 사이에 특정 게이트웨이가 요청을 프록시할 수 있다.

REST는 클라이언트와 서버 사이의 네 가지 상호 작용을 정의한다.

- GET(CoAP헤더에서 코드 1): 클라이언트는 서버에 정보를 요청한다.
- POST(코드 2): 클라이언트는 서버 쪽 자원에 정보를 생성해 저장한다.
- PUT(코드 3): 클라이언트는 서버 쪽 자원에 정보를 저장한다.
- DELETE(코드 4): 클라이언트는 서버에서 자원을 제거한다.

서버 쪽의 자원은 URI를 사용해 표현할 수 있다. URI는 자원에 접근하기 위해 사용되는 프로토콜, 서버 주소와 이름, 자원에 접근하기 위한 서버 내부의 경로를 차례로 포함한다.

CoAP URI는 HTTP URI와 비슷하다. 구분을 위해 “coap” URI를 사용하며 호스트와 포트 내의 CoAP 자원 위치를 지정한다. 자원은 계층적인 방식으로 조직화되며, CoAP 서버가 관장한다. URI에 흔히 사용되는 일반적인 구문을 따라 호스트 식별자와 옵션으로 붙이는 UDP 포트 번호로 서버를 지정한다. URI의 나머지는 자원을 지정한다. 경로는 슬래시 문자 '/'로 구분되는 일련의 경로를 포함한다.

CoAP URI 구문은 다음과 같다.

coap-URI=“coap:” “//” 호스트[“:” 포트] 경로(생략 가능) [“?” 질의]

애플리케이션 설계자는 대역폭과 전력 제약이 있는 CoAP 환경을 고려해 짧은 이름과 표현력이 강한 이름 사이에서 절충할 필요가 있다.

예를 들어, 클라이언트가 다음 URI를 사용해 서버에 질의를 보낸다고 가정하자.

coap://sensor1.example.com:61620/external/temperature?max_value

이 경우, sensor1.example.com이라는 IP 주소에 대해 61620 포트로 메시지를 보낸다. CoAP 메시지는 다음을 포함할 것이다.

- URI-host 옵션은 sensor1.example.com을 포함
- URI-path 옵션은 첫째로 external을 둘째로 temperature를 포함
- URI-query 옵션은 max_value를 포함

7.5.3.1 HTTP 매핑

현재 버전에서, HTTP를 CoAP로 연결하거나 반대로 하거나 모두 프록시를 사용할 수 있다. 매핑 함수는 HTTP 필드를 CoAP 옵션으로 변환한다. 이런 변환은 애플리케이션 단계에서 수행되며, 장비는 DNS 이름으로 위치를 지정할 수 있기에, IPv4에서 HTTP 요청을, IPv6에서 CoAP 요청이 가능해진다.

'http' URI로 시작하는 proxy-URI 옵션을 사용해 CoAP 요청을 CoAP-HTTP 프록시로 전송하거나, 아니면 CoAP 요청을 CoAP에서 HTTP로 매핑된 리버스 프록시로 전송하는 방법으로 매핑 프로세스를 시작할 수도 있다. CoAP 메소드나 응답 코드, content-type, 옵션은 대응하는 HTTP 형식으로 변환된다. 페이로드를 변환할 필요가 없는 이유는 두 프로토콜 모두 유사한 방법으로 페이로드를 실어 나르기 때문이다.

그림 7.17은 CoAP에서 HTTP로 접속하기 위한 프록시 동작 방식의 예를 보여준다.

클라이언트는 목표 URL인 http://www.test.com/temp를 포함한 proxy-URI 옵션을 붙여 CoAP 메시지를 CoAP/HTTP 프록시에 전송한다. 이 메시지는 또한 응답과 일치하는 토큰을 포함한다.

프록시는 서버의 IP 주소를 얻기 위해 proxy-URI 옵션에 포함된 서버 이름을 결정하며, 얻어낸 IP로 TCP 연결을 맺는다. 그리고 나서 프록시는 절대 경로(/temp)를 포함하고 HTTP 프로토콜 버전을 명세한 GET 메시지를 전송한다. Host: 헤더 필드는 서버 쪽의 가상화를 허용한다.

서버는 빈 행으로 구분되는 헤더와 내용을 포함한 HTTP 메시지로 응답한다. 헤더는 라틴 알파벳(ISO-8859-1)으로 내용을 코드화했음을 알리는 content-type을 포함한다. 이 대답은 ASCII와 유니코드 방식을 포함하므로 프록시는 내용을 더 일반적인 UTF-8으로 변환할 것이다. CoAP 메시지에서, content-type 값 0은 기본 인코딩에 대응하며, 생략 가능하다.

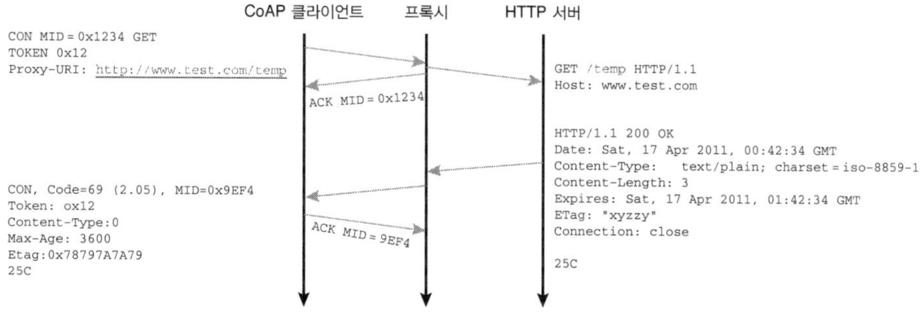

그림 7.17 CoAP에서 HTTP로 접속하기 위한 프록시 동작 방식

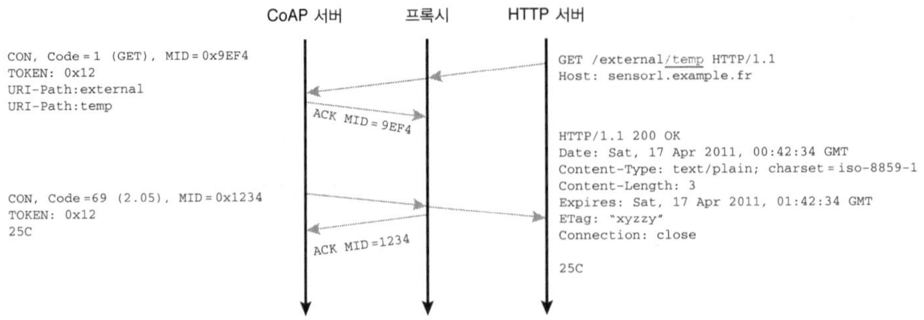

그림 7.18 HTTP에서 CoAP로 접속하기 위한 프록시 동작 방식

expires HTTP 헤더 필드는 max-age 옵션으로 변환되어 내용을 캐시하기 전에 얼마나 오래(초 단위) 유효한지를 지시하며, ETag는 캐시를 위한 정보 태그를 포함한다.

다른 시나리오로 CoAP 서버에 있는 자원에 접근하기 위해 인터넷에 있는 노드가 직접 프록시에 접속하는 방식을 살펴보자. **그림 7.18**은 이와 같은 변환 예를 보여준다. HTTP 클라이언트는 프록시와 TCP 연결을 열고, 탐색을 원하는 CoAP 장비의 호스트 이름을 포함한 GET 요청을 전송한다. 프록시는 이름을 결정하고 두 URI-path 옵션으로 분리된 경로로 CoAP 메시지를 전송한다. CoAP 서버가 응답하면, 프록시는 응답을 HTTP 내용으로 변환한다.

7.5.3.2 캐시

노드는 대기 시간, 네트워크 대역폭, 응답 시간을 줄이기 위해 캐시에 응답을 저장한다. 하지만 대응하는 갱신 메커니즘이 필요하다. CoAP 캐시 능력은 요청 메소드가 아닌 응답 코드에 의존한다. 다음이 아닌 경우에는 저장된 응답을 사용하지 않는다.

- 실제 요청에 사용된 메소드와 저장된 요청에 사용된 메소드가 동일하다.
- token, max-age, ETag 요청 옵션을 제외하고 두 요청에 사용된 나머지 옵션이 동일하다.
- 저장된 응답이 갱신되었거나 성공적으로 검증되었다.

갱신 메커니즘은 max-age 옵션을 사용해, 서버에 접근하지 않고 연이은 요청에 기존 요청을 사용할 수 있는지를 판단한다. max-age 옵션은 요청을 사용할 수 있는 기간을 초 단위로 명세하며, 기본값은 60초다. 서버가 캐시를 원하지 않을 경우, max-age 옵션을 0으로 설정해야만 한다.

GET 요청에 대한 응답이 하나 이상 캐시에 존재할 때, 종단에서 ETag 옵션을 사용해 저장된 응답 중 하나를 고르고 갱신 유무를 검증해야 한다. 응답에 코드 2.03(유효함)이 넘어

오면, 저장된 응답을 사용할 수 있으며, max-age 옵션을 갱신한다. 다른 코드가 넘어오면 기존에 저장된 응답을 새로 받은 응답으로 대체할 것이다.

7.5.3.3 자원 발견

자원 발견은 사람의 개입이 없는 M2M 상호작용에서 아주 중요하다. 잘 알려진 URI를 정의하면, 클라이언트가 이를 사용해 서버 능력이 무엇인지를 판단하는 과정에 사용할 수 있다. 클라이언트가 /.well-known/core 경로를 사용해 노드에 GET 메시지를 전송할 때, 응답 페이로드는 자원 사이에 연결 메시지 형태를 기술하는 RFC5988에 기반한다. CoAP 응답은 다음 속성을 포함한다.

- 〈〉 문자로 둘러 쌓인 경로는 서버에서 자원을 얻기 위한 수단을 나타낸다.
- rt (resource type)는 자원 유형을 기술한다.
- if는 자원에 이름을 할당한다.
- ct는 자원의 content-type을 지정한다. CoAP 옵션에 지정된 동일 코드를 사용한다.
- sz는 자원의 최대 추정 크기를 반환한다.

네트워크 내부의 자원을 파악하려면, 멀티캐스트로 질의를 보낼 수 있다. 대답 수를 제한하려면, 질의 문자열을 경로 뒤에 추가해 응답 제한 기능을 구현한 서버가 알 수 있게 만든다.

참고문헌

1. Briscoe, B., Odlyzko, A., and Tilly, B. (2006) *IEEE Spectrum*, IEEE, pp. 34–39, July 2006.
2. Postel, J. (1981) Internet Protocol. RFC 791 (Standard). Updated by RFC 1349, September 1981.
3. Postel, J. (1981) Transmission Control Protocol. RFC 793 (Standard). Updated by RFCs 1122,3168, September 1981.
4. Postel, J. (1980) User Datagram Protocol. RFC 768 (Standard), August 1980.
5. Tuexen, M. and Stewart, R. (2011) Stream Control Transmission Protocol (SCTP) Chunk Flags Registration. RFC 6096 (Proposed Standard), January 2011.
6. Kohler, E., Handley, M., and Floyd, S. (2006) Datagram Congestion Control Protocol (DCCP). RFC 4340 (Proposed Standard). Updated by RFCs 5595, 5596, March 2006.
7. Mockapetris, P.V. (1987) Domain Names—Implementation and Specification. RFC 1035 (Standard). Updated by RFCs 1101, 1183, 1348, 1876, 1982, 1995, 1996, 2065, 2136, 2181, 2137, 2308, 2535, 2845, 3425, 3658, 4033, 4034, 4035, 4343, 5936, 5966, November 1987.

8. Deering, S. and Hinden, R. (1998) Internet Protocol, Version 6 (IPv6) Specification. RFC 2460 (Draft Standard). Updated by RFCs 5095, 5722, 5871, December 1998.

9. Montenegro, G., Kushalnagar, N., Hui, J., and Culler, D. (2007) Transmission of IPv6 Packets Over IEEE 802.15.4 Networks. RFC 4944 (Proposed Standard), September 2007.

10. Narten, T., Nordmark, E., and Simpson, W. (1998) Neighbor Discovery for IP Version 6 (IPv6). RFC 2461 (Draft Standard). Obsoleted by RFC 4861, updated by RFC 4311, December 1998.

11. Savola, P. and Haberman, B. (2004) Embedding the Rendezvous Point (RP) Address in an IPv6 Multicast Address. RFC 3956 (Proposed Standard), November 2004.

12. Dohler, M., Watteyne, T., Winter, T., and Barthel, D. (2009) Routing Requirements for Urban Low-Power and Lossy Networks. RFC 5548 (Informational), May 2009.

13. Pister, K., Thubert, P., Dwars, S., and Phinney, T. (2009) Industrial Routing Requirements in Low-Power and Lossy Networks. RFC 5673 (Informational), October 2009.

14. Brandt, A., Buron, J., and Porcu, G. (2010) Home Automation Routing Requirements in Low- Power and Lossy Networks. RFC 5826 (Informational), April 2010.

15. Martocci, J., De Mil, P., Riou, N., and Ver-meylen, W. (2010) Building Automation Routing Requirements in Low- Power and Lossy Networks. RFC 5867 (Informational), June 2010.

16. Fielding, R., Irvine, U.C., Gettys, J. *et al.* (1999) Hypertext Transfer Protocol – HTTP/1.1. RFC 2616, June 1999.

Chapter

08 M2M 보안

M2M Security

요아니즈 보스티, 게네 순다하마, 시몬 미키코프스키, 아리시 비스웬단

알카텔-루슨트, 뉴저지, 미합중국

보안은 디지털 통신 환경에서 중요한 역할을 맡고 있으며, M2M 통신에서는 더욱 중요하다. 셀룰러 시스템과 같이 현존하는 여러 서비스 기반 구조에서 일반적으로 서비스, 네트워크, 장비 배포는 밀접하게 묶여 있으며, 네트워크 사업자라는 단일 주체가 관리한다. 반면, M2M 솔루션은 일반적으로 애플리케이션 공급자, 네트워크 사업자, 수 많은 장비 제조사와 같은 여러 주체가 관여한다. 이 모든 주체는 다양한 방식으로 관련을 맺고 있다. 반면에 어떤 주체는 다른 주체와 전혀 관계를 맺고 있지 않을지도 모른다. 다시 말해, 복잡한 신뢰 관계가 M2M 환경에 존재한다. 여러 주체가 공식적인 사업 관계(물론 신뢰)를 수립하기 위해 직접적으로 상호작용을 하지 않을지도 모르기 때문이다. 이런 근본적인 문제는 보안 연계를 수립하기 위한 우아하고 확장 가능하고 자동화된 수단을 요구한다. 이런 수단은 엄청나게 폭증하는 M2M 장비와 다중 접속 네트워크 기술을 활용해 몇몇 M2M 운영자가 제공하는 애플리케이션 수 백여 가지를 다룰 수 있어야 한다.

8장에서는 다양한 M2M 이해 관계자 사이에 맺어진 신뢰 관계의 복잡성을 자세히 설명한다. 이런 복잡성은 M2M을 위한 보안 전략과 해법을 설계하고 설계 함정을 회피하는 지침을 제공한다. 또한 잠재적인 위협에 대항하기 위해 M2M 시스템에 통합될 필요가 있는 다양한 보안 정책을 설명한다. 그리고 나서 현재 진행 중인 표준화 노력을 설명한다.

8.1 도입

M2M 시장은 다양한 수직 영역에 걸쳐 여러 이해 관계로 복잡하게 파편화되어 있다. 반면,

업계는 고객의 편리함과 편안함은 물론이고 기업 환경에서 생산성을 높이기 위해 M2M 서비스의 가치를 개략적으로 이해하는 지점까지 도달했다. 네트워크와 장비의 제약 완화와 맞물려 기존 자산을 최대로 활용하려는 대규모 네트워크 사업자의 M2M 애플리케이션에 대한 관심으로 M2M 통신은 전례 없는 방식으로 이륙할 태세를 갖췄다. 통신 보안은 M2M의 대중 시장 침투에 중요한 조력자다. 최종 사용자는 전통적인 사람 사이의 의사 소통 과정과 마찬가지로 적어도 동일한 보안 수준을 M2M 통신이 달성하기를 요구한다. 디지털 맥락에서, 기밀성, 무결성 보호, 개인 정보 보호, 인증, 인가는 양단 사이에 고려할 필요가 있는 보안의 핵심 요소다.

몇 가지 M2M 서비스 시스템은 이미 다양한 시나리오를 고려해 배포되었다. 특히 셀룰러 네트워크는 여러 M2M 솔루션에서 현재 사용 중이다. 8장에서는 잠재적인 보안 솔루션을 적용할 대상으로 셀룰러 M2M 통신이라는 사용 사례에 집중한다. 이어지는 절에서는 특정 보안 전략을 사용하기 힘들게 만드는 셀룰러 M2M 시스템에 내재하는 속성을 설명한다.

8.1.1 셀룰러 M2M의 보안 특질

셀룰러 M2M은 세 가지 중요한 측면에서 현재 셀룰러 네트워크와 차이가 난다. 즉, 이런 네트워크에서 운영하는 모바일 장비를 위해 오늘날 사용 중인 보안 메커니즘은 M2M을 대상으로 할 경우에 적절하지 않다는 사실을 시사한다.

첫째로 오늘날 셀룰러 네트워크 서비스는 일반적으로 SIM 카드 배포, 장비 권한 설정, 네트워크 기반 구조, 음성과 데이터 전송을 위한 서비스를 포함해 배포된 장비를 소유한 단일 서비스 공급자가 제공한다. 몇몇 경우에는 장비 배포, 장비 권한 설정, 서비스 전송만 모바일 가상 네트워크 사업자(MVNO, Mobile Virtual Network Operator)가 소유하고, 기반 네트워크 시설은 다른 네트워크 공급자가 소유하고 있다. 반면에 셀룰러 M2M의 경우에는 사업 관련성이 제한적인 여러 이해 관계자가 존재한다.

8.1.1.1 사용 사례

예를 들어, 연결을 위해 셀룰러 무선 모뎀을 이용하는 스마트 계량기를 배포하려는 유틸리티 회사의 시나리오를 고려해보자. 전형적인 M2M 서비스인 이런 솔루션을 구현하는 한 가지 접근 방법으로, 유틸리티 회사는 계량기 제조사에서 계량기를 주문하고, 네트워크 접속과 관련된 서비스를 여러 셀룰러 사업자와 협상하는 M2M MVNO의 M2M 서비스를 구독한다. 유틸리티 회사는 계량기를 획득해 배포하며, 자사 데이터베이스와 연결 서비스를 제공하는 MVNO 데이터베이스에 대해 권한 설정 작업을 수행한다. 이런 솔루션을 제공하기 위해 관련된 주체는 유틸리티 회사(이 경우 애플리케이션 공급자가 된다), 협조를 요청 받은 M2M 운영자, 셀룰러 접속 네트워크 사업자, 계량기 제조사, 최종 사용자가 된다. 장비를 배포하는 유틸리티 회사와 셀룰러 접속 네트워크 사업자 사이에는 아무 관련이 없음에 주목하자. 다시 말해 두 주체는 상대방을 신뢰해야 하는 필연적인 이유가 없다. 따라서 개방되었지만 단절된 비즈니스 환경에서 동작 가능한 보안 솔루션을 채택해야만 한다.

두 번째로 중요한 차이점은 수 많은 M2M 애플리케이션에 기인한다. 적은 양의 데이터만 제공하기에 연관된 다양한 이해 관계자들에게 상대적으로 적은 매출 흐름을 일으키는 수많은 장비가 존재한다. M2M 경제는 셀룰러 세상이 채택한 보안 권한 설정과 유사한 설정 과정을 허용하지 않는다. 수 많은 장비 제조사를 효율적으로 다룰 능력이 있는 더욱 자동화된 프로세스가 바람직하다. 예를 들어, 위에서 언급한 사용 사례를 보면, 바람직한 배포 프로세스는 단순히 제조사에서 계량기를 최종 고객에게 직접 제공하는 방식이다. 일반적으로 M2M 장비는 사이트에 배포되기 앞서 개별화하지 않는다. 포장 상자에 쌓인 완성품은 유일한 매체 접근 제어(MAC) 주소와 장치 일련 번호만 서로 다르다. 이런 장비는 종종 여러 시간 대에 걸쳐 설치되며, 네트워크에 빈틈없이 통합되어야 한다. 더욱이 종종 최종 사용자나 통신 공학적인 경험이 부족한 하청 업자들이 제품을 설치한다.

마지막으로, 셀룰러 폰, 스마트폰, 무선 랩탑과는 달리, M2M 장비는 종종 방치된 상태로 존재하기에 공공 기물 파손과 오용이라는 높은 위험에 노출되어 있다. 특히, 웹 브라우징과 같은 다른 애플리케이션을 위해 셀룰러 M2M 장비를 사용하는 위협은 실제 일어나는 위험이며, 이렇게 부정한 장비 변경은 장비 접근 권한이 없는 사용자와 연관될지도 모른다. 적용 가능한 보안 솔루션은 이런 부적절한 장비 사용을 방어하며, 결과로 네트워크 사업자와 M2M 애플리케이션 공급자를 보호해야 마땅하다.

또한, 셀룰러 M2M 맥락에서, 폭증하는 (잠재적으로 10억개 이상 동작 중인) 장비와 다양한 접속 네트워크 기술을 혼합해 사용하는 여러 가상 운영자가 제공하는 애플리케이션 수 백 가지를 다루고 있다. 따라서, 애플리케이션 공급자를 거치거나 소비자에게 직접 제공되는 저가 장비를 판매하는 상대적으로 열린 생태계에 참여하는 다양한 장비 업체를 기대할 수 있다. 예를 들어, 구독자가 개방형 시장에서 장비를 구매하는 상황에서 장비 제조사나 M2M 서비스 공급자는 사업 관계를 맺지 않을 수도 있다(따라서 미리 정의된 상호 신뢰란 없다). 아니면 계량기와 같은 주거용 애플리케이션에서 최종 사용자(집주인)은 심지어 애플리케이션을 소유한 조직의 소유주를 대신해 서비스를 제공하는 가상 네트워크 사업자의 존재 유무조차 모를 수 있다. 그럼에도 불구하고 애플리케이션 보안은 서비스 연쇄에서 모든 이해 관계자에게 매우 중요하다.

8.1.1.2 공격 예제

다음에 이어지는 예제에서, M2M 시스템 배포와 관련해 내재된 속성으로 고려해야 하는 M2M 장비 하이재킹 공격 두 가지를 설명한다. 물론 다른 네트워크 기술에도 쉽게 적용 가능한 공격이지만, 특히 셀룰러 네트워크 연결을 고려한다.

예제 1: 분리 가능한 보안 인증서 절도

이 사례에서, 용의자는 M2M 건강 감시 셀룰러 장비에서 분리 가능한 UICC(Universal Integrated Circuit Card) 모듈을 추출한 다음 스마트폰에 설치했다. 이 UICC가 합법적이므로, 모바일 접속 네트워크는 성공적으로 등록되어 네트워크 서비스에 스마트폰 연결을 허용했다. 이렇게 되는 이유는 네트워크에 모바일 단말을 등록하기 위한 모든 필요한 정보가 UICC 내부에 위치하기 때문이다. 다시 말해, 네트워크는 UICC를 탑재한 장비의 신원을 명시적으로 파악할 수단이 없다. 이와 같은 공격 결과로, 용의자는 스마트폰을 사용해 M2M 장비 구독에 대응하는 청구 요금으로 상당히 저렴하게(심지어 구독자, M2M 운영자, 네트워크 사업자 사이의 관계에 따라 무료로) 웹을 돌아다닐 수 있게 되었다. 더 중요하게, 접속 네트워크 사업자는 구독자 수와 유형에 기반해 특정 트래픽을 전달하게 네트워크를 주의 깊게 설계했다. 인가되지 않는 서비스에 접근하기 위한 M2M 장비의 악의적인 사용은 신중하게 설계된 네트워크 계획을 완전히 엉망으로 만들어 합법적인 최종 사용자를 위한 서비스 품질을 떨어뜨린다. 마찬가지로 M2M 장비에 물리적으로 접근 불가능한 시나리오에서, 용의자는 M2M 장비의 보안 인증서를 엿듣는 경우도 있다. IP 주소나 등록 과정에서 네트워크가 장비에 부여한 임시 식별자를 예로 들 수 있다. CDMA(Code Division Multiple Access) 1xEV-DO 네트워크[1]나 UMTS/HSPA 네트워크의 경우 UATI(Unicast Access Terminal Identifier)가 임시 식별자가 된다. 이런 시나리오에서, 공격자는 희생양이 된 M2M 장비를 대신해 네트워크가 설정한 합법적인 데이터 세션으로 데이터 패킷을 주입하게 잠재적인 관리가 가능하다.

물리적으로 분리 가능한 자격 인증서(분리 가능한 UICC와 같은 예)에는 다음과 같은 특성이 있다.

- 상호 네트워크 인증 절차는 UICC에 담긴 보안 인증서를 검증한다. 따라서, UICC를 탑재한 장비에 무관하게, 등록 절차는 UICC 유효성을 검증해 네트워크 서비스 사용이 가능하게 성공적으로 장비를 인증한다. 이런 문제는 UICC를 사용하는 일반적인 모바일 장비에 존재하므로 M2M에 국한된 문제만은 아니다.

- 모든 임시 식별 자격 인증서 그리고 관련된 네트워크 구성 매개변수는 합법적인 UICC를 탑재한 장비, 즉 용의자의 스마트폰 장비를 위해 생성될 것이다. 다시 말해, 현재 접속 네트워크는 M2M 장비와 스마트폰을 구분할 방법이 없다. 장비에 합법적인 UICC가 탑재되기만 하면, 장비는 네트워크 서비스에 접근할 수 있게 권한을 얻는다.
- 용의자는 심지어 UICC를 탑재한 오용된 M2M 장비를 소유할지도 모른다. 이 경우, 용의자는 다른 누군가에 속한 M2M 장비에 물리적으로 접근하려 시도할 필요조차 없다. 예를 들어, 용의자는 자신의 건강 감시 장비에서 UICC를 분리해 스마트폰에 설치할 수 있다. 이런 행위에 따른 이익은 M2M 운영과 관련한 접속 네트워크 청구 요금이 일반적인 3G 데이터 연결 요금에 비해 훨씬 저렴한 데 있다. 또한 연계된 M2M 서버가 클라이언트 오용을 감지하기가 어려운 이유는 인터넷 트래픽 요청은 M2M 서버를 거쳐 라우팅되지 않기 때문이다.
- 합법적인 외부의 UICC 사용은 심지어 접속 네트워크 사업자가 암호화와 무결성 보호 조치를 취할 경우에도 명확하게 감지하기 어렵다. 암호화와 무결성 보호에 사용된 키는 매번 신규 등록 과정에서 갱신되기 때문이다. 따라서, 합법적인 UICC를 탑재했기 때문에 적대적인 장비도 이런 키를 생성할 것이다. 이런 장비에서 출발한 패킷은 키를 사용해 정상적으로 암호화되며 잠재적으로 무결성 보호까지 달성한다.

예제 2: 수동적인 매체 엿듣기로 하이재킹하기

용의자는 심지어 UICC가 없는 경우에도 M2M 장비와 접속 네트워크 사이의 제어와 데이터 트래픽을 단순히 엿듣는 방법으로 M2M 셀룰러 네트워크 연결을 하이재킹할 수 있다. 공격자의 목표는 합법적인 장비 자격 인증서를 사용해 무료로 네트워크 서비스에 접속하려는 데 있다. 예를 들어, 공격자가 원격 호스트에 UDP 연결을 수립하고 EVDO 기반 접속 네트워크(이런 공격은 유사한 다른 기술에도 적용 가능하다)의 경우 상향 연결을 맺어 스트림 데이터(예: 비디오 트래픽)을 보내기를 원한다고 가정하자. 용의자는 다음과 같은 방법으로 상향 트래픽 채널을 무료로 사용할 수 있다.

- 용의자는 M2M 장비(M2ME)와 무선 네트워크 컨트롤러(RNC) 사이에 오가는 모든 패킷을 엿듣는다. 이 모든 메시지는 암호화되지 않았다는 사실을 상기하자. 따라서, 인터페이스를 운영하기 위해 시스템이 사용자 채널에 할당한 무선 채널 관련 식별자인 UATI와 IP 주소가 용의자에게 노출된다.

- 예를 들어, 용의자 클라이언트 장비의 애플리케이션 계층은 웹 캠 애플리케이션을 사용해 비디오 프레임을 생성한다. 각 프레임은 IP 계층으로 내려가며, 여기서 IP 패킷으로 캡슐화된다. IP 캡슐화 함수는 공격자가 변조해 다음을 포함한다. (i) 엿들은 IP 주소를 IP 출발지로 설정하고 (ii) 공격자가 원하는 원격 호스트의 IP 주소를 IP 목적지로 설정한다.
- 모든 IP 프레임은 MAC 계층으로 내려간다. 여기서 MAC 헤더를 붙인다. 이 헤더는 엿들은 UATI24(UATI를 24비트로 코드화한) 값을 포함한다. 물리 계층(PHY)은 모든 MAC 프레임을 할당된 UATI에 대응하는 긴 코드를 사용해 기지국으로 전송한다. 공격자가 UATI를 알고 있기에, 엿들은 UATI에 대응하는 긴 코드를 만들 수 있다. 각 프레임을 전송하기 위한 연결 설정 과정에서 RNC가 M2ME에 할당한 상향 트래픽 채널을 사용한다.
- 기지국은 각 프레임을 RNC에 전달하며, 전달된 프레임은 IP 패킷을 재구성하기 위해 결합된다. 일반적인 RNC 구현 방식에 따라, RNC는 출발지 M2ME를 식별하기 위해 UATI24 값을 사용해 각 프레임의 헤더를 점검한다. 그리고 나서 A10 인터페이스를 사용해 PDSN(Packet Data Serving Node)에 IP 패킷을 터널링할 목적으로 지역적으로 저장되는 〈UATI24 – GRE 키〉 쌍을 질의하는 과정에서 이 값을 사용한다. GRE 키는 특정 사용자 세션과 관련된 특정 A10 채널(또는 GRE 채널)을 식별한다. RNC는 합법적인 UATI 값을 포함한 프레임을 받으므로, RNC는 이 프레임이 초기에 특정 UATI 할당을 요청했던 장비가 보냈다고 '믿게' 된다.
- PDSN은 GRE 터널에서 IP 패킷을 받고 사용된 GRE 키에 실제로 대응하는 출발지 IP 주소를 검증하기 위해 지역적으로 유지하는 참조 테이블을 살핀다. 항목을 검증하고 나면, 패킷은 용의자가 의도한 목적지로 라우팅된다. 이를 위해, 패킷의 목적지 IP 주소가 사용된다. 명확하게, PDSN은 이 패킷의 유효성을 의심할 추가적인 이유가 없다. 출발지 IP 주소는 등록 과정에서 M2ME에 할당된 합법적인 주소이며, 일치하는 GRE 키와도 대응한다.
- 용의자는 목표로 삼은 M2ME로 향하는 RAN(Radio Access Network)에서 온 시그널 메시지나 명령을 항상 엿들을 수 있기에, 용의자는 자신의 자격 인증서나 엿들은 자격 인증서 중 하나를 사용해 이런 명령에 항상 응답할 수 있다. 명백히 용의자는 목표로 삼은 M2ME 바로 옆에 위치할 필요는 없지만 기지국에 가깝게 위치할 필요는 있다.

예제 2에서 접속 네트워크 사업자가 M2ME에 할당한 UATI와 IP 주소를 용의자는 엿듣기만 하면 된다는 사실은 명확하다. 두 값을 사용해, 공격자는 접속 네트워크에서 패킷이 합법적인 클라이언트에서 출발했다고 믿게 만드는 패킷 헤더를 생성할 수 있다. 용의자는 엿들은 특정 UATI와 IP 주소(동일한 합법적인 M2ME에 할당된)를 둘 다 사용할 필요가 있다. 둘 중 하나만으로 충분하지 않은 이유는 다음과 같다.

- 다른 UATI를 사용할 경우, 다른 긴 코드와 다른 GRE 키에 대응할 것이다. 이런 UATI가 실제로 존재한다고 가정하면, 다른 GRE 터널을 사용해 RNC로 연결될 것이다. PDSN이 이 패킷을 거부하는 이유는 사용된 IP 주소와 GRE 키 사이에 일치하는 항목이 없기 때문이다.
- 다른 IP 주소를 사용할 경우 정확히 동일한 이유로 PDSN이 패킷을 거부할 것이다. PDSN는 지역적으로 저장된 참조 테이블에서 유효한 〈GRE 키 – IP 주소〉 쌍을 찾지 못하기 때문이다.

따라서 공격이 성공하려면 (동일한 M2ME에 할당된) IP 주소와 UATI를 모두 엿들을 필요가 있다.

현재 접속 네트워크는 합법적인 UICC를 탑재한 어떤 장비에도 권한을 열어준다는 사실이 명확하다. 다시 말해 셀룰러 접속 네트워크는 이런 하이재킹 공격 유형을 감지할 수단이 없다.

8장에서, 관련된 모든 다양한 사업 주체와 이들 사이의 보안 신뢰 관계를 파악하기 위해 셀룰러 M2M 생태계를 상세히 설명한다. 또한 M2M 보안과 관련된 표준화 노력도 살펴본다. 그리고 M2M 서비스를 위한 보안 요구 사항을 설명하고 나서, M2M을 위한 현존하는 보안 정책의 적합성을 평가한다.

8.2 M2M 생태계에서 신뢰 관계

셀룰러 음성이나 데이터 서비스와 같은 전통적인 네트워크 서비스는 네트워크를 배포하고 운영하며, 서비스를 마케팅하며, 장비를 최종 사용자에게 보증된 형태로 제공하며, 최종 사용자 구독과 과금을 관리하는 운영자가 제공한다. 기본적으로, 단일 주체가 각 서비스의 모든 측면과 관련되어 있다. 반면에 M2M 서비스는 일반적으로 개별 서비스 제공과 관련해 여러 주체가 개입한다. 가장 일반적으로 관여하는 주체는 최종 사용자, 네트워크 공급자, M2M 서비스 공급자, 애플리케이션 공급자, 장비 제조사다. M2M 운영자는 여러 네트워크 사업자로부터 저렴하게 네트워크 서비스를 사오게 협상하고 여러 애플리케이션 제공자를 대신해 네트워크 접속 구독을 관리한다. 이름이 의미하듯 애플리케이션 공급자는 데이터를 수집하고 처리하는 최종 사용자용 애플리케이션을 제공하는 주체다. 최종 사용자는 (소매 배송 네트워크를 통해) 제조사나 애플리케이션 공급자로부터 공급받는 네트워크 연결 모듈이 포함된 장비를 구입한다. 따라서 생태계는 전통적인 네트워크 서비스에 비해 훨씬 복잡하다. 이는 효율적인 양단 사이 보안 솔루션 설계의 필요성을 이끌어낸다.

M2M 서비스 배송 생태계는 다음과 같은 여러 이유로 인해 무척 복잡하다.

- M2M 통신 범위를 놓고 보면, 많은 장비 제조사가 열린 생태계에 참여하고 있다. 이는 애플리케이션 공급자가 제조사와 관계를 맺을지도 맺지 않을지도 모른다는 사실을 암시한다. 이런 경우 애플리케이션 공급자와 제조사 사이에 미리 정해진 신뢰 관계가 없으며, 따라서 애플리케이션 공급자는 제조사가 공급하는 보안 솔루션에 순수하게 의존할 수 없을지도 모른다. 특히 개별 기계가 드물게 통신하는 일단 대중을 위한 애플리케이션의 경우에, 장비 배포 공급 채널 유지는 애플리케이션 공급자 관점에서 추가 비용을 의미한다. 반대로, 건강 진단과 같은 고성능, 저수량, 고부가 가치 애플리케이션의 경우에, 애플리케이션 공급자가 최종 사용자에게 개별 장비를 배포하기 위한 채널을 소유하는 방식은 의미가 있다.
- 많은 M2M 서비스에 대해 중요한 요구 사항은 여러 영역을 가로질러 네트워크 연결을 보증할 필요성이다. 심지어 네트워크 공급자가 지역적으로 서비스하는 경우에도 특정 애플리케이션을 사용하는 고객이 더 넓은 범위로 지역을 확장할 가능성이 있기 때문이다. 이는 독립 네트워크 공급자에 속한 여러 접속 네트워크를 사용할 필요성을 의미한다. 또한 권한 설정, 과금, 장비 관리와 같은 몇몇 프로세스는 사람을 위한 스마트폰과 같은 장비와 비교해 M2M 장비에서 달라도 너무 다르기에, 전통적인 네트워크 공급자들은 이런 과정을 경제적으로 수행할 준비가 덜 되어 있다. 이는 M2M 서비스 공급자가 애플리케이션 공급자와 네트워크 운영자 사이의 관계를 이어줄 필요가 있음을 의미한다. 명백히, 애플리케이션 공급자는 고객은 물론이고 M2M 서비스 공급자와 사업적인 관계를 항상 유지하고 있다. 마찬가지로 M2M 서비스 공급자는 하나 이상의 접속 네트워크 사업자와 관계를 맺고 있다. 접속 네트워크 사업자 스스로가 M2M 서비스 공급자가 될지도 모르지만, 여기서는 M2M 서비스 공급자가 애플리케이션 공급자를 고객으로 바라보는 독립적인 주체인 상황에 초점을 맞춘다.
- 장비 소유권이 없는 최종 사용자 고객이 장비를 사용할지도 모른다. 또한 장비 가격을 낮

표 8.1 스마트 계량기 서비스에서 핵심 주체 사이의 사업적인 관계

	역할	소비자	장비	네트워크 사업자	M2M 운영자	애플리케이션 공급자
소비자	유틸리티 구독	–	–	–	–	–
장비	무선 모듈이 장착된 스마트 계량기	장비를 소비자에 대여해 설치	–	–	–	–
네트워크 공급자	셀룰러 통신 제공	없음	장비에서 무선 모듈 인증	–	–	–
M2M 운영자	장비를 위한 댁내 네트워크를 제공하는 가상 네트워크 운영자이며 여러 네트워크 운영자를 통해 연결 제공	없음	없음	로밍 관계	–	–
애플리케이션 공급자	스마트 계량 애플리케이션과 서비스를 공급하는 유틸리티 회사	소비자는 유틸리티 서비스를 구독	유틸리티가 장비를 소유하며 배포	없음	M2M 운영자와 연결 서비스 구독 계약	–
장비 제조사	계량기를 만들고 무선 모듈을 통합	없음	장비 제조	없음	없음	제조사가 유틸리티에 배포를 위한 도구 제공

게 유지하려는 필연적인 노력으로 인해 장비가 고객 상호 작용을 위한 사용자 인터페이스를 항상 갖추고 있다고 보기는 어렵다.

다음 사용 사례는 M2M 서비스 배송과 관련된 사업적인 관계를 예시한다. 첫 번째 사례는 스마트 계량기로, 전기 유틸리티 회사가 계량기 제조사로부터 스마트 계량기를 사서 유틸리티 서비스를 구독하는 최종 사용자에게 배포하는 모델이다. 유틸리티 회사는 스마트 계량기를 소유하며, 최종 사용자에게 대여 형식으로 배포한다. 유틸리티 회사는 계량기 정보 수집과 장비 관리 목적을 위한 M2M 서비스를 M2M 서비스 공급자로부터 구독한다. M2M 서비스 공급자는 다시 데이터 전송을 위한 대역폭을 사용하기 위해 네트워크 공급자와 사업적인 관계를 맺는다. **표 8.1**은 다양한 주체와 주체 사이의 관계를 보여준다.

비교를 위해, **표 8.2**는 전통적인 셀룰러 음성 서비스의 사례와 관련된 관계를 보여준다.

표 8.2 음성 서비스에서 핵심 주체 사이의 사업적인 관계

	역할	소비자	장비	네트워크 사업자	M2M 운영자	애플리케이션 공급자
소비자	음성 서비스 구독	-	-	-	-	-
장비	전화기	장비는 소비자가 소유	-	-	-	-
네트워크 공급자	셀룰러 통신 제공	장비 제공	장비 인증	-	-	-
M2M 운영자	존재하지 않음	없음	없음	없음	-	-
애플리케이션 공급자	네트워크 공급자와 동일	없음	없음	없음	없음	-
장비 제조사	장비 제조	없음	장비 제조	도매상	없음	없음

두 표를 비교해보면, 표 8.2의 여러 항목이 비어 있기에 더욱 단순한 생태계를 구성하고 있음을 알 수 있다.

두 번째 사용 사례인 기업용 차량 관리는 **표 8.3**에 제시한다. 이 서비스에서, 애플리케이션 공급자는 차량 추적과 일정 서비스를 중소규모 회사에 제공한다. 이런 서비스와 스마트 계량기 서비스의 주요 차이점은 소매점에서 최종 사용자가 구매하며, 애플리케이션 공급자가 아닌 사용자가 직접 배포한다는 사실이다.

요약하자면, M2M 생태계는 잠재적으로 10억이 넘는 고객(고객마다 일반적으로 장비를 두 대 이상 보유)이 통신하며, 일반적인 신뢰 관계를 유지하는 수 천이 넘는 애플리케이션 공급자가 뒷받침하는 상황과 관련을 맺고 있다. 이런 애플리케이션 공급자는 몇 안 되는 M2M 서비스 공급자와 함께 일하며, 이런 서비스 공급자는 여러 네트워크 운영자와 사업 관계를 유지한다. 장비 생태계는 소매점을 거치거나 애플리케이션 공급자가 소유한 배송 채널을 지렛대로 삼아 고객에 도달하는 여러 제조사를 포함한다.

위에 제시한 요약 결과에 따르면, M2M 생태계의 복잡성은 다양한 사업(그리고 당연한 신뢰) 관계로 특징지을 수 있음에 주목하자. 이는 보안 솔루션 설계 과정에서 정확하게 예상하기 힘든 부분이다. 따라서 M2M 시스템을 위한 보안 프로토콜 설계는 M2M 서비스 공급자가 생태계의 다른 이해 당사자와 신뢰 관계가 없다고 원래부터 가정해야만 한다. 다음에 이어지는 절에서, M2M에 적용 가능한 다양한 보안 전략을 평가하고, 적용 가능한 보안 솔

표 8.3 기업용 차량 관리 서비스에서 핵심 주체 사이의 사업적인 관계

	역할	소비자	장비	네트워크 사업자	M2M 운영자	애플리케이션 공급자
소비자	추적 서비스 구독	-	-	-	-	-
장비	추적 장비	고객은 소매상에서 직접 구매	-	-	-	-
네트워크 공급자	셀룰러 통신 제공	없음	장비에서 무선 모듈 인증	-	-	-
M2M 운영자	장비를 위한 댁내 네트워크를 제공하는 가상 네트워크 운영자이며 여러 네트워크 운영자를 통해 연결 제공	없음	없음	로밍 관계	-	-
애플리케이션 공급자	중소 회사에 기업용 차량 관리 서비스 제공	고객은 추적 시비스를 구독	없음	없음	M2M 운영자와 연결 서비스 구독 계약	-
장비 제조사	장비 제조	없음	장비 제조와 소매점에서 판매	없음	없음	없음

루션을 위한 설계 권고안을 제시하겠다.

8.3 보안 요구 사항

M2M 보안 요구 사항은 인지하고 있는 위협으로부터 양단 사이의 솔루션에 속한 다양한 주체들을 보호하기 위한 필요성에서 비롯된다. 직전 절에서 파악된 개별 주체가 겪은 위협을 예로 든 다음 보안 요구 사항을 요약할 것이다.

8.3.1 고객/M2M 장비 사용자

백엔드 애플리케이션 서버로 가장한 용의자는 장비가 제공하는 데이터나 작동 기능을 하이

재킹할 수 있다. 이런 공격이 용의자에게 경제적인 가치를 가져다 주는 시나리오는 경보기나 차고 문 개방과 같은 주택 자동화 장비의 원격 제어다. 네트워크 기반의 주택 자동화 서버를 가장하는 방법으로, 공격자는 경보기를 비활성화하고 집으로 들어가는 문을 개방할 수 있다. 통신을 수립하기 위해 시도하는 미승인 주체로부터 반드시 장비를 보호해야만 한다.

여러 M2M 애플리케이션의 예를 보면, M2M 장비에서 수집된 데이터는 원래부터 민감한 내용을 담고 있다. 예를 들어, 자녀 추적 애플리케이션은 승인 받지 않은 사람에게 아이 위치에 대한 정보를 제공하지 못하게 막아야 마땅하다. 따라서, M2M 보안 솔루션은 네트워크 상의 특정 지점에서 엿듣는 방식으로 저장된 데이터에 대한 정보를 얻지 못하게 막아야 한다.

신원은 몇 가지 패턴을 알아 차릴 목적으로 신원 정보를 인출할 수 있는 네트워크 구성요소의 위치와 같이 다른 데이터와 연관 지을 수 있기에 무척 가치 있는 정보다. 몇몇 애플리케이션에서는 최종 고객의 신원이 공개되지 않아야 한다. 따라서, 장비의 실제 신원을 암호화되지 않은 상태로 전송하는 방식을 받아들이지 못한다. 장비나 장비의 사용 패턴을 네트워크에서 엿듣고 있는 용의자가 추적할 수 있기 때문이다.

8.3.2 접속 네트워크 공급자

소비자 가전 제품과는 달리, 많은 경우에 M2M 장비는 애플리케이션 공급자가 소유하며, 계속해서 물리적으로 감시하거나 보호받지 않는다는 전제 하에 배포된다. 예를 들어, 스마트 계량기의 경우, 계량기는 일반적으로 유틸리티 회사가 소유하며, 주택이나 작은 사무실에 배포된다. 따라서, 이런 장비는 도난에 취약하다. 훔친 장비에서 찾아낸 통신 모듈의 악용을 막기 위해 웹 브라우징과 같은 일반적인 인터넷 통신 목적으로 사용하지 못하게 만들어야 마땅하다.

M2M 하이재킹 이면의 아이디어는, 용의자가 무료로 네트워크 서비스에 접속하기 위한 합법적인 장비 자격 인증서를 사용하며 따라서 접속 네트워크 사업자를 위협하는 데 있다. 이런 공격에 필요한 탐색 작업은 지능적인 악성 소프트웨어를 사용해 M2M 장비가 아닌 일반 장비(스마트폰이나 PDA 등)로 시작하게 되는데, M2M 장비를 이런 공격에 취약하게 만드는 다음 두 가지 내재된 속성으로 인해 M2M 배포에서 문제점이 더욱 두드러진다.

- **저렴한 장비** (Inexpensive equipment): 저가형 심장 감시 장비는 단순히 분당 평균 심박수를 측정해 붙어있는 셀룰러 네트워크를 거쳐 원격 서버에 이 정보를 전달한다. 일반적으로 이런 장비에는 추가적인 기능이 존재하지 않는다. 마찬가지로 주택용 스마트 계량기는 측정 기간 동안 소비된 물의 양을 측정해 수도 회사에 이 정보를 보고한다. 두 가지 예에

서, M2M 장비와 미리 정의된 서버 사이에 단일 데이터 세션이 항상 맺어져 있다. 장비는 다른 주체와 접촉할 필요가 없다. 따라서, 이런 장비는 자연스럽게 저렴한 특성이 있다. 따라서, 똑똑한 용의자가 이런 장비를 쉽게 해킹해 악용할 수 있게 된다.

- **쉬운 접근성** (Ease of accessibility): M2M 장비는 주로 정적인(아마도 아주 이동성이 낮은) 특성이 있으며, 눈에 띄고 물리적으로 접근이 용이한 위치에 놓여있다. 보안 관점에서 보면, 상황을 복잡하게 만드는 두 가지 문제를 예상할 수 있다. 먼저, 용의자는 물리적으로 장비에 접근해 분리 가능한 카드(예 UICC)에 저장된 자격 인증서를 제거/교체하거나 스니핑 도구를 설치 하거나, 다른 잠재적인 악성 행위를 수행할 수 있다. 다음으로, 다른 기지국이나 RAN으로 넘어가지 않는 정적인 장비 설치의 경우에는 공격자가 쉽게 소속된 접속 네트워크 신원과 함께 할당된 임시 M2M 장비 신원을 파악할 수 있다.

8.3.3 M2M 서비스 공급자

M2M 서비스 공급자에 대한 위협은 네트워크 사업자에게 가능한 모든 위협을 포함한다. 추가로, 서비스 가용성을 애플리케이션 공급자에게 보증하고 애플리케이션 공급자의 데이터 센터로 전송된 데이터가 위조되지 않음을 보증하는 책임이 M2M 운영자에게 있다.

8.3.4 애플리케이션 공급자

용의자는 중간자 공격을 사용해 장비에서 백엔드 애플리케이션 서버로 전송되거나 백엔드 애플리케이션 서버에서 장비로 전송되는 데이터를 수정함으로써 이익을 얻을지도 모른다. 따라서 주체들 사이에 전송되는 데이터의 무결성을 검증할 수 있어야 한다.

몇몇 장비는 다른 장비로 가장할 수 있기에 네트워크 상에 존재하는 다른 장비로 가장해 백엔드 서버로 데이터를 올릴 수 있다. 예를 들어, 다양한 계량기에서 계량 데이터를 수집하는 스마트 계량기 서비스의 경우에 정직하지 못한 주택 소유주는 계량기의 신원을 변경해 이웃집의 계량기가 애플리케이션 서버에 전송한 듯이 만들어 전기 사용에 대한 대가를 지불하지 않을 수 있다. 또 다른 위협은 용의자가 합법적인 장비를 가장해 서버에 잘못된 정보를 전송하는 경우에 발생한다. 예를 들어, 죄수 추적 서비스에서 또 다른 장비가 죄수의 장비처럼 행동할 수 있다면 잘못된 위치 정보를 전송할 수 있다. 물론 합법적인 장비는 기능이 정지 되거나 심지어 파괴될지도 모른다.

위에서 언급한 위협에 기반해, 보안 솔루션을 위한 공통적인 요구 사항을 유도하면 다음과 같다.

- **상호 인증** (Mutual authentication): 인증된 M2M 장비만 네트워크와 M2M 시스템에 접근 가

능하며, 반대로 어떤 M2M 장비도 명령이나 운영 관련 업데이트와 같은 데이터를 받아들이기 앞서 서버를 인증해야만 한다. 이는 백엔드 서버가 수집한 데이터는 합법적인 장비에서 왔으며, 장비는 합법적인 서버와 통신하고 있음을 보증한다. 상호 인증 과정은 초기 데이터 전송에 앞서 M2M 장비와 M2M 운영 네트워크 사이에서 완료되어야만 한다.

- **기밀성** (Confidentiality): M2M 장비와 애플리케이션 사이의 데이터 전송은 승인 받지 않은 엿듣기로부터 보호되어야만 한다.
- **무결성** (Integrity): 애플리케이션 서버는 관련된 장비에서 온 데이터의 무결성을 검증할 수 있어야만 한다. 이와 비슷하게, 장비는 연계된 서버가 전송한 데이터의 무결성을 검증할 수 있어야 한다. 이는 승인 받지 않은 변경이나 조작으로부터 데이터를 보호한다.
- **독점성** (Exclusivity): 다른 애플리케이션이 장비 내부의 M2M 전용 통신 장비를 사용할 수 있으면 안 된다. 네트워크 공급자가 애플리케이션 공급자와 분리될 때, 이런 요구 사항은 네트워크 공급자가 변조된 장비에 대한 서비스를 거부해야 함을 암시한다.
- **익명성** (Anonymity): 장비의 신원은 네트워크 상에서 남들이 엿듣게 노출되어서는 안 된다.

추가적으로 M2M 통신에 아주 특화된, 보안 솔루션을 부트스트랩하기 위한 다음 요구 사항이 존재한다.

8.3.5 부트스트랩 요구 사항

M2M 생태계 내부를 살펴보면, (광범위하게 퍼져나갈 경우 10억 대가 될지도 모르는) 장비 수가 폭증하는 상황에 직면하고 있으며, 혼합된 접속 네트워크를 기반으로 몇몇 가상 운영자가 제공하는 애플리케이션 수 백여 가지가 시중에 나와 있다. 따라서 보안 키의 부트스트래핑은 다음과 같은 몇 가지 제약 사항을 초래한다.

- **복잡한 생태계** (Complex ecosystem): 여러 장비 업체가 상대적으로 열린 생태계에 참여해 고객에게 저가 장비를 직접 판매할 수도 있다.
  - 예를 들어, 앞서 설명했듯이, 복잡한 생태계는 장비 제조사가 개방형 시장에서 제품을 판매하는 반면 서비스 공급자는 장비 업체나 재판매 업체와 사업적인 관계를 맺지 않을지도 모른다.
  - 다른 한편으로, 계량과 같은 주택용 애플리케이션에서 최종 사용자(주택 소유주)는 심지어 애플리케이션을 소유한 조직의 소유주를 대신해 서비스를 제공하는 가상 네트워크 사업자를 인지하지조차 못할지도 모른다. 하지만 애플리케이션을 안전하게 만드는 작업은 서비스 연쇄에 참여하는 모든 주체에게 매우 중요하다.

- **확장성** (Scalability): M2M 서비스는 일반적으로 작은 데이터를 전송하는 엄청나게 많은 개별 장비를 포함한다. 장비 당 매출은 일반적으로 부가가치 연쇄에 물린 모든 주자를 대상으로 보면 얼마 되지 않는다. 따라서, 이런 장비를 배포하고 유지하기 위한 발생 원가를 최소로 줄이는 노력이 중요하다. 장비 배포 과정에서 네트워크와 애플리케이션 공급자의 적절한 데이터베이스에 대한 장비 권한 설정 단계가 핵심 중 하나다. 특히 키나 보안 솔루션을 위한 다른 정보를 권한 설정하는 작업은 단순하면서도 확장 가능해야 한다. 권한 설정 과정은 장비가 미리 알려지고 계획된 특정 시점에 활성화될 것이라 가정할 수 없다. 장비는 테스트를 위해 제조 공장에서 일시적으로 켜졌다가 곧바로 배포 시점까지 꺼져 있을지도 모른다. 일찌감치 설치되지만 나중에 통신할지도 모른다. 따라서, 권한 설정 과정을 수행할 특정 시점을 예측하기란 불가능하다. 생태계에 참여하는 장비 양을 보면 알겠지만, 애플리케이션 부트스트랩은 최대한 자동화해야 한다. 실제로 많은 경우, 수동 개입(오프라인이나 온라인)은 고객이나 설치 기사가 (필요할 경우) 온라인 데이터베이스에 데이터를 몇 번 두들겨 입력하거나 (사용 가능하다면) 장비에서 명령행 인터페이스를 사용하는 선으로 제한해야 마땅하다.
- **부트스트랩은 네트워크 인증을 요구한다** (Bootstrapping requires network authentication): 더 중요하게, (M2M 운영자에게 대역폭을 제공하는) 네트워크 운영자는 장비가 애플리케이션 부트스트랩을 수행할 시점을 구분할 수 없다. 예를 들어, 이런 제약은 장비가 네트워크 접근 식별자를 사용해 모바일 데이터 네트워크에 자신을 인증하게끔 요구한다. 따라서 장비가 아직 보안 키나 다른 접속 자격 인증서를 소유하지 않았음에도 불구하고 네트워크 운영자는 장비를 '인식'하고 데이터 트랜잭션을 '인가'해야 한다. 다시 말해, M2M 장비를 위한 부트스트랩 프로토콜은 M2M 시스템이 현존하는 (그리고 배포된) 네트워크 시스템 위에 존재하므로 애플리케이션 부트스트랩 전에 접속 네트워크에 성공적으로 장비를 등록할 필요가 있음을 가정해야 마땅하다. 이런 등록 절차는 명백하게 기존 네트워크 표준을 따라 진행되어야 한다.
- **운영자 선택의 유연성** (Flexibility in operator selection): 이 절 앞에서 설명한 요구 사항 이외에도, (다양한 사업적인 이유로 인해) 특정 시점에서 애플리케이션 공급자가 M2M 운영자를 바꿀 가능성이 존재한다. 결과적으로 어떤 부트스트랩 절차도 구석구석에 걸친 완벽한 비밀을 보장해야 하며, 운영자 영역을 가로질러 핵심 보안 정보가 누출되어서는 안 된다. 추가적으로 이런 요구 사항은 사람의 개입이 없거나 있더라도 최소로 유지해야 충족될 수 있다.

이런 제약을 고려할 때, 전반적인 부트스트랩 과정은 보안 요구 사항을 충족하고 장비,

연결, 네트워크, 애플리케이션 계층에 위해 요소가 없음을 보증해야 한다.

8.4 어떤 솔루션이 적합한가?

배포 유형에 따라 다양한 공격 감지와 방어 기법이 이미 제안되고 있다. 세부 사항을 설명한다.

8.4.1 하이재킹에 대응하는 접근 방법

8.4.1.1 암호화와 무결성 보호

연구소와 표준화 단체에 따르면 하이재킹 공격[2-15]를 감지하고 예방하기 위해 암호화 연산의 활용을 제안해왔다. 요약하자면, 이런 연구 과정에서 제안된 다른 무엇보다 중요한 아이디어는 제어와 데이터 메시지의 무결성을 다음과 같은 방식으로 보호하는 데 있다. (1) 세션의 참여자에게만 알려진 비밀 키를 사용해 패킷 내용을 해시(hash)한다. (2) 메시지 끝 부분에 해시 연산 결과를 덧붙인다. 수신자는 동일 비밀 키를 사용해 해시 결과를 만들어 받은 메시지에 덧붙인 해시 값과 비교한다. 양자가 일치하면, 수신자는 메시지의 진위성을 확신할 수 있다. 이런 방법을 사용할 경우, 하이재킹은 용의자가 장비 신원은 물론이고 공통 비밀 키까지 획득하는 경우에만 가능해진다. 데이터 트래픽 암호화는 무결성 보호를 제공하는 동시에 제어와 장비 신원 또한 위조로부터 보호한다. 하지만 어떤 경우에는 장비 신원을 보호받지 않은 채로 전송해야만 한다. 또한 암호 연산 중 상당수가 처리 연산 관점에서 과도한 부하가 걸린다[16]. 이런 처리 과정은 저렴한 M2M 장비에서 피해야 할지도 모른다. 연구에서는 사용자 데이터 트래픽 패킷 자체는 무결성 보호 대상이 아니라고 제안한다. 실제로 사용자 트래픽의 무결성 보호는 RAN에 상당한 부담을 주며, 셀룰러 네트워크 표준에서는 이를 지원하지 않는다[2]. 하지만 사용자 데이터의 암호화는 광범위하게 사용된다. 반면에 제어 신호는 일반적으로 무결성 보호 대상이다. 제한된 제어 신호량과 산발적인 특성을 고려하면, 심지어 무결성 보호가 초래하는 가장 큰 부하도 네트워크 성능에 심각한 영향을 주지 않으므로, 따라서 광범위하게 받아들여진다.

8.4.1.2 IP 주소 기반 필터링

IP 주소 기반 필터링은 라우팅 경로를 따라 중간 라우터에서 패킷의 출발 IP 주소를 점검해 사칭, 반영, 공격 은폐를 감지한다. 이런 기법은 라우팅 테이블을 사용해 들어오는 패킷을 점검하고 잠재적으로 IPCP 또는 DHCP [17]를 거쳐 특정 MAC 주소에 할당된 출발 IP 주소와 비교하는 작업과 관련이 있다. 하지만 이런 기법이 연구 맥락에서 보면 충분하지 않은 이유는 다음과 같다. (1) 용의자의 장비는 희생자의 장비와 아주 근접한 곳에 위치할지도 모른다. (2) (일시적이거나 영구적인) 출발 노드의 신원은 장비 등록 과정에서 쉽게 엿들을 수 있다. 다음 절에서 이런 가능성을 소개한다. (3) RAN 구현에 따라 클라이언트 장비에서 출발한 패킷이 어떤 장비 식별자도 포함하지 않을 수 있다. 또 다른 연구에 따르면 트래픽 패턴 감시와 분류를 수행하기 위해 IP 주소 정보를 사용할 수 있다. 이런 메커니즘의 핵심 목표는 특정 클라이언트 장비의 보안에 문제가 생기는지, 이와 같은 결과로 관련된 트래픽 패턴이 최근에 변경되는지를 관찰함으로써 네트워크 이상 유무를 감지하는 데 있다. 예를 들어, 새로운 목적지 호스트가 사용되거나, 기존과 다른 트래픽 유형이 출현할 수 있다. 이런 메커니즘은 주로 웜 공격을 감지하기 위해 제안되어 왔다. 하지만 이런 기법들은 M2M 하이재킹을 감지하기에는 효율이 떨어진다. 영악한 용의자는 엿들은 IP 주소의 아주 큰 집합에서 임의로 골라낸 임시 신원을 사용할지도 모르기 때문이다. 이런 경우에 트래픽 감시/분류 기법은 악의적인 트래픽을 효과적으로 파악하지 못한다. 누가 봐도 엄청나게 많은 합법적인 출발 노드들이 균일하게 분포되어 있기 때문이다.

이어지는 시나리오에서, 직전 절에서 설명한 보안 요구 사항을 충족하는 관점에서 M2M 부문에 적합한지 평가할 목적으로 M2M 보안 부트스트랩과 보안 세션 수립을 위해 현재 사용 가능한 솔루션을 검토할 것이다.

8.4.2 공개 키 솔루션

키를 부트스트랩하기 위해 잘 알려진 방법은 공개 키 인증서와 함께 개인 키 쌍을 권한 설정하는 기법을 포함한다[18]. 이런 쌍은 제조 과정에서 개별적으로 생성될 수 있으며, 대응하는 자격 인증서와 함께 미리 설치할 수도 있다. 이를 이용해, 설치 과정에서 장비는 루트 키를 부트스트랩하기 위해 잘 알려진 공개 키 기반의 IKE 프로토콜(IKE, Internet Key Exchange [19])을 수행할 수 있다. (알려진 기법을 사용하므로) 직관적으로 들리지만, 이런 방법에는 고려해야 할 부분이 있다. 잠재적으로 장비 10억개를 다룰 수 있는 대규모 공개 키 기반(PKI, Public Key Infrastructure)을 요구한다. 직관적으로 들리겠지만(또한 잘 알려진 기법을 사용하겠지만), 이런 기법의 몇 가지 문제는 잠재적으로 수 십억 개의 장비를 다룰지도 모르는 대규모 공개 키 기반 구조(PKI, Public Key Infrastructure)에 대한 필요성을 포함한다.

PKI는 디지털 인증서를 생성하고, 관리하고, 배포하고, 사용하고, 저장하고, 취소하기 위해 필요한 하드웨어, 소프트웨어, 사람, 정책, 절차의 집합이다[18]. PKI는 인증 기관(CA, Certificate Authority)의 도움으로 사용자의 신원과 공개 키를 묶는 약속이다. 이런 절차는 등록과 발행 과정을 거쳐 설정된다. 이 과정을 보증하는 PKI 주체를 RA(Registration Authority)라 부른다. 장비마다 장비 신원, 공개 키, 신원과 공개 키 묶음, 유효성 조건, 기타 속성은 CA가 발급한 공개 키 인증서에 포함된다. CA의 주요 역할은 주어진 신원과 묶은 키를 공표하는 데 있다. 이런 과정에서 CA 자신의 키를 사용하므로, 장비의 공개 키에 대한 신뢰는 CA 키의 유효성에 대한 다른 사람들의 신뢰에 의존한다.

8.4.2.1 디지털 인증서와 서명

디지털 인증서는 공개 키의 소유주를 증명한다. 이는 다른 주체가 증명된 공개키에 대응하는 개인 키로 만든 서명에 의존할 수 있게 만든다. 이런 신뢰 관계 모델에서, CA는 인증서 소유주와 이 인증서에 의존하는 단체 모두가 신뢰하는 외부 단체다. 다시 말해, 인증서는 신원과 공개키 모두를 포함하는 디지털 '문서'로서 디지털 서명으로 신원과 공개키를 묶으며, CA가 구성한다. CA는 대응하는 공개키가 있는 장비의 신원을 점검하기 위한 디지털 서명 생성을 보증하며, 이 장비가 대응하는 개인키를 소유하는지 점검한다. CA의 공개키를 소유하는 어떤 주체라도 제공된 인증서에 있는 CA의 서명을 확인할 수 있다. 이를 사용해 (신뢰되는) CA는 인증서에 있는 공개키가 동일 인증서에 있는 신원이 확인된 주체에 속함을 보증한다.

디지털 인증서를 위해 전세계적으로 통용되는 표준은 X.509라 불린다[18]. X.509 인증서는 서명된 정보를 포함하며, 따라서 진짜이며 바뀌지 않았음을 보증할 수 있다. 이 정보는 일련번호, 유효기간, 발급자 이름(발급한 CA의 신원), 발급 대상의 이름(발급 대상의 신원이며, 장비, 운영자의 인증 서버등이 될 수 있다), 발급 대상의 공개키(인증될 단체의 공개키), '최상위 CA'와 최종 사용자 사이에 허용된 중간 CA들의 최대 수를 지정하는 경로 길이를 포함한다. 디지털 서명은 발급하는 CA의 개인키를 사용해 생성된다.

8.4.2.2 M2M 서비스 부트스트랩을 위한 인증서 사용

이어지는 절에서, OMA DM(Open Mobile Alliance Device Management) 표준을 따르는 접근 방법을 포함해 인증서를 사용한 부트스트랩을 위한 여러 접근 방법을 설명한다.

OMA DM 절차

OMA DM을 사용하면, DM 활성자는 일반적으로 MO(Management Object)를 저장하는 DM 서버를 사용해 구현된다. MO는 DM 프로토콜을 사용해 DM 클라이언트에 전송된다. OMA DM에서 장비는 다음 세 가지 방식으로 부트스트랩이 가능하다.

- 제조과정 중에 공장에서
- 스마트카드와 함께
- DM 서버를 경유해: 장비와 DM 서버 사이에 일어나는 초기 핸드셰이킹 직후 DM 서버가 루트 키를 장비에 전송한다.

DM 서버가 키를 장비에 전송하는 경우, 장비가 DM 서버로 관리 세션을 수립할 수 있는 시점에 다음 단계가 일어난다.

- DM 서버와 장비는 공유하는 비밀 정보나 인증 정보의 대역 외 전송을 사용해 상호 인증한다. 공유되는 비밀 정보는 사용자 PIN이나 네트워크 PIN을 기반으로 한다. 인증서 역시 이를 사용할지도 모른다.
- DM 서버는 푸시 메커니즘으로 부트스트랩 메시지를 송신한다. 서버는 부트스트랩을 시작하기 전에 장비 주소나 장비와 통신하기 위한 다른 메커니즘을 반드시 알고 있어야 한다. 부트스트랩 메시지는 부트스트랩 메시지를 전송할 DM 서버와 부트스트랩 메시지를 송신하는 DM 서버와 세션을 시작하고 장비를 인증하기 위한 충분한 정보를 포함하고 있다. 이 정보는 일회성으로 전달되며 장비와 DM 서버 사이에 지속되는 세션의 일부는 아니다.

부트스트랩 과정에서 장비의 정상적인 등록을 위해, 장비와 DM 서버는 다음과 같은 다양한 방식으로 서로를 인증한다. (1) TLS-PSK(Transport Layer Security Pre-Shared Key)는 미리 공유할 키를 제조사나 DM 서버 한쪽에서 제공한다. (2) 서버 인증서와 다이제스트 기반의 클라이언트 인증을 사용하는 TLS는 클라이언트 인증을 위해 클라이언트 암호를 사용한다. (3) 클라이언트 인증서와 서버 인증서를 모두 갖춘 TLS는 제조사나 DM 서버 한쪽에서 클라이언트 인증서를 권한 설정한다.

인증서를 사용한 부트스트랩

인증서를 사용해 부트스트랩하는 잠재적인 방법은 다음과 같다(OMA DM 범위에 포함될 수도 있다).

- 모든 후보 M2M 서비스 공급자가 신뢰하는 CA가 인증서 *하나*로 장비를 미리 권한 설정한다. 이런 CA는 가능한 모든 서비스 공급자와 사업 관계를 유지하는 주체가 운영하는 단일 CA가 될 수도 있다. 이런 CA는 또한 모든 장비 제조사와 관계를 맺거나 모든 장비 제조사가 신뢰할 필요성이 있다. 또한 해당 장비는 서비스 공급자와 연계된 CA의 공개키 하나 이상을 사용해 미리 권한 설정해야 한다.

- 해당 장비는 제조 공정 시점에 모든 후보 서비스 공급자가 신뢰하는 전체 CA의 인증서를 사용해 빠짐없이 권한 설정되어야 한다. 서비스 공급자가 CA를 여러 개 소유한 경우에는 장비는 각각의 CA 인증서를 사용해 권한 설정되어야 한다. 장비는 또한 서비스 공급자와 연계된 CA들의 공개 키 하나 이상을 사용해 미리 권한 설정된다.
- 부트스트랩 과정에서 CA가 만든 인증서를 해당 장비에 권한 설정한다. 여기서 해당 CA는 서비스 공급자가 반드시 신뢰해야 한다(예: 서비스 공급자가 CA를 소유). 이런 경우, 장비는 인증서를 받아들이기 앞서 장비 인증에 사용될 자격 인증서로 미리 권한 설정을 수행할 필요가 있다(잠재적으로, 이런 서비스를 제공하는 CA가 발급한 RSA 개인키/공개키 쌍을 받아들이는 과정을 동반한다).

위의 사례에서, 장비에 인증서를 권한 설정할 때마다, 하나 이상의 신뢰되는 인증 기관과 접촉할 필요가 있다. 더 구체적으로 제조사가 자격 인증서를 미리 권한 설정해 놓은 경우, 장비는 다양한 기존 M2M 서비스 공급자가 신뢰하는 최상위 CA 수만큼 인증서를 사용해 제조 과정에서 권한 설정될 필요가 있다(제조사가 부트스트랩 대상 장비의 특정 서비스 공급자를 미리 인지하지 못한다고 가정한다). 모든 후보 서비스 공급자가 신뢰하는 최상위 CA를 만일 제조사가 소유하고 있다면, 모든 서비스 공급자들은 모든 제조사를 신뢰할 필요가 있다. 이런 경우, 공장에서 장비에 (제조사의 CA가 발급한) 단일 인증서를 미리 권한 설정해놓을 수도 있다. 또한 장비는 서비스 공급자의 인증서 발급을 책임지는 모든 (신뢰성 있는) CA의 공개 키로 미리 권한 설정해 놓을 필요가 있을지도 모른다. 마찬가지로, 인증서 권한 설정을 서비스 공급자가 수행한다면, 서비스 공급자는 신뢰되는 CA(예: 서비스 공급자가 소유한)가 발급한 인증서를 권한 설정할 필요가 있다. 명백히 위에서 소개한 모든 경우에 OMA DM에서는 단지 DM 서버뿐만 아니라 잠재적인 모든 인증 서비스 관련 주체들을 위해 이런 인증서 권한 설정이 반드시 필요할 것이다.

인증서 철회는 OCSP(Online Certificate Status Protocol)[20]와 같은 특정 철회 프로토콜이나 CRL(Certificate Revocation List) 질의에 기반한다. CRL 질의는 M2M 서비스 공급자나 장비에 추가 트래픽 부하를 요구한다. M2M 장비가 10억개 배포될 경우, 이는 여러 접속 네트워크에서 늘어난 대역폭 사용을 의미한다(일반적으로, 증가하는 네트워크 자원 사용). 따라서 복잡도도 늘어난다. CRL 데이터베이스는 철회 관련 질의에 대응하기 위해 항상 온라인 상태를 유지할 필요가 있다. CRL 데이터베이스는 철회된 인증서의 목록만 포함한다는 면에서 종종 "요청한 인증서가 데이터베이스에 없습니다"라는 불확실한 결과를 반환하기도 한다.

위에서 설명한 내용에 이어, 공개키 암호화 방식이 M2M 부트스트랩 문제를 제대로 다루기 힘들다는 가능성을 고려해 구체적으로 고민할 사안을 몇 가지 정리한다.

- 셀룰러 네트워크의 경우, 공개키 방식은 기존 주요 셀룰러 표준의 일부가 아니며, 거의 모든 등록이나 관련된 링크 계층 인증 메커니즘은 대칭키 프로토콜을 사용해 다룬다 [3GPP, 3GPP2, 등]. 전파로 키를 부트스트랩하기 위해 공개키 방법을 사용할 경우, 부트스트랩에 앞서 장비가 모바일 네트워크를 등록할 수 없는 문제가 생긴다. 따라서, 부트스트랩을 위한 공개 키 방식은 표준의 변경 이후에나 사용 가능하며, 따라서 셀룰러 기반 M2M 운영은 부트스트랩에 적합한 기술이 될 수 없다.
- (권한 설정, 유지보수, 철회를 포함해) 인증서를 관리하기 위한 PKI의 필요성은 공개키 방식의 안전한 동작을 위해 아주 중요한 요인이다. M2M 맥락에서, 공개키 방식은 장비 당 '대칭키 하나'를 부트스트랩해야 하는 제약이 존재한다. 따라서, 트랜젝션 비용이 아주 높아질 수 있다. 다시 말해, '장비 당 트랜젝션 하나'를 위한 인증 관리 목적의 광범위한 PKI와 결합된 기존 공개키 방식을 활용하려면 비용이 무척 많이 든다. 공개키 시스템이 장기간 사용을 염두에 두기에 PKI(특히 철회)의 경우의 비용이 높긴 하지만, 키당 여러 번 트랜제션이 일어남으로써 분할 상환되는 효과가 발생할 경우에는 합리적이다. 또한 10억 개에 이르는 키를 관리하기 위해 기존 PKI를 확장하는 작업은 복잡한 생태계를 고려할 때 가능하지 않다. (계량기 애플리케이션과 같은) M2M 장비는 상당히 저렴하다는 사실을 기억하자. 따라서, 안전한 관계를 부트스트랩하기 위한 공개키 방식의 사용은 늘어나는 장비 비용이라는 의도하지 않은 영향을 불러 일으킬 것이다.
- 추가적으로 공개 키 설정에서 개인 키는 안전하게 보관해야만 한다. M2M의 비용 제약으로 인해, 물리적인 부정 조작 방지 보안이 인증서와 개인키를 장기간 보호할 수 있다고 가정하지 못한다.
- 또한 공개키 방식은 여러 노드가 각자 키를 공유할 경우에만 매력적이다. $O(n^2)$이 아니라 O(n) 키 관리 문제로 단순화하기 때문이다. 여기서 제시하는 문제는 여러 장비가 서버 하나와 보안 관련 사항을 공유하는 상황과 관련이 있다.

8.4.3 스마트 카드 기반 솔루션

스마트 카드 사용(GSM 시스템에서는 SIM 카드, 일반적으로 UICC)은 셀룰러 네트워크 상에서 M2M을 배포하는 시나리오를 위한 가장 매력적인 옵션이다. 1990년대 후반부터, SIM 카드는 모바일 폰과 셀룰러 기지국과 연결되는 다른 모바일 장비를 위해 셀룰러 네트워크 사업자들이 광범위하게 채택해왔다. 따라서, 장비에 스마트카드가 기본으로 장착되는 특정 셀룰러 M2M 사례에서 이런 카드는 정책과 관계에 기반해 M2M 서비스나 애플리케이션 계층에서 사용할 필수 키 정보를 제공할 수 있다.

더 자세히 말해, 3GPP가 정의하는 대다수 특정 네트워크 표준은 대부분 네트워크에 연결되는 어떤 장비에도 특정 스마트 카드 유형(SIM이나 USIM 애플리케이션과 함께하는 UICC)을 사용하게 강제한다. 이런 설정에서 M2M 장비도 스마트 카드 사용 정책을 따라야 한다. 스마트 카드는 미리 권한 설정된 영구적인 비밀 키를 포함한다. 이 키는 스마트 카드 제조사가 하드 코드하며, 네트워크 사업자에게 전달된다. 이런 키는 M2M 서비스 계층이나 애플리케이션 계층이 사용할 세션 보호 키를 생성하기 위해 사용될 수 있으며, 키 유도를 위해 다양한 기법을 사용할 수 있다. GBA(Generic Bootstrapping Architecture) 프레임워크가 대표적이다.

더 높은 계층(서비스, 애플리케이션)이 사용할 키를 생성하고 제공하는 작업은 새로운 키의 수신인이 스마트 카드(키 생성자)의 소유주를 신뢰하는 주체(다시 말해 셀룰러 네트워크 사업자)라는 사실을 암시한다. 따라서, 생성된 키가 장비와 M2M 서비스 제공자 사이의 보안 세션을 수립하기 위해 사용된다면, M2M 서비스 제공자는 네트워크 사업자와의 신뢰 관계를 맺어야 마땅하다. 네트워크 사업자가 M2M 서비스 공급자의 과업을 수행하는 방법으로 M2M 서비스를 제공할 경우 특히 편리하다. 마찬가지로, 애플리케이션 공급자가 네트워크 사업자를 신뢰한다면, 네트워크 사업자는 양단 사이의 애플리케이션 보안 세션을 수립하는 과정에서 사용할 목적으로 애플리케이션 공급자에게 키를 제공할 수 있다. 여기서 다시 한번, 네트워크 사업자는 애플리케이션 서버 운영과 같은 애플리케이션 계층 서비스를 장비에 제공할지도 모른다. 따라서 M2M 애플리케이션은 운영자의 보안 키 데이터베이스와 함께 스마트 카드에 저장된 영구 키를 사용하는 프로토콜을 통해 추출한 키를 사용할지도 모른다. 명백히, 서비스 공급자나 애플리케이션 공급자가 셀룰러 네트워크 사업자를 신뢰하지 않기에, 네트워크 사업자(키 사용자가 신뢰하지 못하는 주체)가 추출 불가능하게 키를 얻는 방식을 만들지 않는 이상 스마트 카드에 의존하지 않는 키 권한 설정 목적의 독립적인 방식을 사용할 필요가 있다.

서비스나 애플리케이션 계층에만 독점적으로 사용하는 경우에는 스마트 카드가 적합하지 않다. 스마트 카드는 본질적으로 장비 가격을 높이며, 스마트카드에 루트 키를 권한 설정하는 문제가 종종 카드 제조사로 넘어가며 독점적인 절차가 될지도 모르기 때문이다. 일반적으로 고객이 서비스를 구입할 때 수동으로 권한 설정하는 방식을 사용한다. 하지만 이런 방식은 10억 대가 넘는 장비로 구성될지도 모르는 셀룰러 M2M 배포에서 확장 가능한 형태가 아니다. 더 중요하게, 셀룰러 통신에서 스마트 카드의 근본적인 사용 이유는 구독 호환성을 활성화하는 데 있다. 따라서, 최종 사용자는 임의의 장비를 사용해 운영자의 개입 없이 유효한 구독만으로 네트워크에 연결할 수 있게 된다. 이런 기능은 M2M 맥락에서 가치가 적거나 거의 없다. 그리고 실제로 어떤 분리 가능한 신원 모듈도 다른 장비와 잠재적으로 훔친 장비에 포함된 카드를 사용해 악의적인 최종 사용자로 변신하는 가능성을 열어 놓는다(애플리케이션 공급자가 M2M 애플리케이션 서비스 대가를 지불한 경우). 게다가 애플리케이션 공급자가 운영자를 변경할 때 스마트카드를 교체할 필요가 있다. 이는 수 백만 개의 스마트카드를 교체하게 요구하며, 잠재적으로 아주 비용이 많이 든다. 더욱이, 사람의 개입 없이 이런 작업은 불가능하다.

8.4.4 미리 권한 설정된 대칭 키에 기반한 방법

모든 장비 등록 과정에서 대칭 암호 연산을 수행하기 위한 동일 키로 양쪽 모두 미리 권한 설정된 경우 M2M 장비와 M2M 서비스 공급자는 상호 인증할 수 있다. 이런 키는 장비의 보안 환경 내부에 영구적으로 저장될 수 있다. 서비스 공급자 쪽에서, 이런 키는 일반적으로 HSS나 AAA와 같은 인증 서버와 인터페이스하는 보안 데이터베이스에 저장된다.

M2M 장비 배포와 관련해 위에서 설명한 다양한 시나리오를 고려하면, M2M 서비스 공급자는 장비 배포 과정과 최종 사용자에게 전달하는 과정에 개입한다는 직전의 가정이 들어맞지 않는다. 또한 M2M 장비의 비용 때문에, 대부분 이런 장비는 구입 시점에서 키를 수동으로 권한 설정하기 위해 사용 가능한 사용자 인터페이스를 장착하고 있지 않다. 따라서, 미리 권한 설정된 키 해법을 위해 다음과 같은 두 가지 작업을 장비 제조사에서 수행할 책임이 있다.

- 공장에서 키를 장비에 설치한다. 일반적으로, 이런 키는 장비의 보안 환경 내부에 저장된다.
- 옵션으로 (장비 배포 시나리오에 따라) 동일한 키를 서비스 공급자에게 권한 설정한다. 이런 권한 설정은 제조사의 보안 데이터베이스와 인터페이스하는 백오피스 서버를 활용할지도 모른다. 애플리케이션이나 서비스 공급자가 제조사로부터 직접 장비를 주문하고 구입할 경우에 일반적으로 이런 방식을 사용한다.

그럼에도 불구하고, 고객이 소매점에서 장비를 구입하는 잠재적인 시나리오인 경우에는 운영자나 제조사와 사업 관계를 유지할 필요가 없다. 이런 경우에 제조사는 M2M 생태계의 다른 주체와 사업/신뢰 관계를 유지하지 않아도 된다. 실제로 이런 경우에 제조사는 M2M 장비를 만들어 소매점에서 팔기만 하면 된다. 심지어 최종 사용자나 애플리케이션 공급자와 직접 대면할 필요도 없다. 제조사와 관련된 신뢰 관계가 없기 때문에, 장비 사용자/소유주와 M2M 서비스 공급자와 같은 다른 주체들은 제조사와 관련된 (명시적이거나 암시적인) 적대적인 행위가 결코 일어날 것 같지 않다고 가정할 수 없다. 따라서, 제조사가 미리 권한 설정한 키는 일반적으로 보안 서비스 계층 세션을 수립하기 위한 영구적인 키로 사용될 수 없다. 하지만, 이렇게 미리 권한 설정된 키는 다음 두 가지 목적으로 사용될 수 있다. (1) 장비와 서비스 공급자 또는 장비와 애플리케이션 공급자 사이의 초기 상호 인증. (2) 새로운 공유 영구 키를 생성하는 보안 절차에 사용. 이 키는 제조사와 같은 신뢰할 수 없는 주체가 수동적인 공격을 활용해 명시적으로나 암시적으로 획득할 수 없어야 한다.

이런 절차의 예제를 들자면, CDMA1x 기반의 셀룰러 음성과 협대역 데이터 통신에서 명세된 OTASP(Over-The-Air Service Provisioning)가 있다. OTASP 절차는 링크 계층 인증과 개인정보 보호를 위해 장기간 사용될 보안을 권한 설정하기 위한 PAK(Password-Authenticated Key exchange) [21] 사용을 옵션으로 포함한다. PAK는 디피-헬만(Diffie-Hellman) 키 교환 맥락에서 '암호'를 사용한다. 이런 절차에서 제조 과정에서 모든 장비에 개별 암호를 권한 설정하는 단계가 가장 중요하다. 이런 암호는 M2M 서비스 공급자나 애플리케이션 공급자는 물론이고 제조사가 접근 가능한 백오피스 기반 구조를 통해 오프라인으로 공유된다.

8.4.5 신원 기반 암호화에 기반한 자동화된 부트스트랩용 프로토콜

8.4.2절에서, M2M에서 PKI 솔루션을 잠재적으로 채택하는 경우 직면하는 도전을 설명했다. IBE(Identity Based Encryption) 프로토콜은 PKI의 존재를 요구하는 공개키 프로토콜의 대체 방식으로 제안되어 왔다. IBE 이면에 존재하는 아이디어는 사용자 장비의 공개키가 이 키와 연관된 신원의 수학 함수라는 사실이다[22]. 따라서, 인증서를 사용해 주체의 신원을 공개키와 묶을 필요가 없다. 알려진 알고리즘을 사용해 신원으로부터 공개키를 자연스럽게 유도하기 때문이다. IBE를 사용해 수신자의 IBE 공개키로 메시지를 암호화한다. 수신자의 공개키는 수신자에게만 알려져 있는 (신원에) 관련된 개인키를 사용해 이 메시지를 해독할 수 있는 유일한 단서다. 이런 개인키는 대중에게 알려진 암호 함수와 도메인 비밀을 사용해 IBE KGF(Key Generation Function)가 발급하며, 대규모 PKI가 관리하는 인증서를 사용한 신원 검증 요구 사항을 더 이상 쓸모 없게 만든다. 메시지를 IBE로 암호화하기 위해 메시지 전송자가 요구하는 유일한 암호 관련 재료는 수신자의 공개키를 생성하기 위해 사용된 대중에게 알려진 암호 매개변수 집합뿐이다[3].

IBE는 ECC(Elliptic Curve Cryptography) 개념에 기반한다. ECC를 사용한 암호화/복호화 절차는 부트스트랩에 참여한 주체들에게 미리 알려진 매개변수 집합과 더불어 타원 곡선의 특정 내부 속성에 의존한다. IBE는 두 주체 사이에서 공유 키를 수립하기 위해 사용할 수 있다. 계속해서, 상호 인증을 수행하는 동시에 부트스트랩 과정에서 IBE를 사용하는 프로토콜을 설명한다. 이 프로토콜을 IBAKE(Identity-Based Authenticated Key Exchange)라 한다[23].

IBAKE는 사업/신뢰 관계가 부족하기 때문에 제 3자가 키 부트스트랩을 촉진할 수 없는 경우에 사용 가능하다. 예를 들어, M2M 장비와 M2M 운영자의 인증 서버 사이에 영구적으로 공유될 비밀 정보를 부트스트랩하기 위해 사용 가능하다. 이 경우, M2M 운영자는 접속 네트워크 사업자나 장비 제조사와 신뢰 관계가 없어도 무방하다.

IBAKE 프로토콜은 두 참여자 사이에 메시지 셋을 교환하게 만든다. 각 메시지는 대응하는 수신자의 공개키로 IBE 암호화되어 있다. 각 메시지가 IBE 암호화를 따르므로, 의도한 수신자만 이 메시지를 복호화할 수 있다. 세 방향 핸드셰이크가 끝나면, 수신자들은 상호 인증했으며 둘 사이에만 영구적으로 공유되는 키를 수립할 수 있다.

부트스트랩을 수행하기 위해, 부트스트랩에 참여한 주체에 매개변수 집합을 권한 설정할 필요가 있다. 계속해서, M2M 서비스 공급자와 M2M 장비가 공유되는 루트 키를 생성한 다음 인증 서버(HSS나 AAA 서버)로 안전하게 권한 설정하는 시나리오를 구체적으로 고려한다. 셀룰러 네트워크 서비스 공급자와 같은 다른 이해관계자가 M2M 운영자의 책임을 수행하는 경우 프로토콜은 다음 규칙을 따를 수 있다.

- **장비를 위한 임시 ID와 암호**: 제조 과정에서 장비는 임시 암호와 함께 공개 신원(MAC_address@realm와 같은 형태)으로 권한 설정된다. 이 암호는 (부트스트랩에 앞서) M2M 서비스 공급자와 임시 인증을 진행하기 위해 사용된다. 이 과정을 위해 특정 보안 정보를 장비에 '밀어 넣는'다. 구체적으로 말하면, 부트스트랩에 앞서, 장비는 올바른 M2M 운영자와 부트스트랩을 했는지 확인할 필요가 있다. 이와 유사하게, 운영자는 합법적인 장비가 부트스트랩되었는지 검증하기를 원한다. 임시 암호를 사용하면 M2M 운영자 자원에 초기에 접근하게끔 장비와 M2M 서비스 공급자 사이에 상호 인증이 가능해진다. 일단 이런 연결이 이뤄지고 나면, 영구적인 구독 관련 자격 인증서가 장비와 M2M 운영자 사이에 공유된다.
- **장비를 위한 IBE 관련 보안 정보**: 부트스트랩과 초기 장비 활성화를 위해, 장비는 IBE 개인키로 권한 설정되어 있어야 한다. 이를 위해, 장비는 신뢰성을 가지는 KGF에게 요청한다. 여기서 KGF는 장비를 위한 IBE 개인 키를 생성하기 위해 공개적으로 사용 가능한 암호 매개변수 집합과 함께 "도메인 비밀 정보"를 활용한다. 장비와 KGF 사이의 통신은 M2M 서비스 공급자의 기반 구조가 제공한다. 따라서, 장비가 KGF에 요청하려면, 장비에 미리 권한 설정된 임시 암호를 사용해 장비와 M2M 핵심 사이에 상호 인증이 선행되어야 한다. 개인 키를 생성하기 위해 사용되는 도메인 비밀 정보는 KGF에만 알려져 있으므로, (혼자하거나 또는 공모하거나) 활성 공격에 넘어가지 않아야 하는 관점에서 KGF는 신뢰되는 주체일 필요가 있다. 생성된 개인키는 M2M 운영자를 통해 KGF에서 장비로

안전하게 권한 설정이 완료된다. 다시 말해, 적절한 인터페이스를 사용해 키를 장비에 밀어 넣는다. IBE 개인키는 (공개 키에 포함된) 날짜 정보를 사용해 생성되며, 이런 키는 사용된 날짜가 만료되면 자동으로 철회(무효화)된다는 사실에 주목하자. 이런 자동 무효화로 인해, IBE 개인키는 만료 기간이 지나면 쓸모 없어진다. 따라서 발급된 시점부터 유효기간을 넘어서면 내용을 복호화하는 과정에 사용될 수 없다. 또한 장비는 M2M 운영자와 관련된 KGF의 공개된 암호 매개변수로 권한 설정되며, 개인키 권한 설정과 맞물리게 된다. 여기서 KGF는 장비 권한 설정 과정에서 어떤 개인키/공개키도 저장할 필요가 없다는 사실에 주목하자. 요청에 따라 두 키를 다시 생성할 수 있기 때문이다.

- **운영자를 위한 IBE 보안 정보**: 장비와 마찬가지로 운영자 역시 신뢰되는 관련 KGF가 제공하는 IBE 개인키/공개키로 권한 설정되어 있어야 한다. 운영자는 또한 장비와 관련된 KGF의 공개된 매개변수와 함께 장비의 신원(즉 공개키)으로도 권한 설정되어 있어야 한다. 또한 장비와 운영자는 (M2M 서비스 공급자가 소유하거나 아니면 외부에 소속된) 동일한 KGF를 사용해야 할지도 모른다.

8.4.5.1 IBAKE 프로토콜 확장

앞서 언급한 암호 정보를 사용해 장비와 운영자에 대한 권한 설정이 끝나고 메시지 교환이 가능해지는 직후, IBAKE 핸드셰이크 절차를 계속해서 수행한다. [23]에 설명한 듯이, IBAKE는 장비와 운영자 사이에 메시지 셋을 교환하게 되어 있다. 이런 메시지 교환 방식은 **그림 8.1**에 정리했으며 아래에서 세부 내용을 설명한다.

- 장비는 난수 x를 고르고, ECC를 사용해 xP를 계산한다. 여기서 P는 알려진 타원 곡선의 알려진 지점이다. 장비는 운영자의 IBE 공개키를 사용해 xP를 암호화하고, 암호화된 메

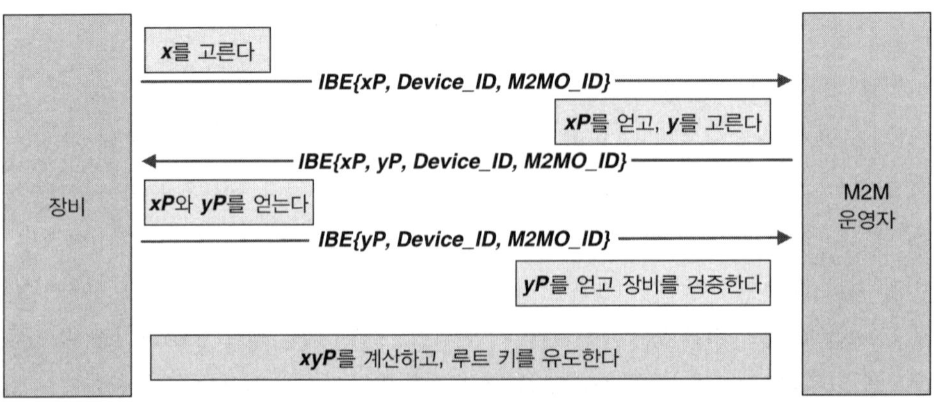

그림 8.1 IBAKE를 사용한 루트 키 부트스트랩

시지를 운영자에게 전송한다(MESSAGE_1). 앞서 설명한 바와 같이, 운영자만 이 메시지를 복호화할 수 있다.

- 운영자는 장비로부터 MESSAGE_1을 받아 복호화해 *xP*를 얻는다. 그리고 나서 운영자는 난수 *y*를 고르고, *yP*를 계산한다. 그 뿐만 아니라, 운영자는 장비의 IBE 공개키로 *xP*와 *yP*를 모두 암호화하고, 암호화된 메시지를 IBE로 암호화된 *xP*와 *yP*를 포함하는 장비에 보낸다(MESSAGE_2).
- 장비는 운영자로부터 IBE로 암호화된 MESSAGE_2를 받아 복호화해 *xP*와 *yP*를 얻는다. 받은 *xP* 값이 장비에서 MSBF(M2M Service Bootstrap Function)로 전달된 초기 메시지에 들어 있는 값과 일치하면, 장비는 운영자를 인증하게 된다(부트스트랩에 참여한 운영자의 기반 구조에 존재하는 서비스 주체). 운영자는 MESSAGE_1을 복호화할 수 있는 유일한 주체이기 때문이다. 계속해서 장비 IBE는 *yP*를 복호화하고, 운영자에게 다시 돌려보낸다(MESSAGE_3). 운영자는 MESSAGE_3을 받아 복호화한다. 얻은 *yP* 값이 MESSAGE_2에 들어있는 값과 일치한다면, 운영자는 장비를 인증하게 된다.

이와 같은 방법으로 장비와 운영자는 상호 인증을 마쳤고, *xP*와 *yP* 값을 얻었다. 마지막으로 각각은 ECC 함수를 사용해 *xyP*를 계산한다. 그리고 나서 이렇게 계산된 *xyP*를 사용해 대중에게 알려진 ECC 함수를 사용해 영구적인 공유 키를 유도한다. ETSI(European Telecommunications Standards Institute) M2M 기능 아키텍처 명세는 IBAKE 프로토콜을 M2M 장비와 게이트웨이의 자동화된 부트스트랩에 어떻게 사용할 수 있는지 세부 사항을 제공한다.

8.4.5.2 IBAKE의 장점

앞서 설명한 방식처럼 IBE를 지렛대로 이용하면 몇 가지 장점을 얻는다.

- **키 애스크로 지점 회피** (Avoiding key escrow points): 프로토콜 교환 과정에서 전달되는 데이터는 모두 IBE를 사용해 암호화되어 있다. 따라서 명백히 KGF가 모든 교환 데이터를 복호화할 수 있어야 한다. 하지만 KFG는 세션 키를 계산할 수 없다. 타원 곡선 디피-헬만 문제의 어려움 때문이다. 다시 말해, 심지어 제 3자가 *xP*와 *yP*를 얻었다고 하더라도, *xyP*를 계산하기란 알고리즘적으로 어렵다. 따라서, KGF가 (도메인 기밀 정보를 얻기 위해) 수동적인 공격자로부터 공격당하더라도, 공격자는 수립된 (루트) 키를 유도하지 못한다. 결국 KGF는 활성 공격 개시와 촉진이라는 관점에서 신뢰할 필요가 있다. 장비 제조사가 장비에 임시 암호를 미리 권한 설정했음에도 불구하고, 심지어 제조사가 장비와 운영자

사이의 통신을 엿들어 장비의 IBE 개인 키를 획득하는 경우에도 제조사가 루트 키를 수동으로 획득하기란 불가능하다.

- **부트스트랩 도중 장비와 운영자를 상호 인증하기** (Mutually authenticating device and operator during bootstrap): 위에서 설명한 바와 같이 IBAKE는 상호 인증 프로토콜이다. 장비는 MESSAGE_2를 수신해 운영자의 신원을 확인하며, 운영자는 MESSAGE_3을 수신해 장비의 신원을 확인한다.
- **빈틈없는 완벽한 보안 수립하기** (Achieving perfect forwards-and-backwards secrecy): x와 y는 난수이므로, xyP는 항상 새롭고 장비와 운영자 사이의 과거나 미래 세션과 무관한다. 따라서, 새로운 M2M 운영자는 과거 루트 키를 유도할 수 없으며, 미래 루트 키도 얻을 수 없다.
- **KGF 가용성** (KGF availability): IBAKE 프로토콜 교환 과정에서 KGF에 접근할 필요가 없다. 따라서 외부 주체에 대한 가용성 요구 사항을 극적으로 줄인다. 또한 KGF는 운영자가 장비를 부트스트랩하기를 기대할 경우에만 온라인으로 활성화될 필요가 있다. 다시 말해, M2M 서비스 공급자가 KGF를 소유할 경우, 장비 부트스트랩이 필요하지 않다면 공급자는 KGF를 오프라인으로 비활성화할 수도 있다.

IBAKE는 현재 MIKEY-IBAKE(Multimedia Internet Keying)의 형태로 IETF(Internet Engineering Task Force)에서 RFC(Request For Comment)를 펴냈고 ETSI와 3GPP와 같은 다양한 표준화 단체에서 논의 중이다.

8.4.6 M2M 장비 그룹을 위한 보안

전통적인 보안 등록 프로토콜은 서버(또는 네트워크)와 인증하는 클라이언트(또는 장비)에 의존한다. 예를 들어, 사용자가 서버에 로그인하거나, 모바일 장비가 네트워크에 등록할지도 모른다. 등록 프로토콜은 종종 클라이언트/장비가 서버/네트워크에 인증하거나 상호 인증 프로토콜을 사용하는 방식을 포함한다. 최근에는 (접속뿐만 아니라) 전체 세션을 안전하게 만드는 방향으로 나가고 있기에, 이런 인증 프로토콜은 클라이언트/장비와 서버/네트워크가 전체 세션을 안전하게 만드는 키 집합에 동의하는 키 동의 절차를 포함하게끔 확장되었다. 일방향 인증 프로토콜의 예는 CHAP(Challenge Authentication Protocol)[1], PAP (Password Authentication Protocol)[1], GSM 트리플렛 기반 인증 프로토콜 등을 포함한다. 그리고 상호 인증 프로토콜의 예는 3GPP의 AKA(Authentication and Key Agreement), EAP-TLS[24], EAP-GPSK (Generalized Pre-shared Key)와 같은 다양한 EAP(Extensible Authentication Protocol) 기반의 상호 인증 프로토콜 등을 포함한다.

위에서 설명한 메커니즘이 M2M 맥락에서 적용 가능한 반면, 접속 네트워크 사업자, M2M 운영자, 애플리케이션 공급자가 짧은 시간 동안 인증할 필요가 있는 장비가 수 십 만 대가 넘어가는 시나리오에서는 확장 문제가 생긴다. 따라서, 장비 그룹 인증이라는 개념이 최근 다양한 표준화 단체에서 논의되고 있다. M2M 장비 그룹은 보안 목적뿐만 아니라 더 넓은 관점으로 표준에서 고려되는 중이다[2]. 장비는 특정 정책에 기반해 하나로 묶이며, 소속된 그룹을 인지한다. 이런 정책을 개발하는 임무와 관련된 정책 입안 절차와 네트워크 주체의 기능은 M2M 운영자와 접속 네트워크 사업자와 같은 잠재적으로 다양한 주체들이 함께 하거나 독립적으로 수행한다.

그룹 인증에서, M2M 장비 그룹은 단일 등록 절차를 사용해 동일 시스템에 안전하게 등록할 수 있다. 이는 뒤에 설명하겠지만 등록 절차와 관련해 필요한 시그널을 엄청나게 줄인다. 다시 말해, M2M 장비를 개별적으로 인증하기 위한 목적으로 개별 세션을 수립할 필요가 없다. 반면에, 특정 그룹에 속한 장비는 대량으로 인증 가능하므로, 복잡도를 상당히 줄이며 인증 절차에 필요한 대역폭 요구 사항도 줄어든다. 장비를 N개 포함한 그룹은 그룹 ID로 구분되며, 그룹 ID는 그룹 인증 절차와 관련된 모든 네트워크 주체에게 알려져 있다. 이들은 개별 장비를 인증하는 주체와 동일하다. 이런 주체는 또한 그룹에 속한 모든 장비의 신원을 알고 있다. 이런 정보는 탐색 테이블 형태로 모든 주체들이 지역적으로 저장할 수 있다.

그룹 인증이 시그널을 절약한다는 아이디어를 보여주기 위해, 다음 예를 고려하자. 장비를 N개 배포했으며, 서비스에 접근하기 위해 인증 주체가 각 장비를 모두 인증할 필요가 있다고 가정하자. 지금까지 인증자는 개별 세션을 수립해 개별 장비와 고정된 숫자의 인증 메시지를 교환할 필요가 있었다. 따라서, 장비를 N개 배포하고 인증자와 각 장비 사이에서 메시지가 k개 교환될 필요가 있다면, 모든 장비를 인증하기 위해 무선 전송할 필요가 있는 메시지 수는 $N \times k$개다. 예를 들어, $N = 100{,}000$이며, 인증자는 AKA 프로토콜[2, 24]을 사용한다고 가정하자. 이미 결정된 이 프로토콜에 따라, 인증자는 클라이언트에 *사용자 인증 요청*을 클라이언트에 전송한다. 이 요청은 RAND(RANDom challenge)와 AUTN(AUThentica-tioN token)을 포함한다 [4, 7]. 이 경우 $k = 2$라고 두면 결과로 총 200,000개의 개별 메시지가 필요하다. 전반적인 과정의 끝부분에서, 장비 N개는 각각 세션 키를 생성할 것이다. 다시 말해, 인증자와 개별 장비 사이에 세션 키가 총 100,000개 서로 생성될 것임을 의미한다. 인증자가 하나가 아니라 각각 다른 서비스 유형을 인증하는 여러 인증자가 존재할지도 모른다. 이런 경우, 장비는 개별 인증자와 별개의 인증 프로세스를 따로 유지해야 할 것이다(이런 시나리오에서 다행스러운 사실로, "SSO(Single Sign On)"라는 개념을 사용할 수 있다. 여기서 장비는 다양한 인증자와 인증하기 위해 단일 자격 인증서 집합을 사용할 수 있다). 이와 같은 설정에서, 잠재적인 그룹 인증 솔루션은 개별 장비를 각각 다루는 대신 모든 장비 N개를 그룹 하나로 다룸으로써 브로드캐스트 하향 메시지를 사용해 동시에 접근함으로써 시그널을 줄일 수 있다. 이런 식으로 (100,000개 대신) 메시지 한 개로 모든 장비 N개에 송신할 수 있다.

이런 방법의 핵심 기능 중 하나로 모든 장비가 그룹으로 인증되는 경우에도 등록 결과로 생성된 세션 키가 M2M 장비 사이에 모두 동일하지 않음을 보증해야 한다. 이런 속성은 개별 M2M 장비가 그룹 내 사생활을 침해하지 않는 상태에서 서버/네트워크와 안전하게 통신할 수 있게 만든다. 더 구체적으로 다음 요구 사항을 수용해야 마땅하다.

- 개별 장비 인증의 경우에도 동일한 보안 강도를 보증한다.
- 장비 별로 각각 유일한 키를 제공한다. 장비 데이터는 (동일 그룹에 속한 경우에도) 다른 장비에서 시작한 잠재적인 공격에 안전하다.
- 인증 메시지 수를 줄인다. 이상적으로 인증자와 주고 받는 메시지는 단일 인증 절차의 경우와 동일한 대역폭을 사용해 동일한 수만큼 송수신한다.

이런 절차의 예를 다음에 설명한다.

그룹에 속한 개별 장비가 두 비밀 키(유일한 개별 키 Ku와 그룹 키 Kg)로 권한 인증되었다고 가정하자. 또한 상호 AKA를 수행하기 위해 AKA 인증 프로토콜을 사용했다고 가정하자.

그룹 인증 시나리오에서, 인증자는 HSS에 그룹 인증을 위해 특별히 설계된 인증 벡터를 요청한다. 이 벡터는 그룹 키 Kg를 사용해 계산된 난수값인 RAND와 네트워크 인증 토큰인 AUTN를 포함한다. 또한 기대되는 인증 결과인 XRESi와 장비 별로 Kg와 $(Ku)_i$를 XOR해 그룹에 속한 개별 장비마다 개별적으로 계산된 세션 키$(CK|IK)_i$ 집합을 포함할 것이다.

인증자는 그룹에 속한 모든 장비에 RAND와 AUTN을 단일 브로드캐스트 메시지로 송신할 것이다. 그룹에 속한 각 장비는 AUTN의 유효성을 확인하고 개별 RES_i로 응답한다. 이 과정에서 장비별 $[CK, IK]_i$를 개별적으로 계산한다. 응답은 인증자에게 거꾸로 송신되며, 유효성을 확인한 다음 장비에 밀접한 대응하는 세션 키를 활성화한다.

이와 같은 교환 과정에서, 그룹에 속한 장비 100,000개는 전통적인 AKA 교환 사례에서 볼 수 있는 200,000회 대신 100,001회만 메시지를 교환한다.

세부 절차는 이 책을 집필한 시점에 알려져 있지 않지만, 그룹 인증 솔루션의 애플리케이션에서 얻는 예상되는 기대 효과는 다양하다.

8.5 M2M과 MTC 통신의 보안을 위한 표준화 노력

최근 M2M 보안의 다양한 측면을 표준화하기 위한 관심이 집중되고 있다. 이런 관심은 기능 아키텍처 설정을 표준화하는 작업과 병렬로 자리잡는다. 다음에 이어지는 내용으로 다양한 표준화 단체가 추진 중인 내용의 현재 진행 상황을 설명한다.

8.5.1 ETSI M2M 보안

2장에서 설명한 바와 같이 ETSI M2M 표준화 그룹은 M2M 서비스 공급자의 기능적인 아키텍처 설계에 집중한다. 표준화 그룹은 M2M 공급자를 M2M 애플리케이션 공급자나 접속 네트워크 사업자와 독립적이며(하지만 협력하는) 논리적으로 접근 계층 위에 존재하는 서비스 계층 주체로 본다.

M2M 장비(또는 게이트웨이) 사이의 안전한 데이터 세션 수립과 ETSI M2M 서비스 능력은 키 계층의 존재에 기반한다.

보안은 장비 내 안전한 영역(예: 장비가 신뢰하는 환경)과 M2M 서비스 공급자 서버의 안전한 사용자 데이터베이스에 영구적으로 저장된 공통 루트 키(K_{mr})에서 출발한다. 이런 키는 나중에 설명하는 방식에 따라 장비와 공급자로 안전하게 부트스트랩된다. 루트 키는 임시 등록 세션 키(서비스키 K_{mc}로 알려진) 생성은 물론이고 게이트웨이와 공급자 사이의 상호 인증을 위해 사용된다. M2M 서비스 공급자와 장비의 서비스 부트스트랩 진행 과정에서 K_{mr}이 장비로 부트스트랩되면, K_{mr}은 동일 서비스 공급자와 관련된 장비인 경우 장비에 영구적으로 저장될 수 있다. 이런 관련성이 없어질 경우, 저장된 루트 키는 폐기된다. 장비가 M2M 서비스 공급자 둘 이상과 동시에 관련될 경우가 있을지도 모른다는 사실에 주의하자. 이런 경우, 특정 공급자가 다른 공급자의 루트 키 값을 인지하지 못하는 방식으로 공급자마다 루트 키가 하나 이상 안전하게 장비에서 저장된다. 또한 루트 키가 클라이언트 신원과 묶인다는 사실에 주목한다. 장비는 심지어 단일 서비스 공급자와 관련되더라도 여러 클라이언트 신원을 담고 있을지도 모른다. 이런 경우, 클라이언트 신원 당 키 하나씩 다중 루트 키를 개별적으로 저장하고 장비가 이를 사용한다.

K_{mr} 키는 장비가 M2M 핵심을 등록할 때마다 M2M 서비스 공급자의 서비스 기능으로 장비(장비에 존재하는 클라이언트 신원)를 상호 인증하기 위해 사용된다. 성공적으로 상호 인증이 끝나면, 공통으로 알고 있는 KGF를 사용해 장비와 인증 서버 양쪽에서 K_{mr}을 사용해 K_{mc} 키를 생성한다. K_{mc}는 세션 키로 장비 등록 세션 과정에서 유효하다. K_{mc}는 보안 인증

서버가 생성하며, M2M 핵심의 NSEC(Network Security Capability)으로 전송된다. 실제로 NSEC은 인증자로서 상호 인증 절차에 참가할지도 모른다. 이런 경우 NSEC은 MAS(M2M Authentication Server)와 보안 세션을 수립한다. MAS는 사용자 루트 키가 저장된 보안 사용자 데이터베이스와 인터페이스한다. 장비의 인증 요청은 NSEC으로 전달되며, MAS에 인증 정보를 요청하고 여기서 인증 정보를 받는다. K_{mc}는 TLS-PSK나 다른 방법을 사용해 장비/게이트웨이와 M2M 운영자 사이에서 데이터 교환을 안전하게 진행하는 과정에도 사용될 수 있다.

M2M 생태계의 복잡성은 ETSI M2M의 작업에서 상당히 중요한 고려 사항이다. 보안은 생태계에서 잠재적인 신뢰 관계와 관련된 기능적인 요구사항을 충족하는 방향으로 표준화될 필요가 있다. 이를 위해 ETSI M2M은 보안과 관련된 다음 두 가지 고 차원 사용 사례를 명확하게 구분한다.

- M2M 서비스 공급자는 접속 네트워크 사업자와 장비 제조사와 같은 다른 주체와 사업적인 관계를 유지한다.
- M2M 서비스 공급자는 생태계에 속한 다른 주체를 신뢰하지 않으며, 그 결과 서비스 계층의 기능은 장비와 M2M 핵심 사이에서 보안 관계를 독립적으로 수립할 필요가 있다.

첫째 경우에, M2M 서비스 공급자는 접속 네트워크 사업자나 장비 제조사와 같은 다른 이해 관계자를 신뢰한다. M2M과 접속 네트워크 사업자 사이의 신뢰 관계는 키 정보를 접속 네트워크 사업자가 영구적으로 제공할 수 있음을 의미한다. 물론 접속 네트워크 사업자는 이런 메커니즘을 지원해야 한다. 예를 들면, M2M 서비스 공급자는 이미 모바일 트래픽을 보호하기 위해 특정 보안 연산을 수행했을지도 모르는 관련된 모바일 네트워크 사업자를 신뢰할 수 있다. 이렇게 신뢰 가능한 시나리오에서, 접속 네트워크 사업자는 HSS/HLR(Home Location Register)과 대응하는 UICC에 저장된 영구적인 비밀 정보에서 보안 키를 생성하고, 보안 서비스 계층 세션을 수립할 때 M2M 서비스로 키를 제공할 수 있다. 이런 키 정보 생성을 수행하는 한가지 방식은 GBA[26]로, 상위 계층이 사용할 새로운 키를 유도하기 위해 접속 네트워크 세션 키를 사용한다. 명백히, 접속 네트워크 사업자는 서비스 계층에서 사용될 루트 키를 알고 있다. 하지만 두 운영자 사이에 유지되는 신뢰 관계로 인해 M2M 서비스 공급자에게 있어 이는 문제가 되지 않는다. 비슷한 방식으로, 장비 제조사와 M2M 서비스 공급자 사이에 맺어진 신뢰 관계는 제조사로 하여금 보안 관계 수립 과정에 사용될 키를 서비스 계층에 제공하게 만든다. 특히, 제조사는 공장에서 장비에 키를 미리 권한 설정하며, 동일한 키를 M2M 서비스 공급자 둘 이상으로 권한 설정할 수 있다(이는 얼마나 많은 연관된 공급자에 의존하느냐에 달려 있다). 제조사가 신뢰되는 주체이며 해당 키를 안전한 방식으로 M2M 서비스 공급자에게 권한 설정한 경우, 이런 키는 잠재적으로 루트 키로도 사용할 수도 있다. 하지만 일반적으로 이런 신뢰 관계는 접속 네트워크 사업자나 제조사가 직접 M2M 서비스 권한 설정을 제공하지 않는 이상 M2M 생태계에 존재하지 않는다.

M2M 서비스 공급자와 다른 주체 사이에 신뢰 관계가 존재하지 않을 경우, M2M 서비스 공급자는 신뢰하지 않는 주체가 수동적으로 루트 키나 세션 키를 얻을 수 없는 방식으로 연계된 장비와 보안 관계를 독자적으로 수립할 필요가 있다. 다시 말해, M2M 장비와 M2M 코어의 M2M 서비스 기능 사이에서 부트스트랩과 안전한 데이터 세션 수립은 루트 키나 서비스 키를 획득하기 위한 목적으로 진행되는 제조사와 접속 네트워크 사업자가 관련된 적대적인 수동 공격을 허용하지 않는 방식으로 수행되어야 마땅하다. 또한 이런 방식은 복잡한 M2M 생태계와 제한적인 M2M 장비의 능력을 고려해 조정될 필요가 있다. 루트 키 부트스트랩을 위한 이와 같은 방식의 잠재적인 예는 ETSI M2M 표준에 등장했으며, [27]에서 찾을 수 있다.

8.5.2 MTC(Machine Type Communication)를 위한 네트워크 개선과 관련된 3GPP 보안

MTC(Machine Type Communication)의 표준화는 3GPP에서 많은 관심을 끌고 있다. 3GPP 보안 그룹인 SA3는 MTC를 위한 네트워크 개선과 관련된 보안 절차를 설계하고 표준화할 목적으로 만들어진 그룹 요구 사항과 네트워크 아키텍처 그룹(각각 SA1과 SA2)가 이끌고 있다. 3GPP는 배포된 3GPP 네트워크나 아키텍처와 배타적으로 관련된 운영에 대부분 흥미를 보이므로, M2M 통신을 위한 보안 지원은 기존 3GPP 네트워크 설계에 밀접하게 묶여 있다.

MTC 보안을 위해 도입되는 주요 요구 사항은 MTC 통신이 아닌 경우와 비교해 MTC 최적화가 보안을 침해해서는 안 된다는 점이다. 이런 광범위한 요구 사항을 놓고, SA3는 SA2가 정의하고 표준화한 MTC 기능을 보호하기 위해 보안 솔루션을 설계하는 업무를 맡았다. 이런 기능은 그룹 통신, 시간 제어, 낮은 이동성, 감시, IP 주소, 소규모 데이터 전송, 장비 트리거, 혼잡 제어 등과 관련이 있다. SA2는 이런 MTC 개별 기능의 갱신된 설계 문서를 제공한다. SA3은 새로운 설계가 영향을 미치므로 보호되어야 할 이미 표준화된 보안 요소가 무엇인지를 결정하며, 파악된 보안 설계 결함을 제거하는 후속 작업을 수행한다.

참고문헌

1. Mizikovsky, S., Wang, Z., and Zhu, H. (2007) CDMA 1x EV-DO security. *Bell Labs Technical Journal*, 11 (4), 291–305

2. 3GPP TS 33.102. Technical Specification Group Services and System Aspects; 3G Security; Security Architecture (Release 9, 2009).

3. European Telecommunications Standards Institute (1997) GSM Technical Specification GSM 03.20 (ETS 300 534): Digital Cellular Telecommunication System (Phase 2); Security Related Network Functions, August 1997.

4. Aboba, B. and Simon, D. (1999) PPP EAP TLS Authentication Protocol. RFC 2716.

5. Cox, R., Grosse, E., and Pike, R. (2002) Security in plan 9. USENIX Security Symposium, 2002.

6. 3GPP TS 33.401. Technical Specification Group Services and System Aspects; 3GPP System Architecture Evolution (SAE); Security Architecture (Release 9, 2009).

7. Gallagher, M.D. and Snyder, R.A. (1997) *Mobile Telecommunications Networking with IS-41*, McGraw-Hill, ISBN: 0-07-063313-2.

8. Handley, B. (2000) Resource-efficient anonymous group authentication, *Financial Cryptography, 4th International Conference FC 2000 Anguilla*, British West Indies, Springer-Verlag.

9. Gohil, S. and Fleming, S. (2004) Attacks on Homage Anonymous Group Authentication Protocol. Technical Report OUCS-2004-16, Department of Computer Science, University of Otago.

10. Jaulmes, E. and Poupard, G. (2002) *Financial Cryptography 2001*, Lecture Notes in Computer Science, Vol. 2339, Springer-Verlag, pp. 106–116.

11. Hanaoka, G., Shikata, J., Hanaoka, Y., and Imai, H. (2005) *Unconditionally Secure Anonymous Encryption and Group Authentication*, Oxford University Press, December 2005.

12. Martucci, L.A., Carvalho, T.C.M.B., and Ruggiero, W.V. (2004) A lightweight distributed group authentication mechanism. Proceedings of the 4th International Network Conference, INC, July 2004.

13. Kent, S. (2005) Security Architecture for the Internet Protocol. RFC 2401.

14. Teofili, S., Mascolo, M.D., Bianchi, G., Salsano, S., and Zugenmaier, A. (2008) User plane security alternatives in the 3G evolved Multimedia Broadcast Multicast Service (e-MBMS). *Security and Communication Networks*, 1 (6), 473–485.

15. Arkko, J. and Haverinen, H. (2006) Extensible Authentication Protocol Method for 3rd Generation Authentication and Key Agreement (EAP-AKA).

16. Feng, Z., Ning, J., Broustis, I., Pelechrinis, K., Krishnamurthy, S.V., and Faloutsos, M. (2011) Coping with packet replay attacks in wireless networks. IEEE Communications Society Conference on Sensor, Mesh and Ad Hoc Communications and Networks (SECON), 2011.

17. Droms, R. (1997) Dynamic Host Configuration Protocol. RFC 2131.

18. Cooper, M., Dzambasow, Y., Hesse, P., Joseph, S., and Nicholas, R. Internet X.509 Public Key Infrastructure: Certification Path Building. RFC 4158.

19. IETF RFC 4306. Internet Key Exchange Protocol.

20. Myers, M., Ankney, R., Malpani, A., Galperin, S., and Adams, C. X.509 Internet Public Key Infrastructure Online Certificate Status Protocol – OCSP. RFC 2560.

21. Brusilovsky, A., Faynberg, I., Zeltsan, Z., and Patel, S. Password Authenticated Key (PAK) Diffie-Hellman Exchange. RFC 5683.

22. Boyen, X. and Martin, L. (2006) Identity-Based Cryptography Standard (IBCS) #1: Supersingular Curve Implementations of the BF and BB1 Cryptosystems. RFC 5091.

23. Cakulev, V. and Sundaram, G. (2011) IBAKE: Identity Based Authenticated Key Agreement, Internet draft, http://tools.ietf.org/html/draft-cakulev-ibake-03.

24. Simon, D., Aboba, B., and Hurst, R. (2008) The EAP-TLS Authentication Protocol. RFC 5216.

25. 3GPP TR 23.888 System improvements for Machine-Type Communications (MTC) (to be published in 2012).

26. 3GPP TS 33.220. Generic Authentication Architecture (GAA); Generic Bootstrapping Architecture (GBA) (2004).

27. ETSI TS 102 690. Machine-To-Machine Communications (M2M); Functional Architecture. (Release 1, 2010).

Chapter 09

M2M 단말과 모듈

M2M Security

구스타프 보스

시에라 와이어리스, 브리티시 컬럼비아, 캐나다

9장은 M2M 모듈에 초점을 맞추고 M2M 모듈이 제공하는 특징과 서비스를 살펴본다. 하지만 이런 주제를 설명하기 앞서, M2M 모듈의 명확한 정의를 제공할 필요가 있다. M2M 단말을 두 가지 논리적인 구성 요소로 쪼갤 수 있는 상황에서 M2M 모듈은 M2M 단말과 다르다. 먼저 단말의 애플리케이션 부문은 M2M 애플리케이션을 위한 특정 하드웨어와 소프트웨어를 제공한다. 예를 들어, POS 단말에서, 애플리케이션 영역은 관련된 애플리케이션 계층 소프트웨어와 함께 키 패드, LCD, 프린터가 된다. 다음으로 M2M 단말의 논리 구성 요소는 M2M 모듈로, 연결 서비스를 제공하는 책임을 주로 맡고 있다. 애플리케이션 부문은 또한 종종 단순히 M2M 모듈에 대한 '호스트'로 언급되는 경우도 있다. 단말의 애플리케이션 부문은 M2M 애플리케이션과 밀접한 관련이 있으며, 시리즈 다음 책인 "*The Internet of Things: Key Applications and Protocols*"에서 자세히 설명할 주제다. 비록 M2M 모듈은 무선과 유선 형태로 존재하지만(이 장 후반에 자세히 설명한다), 이 장에서는 무선 M2M 모듈에 초점을 맞춘다. 배포된 M2M 모듈의 대부분은 무선 네트워크를 사용하기 때문이다.

9.1 M2M 모듈 범주

M2M 애플리케이션이 풀어야 하는 문제가 무척 다양하므로, M2M 모듈 유형 역시 상당히 다양하다는 사실은 전혀 놀랍지 않다. 이어지는 절에서 M2M 모듈의 다양한 유형을 분류하는 방법을 제공하고, M2M 모듈을 분류하기 위한 몇 가지 핵심 범주를 소개한다. 여기서 소개하는 범주는 직교하지 않으므로 M2M 모듈이 두 가지 이상의 범주에 떨어질지도 모른다. 이런 분류는 또한 M2M 애플리케이션 개발자들에게 개발 중인 M2M 애플리케이션에 가장

적합한 M2M 모듈의 유형이 무엇인지 결정하는 과정에 도움을 준다.

9.1.1 접속 기술

9.1.1.1 무선이냐 유선이냐

M2M 모듈을 범주로 나누는 첫째 방법이자 가장 손쉬운 방법으로 지원하는 접속 기술 유형을 살펴본다. 접속 기술은 유선과 무선으로 나눠진다. 유선 접속 기술은 전화선(예: RJ11)이나 케이블 회사의 동축 케이블(RG-6)과 같은 케이블을 사용한 물리적인 연결이 필요하다. M2M을 위한 가장 인기 있는 몇 가지 무선 기술은 전력선 통신(PLC, powerline communications), 이더넷(RJ-45), xDSL 등을 포함한다. 유선 접속 기술의 활용은 여러 이유로 인해 M2M에 널리 쓰이지 않고 있다. 즉, 이동 통신 미지원, 새로운 케이블을 포설하기 위한 높은 기반 시설 비용(PLC 제외), 유지보수의 상대적인 복잡성이 대표적인 이유다. 반면, 무선 접속 기술(RAT)은 물리적인 연결을 요구하지 않으며 정보를 전달하기 위해 전파를 사용한다. RAT는 M2M 애플리케이션에 널리 사용되므로, 이어지는 절에서는 무선 M2M 모듈에 초점을 맞출 것이다.

9.1.1.2 무선 연결 거리

무선 접속 기술을 분류하는 한 가지 방식은 무선 연결이 유지되는 거리다. 하위 범주는 WPAN (Wireless Personal-Area Networks), WLAN (Wireless Local-Area Networks), WWAN (Wireless Wide-Area Networks)으로 나눠진다. 그림 9.1을 참조한다.

일반적으로, PAN 연결은 10m 이하의 범위까지 지원하며, 블루투스, 지그비, 초광대역 무선, 종종 적외선 통신과 같은 기술을 포함한다. WLAN 연결은 일반적으로 30m 이하의 범위까지 지원하며, 이 정도면 사무실 건물을 포함할 수 있는 거리다. 가장 인기 있는 WLAN 기술은 802.11(Wi-Fi)이다. WWAN 연결은 아주 긴 거리를 이동할 수 있으며, M2M 모듈을 위한 가장 인기 있는 접속 기술이다. 따라서, 이 장에서는 주로 WWAN에 초점을 맞춘다. WWAN M2M 모듈이 인기 있는 이유는 여러 M2M 애플리케이션에서 요구하는 완전한 이동성을 지원하는 유일한 무선 접속 수단이기 때문이다. WWAN 기술은 다음과 같은 기준으로 또 한번 나눠질 수 있다.

- FDMA(Frequency Division Multiple Access): 예) AMPS
- TDMA(Time Division Multiple Access): 예) GSM
- CDMA(Code Division Multiple Access): 예) UMTS

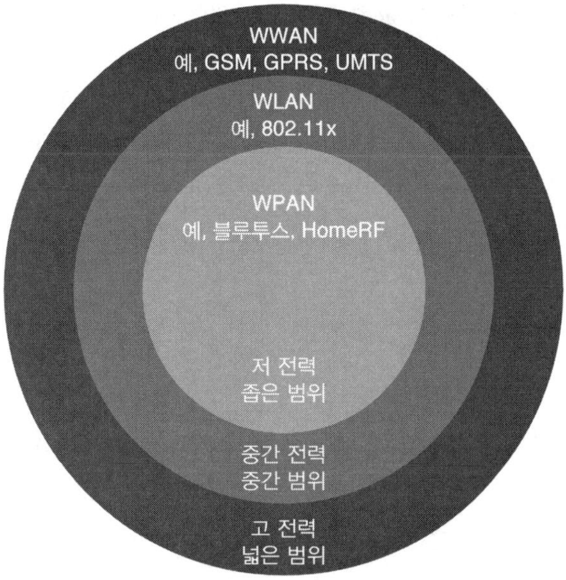

그림 9.1 WPAN, WLAN, WWAN

- OFDMA(Orthogonal Frequency Division Multiple Access): 예) LTE (Long-Term Evolution)

각각의 WWAN 기술은 처리량과 대기 시간 관점에서 다양한 성능 수준을 제공한다. 어떤 WWAN 기술 유형을 사용할지는 다른 무엇보다 애플리케이션의 처리량과 대기 시간에 따라 결정된다.

9.1.1.3 세대

WWAN을 분류하는 추가적인 방법은 '세대' 또는 'G'다. 다른 여느 기술과 마찬가지로, WWAN은 시간이 지남에 따라 진화해 왔다. 때로 WWAN 개선은 점진적이었지만, 종종 WWAN 개선은 함께 묶여 두드러지는 도약을 이뤄왔다. 성능 측면에서 이를 세대(예: 2G 또는 3G)라 부른다. ITU-R(International Telecommunications Union)은 3G와 4G에 대한 최소 성능을 명세화했다. 물론 마케팅과 광고 부서는 항상 ITU-R 정의를 고수하지 않았다. 이는 용어상 불일치를 초래했다. 이 장에서는 다음 분류를 적용할 것이다.

- 1G는 AMPS, TACS, NTACS와 같은 기술을 포함한다.
- 2G는 IS-136, GSM, 그리고 1xRTT의 대다수 상용 배포와 같은 기술을 포함한다.
- 3G는 UMTS, TD-SCDMA, EVDO를 포함한다.
- 3.5G는 HSPA(High-Speed Packet Access)와 같은 기술을 포함한다.

- 4G는 UMB (Ultra-Mobile Broadband), WiMAX (802.16e), LTE를 포함한다.

비록 시장은 LTE와 WiMAX (802.16e)를 4G로 언급하지만, 엄밀히 말해 둘 다 ITU-R의 4G 성능 요구사항을 충족하지 못했다. 2010년 11월, ITU-R은 LTE-Advanced와 WiMAX 802.16m 접속 기술을 4G 기술로. 승인했으나, 시장이 둘을 뭐라 부를지는 확실하지 않다. 아마도 4.5G나 5G로 부를 것 같다. 초기 시장 조짐에 따르면, 이런 4.5G 기술은 빠르면 2013년에 상용화될 것 같다.

9.1.1.4 2G 우위

WWAN 전화기를 위한 소매 채널은 더 새로운 접속 기술(예: 3G, 4G)이 주도하는 경향이 있음에도 불구하고, M2M 모듈 판매는 이런 경향을 따르지 않으며, 2012년에 배포된 대다수 WWAN M2M 모듈은 2G다. 비록 시장 동향은 3G나 4G 모듈로 점진적으로 진화하고 있지만, 3G/4G로 배포된 M2M 모듈이 2G로 배포된 M2M 모듈을 수적으로 능가하려면 십중팔구 여러 해가 걸릴 것이다. 이는 M2M 애플리케이션 수명이 길기 때문인 영향도 일부 있다. 예를 들어, 자동차나 유틸리티 계량기는 배포 수명이 10년이다. 2G M2M 모듈이 2012년에도 여전히 배포되는 이유는 다음과 같다.

- 2G는 여전히 모듈 비용이 훨씬 저렴하다. 하지만, 2G와 2G+3G 모듈 사이의 비용 차이는 급격하게 줄어드는 중이다.
- 2G 모듈은 더욱 성숙한 듯이 보인다. 다시 말해, 더 안정적이고, 전력 소모가 더 적고, 기능과 서비스가 더 많다(아래 서비스 절을 참조하라).
- 2G 도달 범위가 우월하다. 대다수 2G는 저주파 대역에서 배포되었고(셀룰러 800과 900Mhz GSM 대역), 3G는 더 높은 주파수 대역에서 배포되었기에(1800 MHz DCS과 1900 MHz PCS), 2G가 자연스럽게 더 나은 도달 범위를 자랑한다. 특히 실내 투과가 용이하다.
- 2G로 충분한 듯이 보인다. 모듈이 교외와 실내에서 2G 모드로 운영해도 충분하며 심지어 바람직하기 때문에 M2M 애플리케이션은 2G 처리량과 대기 시간을 위해 설계될 필요가 있다.
- 3G나 심지어 4G M2M 모듈로 향한 느린 움직임은 MNO(Mobile Network Operator)나 전화 통신 규제에 의해 내려진 결정 때문에 엄청 빠르게 가속화될 수도 있다. 예를 들어, MNO는 자사 네트워크에서 새로운 2G 모듈을 금지할지도 모른다. MNO가 2G 대역을 재구성해 3G나 4G 기술을 더 많이 배포할 계획을 수립하거나 심지어 2G 네트워크를 완전

히 퇴역시킬지도 모른다. 또 다른 가능성으로 MNO가 3G나 4G 네트워크의 서비스 요금을 적게 요구하기로 결정하면 새로운 기술에 유리하게 TCO(Total Cost of Ownership)를 흔들 수 있다. MNO는 또한 2G 장비를 제공하는 경우와 비교해 가격 차이를 보상하기 위해 3G와 4G 장비에 보조금을 지급하기로 결정할지도 모른다. 언제 2G 시스템을 퇴역할지를 정하는 MNO의 결정은 아주 복잡하고 많은 변수가 존재한다. 몇몇 변수는 주파수 대역과 규제 쟁점 등으로 인해 지역적으로 민감하다. 이로 인해 2G 대역을 재배치하고 2G 시스템을 퇴역하는 시점은 지역적인 영향을 아주 크게 받을 것이다.

9.1.2 물리적인 기구 형태

물리적인 기구 형태는 M2M 모듈 분류를 위한 또 다른 수단이다. 기구 형태는 M2M 애플리케이션 개발자가 요구하는 통합 수준과 밀접한 관련이 있다. 일반적으로 기구 형태가 작을수록 M2M 애플리케이션 개발자에게 요구되는 통합 노력도 커지기 마련이다. 기구 형태는 또한 M2M 모듈의 사용 가능한 하드웨어 인터페이스와 관련이 깊다. 기구 형태가 더 클수록 일반적으로 물리적인 인터페이스 옵션도 더 많이 늘어난다.

9.1.2.1 납땜 모듈

물리적인 첫째 기구 형태는 납땜 모듈이다. 정의상 이 모듈에는 연결 단자가 없으며, 납땜 패드나 납땜 구가 있어 M2M 단말의 PCB에 직접 납땜하게 만든다. 납땜 패드는 LGA(Line Grid Array) 인터페이스와 함께 사용되며, 구는 BGA(Ball Grid Array)와 함께 사용된다. LGA와 BGA를 사용하는 M2M 모듈의 상업적인 예는 **그림 9.2**에 나온다.

일반적으로, 납땜 모듈은 사용 가능한 가장 작은 기구 형태이며, 대부분 MCM(MultiChip Module)을 사용해 크기를 줄인다. MCM은 IC(Integrated-Circuit) 패키지로 다중 반도체 금형을 기판에 패키지로 묶어 단일 IC처럼 사용 가능하게 만든다. 이런 기법은 시간을 많이 소비하며, 높은 연구 개발비를 요구하므로, 극소수 M2M 모듈 업체만 이런 기구 형태를 지원하고 새로운 WWAN 기술(예:, 4G)의 경우에는 PCI 익스프레스 미니 카드와 같은 다른 기구 형태에 비해 납땜 모듈이 뒤쳐지고 있다. 납땜 모듈 크기는 다양하지만, 25 × 30 mm 범위를 유지한다. 심지어 크기와 I/O 핀에 제약이 있음에도 불구하고, 이런 모듈은 종종 여전히 USB, I2C, SPI 버스, UART, GPIO와 같은 여러 I/O 옵션을 지원한다. 일반적으로 이런 다양한 옵션은 M2M 애플리케이션 개발자에게 충분한 유연성을 제공한다. 모든 I/O는 분리된 안테나 연결이라는 드문 예외를 제외하고는 SMT(Surface Mount Technology) 인터페이스를 거쳐 만들어진다. 작은 크기를 넘어서, 납땜 모듈은 또한 진동에 불안정한 연결 단자를 필요

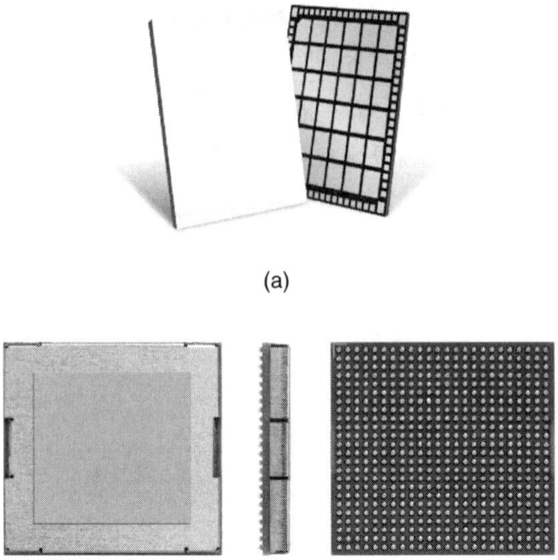

(a)

(b)

그림 9.2 (a) LGA와 (b) BGA. (시에라 와이어리스의 허락을 받음)

로 하지 않기에 훨씬 더 안정적인 장점이 있다. M2M 모듈에서 더 큰 PCB로 열이 더 쉽게 전달될 수 있기에, 이런 기구 형태에는 온도가 높은 환경에 적합하게 만드는 우월한 열 방출 특성이 있다. 열 방출과 안전성이라는 장점은 납땜 기구 형태를 차량 애플리케이션에 적합한 선택으로 만들어준다. 하지만 소수의 M2M 모듈 업체만 차량에 적합한 모듈을 제조한다. ISO TS-16949 양산 규칙과 같은 인증 부담이 크기 때문이다. 또한 불리한 면도 있는데, 주요 단점으로 더 많은 통합 비용과 M2M 애플리케이션 개발자에게 더 많은 노력을 요구한다. 비록 통합 노력이 늘어나며, 주문 제작이 필요하지만, 단독형 모듈 인증 규칙(인증 절 참조)을 여전히 적용할 수 있기에, 인증 노력과 비용은 다른 모듈 기구 형태를 사용하는 경우와 동일해야 한다. 다른 단점으로 표준의 부재를 들 수 있다. 따라서, 고객이 업체 하나에 발목을 잡히고, 결함 있는 M2M 모듈을 교체하기가 쉽지 않으므로 유지보수는 더 어렵고, 예를 들어 새로운 접속 기술이 나오더라도 업그레이드하기가 곤란하다.

9.1.2.2 PCI 익스프레스 미니 카드

PCI 익스프레스 미니 카드 기구 형태는 종종 줄여 미니 카드 기구 형태라 부르며, PCI-SIG (Peripheral Component Interconnect Special Interest Group)이 개발했고 2003년 6월에 최종안이 나왔다. 미니 카드 표준은 호스트 인터페이스 연결을 위한 두 가지 옵션인 PCI 익스프레스와 USB 2.0을 지원함에도 불구하고 대다수 M2M 모듈 업체는 USB 2.0 연결만 지원한다. PCI 익스프레스 미니 카드의 물리적인 규격은 최대 두께 5 mm에 30 × 50.95 mm로 정의된

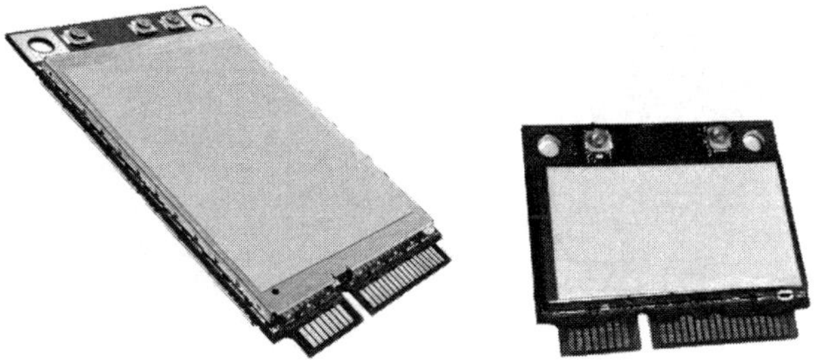

그림 9.3 전체 길이와 절반 길이 PCI 익스프레스 미니 카드. (시에라 와이어리스의 허락을 받음)

다. PCI-SIG은 또한 30 × 26.8 mm로 절반 길이 카드도 정의했다(전체 길이와 절반 길이 카드의 상용 예는 **그림 9.3**을 참조하자).

예외로 안테나 연결 단자를 제외하고, 모든 I/O는 52핀 모서리 시스템 연결 단자를 사용해 전송된다. PCI-SIG 표준에 명시적으로 정의되지는 않았지만, 안테나 연결 단자의 위치는 일반적으로 PCI-SIG가 정의한 I/O 연결 단자 영역에 위치한 시스템 연결 단자의 반대쪽에 위치한다.

미니 카드 표준은 초기에 랩탑과 PC에서 사용되리라 기대했다. 하지만 많은 M2M 단말 내부에서 사용되게 확장되어 왔다. 이 기구 형태는 대다수 M2M 모듈 업체가 공급하며, 일반적으로 접속 기술의 선도 주자들이 이끄는 가장 완벽한 표준이며, 4G 기술을 지원하는 첫 번째 기구 형태다. 미니 카드의 시스템 연결 단자는 쉬운 삽입을 위해 설계되었으며, 실패로 인한 교체나 기술 업그레이드는 문제가 되지 않는다.

M2M 애플리케이션 개발자에 요구되는 통합 수준은 납땜 기구 형태보다 덜하지만, 여전히 기계적인 부품 덮개, 전원 공급, SIM 카드 리더, 안테나, 자격 증명서, 소프트웨어 드라이버를 포함한다. 비록 물리적인 기구 형태가 미니 카드를 위해 표준화 되어 있지만, 호스트를 위한 소프트웨어는 그렇지 않다. 이는 업체 사이의 상호 호환성이 실제로 존재하지 않음을 의미한다. M2M 애플리케이션 개발자들은 업체 사이를 전환할 때, 여전히 새로운 소프트웨어 인터페이스를 다시 통합할 필요가 있기 때문이다. 이는 표준화가 M2M 애플리케이션 개발자에게 제공하는 장점을 희석시킨다.

9.1.2.3 고도 통합

고도로 통합된 M2M 모듈은 일반적으로 상용 부품 덮개와 USB나 RS232와 같은 표준 호스트 인터페이스, RJ-45 연결 단자라는 범주로 나뉘어진다(**그림 9.4**는 고도로 통합된 모듈에 대한 상용 제품 예를 보여준다).

그림 9.4 고도 통합 M2M 모듈의 상용 예. (시에라 와이어리스의 허락을 받음)

표준화된 크기는 없으나, 고도로 통합된 M2M 모듈은 가장 큰 기구 형태가 될 가능성이 높다. 고도로 통합된 모듈을 사용할 경우 M2M 개발자에게 통합을 덜 원하며, 해야 할 인증 테스트가 거의 없다는 핵심적인 장점을 제공한다(인증에 대해서는 9.6절을 참조하자). 이런 M2M 모듈 유형이 종종 게이트웨이 단말이라 불리는 이유는 게이트웨이 서비스 기능을 포함하기에 호스트 둘 이상을 지원할 수 있기 때문이다. 이런 기능은 M2M 애플리케이션에 훌륭한 장점을 제공한다.

9.1.2.4 독점

마지막 기구 형태는 독점 기구 형태로 아주 일반적이고 위에서 언급한 다른 기구 형태와 확실하게 직교한다고 보기는 어렵다. 거의 모든 M2M 업체는 자사 포트폴리오에 몇 가지 독점 M2M 모듈을 포함하고 있다(**그림 9.5**는 독점 M2M 모듈에 대한 상용 제품 예를 보여준다).

이 모듈의 장점은 무척 다양하지만 일반적으로 M2M 모듈 업체는 독점 형태에 대한 제약이 없으므로 업체는 종종 더 작거나 더 저렴하거나 더 안정적이거나, 더 발열이 적거나 특정 M2M 애플리케이션에 특화된 모듈을 만들기 위해 다른 기구 형태를 넘어서 혁신을 이루기도 한다.

9.2 하드웨어 인터페이스

다양한 M2M 애플리케이션의 특성에 따라, M2M 모듈 공급자들은 M2M 애플리케이션 개

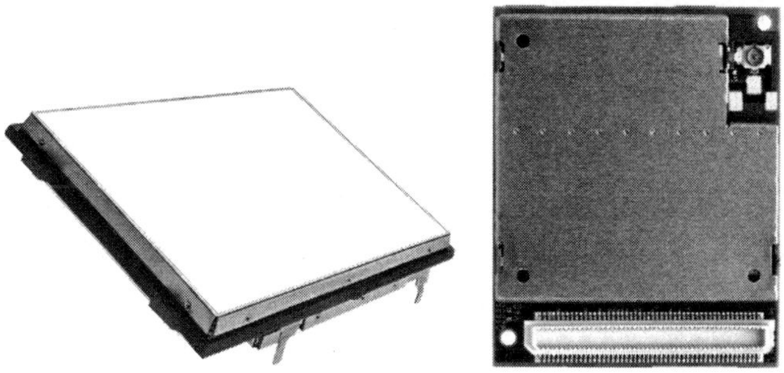

그림 9.5 독점 M2M 모듈의 상용 예. (시에라 와이어리스의 허락을 받음)

발자에게 여러 인터페이스 옵션을 제공하려고 시도 중이다. 이 절은 사용 가능한 대다수 하드웨어 인터페이스를 설명할 것이다.

9.2.1 전원 인터페이스

전원 인터페이스는 모든 모듈에서 확실히 필요한 필수 요소임에도 불구하고 지원되는 전원 공급 전압은 3.0에서 4.5 V까지 다양하다. 몇몇 모듈은 잠들기 모드, 고 전력 증폭기, 실시간 클럭을 위해 필요한 전원이 하나 이상 존재할지도 모른다.

9.2.2 USB(Universal Serial Bus) 인터페이스

고속 접속 기술(3G 이상)의 경우, 통신 인터페이스로 USB 인터페이스를 선호한다. 또한 USB는 디버깅에도 사용되지만, 많은 모듈은 디버깅 목적으로 USB 인터페이스를 둘 이상 제공할 것이다. 대다수 기존 M2M 모듈은 전속(full-speed,12 Mbps) USB 표준만 지원하지만 최신 접속 기술의 OTA(Over-The-Air) 속력 증가로 인해, M2M 모듈 업체는 고속(high-speed, 480 Mbps) USB 표준도 지원하고 있다. M2M 애플리케이션을 위한 USB OTG(On-The-Go) 기능의 제한적인 유용성은 극소수 M2M 모듈 업체만 이 기능을 지원하게 만들었다.

M2M 모듈이 표준 USB 인터페이스를 지원함에도 불구하고, 인터페이스가 구성되는 방법(예를 들어 종단점과 종단점을 거쳐 전송되는 제어와 데이터)은 표준화되어 있지 않다. 따라서 M2M 모듈 업체마다 특화되고 맞춤식의 USB 드라이버를 요구한다. M2M 모듈 업체는 일반적으로 주류 운영체제(예로 윈도우, 리눅스, iOS, 안드로이드, WinCE)를 호스트가 사용하는 한 필요한 드라이버를 제공할 것이다.

9.2.3 UART(Universal Asynchronous Receiver/Transmitter) 인터페이스

UART 인터페이스는 USB 인터페이스로 느리게 교체되고 있음에도 불구하고 가장 일반적인 호스트 인터페이스로 자리잡고 있다. UART 인터페이스는 주로 통신이나 디버깅 기능으로 사용된다. 이 모듈이 지원하는 전송률은 1,200–115,200 bps지만, 궁극적으로 이는 통신에 있어 병목이 되어서는 안되며, 따라서 M2M 모듈 접속 기술이 지원하는 최대 OTA 데이터 속력보다 더 커야만 한다. UART는 인터페이스 하나로 데이터와 제어 시그널을 분기하는 기능을 원래부터 지원하지 않으므로, 일반적으로 UART 두 개를 사용한다. 하나는 일반 데이터를 전송하며, 나머지 하나는 제어 시그널을 전송한다.

9.2.4 안테나 인터페이스

무선 M2M 모듈에는 안테나 패드나 안테나 연결 단자와 같은 안테나 인터페이스가 반드시 존재해야 한다. 안테나 위치와 디자인은 일반적으로 M2M 애플리케이션 개발자의 책임이므로 성능, 크기, 간섭, 기구 형태 사이의 올바른 균형점을 찾을 수 있다. 새로운 접속 기술은 수신 다양성이나 MIMO(Multiple-Input, Multiple-Output) 시그널 처리를 위해 안테나를 둘 이상 요구한다. 둘째 안테나는 일반적으로 (송신이 아니라) 수신에만 사용되므로 디자인 매개변수의 균형점이 다르다. 모듈이 내장 GPS(Global Position System)을 지원할 경우에도 안테나 인터페이스가 필요하다. 하지만 또 다른 물리적인 안테나가 반드시 필요하다는 사실을 의미하지는 않는다. GPS 안테나는 다음과 같이 여러 가지 방법으로 구현이 가능하기 때문이다.

- 주 WWAN 안테나와 공유한다.
- 둘째나 다양성 WWAN 안테나와 공유한다.
- 독자적인 안테나 연결 단자를 사용한다.

9.2.5 UICC(Universal Integrated Circuit Card) 인터페이스

GSM에서 진화한 시스템(GSM, UMTS, LTE)이나 몇몇 CDMA 시스템에 사용되는 M2M 모듈은 일반적으로 ISO 7816-3에 기반한 표준 UICC(Universal Integrated Circuit Card) 인터페이스를 갖추고 있다. (고도 통합 M2M 모듈을 제외하고는) M2M 모듈이 제공하는 유일한 전기 인터페이스이므로, UICC 리더의 통합과 위치 선정은 M2M 애플리케이션 개발자의 책임이다. 즉, 교체가 필요한 경우에는 손쉬운 접근이 가능한 위치를 선택하며, 쉽게 도난 당하지 않기 위해서는 아주 안전한 위치를 M2M 애플리케이션 개발자가 선택할 수 있게 허용한다.

몇몇 M2M 모듈 업체는 M2M 모듈 내부에서 임베디드 UICC를 지원하기 시작했다. 임베디드 UICC는 독점 기구 형태나 ETSI TS 102 671로 ETSI SCP 그룹이 표준화한 MFF2와 같은 표준화된 기구 형태를 지원한다. 임베디드 UICC는 재프로그램이나 교체가 불가능하므로, 대다수 M2M 모듈 업체는 향후 유연성을 제공하기 위해 추가적인 외부 UICC 리더를 권장한다. 향후 UICC가 재프로그래밍 가능해지면, M2M 모듈이 UICC 인터페이스를 지원할 필요성, M2M 애플리케이션 개발자가 UICC 리더를 통합할 필요성이 사라질 것이다.

9.2.6 GPIO(General-Purpose Input/Output Port) 인터페이스

M2M 모듈에 있는 GPIO 인터페이스는 외부 주변 장치를 제어하고 디지털 입력을 받기 위해 주로 사용된다.

9.2.7 SPI(Serial Peripheral Interface) 인터페이스

SPI (Serial Peripheral Interface)는 4선식 직렬 버스이며, 마스터나 슬레이브로 구성 가능한 장비에서 전 이중 모드로 동작하는 동기식 직렬 데이터 연결을 제공한다. 이 인터페이스는 70 MHz까지 주파수를 지원한다. 이 인터페이스는 범용이며, 다양한 주변 장비를 제어하기 위해 사용 가능하지만, 주로 외부 디스플레이를 제어하기 위해 사용한다.

9.2.8 I^{2}C(Inter-Integrated Circuit Bus) 인터페이스

SPI 인터페이스와 유사하지만 더 느린 I^{2}C(Inter-Integrated Circuit Bus) 인터페이스는 2선식 인터페이스라 불리며, 다중마스터 버스에서 동기식 직렬 데이터 연결을 제공한다. I^{2}C 버스의 전송률은 400 Kbps까지 가능하다. 이 인터페이스는 범용이며, 다양한 주변 장비를 제어하기 위해 사용 가능하지만, 주로 외부 디스플레이를 제어하고 센서나 저장 장치를 읽기 위해 사용한다.

9.2.9 ADC(Analog-to-Digital Converter) 인터페이스

M2M 모듈에 있는 ADC (Analog-to-Digital Converter) 인터페이스는 주로 외부 센서가 공급하는 외부 전압 샘플링을 위해 사용한다.

9.2.10 PCM(Pulse Code Modulation) 인터페이스

M2M 모듈에 있는 PCM (Pulse Code Modulation) 인터페이스는 (일반적으로 음성인) 디지털 오디오 전송을 위해 사용한다.

9.2.11 PWM(Pulse Width Modulation) 인터페이스

PWM (Pulse Width Modulation) 인터페이스는 M2M 모듈을 위한 가상 아날로그 출력을 제공하며, 주로 빛, 버저, 아날로그 전력 출력에 필요하다. 하지만 이 인터페이스는 다목적으로 활용할 수 있다.

9.2.12 아날로그 오디오 인터페이스

음성 서비스를 지원하는 M2M 모듈은 오디오 입력 인터페이스 하나와 오디오 출력 인터페이스 하나를 포함해 최소한 아날로그 오디오 인터페이스를 갖출 것이다.

9.3 온도와 내구성

대다수 모듈은 −30에서 +70℃ 사이의 운영 온도 범위를 지원한다. 이 정도 범위는 대다수 상용 애플리케이션에 적합하지만, 차량, 계량기, 기타 다른 상용 애플리케이션은 −40에서 +85℃ 사이의 더 엄격한 운영 범위를 요구한다. 온도 충격 사이클은 또 다른 주요 매개변수이며, 모듈 업체들은 일반적으로 1000에 이르는 온도 충격 사이클을 제공한다.

9.4 서비스

M2M 모듈이 제공하는 미리 통합되고 지원되는 서비스는 종종 M2M 모듈을 선택하는 과정에서 M2M 애플리케이션 개발자가 고려할 필요가 있는 가장 중요한 의사 결정 사항이다. 비용, 시장 대응 시간, 안정성에 영향을 미칠 수 있기 때문이다. 애플리케이션 설계와 개발 비용은 총 소유비용(TCO)에서 아주 큰 비중을 차지한다. GSMA는 "임베디드 모듈 지침(Embedded Module Guidelines)"이라는 백서를 펴냈는데, TCO의 3-7%만 M2M 모듈 비용과 관련이 있으며, 20-40%는 초기 개발 비용(NRE, Non-Recurring Engineering)과 관련이 있음을 밝히고 있다. 초기 개발 비용의 범위가 넓은 이유는 M2M 애플리케이션의 다양한 특징에 기인한다. GSMA가 펴낸 보고서나 어낼리시스 메이슨(Analysis Mason)이 2010년 11월에 출간한 "임베디드 모바일 장비의 TCO(The TCO for embedded mobile devices)"에도 유사한 결과가 등장한다. 다음 절에서는 M2M 모듈이 제공 가능한 가장 일반적인 서비스 중 몇 가지를 기술한다.

9.4.1 애플리케이션 수행 환경

대다수 주요 M2M 모듈 업체는 M2M 모듈에 애플리케이션 수행 환경을 지원한다. 이 경우,

M2M 모듈과 호스트 사이의 구분이 흐려지며, 기껏해야 논리적인 차이만 존재한다. 애플리케이션 수행 환경은 일반적으로 성숙한 접근 기술(2G나 3G)에만 사용 가능하며 아직 LTE 모듈에는 존재하지 않는다. 이런 기능은 M2M 모듈 업체 관점에서 더 많은 연구 개발이 필요하기 때문이다. 애플리케이션 수행 환경을 만들기 위해, M2M 모듈은 M2M 모듈에 통합된 전용 애플리케이션 프로세서를 사용하거나 프로세스가 프로토콜 기능을 공유하는 가상화 형태를 사용할 수 있다. M2M 모듈 업체는 최대한 M2M 애플리케이션 개발자가 익숙한 개발 환경을 한 만들기 위해 모든 노력을 기울이지만, 초기에 특별한 훈련을 요구할 가능성이 높다. 확실히 기반을 닦은 M2M 모듈이 지원하는 여러 기능을 나열하면 다음과 같다.

- 표준화된 통합 개발 환경(IDE): 예) 이클립스
- 프로그래밍 언어 선택: 예) JAVA, LUA, C++, C
- 실시간 프로그래밍: 예) 외부 인터텁트에 대한 대기 시간 < 1msec
- 선점형 멀티태스킹: 예) 우선 순위를 부여한 태스크
- 이벤트 구동 프로그래밍: 예) "콜백" 함수 처리
- OTA 애플리케이션 다운로드와 디버깅
- 메모리 접근 보호(악의적인 메모리 접근으로 인해 단말이 비정상 종료되지 못하게 방어)
- 디버깅 도구: 예) 터미널 에뮬레이터, 원격 추적 감시

M2M 애플리케이션을 위해 가용한 처리 능력은 M2M 모듈 업체마다 다르다. 하지만 일반적으로 계량기, POS, 차량 진단, 기업용 차량 관리와 같은 많은 M2M 애플리케이션을 동작하기 위해 50 MIPS 이상을 요구한다. 애플리케이션 수행 환경을 지원하는 M2M 모듈을 사용해 상당한 BOM(Bill Of Materials) 절약과 PCB 단순화를 이룰 수 있다. 애플리케이션에 밀접한 CPU, 전원 관리, RAM, 플래시와 같은 관련 주변 하드웨어를 없앨 수 있기 때문이다. 애플리케이션 수행 환경은 운영체제와 개발 도구를 포함하므로, 소프트웨어 라이선스 비용 또한 줄일 수 있다.

시장 대응 시간과 비용 또한 줄일 수 있다. TCP/IP, SMTP(이메일), FTP, HTTP와 같이 미리 만들어지고 미리 통합된 수 많은 서비스가 존재하기 때문이다. 물론 2011년에 BOM, 시장 대응 시간, 유지 비용 관점에서 장점을 제공하는 애플리케이션 수행 환경은 4G 모듈에서 찾아보기 어렵지만 최신 접속 기술을 지원하는 M2M 모듈에 급격하게 이식될 것이다.

9.4.2 연결 서비스

M2M 모듈이 기본적인 패킷 교환 연결 기능을 제공한다고 가정하지만, WWAN 연결과 관

련해 추가적인 서비스를 지원하는 M2M 모듈도 존재한다. 다음 절은 M2M 모듈 업체가 제공할지도 모르는 추가 연결 서비스 몇 가지를 기술한다.

9.4.2.1 SMS 기상(Wakeup) 서비스

비록 이론적으로 패킷 교환 WWAN 시스템이 M2M 모듈에 항시 가능한 연결을 제공해야 마땅하므로 M2M 애플리케이션 서버에서 모바일 착신이나 푸시 데이터를 받을 수도 있어야 하지만, 실제로 이런 서비스는 대다수 상용으로 배포된 WWAN 시스템에서 아직 사용할 수 없다. 이런 문제의 원인 중 하나는 WWAN PDN(Public Data Network) 게이트웨이의 제약 때문이다. 게이트웨이 GPRS 지원 노드(GGSN, GPRS Support Node) 용량, 공인 IPv4 주소 고갈, NAT(Network Address Translators) 사용, 추가적인 M2M 모듈 전력 소모(예: keep-a-live)와 같은 문제에 직면해 있다. 따라서, 현실적으로 M2M 모듈은 가상 회로 교환 방식으로 동작하게 강요받고 있다. M2M 모듈은 항상 WWAN 시스템의 회로 교환 영역에 연결되어 있으며, 패킷 교환 영역으로는 간헐적으로 연결될 뿐이다. 회로 교환 영역으로 항상 연결되어 있을 경우 M2M 모듈은 주기적으로 SMS(Short Message Service)를 받을 수 있다. 만일 M2M 애플리케이션에서 M2M 모듈로 푸시할 데이터가 있으면, M2M 애플리케이션은 먼저 특수한 기상 SMS를 M2M 모듈로 전송하고 M2M 모듈은 받은 SMS를 해석해 패킷 교환 영역에 연결하며, 최종적으로 M2M 애플리케이션이 패킷 교환을 거쳐 데이터를 푸시할 수 있다. 이런 SMS 기상 서비스는 종종 대다수 M2M 모듈이 제공하는 API에 미리 정의되고 미리 통합되어 있다. 미래에, 4G 시스템은 확장 가능한 상시 패킷 교환 연결을 효율적으로 제공할지도 모르지만, SMS 기상 메커니즘은 여러 M2M 애플리케이션과 장비 관리/SIM 관리로 대표되는 서비스에 깊숙이 침투해 있다. 따라서 SMS 기상 서비스는 애플리케이션 계층 하위 호환성을 허용하기 위해 4G 시스템에서도 계속해서 사용될 가능성이 높다.

9.4.2.2 패킷 교환 서비스

안정적인 패킷 교환 연결 제공이 M2M 모듈의 주요 책임이지만 M2M 애플리케이션 개발자가 반드시 다뤄야 하는 IP 계층 위에 존재하는 프로토콜은 상당히 복잡도가 높다. M2M 애플리케이션 백엔드 서버는 종종 표준화된 전송과 애플리케이션 프로토콜을 사용해 M2M 단말과 통신하지만, 이런 프로토콜의 통합과 개발은 M2M 애플리케이션 개발자에게 많은 시간과 비용을 요구한다. 이런 이유로 인해, 성숙한 M2M 모듈 업체는 가장 널리 쓰이는 패킷 기반 프로토콜을 대상으로 미리 통합된 서비스 플러그인을 때로는 무료로 제공한다. 가장 일반적인 패킷 교환 플러그인 몇 가지는 다음과 같다.

- TCP/IP 스택
- SMTP
- POP(Post Office Protocol): 인터넷 이메일 프로토콜
- FTP
- HTTP: 월드와이드 웹 프로토콜
- XML(eXtensible Markup Language)
- SSL(Secure Socket Layer)

M2M 모듈이 애플리케이션 수행 환경을 제공할 때 이런 서비스 유형 역시 일반적으로 사용 가능하다. M2M 모듈 업체는 자신의 환경을 잘 알기 때문에 이런 플러그인의 성능은 M2M 애플리케이션 개발자가 만든 서비스와 비교해 월등히 뛰어난 경우가 많다.

9.4.2.3 회로 교환 서비스

WWAN 시스템이 패킷 교환 서비스를 제공하기 전에 회로 교환 서비스는 사용 가능한 유일한 선택 사항이었다. 회로 교환 연결은 데이터 전송에 앞서 호 설정 과정을 요구하므로, 해제 과정을 시작하기 전까지 이에 할당된 자원을 해제하지 않는다. 비록 대부분 모듈은 회로 교환을 지원하지만, 회로 교환의 단점으로 인해 상업적인 목적으로 사용하는 경우는 드물다. 트래픽이 지연될 경우, 놀고 있더라도 회로 교환에 할당된 자원은 다른 곳에서 재사용이 불가능하므로, 상당히 비효율적이다. 회로 교환 호출을 위해, WWAN 시스템 운영자는 서비스를 더욱 비싸게 만들고 확장 불가능하게 만드는 공개된 회로 교환 전화 시스템으로 착신 가능한 모뎀을 제공해야 할지도 모른다. M2M 백엔드 애플리케이션은 또한 모뎀 집합을 제공해야 한다. 모바일 착신 데이터는 회로 교환에서 제대로 지원하지 못하지만, 위에서 설명한 SMS 기상 서비스를 사용해 회로 교환 데이터 호를 시작할 수도 있다. 하지만, 회로 교환은 매우 일정한 지연 특성을 보이므로, 파형의 흐트러짐이 없는 장점이 있다.

9.4.2.4 음성/팩스

몇몇 M2M 모듈에는 음성과 팩스 지원이 가능하지만, CS 데이터와 유사한 구식 서비스다. 이 서비스가 필요한 M2M 애플리케이션은 아주 드물다. 여기 사용되는 M2M 호스트 인터페이스는 아날로그 음성 인터페이스에 가담해서는 안 된다는 주의 사항이 존재한다.

9.4.3 관리 서비스

M2M 모듈 업체가 모듈에 제공하는 관리 서비스가 존재한다. 일반적으로 미리 통합된 소프

트웨어 클라이언트가 이를 지원한다. 다음에 이어지는 절은 모듈이 지원할지도 모르는 몇 가지 클라이언트와 서비스 예제를 제공한다.

9.4.3.1 장비 관리 클라이언트

모듈 업체가 포함하는 가장 일반적인 클라이언트는 부정 조작을 방지하는 안전한 DM(Device Management) 클라이언트다. DM은 모바일 운영자, 서비스 공급자, 최종 고객/회사를 위해 유용하다. DM 기능은 일반적으로 애플리케이션, 데이터, 구성 설정의 OTA 배포를 포함한다. 업계에서 가장 인기 있는 DM 클라이언트 중 하나는 OMA-DM(Open Mobile Alliance Device Management) 표준에 기반한다. 하지만 브로드밴드 포럼 그룹이 정의한 TR-069 표준 또한 인기가 있다. 몇몇 업체는 노드 감시를 포함해 필수 노드를 확장해 표준 위에 기능을 추가한다. 자동으로 장비에 트리거해 업데이트를 보내기도 한다[예: 정의된 값 아래로 내려갈 경우 업데이트를 트리거하는 RSSI(Received Signal Strength Indicator) 노드]. 모듈 공급자들은 또한 모듈뿐만 아니라 M2M 애플리케이션과 관련된 노드(예: 펌프 온도)를 관리하고 노드를 동적으로 생성하기 위한 능력을 제공하기도 한다.

DM과 관련한 몇 가지 고려 사항은 다음과 같다.

- 장비와 RAM/플래시 메모리 통합 점검 지원
- 자체 진단과 결함 관리(아래에 더 자세한 내용이 이어진다) 지원
- M2M 애플리케이션과 비 애플리케이션 소프트웨어/FOTA(firmware-over-the-air) 업데이트 지원
- 부트스트랩 권한 부여: 예) 초기 구성
- 프로토콜 보안과 장비 보안: 예) 원격 잠금과 삭제 메커니즘
- 성능: 예) 네트워크 사용량

9.4.3.2 펌웨어 업데이트

대다수 모듈 업체는 어느 수준까지 FOTA 업그레이드 지원을 제공한다. 이는 일반적으로 DM 서비스(예를 들어 OMA-DM)의 일부로 수행된다. 하지만 모든 업체가 M2M 애플리케이션 계층(모듈에서 동작하거나 모듈의 외부에서 동작하는)에 위치한 소프트웨어 업데이트를 지원하지는 않는다. M2M 애플리케이션 계층에 위치한 소프트웨어는 자바, 파이썬, 루아, C와 같은 다양한 언어로 작성할 수 있다.

모듈 FOTA 세션을 시작하기 앞서, 핵심적인 승인[예: PTCRB(PCS Terminal Certification Review Board)와 GCF(Global Certification Forum)]과 재인증을 펌웨어에 대해 완료했는지

주의 깊게 확인할 필요가 있다. 하지만, 모듈이나 모듈의 외부에서 동작 중인 자바, 루아, 파이썬 애플리케이션과 같은 M2M 애플리케이션을 업데이트하기 위해서는 일반적으로 재인증이 필요하지 않다.

9.4.3.3 자체 진단과 결함 관리

자체 진단과 결함 관리는 서비스에 접근하고 서비스를 제어하기 위해 모듈에 탑재되어 미리 통합된 소프트웨어 클라이언트나 백엔드 포탈 형태로 여러 업체가 제공하는 아주 유용한 서비스다. 이런 서비스의 주요 목표는 장비와 애플리케이션 설계 문제를 더 빨리 찾고, 초기 배포에서 수정이 가능하게 만들어 처음으로 시장에 진입할 시점에서 품질을 높이는 데 있다. 이런 관리 서비스는 또한 결함 있는 하드웨어를 현장에서 발견하는 과정에 유용하며, 심지어 모바일 네트워크 현장 문제를 진단하게 도움을 준다. OTA 성능과 관련된 진단은 종종 통신사 인증이 필요한 경우 장비 필드 시험 과정을 간소화하기 위해 사용할 수도 있다. 자체 진단과 결함 관리 서비스가 제공하는 몇 가지 기본적인 서비스는 다음을 포함한다.

- 워치독 보호: 데드락 방지
- 네트워크 사용 보고: CS, 데이터, SMS
- ICMP를 사용한 'ping' 질의에 대한 응답
- SMS 명령을 사용한 PDP 맥락 활성화
- 장비 식별 정보 보고: 예) 모듈/장비/구독 정보
- 현재 서비스 셀과 인접 셀 식별자, 수신 신호 세기와 다른 무선 연결 품질 데이터 보고
- 무선 연결 품질 데이터의 저장된 이력 보고
- 하드웨어/소프트웨어/구성 파일에 대한 장비 무결성 점검과 보고
- 배터리 충전 수준 보고
- 핵심 사건 보고(재시동, 리셋, 비정상 종료)
- 원격 명령을 사용한 사건 저장 공간의 시작과 종료
- 할당된 IP 주소 보고
- 위치 보고(GPS 지원을 가정함)
- 모듈에 붙어 있는 주변 장비의 상태 점검
- 원격 명령을 사용한 모듈 재시동

업체는 모듈 분석 서비스에 대한 불법적인 접근을 방지하기 위해 어느 정도의 보안을 제공해야 마땅하다.

이런 서비스 대다수는 독점 프로토콜과 클라이언트를 사용하지만, 3GPP는 이런 서비스

중 몇몇을 릴리스 10에서 '구동 테스트의 최소화'를 위한 표준 기능으로 표준화해왔다. 이 서비스는 네트워크와 모듈의 성능을 측정하고 최적화하기 위한 목적으로 측정한 네트워크 연결 품질 정보를 자동으로 수집하는 과정에 더욱 집중한다.

9.4.4 애플리케이션 서비스

관리 서비스를 넘어, 모듈 업체는 보안이나 위치와 같은 다른 애플리케이션 서비스를 제공할지도 모른다.

9.4.4.1 보안

업체는 추가적인 보안 지원을 위한 라이브러리를 제공할지도 모른다. 관련 기능은 RF 전파 방해 감지, SSL, HTTPS, 암호 라이브러리, 보안이 강화된 데이터 저장소 등을 포함한다.

9.4.4.2 위치

업체는 특정 GPS 하드웨어를 구동하기 위한 테스트와 통합이 끝난 라이브러리를 제공해, 고객이 수행해야 하는 통합 작업을 최소로 줄일 수 있다.

9.4.4.3 다른 서비스

업체가 제공할지도 모르는 다른 서비스는 다음을 포함한다.

- 오디오 필터링
- DTMF(Dual Tone Multi-Frequency) 생성
- 게이트웨이 서비스: DHCP(Dynamic Host Configuration Protocol), NAPT(Network Address Port Translation), DNS(Domain Name System) 프록시, 포트 포워딩, SNMP(Simple Network Management Protocol)
- 저전력 서비스 라이브러리와 특화된 CPU
- SIM 서비스: 인증 목적을 위한 EAP/SIM 또는 EAP/AKA 프록시
- 이메일 지원
- 전자 호출

또한 몇몇 서비스 계층에 위치한 기능은 ETSI TS 102 689, TS 102 690, TIA TR-50과 같은 ETSI TC M2M에서 표준화가 진행 중이다. 어느 날 이런 표준을 모듈 업체에서 지원할지도 모른다.

9.5 소프트웨어 인터페이스

모듈이 애플리케이션에게 제공하는 상기 서비스는 소프트웨어 인터페이스를 사용해 애플리케이션에 제공된다. 일반적으로 인터페이스는 애플리케이션에 모바일 연결을 맺고 끊고 감시하며 연결을 통해 데이터를 주고 받는 제어권을 제공한다. 풍부한 인터페이스는 주변 장비와 모듈에서 사용 가능한 다른 서비스를 제어하는 능력을 제공한다. 모듈이 지원하는 서비스에 밀접한 프로토콜과 제어 인터페이스는 사용 가능한 서비스와 인터페이스 전체 집합을 반영할 필요가 있으며, 위에서 설명한 바와 같이 아주 다양하다. 상업적으로 사용 가능한 소프트웨어 인터페이스 집합이 아주 다양한 이유가 바로 여기에 있다. 이 절에서는 모듈 소프트웨어 인터페이스의 몇 가지 유형을 설명할 것이다.

9.5.1 AT 명령

AT 명령 인터페이스는 7비트 아스키 문자열 명령을 직렬화해 실어 나른다. AT 인터페이스는 원래 직렬 연결을 거쳐 전송하게 설계되었지만, 흔히 USB를 거쳐 전송도 가능하다. AT 명령 인터페이스는 오늘날 M2M 애플리케이션 세상에서 가장 오래되었고, 가장 잘 알려졌고, 가장 일반적으로 사용되고 있다. 일반적으로, AT 명령은 작은 마이크로컨트롤러에 아주 적합하지만, 더 복잡한 구현에도 사용할 수 있다. 거의 모든 모듈 업체는 AT 명령 인터페이스를 지원한다. 3GPP는 TS 27.707 명세에 광범위한 AT 명령 집합을 표준화해왔다. 이런 표준화된 AT 명령은 종종 NDIS(Network Driver Interface Specification), GPS, 설치와 같이 독특한 서비스와 인터페이스를 지원하기 위해 독점적인 확장으로 보충되기도 한다.

심지어 AT 명령 활용이 아주 인기가 있음에도 불구하고, 이 인터페이스에는 몇 가지 문제점이 존재한다. 단점 중 하나는 한 번에 처리될 AT 명령 하나만을 허용한다는 사실이다. 다시 말해 동기식 인터페이스다. 이론적으로는 지원될지 몰라도, 비동기식 이벤트 기반 통지를 제대로 지원하지 못한다. 또한 원본 그대로 이진 데이터를 바로 전송할 수 없으며, 16진 인코딩을 요구한다. AT 명령 인터페이스는 또한 동시에 모듈에 직접 접근 가능한 애플리케이션 숫자에 제약을 가할지도 모른다. 하지만 표준화된 다중화 프로토콜을 사용한 다중 AT 명령 인터페이스를 제공할지도 모른다.

9.5.2 SDK 인터페이스

SDK 인터페이스는 함수 호출, 메소드, 클래스, 객체를 지원한다. SDK 사용은 더 강력한 운영체제 기반의 환경에 제대로 대응하며, 핸드헬드 모바일 컴퓨팅 장비에서 찾을 수 있다. 일반적으로 SDK는 모듈이 내부 실행 환경을 지원하는 경우를 제외하고 나면 외부 프로세서에서 동작한다. 아주 잘 알려진 SDK의 예는 윈도우 7에서 처음으로 표준화된 모바일 광대역 SDK다. SDK가 지원하는 기능 수준의 범위는 다양하다. 단순한 SDK는 기본적인 호 연결 지원만 지원하는 반면, 기능이 풍부한 SDK는 다양한 하드웨어 주변 장치, 서비스, 고차원 프로토콜을 지원할 것이다.

모듈 업체는 일반적으로 동일 하드웨어에 대해 여러 SDK를 지원한다. SDK는 운영체제에 의존적이거나(예: 윈도우, 리눅스, 안드로이드, WinCE) 프로그래밍 언어에 의존적이기(예: C, 루아, 자바) 때문이다. SDK가 특정 프로그래밍 언어와 링크되는 이유는 어느 시점에서 애플리케이션이 컴파일 되어 SDK 함수 호출과 묶일 것이기 때문이다. 몇몇 랩탑과 MNO에는 업체가 직접 지원할 필요가 있는 특정 SDK가 존재한다. 이런 상황에서는 모듈 업체가 다양한 SDK를 지원할 필요가 있으므로, 대다수 업체는 모든 OS를 지원하지 않으며 프로그래밍 언어 하나만 지원하며, 업체가 판매하는 모든 모듈에 대해 SDK 지원이 없을 가능성도 있다.

SDK는 AT 명령 인터페이스와 비교해 다음과 같은 여러 장점을 제공한다.

- 뛰어난 이벤트 통지 지원 기능
- 표준 프로그래밍 관례의 사용을 장려
- 동시 접근: 단일 공통 API를 다중 병행 애플리케이션이 사용 가능
- 높은 반응성
- 이진 데이터 지원: 16진 인코딩 없이 원본 그대로 이진 데이터를 전송 가능

SDK로 작업할 경우 발생하는 쟁점은 현재 대부분 SDK가 독점이라는 사실이다. 이는 고객이 심지어 동일 업체일 경우라도 특정 모듈에서 다른 모듈로 이전하기 아주 어렵게 만든다. 하지만 이런 명확한 요구를 염두에 두고, 몇몇 표준화 그룹(예: GSMA나 OMA)은 모듈을 위한 표준화된 개방형 API를 생성하기 위한 작업을 논의하고 있다.

9.6 셀룰러 인증

모든 통신 장비에 필요한 규제 인증을 넘어서, 셀룰러 제품은 또한 통신 사업자와 MNO 인증을 요구한다. 셀룰러 인증은 복잡하며 계속 변하므로, 이 절은 인증 개념과 규칙에 대해 소개하는 수준으로 마무리하며, 완전한 규칙 집합을 고려하지 않는다. 셀룰러 인증은 모듈

업체와 M2M 애플리케이션 개발과 통합 관련 인력에게 아주 큰 부담을 준다. 업계는 상호 운용성의 품질에 영향을 미치지 않으면서 프로세스를 변경하고 절차를 테스트하는 방법으로 이런 부담을 최소화하기 위해 지속적으로 노력하고 있다. 통합 과정의 부담도 아주 높기에, 통신 사업자는 대다수 모듈 업체가 획득하는 모듈 인증이라는 개념을 개발했다. 하지만 심지어 모듈 인증을 받더라도, 통합에 따른 부담은 여전히 매우 높다. 통합 과정에 필요한 테스트 양은 모듈의 통합 수준에 따라 달라진다. 모듈의 통합도가 떨어질수록(예: 납땜 형태), 통합 과정에서 더 많은 테스트가 필요하다. 이런 이유로 인해, 특히 물량이 작거나 빠른 TTM 요구사항이 존재할 경우 완전히 통합된 모듈은 통합 과정에 무척 유리하다.

9.6.1 전화 통신 업계 인증

GSM 기반 모듈에 대해, 전화 통신 업계 인증은 GCF(Global Certification Forum)와 PTCRB(PCS Terminal Certification Board)라는 두 협회가 통제한다. CDMA 기반 모듈에 대해 CCF(CDMA Certification Forum)라는 새로운 포럼이 결성되었다. 통신 사업자 인증은 일반적으로 다음을 요구한다.

- TS 51.010과 같은 몇 가지 기술 명세에 맞춰 공인 연구실을 활용한 테스트
- 필드 테스트: 예) 구동 테스트
- 품질 보증 프로그램 증명, 예로 ISO9001

위에서 언급한 바와 같이, 대다수 모듈 업체는 “모듈 인증”을 획득하며, 이는 통합 과정에서 수행해야 할 테스트를 엄청나게 줄여준다. 심지어 통합된 모듈이 “모듈 인증”을 받았더라도, 통합 과정에서 (모듈 기구 형태와 통합 구현 방식에 따라 달라지는) 다음 테스트 유형을 수행해야 할지도 모른다.

- 복사 방출 시험
- 복사 RF 전력과 수신기 성능 측정: 예) TIS(Total Isotropic Sensitivity)와 TRP(Total Radiated Power)
- UICC/SIM 전기 테스트 케이스
- 사람-기계 인터페이스 관련 테스트 케이스

모듈 업체는 상기 테스트를 수행하기 위한 연산 모드를 모듈에 탑재하기 위한 메커니즘을 제공해야 마땅하다. 또한 모듈 업체는 상기 테스트를 수행하고 신속히 처리하기 위한 공인 연구실을 제공할 수도 있다. “모듈 인증”을 사용할 때 몇 가지 복잡한 시간 제약이 존재한다는 사실을 지적하고 넘어가겠다. 모듈이 너무 오래된 테스트 명세에 맞춰 테스트를 수

행했다면(다시 말해 최신 테스트 명세에 새로/갱신된 테스트 케이스가 많다면), "모듈 인증"을 위해 적용 가능한 최신 테스트 명세에 맞춰 다시 한번 테스트해야 할 필요가 있을지도 모른다.

9.6.2 MNO 인증

통신 사업자 인증과는 달리 MNO 인증은 표준화되어 있지 않기에, 테스트 양, 테스트 제한, 테스트 케이스가 MNO마다 다르다. 몇몇 MNO는 테스트 중 일부만 수행하며, 몇몇 MNO는 더 많은 테스트를 수행하며, 통신 사업자 인증보다 더 엄격한 성능 기준을 정해놓았다. MNO 인증은 MNO 네트워크에 장비를 배포하는 과정에 초점을 맞추고 있다. 반면에 현장 테스트와 IOT(InterOperability Testing)는 MNO 네트워크에서 수행하며 애질런트 테스트 장비와 같은 테스트 장비에서 수행하지 않는다. MNO 인증은 (모듈이 아니라) 완전한 제품을 대상으로 하지만, 통신 사업자 인증과 유사하게 통합 과정에서 요구되는 부담을 줄이기 위해 모듈 역시 사전 인증을 받을 수 있다. 세상에 MNO가 너무 많기에, 모든 MNO에 대한 모듈의 사전 인증은 실용성이 떨어진다.

Chapter

10 M2M 통신에 사용되는 스마트 카드

Smart Cards in M2M Communication

프란시아 이니세

지맬토 S.A. 메듄, 프랑스

10.1 도입

10장은 단말 장비와 관리 기반 구조의 비용을 최소화하면서 M2M 맥락에서 점차 중요해지고 있는 민감한 보안과 개인정보보호 관련 문제점을 제대로 다루는 방법을 설명한다.

현대적인 전화 통신 네트워크 보안은 단말 장비에 제공되는 접속 정보에 안전하기 접근하기 위해 이미 독립적인 하드웨어 구성 요소에 의존하고 있다(예: 3GPP 네트워크에서 볼 수 있는 ETSI UICC 플랫폼에 기반한 스마트 카드). 또한 이런 옵션은 최종 단말의 개인화를 유연하게 만들어 주며, 서비스 공급자가 단말 장비를 완전히 신뢰하지 못할 경우에 소유권과 법적 책임 문제를 해결한다. 이런 모델이 내재적인 보안 필요성을 해결하면서 M2M 맥락에서 일어나는 새로운 도전을 어떻게 해소하는지 설명한다.

10.2 M2M 통신에서 보안과 개인정보보호 문제

M2M과 관련된 일반적인 보안 문제는 8장에서 설명했다. M2M 통신 맥락에서 보안은 인간을 중심으로 돌아가는 통신 시스템에서 주요 원칙을 그대로 상속 받음에도 불구하고 몇 가지 새로운 제약은 추가적인 보안 요구 사항을 요구하므로 시스템 복잡도를 높이는 듯이 보인다.

네트워크 수준에서, 연결된 수 많은 장비와 적절한 방식으로 효율성 높게 장비를 관리할 필요성은 브로드캐스트와 멀티캐스트 기술을 사용할 수 있는 그룹 주소 기능으로 강화된 장비 관리 기반 구조를 요구한다.

또한, 공통적인 WAN을 통해 연결되는 M2M 장비의 엄청난 다양성으로 인해 더 많은 자료 처리와 프로토콜 변환 기능을 중간에 위치한 게이트웨이로 위임할 필요성이 커지고 있다.

장비 수준에서, M2M 통신 장비는 자체만으로 쉽게 접근이 가능하지 않은 복잡한 시스템(자동차와 같은)의 일부가 된다. 다른 경우에는, 장비가 접근하기 어려운 위치에 존재하거나 소속 기관에서 장비를 방치하는 경우도 존재한다. 유지 보수 인력을 보내기에는 너무 비용이 많이 들기 때문이다. 따라서 예측하기 어려운 M2M 애플리케이션의 광범위한 다양성을 고려할 때, 일반적인 모바일 단말에 적용하는 몇 가지 가정을 다시 한번 생각할 필요가 있다.

- 기존 장비와 관련된 서비스 구독 정보를 원래 의도하지 않은 목적으로 재사용해서는 안 된다. 이렇게 하려면 스마트 계량기, 신호등, 자판기와 같이 보호받지 않는 위치에 놓인 장비를 위한 적절한 보안 조치를 취해야 한다.
- EUSD(European Universal Service Directive)[EUSD]와 같은 몇몇 규제는 사용자가 공급자를 변경하기로 결정할 때마다 신원이나 관련 키와 같은 구독 정보를 현장에서 교환이 가능하게끔 요구한다. 이런 상황은 M2M 장비의 수명 동안 딱 한 번이 아니라 여러 차례 일어날 수 있다.

방치된 장비가 엄청나게 많은 산업 애플리케이션에서, 서비스 공급자의 구독 변경에 대한 필요가 생길지도 모른다. 따라서, 이런 요구에 대응하기 위해 원격 관리 솔루션이 확실히 필요하다. 잠재적으로 넓고 지역적으로 흩어진 상황에서 물리적으로 개입하는 비용이 엄두도 못 낼 정도로 높기 때문이다. 반면에 개인용 장비나 개인정보보호가 중요한 비즈니스에서 미리 비용을 지불하는 모델의 경우 SIM 기반 무선 모바일 네트워크에서 사용되는 전통적인 "플라스틱 로밍"(plastic roaming) 시나리오는 원격 관리 솔루션과 비교해 편리함과 비용 우위를 제공하기에 확실히 적절한 해법으로 남아 있다. 이런 경우에, 구독 정보는 필요에 따라 특정 장비에서 다른 장비로 쉽게 전환이 가능한 스마트 카드에 내장되어 있다.

이런 복잡한 요구 사항은 엄청나게 다양한 M2M 애플리케이션으로 인해 "프리사이즈"(one-size-fits-all) 솔루션이 없다는 사실을 강조한다. 가장 적절한 솔루션을 평가하려면 시장 특성을 반영할 필요가 있다. 그럼에도 불구하고 보안 원격 관리 기능이 제공하는 유연성은 M2M 네트워크에서 전략상 중요한 위치를 차지해야 마땅하다.

또한 구체적인 장비 특징이 M2M 환경에 요구되는 경우도 있다. 예를 들면 다음과 같다.

- **장비 수명** (device lifetime): 스마트 미터링과 같은 몇몇 분야에서는 20년 이상이 바람직하다. 이와 같이 긴 수명은 가스나 수도 계량기나 몇몇 모바일 장비와 같이 일반적인 교류 전기로 작동되지 않는 장비에서는 특히 문제가 된다. 이런 긴 주기 동안 컴퓨터와 전화 통신 기술의 진화를 수용하고 제품 수명 동안 접속 네트워크 기술의 변화나 보안 알고리즘 진화와 같은 새로운 보안 위협에 대응하기 위해 상당한 유연성이 제공되어야 한다.
- **환경 조건** (environmental conditions): 이는 운영 온도나 습도, 충격과 떨림과 같은 기계적인 제약 조건, 염분이 많은 대기와 같이 화학적인 부식에 노출되는 상황을 포함한다. 이런 요소는 하나로 결합되어 예상 장비 기대 수명의 평가를 더욱 도전적으로 만든다.

동시에, 스마트 전력망이나 의료 장비와 같이 여러 M2M 애플리케이션에는 일반적인 전화 통신 서비스와 비교해 보안(그리고 안전성)을 더욱 중요하게 요구한다. 생명 유지에 영향을 미칠지도 모르기 때문이다.

마지막으로 인간 사용자를 둘러싼 다양한 장비(가정용 에너지와 수도 계량기, 차량, 의료 장비)에서 잠재적으로 수집 가능한 점차 늘어나는 자료는 개인의 사생활을 침해할 가능성이 높다. 따라서, 전통적인 보안 요구 사항을 수행하는 범위를 넘어 장비나 게이트웨이는 사용자의 익명성과 사생활을 보호하기 위한 (잠재적으로 컴퓨터의 힘을 빌리는) 메커니즘이 필요하다. 이런 요구를 충족하는 데 실패하면 애플리케이션의 성공은 어렵다. 이미 네덜란드에서는 사생활에 대한 소비자의 권리를 보호하기 위해 스마트 계량기나 자동화된 도로 요금 기술의 채택을 강제하는 법안을 의회에서 초기에 거부한 바 있다. 하지만, 여러 애플리케이션에서, 미리 돈을 지불한 구독 활용은 고객의 익명성을 보존하기 위해 잘 알려진 수단을 제공하므로 유지되어야 마땅하다.

10.3 하드웨어 기반의 보안 솔루션 분야

소프트웨어 기반의 보안 구현은 임베디드 장비, 모바일 폰, 개인용 컴퓨터, 디지털 정보 단말이라는 다양한 형태에 무관하게 트로이 목마, 웜, 바이러스와 같은 잠재적인 소프트웨어 공격에 노출되어 있다. 또한, 프로그램 코드 추출, 역어셈블/디버깅 수단과 같은 역공학 기법은 다른 애플리케이션과 공유되는 소프트웨어 환경에서 엄청나게 단순화되었기에 알고리즘, 개인 키, 보호되어야 하는 다른 정보와 같은 민감한 비밀 구성 요소를 잠재적으로 노출하게 만든다. 따라서, 충분한 보호를 위해 항상 하드웨어 기반 메커니즘이 필요하다. 이는 단순한 물리적 공격만으로는 읽기 불가능하거나 변경 불가능한 부정 조작을 방지하는 메모리, 중요한 연산을 감추는 물리적인 보호 메커니즘, 전통적인 공격에 대응하는 하드웨어 감지 보호 기법을 포함한다. 하지만 전용 하드웨어 사용이 비밀을 충분히 보호할만큼 충분하지는 못하다. 프로세서가 처리하는 자료를 유추할 목적으로 전자파 방사를 분석하기 위해 수행되는 단순 또는 차분 전력 분석과 같은 잠재적인 우회 채널 공격에서 실행 환경을 보호하려면 파괴적이거나 비 파괴적인 공격을 방어하기 위해 보안 알고리즘을 고안하는 과정에서 특수한 기술과 똑똑한 소프트웨어 제작 기술이 필요하다. 이런 구현 문제는 표준화로 풀 수 없기 때문에 공통 평가 기준(ISO 15408)이나 미합중국 FIPS와 같은 미리 수립된 방법론에 의존하는 전용으로 만들어진 업계 증명 프로세스로 평가해야만 한다.

하드웨어 기반 보안 솔루션을 분리 가능한 독립적인 보안 구성 요소, 고정된 독립적인 보안 구성 요소, 내장(독립적이지 못한) 하드웨어라는 세 가지 범주로 분류할 수 있다. 보안 구성 요소는 키 저장이나 암호화 기능 수행과 같은 보안 기능을 장비에 제공한다. 보안 구성 요소는 장비에 납땜을 하거나 분리 가능하게 만들 수 있다. 모바일 장비에 장착되는 SIM 카드가 분리 가능한 독립적인 보안 구성 요소의 좋은 예다. 사용자는 특정 장비에서 SIM 카드를 분리해 새로운 장비에 장착할 수 있다. USB 토큰과 같이 보안 장비에 내장된 보안 마이크로 컨트롤러(스마트 카드 칩)는 고정된 독립적인 보안 구성 요소의 예다. 몇몇 하드웨어는 독립적인 보안 구성 요소를 드러내지 않으며, 몇 가지 보안 솔루션을 설계에 녹여 놓았다. 이와 같은 소프트웨어 기반이나 하드웨어 기반의 보안 솔루션에는 각각 독자적인 특징과 기능이 존재한다. 표 10.1은 다양한 보안 솔루션의 비교 평가 내용을 제시한다. 다음에 이어지는 절은 테이블 내용을 설명하고 타당성을 보여준다.

10.4 독립적인 보안 구성 요소와 신뢰되는 환경

10.4.1 M2M 장비에서 신뢰되는 환경

10.4.1.1 안전한 "환경"에 대한 필요성

저장소, 처리 과정, 개방형 플랫폼에서 민감한 자료의 입출력을 보호하는 작업은 아주 중요하다. 이는 TCG(Trusted Computing Group)과 같이 범용 컴퓨팅 플랫폼을 보호하기 위한 조직이 출현해온 이유다.

위에서 설명한 바와 같이, 민감한 연산을 수행하고 충분한 보호 상태에서 자격 인증서를 저장하기 위해 부정 조작 방지 환경을 보증할 필요가 있다. 장비나 통신 모듈을 충분히 보호

표 10.1 다양한 보안 솔루션의 비교 평가

		분리 가능한 독립적인 보안 구성 요소	고정된 독립적인 보안 구성 요소	내장 (독립적이지 못한) 하드웨어	소프트웨어 기반 보안
솔루션의 일반적인 보안					
	물리적	중간	높음	높음	낮음
	논리적	높음	높음	중간	낮음
알고리즘					
	알고리즘의 비밀 유지	높음	높음	중간	낮음
	자산 소유주를 위한 알고리즘 주문 제작 가능성	높음	중간	낮음	낮음
	알고리즘 업데이트 기능	높음	중간	낮음	낮음
자격 인증서					
	자격 인증서 인출의 어려움	높음	높음	중간	낮음
	서비스 공급자 지료의 비밀 유지 (장비 제조사는 모르는 자료)	높음	높음	낮음	낮음
제조/배포 비용		높음	중간	중간	낮음
개인화					
	개인화 용이성	높음	높음	낮음[a]	낮음[a]
	개인화 과정의 보안 신뢰성	높음	높음	낮음	낮음
구독 관리의 호환성		높음	중간	중간	중간
도난 방지					
	도난 방지 솔루션에 대한 신뢰	중간	높음	높음	낮음
사람 개입					
	사람 개입 없이 손쉬운 사용	낮음	높음	높음	높음

[a]개별 상태는 단말의 보안 상태에 의존적이다. (표준화되거나, 자신만의 제품 사용)

할 필요성은 다음과 같은 몇 가지 어려움을 수반한다.

통신 모듈이나 M2M 장비에 일반적으로 통용되는 수립된 보안 표준은 드물다. 현재, TCG 관련 작업과 같이 가장 잘 알려진 솔루션은 기반 하드웨어에서 일어나는 공격을 고려하지 않는다. "보안 환경"이나 "신뢰되는 환경"이라는 개념은 수립된 방법론에서 따온 인정받은 보안 수준과 어울리지 않는다. 한 걸음 더 나아가, 위에서 언급했듯이 적절한 보안 기능의 구현은 특수한 보안 전문성이 없는 회사에서 전통적으로 찾아보기 힘든 특별한 기술을 요구한다.

다양한 구현이 반드시 동일한 기능을 보호한다고 볼 수는 없다. 모듈이나 장비의 어느 부분을 안전하게 만들어야 할지 합의된 상황에서조차, 실제 보안 수준은 설계와 기능 구현에 의존할 것이다. 하드웨어 보호 장치를 필연적으로 포함할 필요가 있다. 물론 이를 전체 장비/모듈 컴퓨팅 환경에 적용할 경우 비용 상승이 일어난다. 결국 특정 구현 방식이 사용 가능한 보호 메커니즘을 항상 적절히 활용하리라는 보장은 없다.

현대적인 전화 통신 네트워크와 같이 로밍이 다양한 서비스 사업자와 연관이 되면, 특정 서비스 사업자에서 비롯된 보안 연쇄에서 가장 취약한 연결 고리(즉 가장 취약한 장비에 대한 공격)는 잠재적으로 모든 서비스 사업자에 영향을 미친다. 이와 같은 결과로 인해, 공통 평가 기준과 같은 널리 인정된 보안 인증 기법에 의존하는 정책은 모바일/장비 통합 보안 솔루션에서 더욱 중요성이 높아지고 있다. 이 장 뒤에 자세히 설명하겠지만, 독립적인 보안 모듈의 장점이 명확해지는 지점이다.

그럼에도 불구하고, 범용 프로세서에 내장된 신뢰되는 환경을 스마트 카드와 같은 독립적인 전용 하드웨어와 비교할 때, 암호화 키와 같은 민감한 자료를 위한 보안 저장소를 제공하는 이외에 양쪽 모두 고급 암호화 알고리즘, 난수 생성기, 키 생성기, 암호화/복호화, 서명 방식을 위한 지원 측면에서 유사한 기능을 포함하게 설계할 수 있다. 또한 두 경우 모두 다양한 네트워크와 애플리케이션을 위한 디스크 암호화와 신원 확인 기능을 제공하기 위해 사용할 수 있다. 주된 차이점은 신뢰되는 환경이 구현된 범용 프로세서에 소프트웨어 모듈을 올리기 위해 계산될 서명을 활성화하는 RoT(Root of Trust)를 일반적으로 포함한다는 사실이다. 이런 서명은 무결성 검증을 위해 안전하게 저장된 참조값과 나중에 비교할 수 있다. 신뢰되는 서명을 제공하기 위한 내장 RoT가 존재한다면, 비교 단계에서 신뢰되는 환경 내부에 내장된 보안 환경을 요구하지 않으며, 독립적인 보안 구성 요소 내부에서 비교 작업을 쉽게 수행할 수 있게 된다.

반면에, 스마트 카드와 같은 독립적인 보안 구성 요소는 오늘날 안전하게 새로운 애플리케이션을 프로그래밍하고 심지어 장비를 현장에 배포한 다음에도 자바카드 플랫폼에서 볼 수 있는 가상 기계 덕분으로 나중에 업데이트 가능한 보안 전용 마이크로프로세서(내장형이거나 분리 가능형)을 제공한다. 이런 기능은 지불 카드, 대중 교통 카드, 전화 통신 네트워크를 위한 보안 모듈과 같은 다양한 분야에서 스마트 카드 기구 형태가 성공하게 만든 기반을 닦았다. 이런 솔루션의 장점은 접속 권한을 보호해야 하는 서비스 공급자가 대상 장비 자체를 소유하지 않을 경우에 더욱 강력한 위력을 발휘한다. 이와 같은 사업 사례에서 서비스 사업자 사이의 건전한 경쟁은 다음과 같은 기술 기반을 요구한다.

- 서비스 사업자 자료의 원격 관리는 장비 구성과 애플리케이션 관리로부터 독립적이어야 한다.
- 서비스 사업자의 자산을 보호하기 위한 암호 알고리즘은 장비 제조사로부터 독립적인 상태로 남아 있어야만 한다.

스마트 카드 가상 기계에 올라온 애플리케이션과 여기에 필요한 저장된 자료는 나중에 설명할 표준과 보안 메커니즘을 사용해 호스트 장비로부터 독립적인 방식으로 원격 관리되는 기능을 요구한다.

10.4.2 알려지지 않은 장비를 신뢰하기: 보안 인증의 필요성

10.4.2.1 M2M 장비를 위한 인증

M2M 맥락에서, 장비나 보안 모듈의 인증 과정에는 다음과 같은 어려움이 따른다.

- 보안이 필요한 부분의 경계를 정의하는 문제
- 개별 업계마다 특정 보호 프로파일을 정의하는 문제
- 보안 대상의 범위가 다양할지도 모르는 위험 요인
  - 보안 대상이 더 커질수록 필요한 인증이 더 어려워지며, 그 결과 비용도 높아진다.
  - 인증의 복잡도는 대상 환경으로부터 직접적인 영향을 받는다. 더 많은 주체, 더 많은 과정, 더 많은 위험은 필연적으로 비용 증가를 수반한다
  - 향후에 미칠 영향을 고려한 유지 보수를 고려할 필요성이 생긴다.

보안 구성 요소의 통합을 보증하기 위해, 공급자 측면에서 제조 환경을 안전하게 만드는 정책이 핵심이다. 정말로 장비 자체의 인증을 넘어 장비 양산 과정에서 초기에 신뢰되는 인증서의 권한 설정 과정을 수행해야 한다. 이런 식으로 서비스 사업자는 독자적인 자격 인증서를 보호하는 안전한 그릇으로서 장비를 신뢰할 수 있게 된다.

이와 같은 자격 인증서를 노출하지 않기 위해, 현장에서 동작할 준비가 끝난 신뢰되는 장

비를 제공할 목적으로 자격 인증서 처리 과정과 관련된 모든 사람, 시설, 프로세스에 대한 승인이 필요하다.

이런 과정은 제대로 관리되어야 하며, 스마트 카드 제조사와 같은 보안 전문 제조 시설에 구현되어야 한다. 신용카드 업계 자료 보안 표준이나 이동 통신 부문의 GSMA 보안 승인 정책과 같은 특정 업계에 밀접한 규제를 준수하기 위해 필요하기 때문이다. 반면에, 이런 정책에 아직 친숙하지 않은 조직을 위해 관련 절차를 준수하려 시도할 경우 중요한 변화가 필요하며, 일반적으로 엄청난 비용이 든다.

GSMA는 M2M 보안 구성 요소의 원격 개인화를 활성화할 필요를 인식했다는 사실을 언급하고 넘어간다. 이에 따라 GSMA의 승인 정책에 변경이나 수정이 필요할 것이다.

10.4.3 스마트 카드 모델의 장점

M2M 장비 구현과 양산에서 신뢰되는 보안 연쇄를 수립하더라도 인증과 승인 과정을 우회하지는 못한다. 이런 과정으로 인해 추가된 비용은 스마트 카드 기반 솔루션과 비교해 경쟁력이 떨어진다. 이런 솔루션은 잘 정의되고 대량으로 생산되는 독립적인 보안 구성 요소에 의존하며, 장비의 설계에 쉽게 통합 가능한 잘 정의된 경계와 함께 연간 10억 개를 넘는 적용사례는 다른 업계에도 배포되는 엄청난 수량을 지렛대로 삼을 수 있다. 스마트 카드는 이미 은행에서 모바일 통신이나 디지털 신원 확인까지 지속적으로 늘어나는 비즈니스 영역에서 놀라운 적응력을 보여주고 있다.

ETSI TC SCP [TS102221]에 명세된 애플리케이션에 중립적인 UICC 플랫폼은 범용이면서 다양한 애플리케이션을 지원하는 스마트 카드 플랫폼을 제공한다. 이 플랫폼은 M2M 장비에 내장된 독립적인 보안 구성 요소를 위해 사용 가능하다(그림 10.1). 이 플랫폼은 원격으로 제어 가능한 고도의 보안 환경을 제공하며, 지역적으로 연결된 장비에 보안 서비스를 제공한다. UICC 자체는 사후 정산 관리 기능을 탑재한 보안 애플리케이션 플랫폼으로 동작한다. 더 구체적으로 UICC는 다음 기능을 통합한다.

- M2M 애플리케이션을 위한 특정 확장(ETSI TS 102 671) [TS102671]은 임베디드 활용을 위한 기구 형태를 구체적으로 정의하고 구체적인 환경과 수명 특성을 정의한다.
- 가상 기계 API (ETSI TS 102 241에 자바카드를 위해 명세된) [TS102241]와 확장 가능한 카드 애플리케이션 툴킷(card application toolkit, CAT) (ETSI TS 102 223) [TS102223]은 카드에 포함된 애플리케이션이 통신 모듈이나 호스트 장비가 제공하는 기능을 사용해 통신이 가능하게 만든다. 또한 애플릿 사이에서 기밀성을 유지하기 위해 방화벽을 제공한다. 이런 가상 기계는 공통 평가 기준의 EAL4+ 수준의 인증에 도달했다.

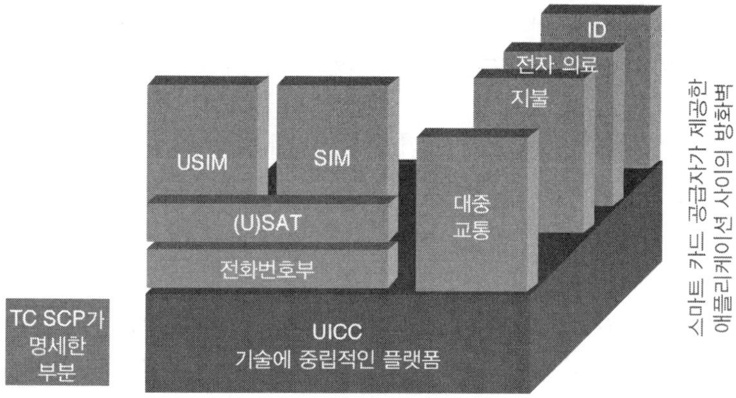

그림 10.1 ETSI UICC 플랫폼

- 카드에 탑재된 파일과 애플리케이션의 원격 보안 관리를 위한 솔루션(ETSI TS 102 225 [TS102225]과 ETSI TS 102 226 [TS102226]). 원격 관리 채널은 UICC 자체에 보안 종단점을 수립하므로, 호스트 통신 장비 수준에서 민감한 정보 조작을 방지한다. 또한 유연성을 허용하기 위해 다양한 베어러(bearer)와 프로토콜을 지원한다. 한 걸음 더 나가, GlobalPlatform 명세에서 따온 기능에 의존하므로 민감한 자료의 기밀성을 보존하게끔 개별 애플리케이션을 위한 특정 보안 영역의 독립적인 관리가 가능해진다.

이 플랫폼은 또한 다음과 같은 추가 인터페이스 확장을 제공한다. (그림 10.2)

- 칩 사이의 USB 인터페이스(ETSI TS 102 600) [TS102600]는 현대적인 고속 통신을 가능하게 만들며, RST, CLK, I/O 연결을 사용한 기존 직렬 스마트 카드 인터페이스와 비교해 다목적으로 사용할 수 있는 대안을 제공한다.
- 호스트 장비의 비접촉 모듈에 연결된 단선 인터페이스(SWP: ETSI TS 102 613 [TS102613])와 호스트 컨트롤러 인터페이스(HCI: ETSI TS 102622) [TS102622])

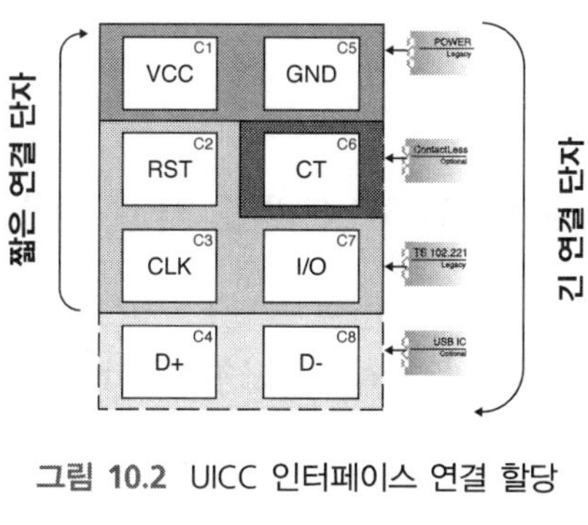

그림 10.2 UICC 인터페이스 연결 할당

- TCP/IP 네트워크에 쉽게 통합 가능한 IP 확장은 지역이나 원격 접속을 위한 클라이언트와 서버 모드 연산을 제공한다(ETSI TS 102 483 [TS102483]).

이 플랫폼은 이미 여러 전화 통신 네트워크 기술에서 보안 자격 인증서를 위한 틀로 채택되었으며, 다음과 같은 단체에서 UICC 기반의 네트워크 접속 애플리케이션 명세로 표준화 작업을 진행했다.

- 네트워크 접속을 위한 USIM 애플리케이션(3GPP TS 31.102)과 IMS에 보안 서비스를 제공할 ISIM 애플리케이션(3GPP TS 31.103)을 저장하기 위해 3GPP UICC(3GPP TS 31.101)를 사용하는 3GPP
- 3GPP2(CSIM 애플리케이션: 3GPP2 C.S0065)
- ETSI TETRA(TSIM 애플리케이션: EN 300 812)
- WiMAX 포럼(WiMAX SIM 명세: http://www.wimaxforum.org/sites/wimaxforum.org/files/technical_document/2009/09/WMF-T33-114-R015v01_WiMAX-SIM.pdf)

스마트 카드 기반의 권한 설정 작업이 단독으로 제공하는 유연성은 전세계 여러 국가에서 앞서 언급한 기술의 성공적인 배포를 이끄는 촉진자로 증명되어 왔다.

물론 UICC나 호스트 장비와 같은 독립적인 보안 구성 요소 사이의 인터페이스는 표준화되어야 한다. 따라서, 몇몇 경우에 있어서는 공격자가 이를 훔쳐볼 수 있다. 하지만, 이런 보안 구성 요소는 잠재적으로 프로그래밍 가능한 대규모의 보안 메모리와 저전력을 유도하는 낮은 운영 주파수로 동작함에도 불구하고 빠른 연산을 제공하는 하드웨어 보조 프로세서에 의존하는 고급 암호화 기능을 포용할 수 있다. 가상 기계의 아주 유연한 애플리케이션 개발과 관리 환경을 사용 준비가 끝난 API 집합과 결합하면, 민감한 모든 보안 기능을 내부에 유지해, 보호받지 못하는 보안 정보를 호스트 장비와 교환할 필요성을 없앤다. 이런 방식이 충분하다고 여기지 않을 경우에는, ETSI TS 102 484 [TS102484]에 따라 호스트 장비에 대해 보안 통신 채널을 수립할 수 있다.

10.5 M2M 환경을 위한 특정 스마트 카드 속성

10.5.1 분리 가능한 스마트 카드 대 내장형 보안 구성 요소

ETSI TS 102 221(그림 10.3)에 명세된 기구 형태나ETSI TS 102 671(그림 10.4)에 명세된 연

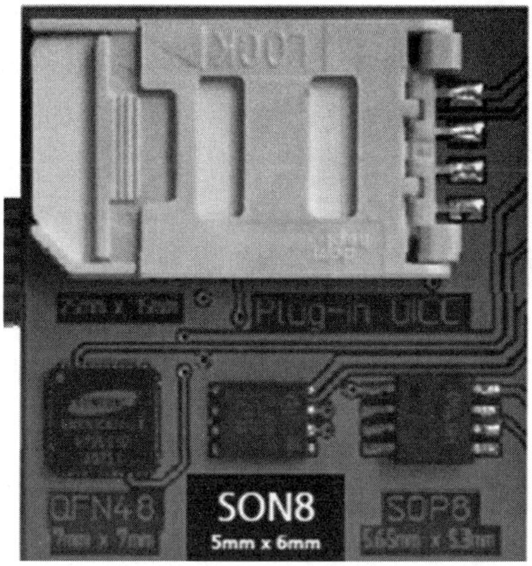

그림 10.3 납땜된 MFF2(SON8) 옆에 있는 연결 단자에 스마트 카드를 삽입한다.

그림 10.4 연결 단자 옆에 존재하는 TS 102 671의 다목적 MFF1 기구 형태. 여기 제시한 MFF 부품은 제말토 제품이며, 연결 단자는 야마이치 제품이다.

결 단자가 존재하는 축소된 MFF 기구 형태 중 하나를 사용한 분리 가능한 스마트 카드는 현실적으로 이동 가능한 구독 솔루션을 제공할 수 있다. UICC 플랫폼을 위해 ETSI가 명세한 제대로 표준화된 스마트 카드 인터페이스는 표준을 받아들이는 모든 장비에서 보편적인 상호 운용성을 제공하기 때문이다. 또한 구독 관련 매개변수를 변경할 필요가 있을 때마다 UICC의 기존 OTA(Over the Air) 관리 도구를 제공한다.

소비자용 장비 애플리케이션을 위해, 종종 사용자가 다양한 시점에서 다양한 장비에 동일한 서비스 구독을 사용하거나 단일 장비에 여러 서비스 공급자가 제공하는 구독을 사용할 수 있게 만드는 방식이 바람직하다. TS 102 221에 명세된 전통적인 기구 형태 중 하나로 선호되는 물리적으로 분리 가능한 UICC 사용은 이런 애플리케이션에서 가장 적합한 접근 방식이다. 특히 수명이 긴 장비에서 분리 가능한 UICC를 사용할 경우 얻는 또 다른 장점은 시간이 지남에 따라 발생할지도 모르는 새로운 위협에 대응하기 위해 적절한 비용을 들인 보안 모듈(암호 보호, 프로세서, 알고리즘)의 업그레이드 가능성이다. 보안은 끊임없는 경쟁이고, 10년이라는 세월 동안 과거에 안전했던 구현을 업그레이드하게 만드는 새로운 위협과 도구가 등장했다.

분리 가능한 UICC를 도난 당할 수 있음에도 불구하고, 이런 위협에 대응해 도난 상황에서 무용지물로 만드는 몇 가지 해법이 존재한다. 이런 해법은 서비스가 필연적으로 UICC에 대한 접근성을 요구할 때 관심을 끌 것이다.

납땜이 되었거나 분리 가능하거나 형상에 무관하게, UICC에 대한 접근은 기계 유형(자동차, 계량기, 자판기 등)과 놓일 위치라는 전체적인 장비 설계에 오롯이 의존한다. 실제로 몇몇 업계의 M2M 장비는 UICC 절도를 포기하게 만들 목적으로 UICC에 대한 사용자의 접근이 거의 불가능하게 만드는 방식으로 설계되었다. 분리 가능한 UICC의 "플라스틱 로밍"이라는 장점이 이런 애플리케이션에서는 더 이상 바람직하지 않기에 이런 설계가 가능하다. 이런 상황에서, 원격 구독 관리 솔루션과 더불어 납땜된 MFF1이나 MFF2 모듈(ETSI TS 102 671)로 활성화된 형태의 기계적으로 부착된 UICC 사용이 더 적절한 대안을 제공한다.

분리 불가능한 UICC는 서비스 공급자 사이의 자유로운 경쟁을 유도하는 정부의 규제를 따르기 위해 원격 관리 솔루션을 요구한다. 하지만, 오늘날 표준화된 UICC OTA는 아직 원격으로 새로운 구독을 생성하거나 카드에 이미 존재하는 기존 구독을 변경하는 기능을 제공하지는 않고 있다. 단지 장비에서 기존에 존재하는 구독을 효율적으로 관리하는 수단을 제공할 뿐이다. 여러 구독이 가능하게 초기에 권한 설정이 끝나 있으며 중앙 기관이 관리하는 재판매 SIM과 같이 현장에서 구독을 변경하게 지원하는 몇몇 독자적인 모델이 이미 시장에 등장하고 있다. 차량 통신 모듈을 위한 브라질의 DENATRAN(Departmento Nacional de Transito)에서 제안한 모델이 좋은 예다. 더 유연하고 상호 운용성이 뛰어난 모델을 제공하기 위한 표준화 노력은 이 장 뒤에서 설명할 ETSI SCP에서 이미 진행 중에 있다.

원격 관리 솔루션과 결합되지 않을 때, 전체 모듈 가격이 충분히 낮을 경우 UICC가 납땜된 전체 모듈을 교체하는 방식은 몇몇 경우에 있어 받아들일 수 있는 대안이 될지도 모른다.

10.5.1.1 M2M 보안 구성 요소 배포와 물류 영향

분리 불가능한 UICC를 고려한 배포와 물류는 전통적인 분리 가능한 스마트 카드와 상당히 다르다. 이런 보안 구성 요소는 서비스 공급자가 아니라 일반적으로 M2M 장비에 통합할 M2M 장비 제조사에 제공된다. 이 단계에서 카드는 아직 서비스 자격 인증서에 대한 권한 설정을 마치지 않았을지도 모른다. 물류적인 이유로 인해 일반적으로 장비 제조 연쇄의 끝 부분에 카드를 개인화할 필요가 있기 때문이다.

스마트 카드가 초기 발급자로 보내진 다음에 소매 채널로 넘어가고 마지막으로 최종 고객에게 넘어가서 장비에 장착되는 더 복잡한 배포 모델은 엄청난 비용 문제로 M2M에 적합하지 않다. M2M 고객에게 카드를 제공하기 위한 네트워크 비용(식별과 자격 인증 권한 설정)은 하드웨어 비용과 비교해 상당히 높다.

추가적인 비용 절감을 위해 다음 사항을 구상할 수 있다.

- 다음과 같은 특성을 활용해 권한 설정 과정에서 스마트 카드 비용을 줄인다.
  - 더 높아진 효율성
  - 향상된 확장성
  - 배포 비용 절감
- 촘촘한 네트워크에서 여러 장비에 제공되는 스마트카드와 보안 기능을 재사용한다.
- 다음과 같은 방법으로 네트워크 비용을 절감한다.
  - 네트워크 분야에서 전형적인 IT 데이터베이스 기술을 지렛대로 활용한다. LDAP(Lightweight Directory Access Protocol)이나 UDC(Universal Decimal Classification)가 좋은 예다.
  - 라이선스 모델을 개선해 저장 공간이 주요 비용 증가 요인으로 떠오르는 대신 처리 능력이 제한 요소가 되게 만든다.
  - 전반적인 부착/탈착 이벤트를 줄이고 데이터베이스에서 독자적인 장비 항목의 총 수를 줄인다. 예를 들어, 장비 그룹을 사용하거나 지역적으로 위임한다.

장비 개인화와 서비스 부트스트래핑에 사용되는 보안 솔루션이 뭐든 간에, 특히 배포되는 장비 수가 급격하게 늘어날 경우 M2M 장비를 보호하고 권한 설정하는 작업은 크나큰 도전이다. 이런 맥락에서 독립적인 보안 구성 요소에 기반한 솔루션은 모바일 무선 네트워크 제약을 해결하기 위해 스마트 카드 업계가 개발한 이미 정립된 대규모의 물류 노하우를 지렛대로 삼게 만든다.

10.5.1.2 논리 장비 짝짓기와 분리 가능한 UICC

분리 가능한 UICC는 ETSI TS 102 671에 명세된 짝짓기 메커니즘을 사용해 삽입되는 기계에 묶이거나 기계 그룹에 묶을 수도 있기에 UICC가 삽입되는 위치를 물리적으로 보호할 필요가 없다. 이런 UICC는 의도하는 그룹(또는 원래 의도하는 호스트)에 속하지 않는 어떤 장비에 삽입해도 동작하지 않을 것이다.

특별한 식별자(IMEI, IMEISV, MEID, ESN)가 존재하는 GSM 단말을 의도된 SIM 카드와 묶기 위해 사용되는 SIM 잠금 메커니즘과 비교해 반대로 단순한 '귀속'(reverted) 잠금 메커니즘을 사용할 수도 있다. GSM 용어로 표현하면 "IMSI-잠금" 대신 "IMEI-잠금"이 된다. 이렇게 하려면 ETSI TS 102 223의 CAT를 지원하게끔 주도적인 기능을 UICC에 요구한다. 스마트 카드는 스마트 카드에서 행위를 요청하는 방식과 반대로 IMSI를 읽는 예제와 같이 호스트에서 온 명령만 실행하도록 설계되어 있기 때문이다. 그렇기는 하지만, 적절히 구현하지 못할 경우 여러 가지 방법으로 이런 메커니즘을 우회할 수 있다. 훔친 스마트 카드에 원하는 신원을 제공하게 허용하는 중간자 공격 메커니즘이나 위조 단말을 사용하는 경우를 예로 들 수 있다.

10.5.1.3 UICC와 호스트 사이의 보안 채널

카드와 단말 사이의 보안 채널을 즉시 수립하는 방식에 기반해 ETSI TS 102 671에 명세된 잠금 메커니즘을 사용하는 대안이 훨씬 더 안전하다. 하지만 이 대안은 호스트 장비 자체가 신뢰되는 환경을 제공해 보안 채널 명세인 ETSI TS 102 484[TS102484]에 따라 안전하게 저장되고 활용되기 위해 카드 사이에서 이뤄지는 통신을 암호화하기 위한 키를 허용해야 한다는 가정을 염두에 둔다.

애플리케이션의 보안 요구에 따라, TS 102 671은 실제 결과로 진행될 통신 보안 없이 UICC와 단말 사이의 보안 관계를 초기에 생성할 가능성을 열어 놓는다. 그렇지 않으면, 카드와 단말 사이의 모든 통신을 암호화해야 하는 ETSI TS 102 484의 플랫폼에서 플랫폼으로 향하는 옵션을 사용해야 한다.

ETSI 102 484는 또한 애플리케이션에서 애플리케이션으로 향하는 보안 채널을 사용하는 옵션도 제공한다. 다른 애플리케이션과 독립적으로 민감한 UICC 기반 애플리케이션과 관련해 선택적으로 트래픽을 암호화하는 가능성을 제공한다. 또한 TS 102 484의 보안 채널은 직렬 인터페이스 상에서 오가는 기존 트래픽은 물론이고 인터넷 프로토콜 형태의 트래픽을 포함해 TS 102 600의 USB 인터페이스 상에서 오가는 트래픽도 처리한다.

10.5.1.4 UICC 서비스 제약

위에서 언급한 요구 사항을 충족하지 못하는 장비와 UICC의 경우에도 비즈니스 프로세스와 보안 조치는 여전히 네트워크와 시스템에 대한 권한 없는 접근을 방어하는데 일조할 수 있다. 의심스런 활동을 잽싸게 감지해 다음과 같은 방법으로 임베디드 장비의 신원 인증이 서비스 도난에 사용될지도 모르는 위험을 최소화한다.

- 의도되는 임베디드 애플리케이션이 요구하는 최소 수준으로 서비스를 제한한다. 예로 GSM (U)SIM의 호 제한 기능은 의도된 상대편으로만 호출 서비스를 제한하는 데 사용할 수 있다.
- 예상 가능한 임베디드 애플리케이션을 위한 일반적인 사용 프로파일을 개발한다.
  - 애플리케이션에 합리적으로 필요한 수준만큼 트래픽량을 제한한다.
  - 정상적인 프로파일에서 벗어난 높은 사용이나 편차가 발생할 경우 경보를 울린다.
- 예를 들어, IPSec과 임베디드 애플리케이션이 사용하는 임베디드 서비스만을 위해 만들어진 전용 사설 APN을 통해 가능한 수준에서 보안을 강화한다.

순수 소프트웨어 기반의 보안을 사용하는 경우에도, 여전히 M2M 장비에 구현된 통신 애플리케이션에 포함된 구독 자격 인증서를 도난 당할 위험성이 존재한다는 사실에 주목하자. 물리적인 도난처럼 눈에 띄지는 않지만, 이런 자료의 노출은 안전하게 구독 정보를 담고 있는 스마트 카드 도난보다 훨씬 더 큰 피해를 입힐 수도 있다.

10.5.2 환경 제약에 대한 UICC 저항력

M2M 장비는 다양한 환경에서 활용할 수 있다. 몇몇 환경은 온도, 습도, 화학, 기계적인 노출 관점에서 극단적인 상황을 가정할 수 있다. 한 걸음 더 나가, 몇몇 애플리케이션에서는 전반적으로 최대한 늘어난 장비 수명이 중요하다.

환경 프로파일은 일반적으로 관련된(분리 가능하거나 납땜된) 스마트 카드와 동일한 방식으로 전체 M2M 장비에 영향을 미친다. M2M 장비의 모든 구성 요소가 영향을 받는다. 하지만 몇몇 경우에 분리 가능한 UICC는 장비의 나머지와 조건이 조금 달라질 가능성이 있다. 예를 들어, 장비의 일부가 추가적인 케이스를 사용해 습도에 강해지거나 UICC 리더가 엔진 칸 대신 자동차의 대시보드와 같이 더 편리한 환경에 놓이는 경우를 고려해보자.

ETSI TS 102 671는 다음 매개변수에 기반해 M2M UICC가 충족하는 환경 조건에 대한 분류 시스템을 제공한다.

- 저장과 동작 온도
- 수분과 리플로우 조건
- 습도
- 화학적인 부식과 잠재적인 마손 부식
- 진동
- 충격
- 메모리 자료 유지 기간
- 최소 업데이트 요구 사항

이런 환경 분류 시스템은 산업 부문별로 특정 환경에서 스마트 카드 사용을 위한 적절한 목표 프로파일을 명세하게 도와준다.

지원되는 요구 사항은 의도되는 전체 수명 기간 동안 제품이 견디기를 기대하는 제약 상황을 짧은 시간 안에 재연 가능하게 만드는 가속화된 방법론으로 테스트하는 경우가 일반적이다. 부문별 애플리케이션 테스트 명세는 ETSI TS 102 671을 참조한다.

10.5.2.1 수명

다양한 사용 사례와 시장 모델을 고려할 때, M2M 장비의 바람직한 수명은 2년(차량 렌트 관리)에서 20년(스마트 계량기)까지 다양하다. 많은 다른 산업용 애플리케이션에서 바라는 수명은 10년에서 15년 정도다.

UICC의 경우, 달성 가능한 수명은 비휘발성 메모리(EEPROM이나 플래시 기술)가 지원하는 읽기/쓰기 사이클 수와 자료 유지 기간뿐만 아니라, 동작과 저장 온도, 습도 등과 같은 환경적인 제약 조건에 노출되는 수준과도 관련이 있다.

분리 가능한 UICC의 경우 접촉면 산화는 적절한 재료를 사용했을 때 결정적인 요인은 아니다. 제거와 삽입 사이클 수가 일반적으로 더 중요하지만, 소비자가 주의를 기울이는 장비와 같이 요구가 많은 애플리케이션은 일반적으로 몇 년마다 교체를 예상해야 한다.

읽기/쓰기 사이클과 관련해, 수명 관점에서 해석은 개별 사용 사례와 내부 제품 구현에 밀접하게 의존한다. 오늘날 UICC 칩은 10만 번에서 50만 번 사이의 읽기/쓰기 사이클을 지원한다. 하지만 특정 메모리 셀의 조기 실패를 막기 위해 저 수준 닳기 균등화 메커니즘을 사용할 수도 있다. 심지어 (범위를 알기 위해) 특정 셀에 시간 당 한 사이클만 연산을 가하더라도, 하드웨어 수명은 (쓰기 관점으로 보면) 11년에서 57년까지 범위가 다양하다. 이는 하드웨어 기술이 제한 인자가 아니라는 사실을 의미한다. 적절한 닳기 균등화 기술은 제품 수명에 가장 극적인 영향을 끼친다. 초기에 특정 메모리 영역이 실패하는 경우는 주로 적절한 대응책을 구현하지 않을 때 업데이트가 일어나는 영역에서 벌어진다. 효과적인 닳기 균등화 기법은 사용자에게 투명해야만 하므로, 카드 운영체제의 하위 계층에 구현되어야 한다.

ETSI TS 102 671은 잦은 업데이트를 위해 UICC 정보를 10만 번, 50만 번, 심지어 100만 번 업데이트 주기로 확인하는 방법으로 이런 기능을 평가한다. 업데이트 요구 사항은 10년, 12년, 15년이라는 메모리 자료 유지 요구 사항과 결합할 수 있다.

10.5.2.2 저장과 동작 온도

ETSI TS 102 221와 TS 102 671은 다음 온도 범위에서 UICC가 동작과 저장에 적합한지를 평가하는 테스트 방법론을 제공한다.

- −25에서 +85℃
- −40에서 +85℃
- −40에서 +105℃
- −40에서 +125℃ (마지막 조건 집합은 가장 가혹한 환경에 한정되어야만 하는 특정 설계 제약 사항과 관련이 있다)

10.5.2.3 제조 공정과 수명 동안 노출되는 습도

TS 102 671는 다음 특질을 제공한다.

- 납땜된 UICC를 위한 제조 공정 과정에서 습도와 리플로우 조건의 분류(분리 가능한 UICC의 경우 연결 단자와 관련된 부식 조건 요구 사항을 대신 고려한다)
- 습한 환경 하에서 운영 조건
- 소금기 있는 대기에서 일어나는 부식

10.5.2.4 충격, 진동, 기타 기계적인 제약

ETSI TS 102 671은 차량용 애플리케이션을 위한 JEDEC (Joint Electron Device Engineering Council)에 정의된 진동 명세 [JESD22Vib], 충격 조건 명세 [JESD22Shk]를 충족하는 UICC의 권한 부여를 허용한다.

ETSI TS 102 671에 명세된 M2M UICC 기구 형태는 차량과 같은 운송 장비에 사용하기 위해 필요한 엄격한 진동과 충격 제약을 충족하게 설계되어 왔다. 연결을 위해 사용되는 전기적인 접촉 지점 이외에도 호스트 회로 보드에 접촉 지점을 튼튼하게 고정하기 위해 계획된 기계적인 큰 패드를 독립적으로 제공한다.

하지만 충격이나 진동과 같은 기계적인 제약 조건은 분리 가능한 UICC의 사용을 방해하지 않는다. 튼튼한 UICC 리더기는 가장 험한 기계적인 환경에서도 안정적인 연결을 보증하기 때문이다. TS102 671의 MFF1 형식을 따르는 리더기가 가장 튼튼한 이유는 MFF1 기구 형태와 연결 단자가 이런 제약에 맞춰 의도적으로 설계되었기 때문이다. 하지만, 심지어 몇몇 미니 UICC 리더기조차 요구하는 기계적인 제약을 합리적으로 따를 수 있다.

10.5.3 방치되는 장비에 대한 카드 애플리케이션 툴킷 적용하기

UICC는 가상 기계에서 자바카드와 같은 애플리케이션을 돌리거나 주도적인 기능(CAT, ETSI TS 102 223 [TS102223])을 활용하기 위해 API를 제공할 수 있다. 이는 모바일 전화 통신 네트워크에서 UICC의 성공 이면에 존재하는 핵심 요인이 되어 왔다. 무선 통신 사업자들은 이 플랫폼 기능을 사용해 로밍과 같은 특정 기능을 최적화하거나 고객에게 부가가치 서비스를 제공한다. M2M 시장에서, 이런 UICC 플랫폼의 기능은 (전화 통신이나 M2M) 서비스 공급자의 경쟁력을 차별화하기 위해 계속해서 사용되리라 예상한다. 하지만 UICC 기반의 애플리케이션을 M2M 환경에 배포할 때 몇 가지 차이점을 반드시 고려해야 한다.

고려해야 할 주요 사항은 모바일 폰 사업에서 많은 부가가치 서비스는 모바일 단말의 사용자 인터페이스(특히 화면과 키보드)로 인해 활성화된 고객과의 상호작용에 의존했다는 사실이다. M2M 장비는 이런 측면에서 특히 산업용 애플리케이션에서 거의 방치 되었으며, 몇몇 장비에는 사용자 인터페이스 기능이 아예 없거나 상당히 축소되었기 때문이다. 이게 바로 최신 CAT 명세(ETSI SCP와 3GPP 릴리스 9)가 특정 기능이 부족한 단말을 위한 구체적인 권한 부여를 포함한 이유다.

- 화면이나 다른 사용자 정보 출력 기능 없음
- 키패드나 다른 사용자 입력 기능 없음
- 오디오 경고 기능 없음
- 음성 호출 기능 없음
- 다국어 지원 없음

그렇지 않으면, 위 기능에 의존하는 주도적인 툴킷 명령이 이런 단말에서 적용 가능하지 않거나 일부만 적용되는(즉 몇 가지 제약이 존재하는) 결과를 초래한다. 하지만, 통신 기능에 의존하는 유용한 애플리케이션을 개발할 능력은 대부분 유지된다.

10.5.4 툴킷 명령으로 UICC 주변 장비에 도달하기

M2M 장비 설계는 여러 측면에서 모바일 단말과 다르다는 사실도 고려해야 한다. 현대적인 모바일 단말은 종종 이중 프로세서 아키텍처(디지털 베이스밴드 모뎀 기능과 애플리케이션 프로세서를 분리한)를 드러내는 반면, UICC는 일반적으로 (ETSI TS 102 221 [TS102221]에 정의된) 직렬 인터페이스를 통해 모뎀에만 연결된 상태를 유지한다. 모뎀은 카드에서 시작된 주도적인 요청을 적절히 처리한다. M2M 장비에서 장비에 존재하는 애플리케이션 프로세서에 UICC를 직접 연결하는 인터페이스를 구현하기란 쉽다. 예를 들어, (ETSI TS 102 600 [TS102600]에 명세된) 칩 사이의 USB 인터페이스를 사용한다. 하지만, 위에서 언급한 기존 방식으로 인해, 많은 M2M 장비는 UICC가 직렬 인터페이스를 통해 통신 모듈에 연결만 된 아키텍처로 남으리라 기대한다. **그림 10.5**처럼 통신 모듈은 일반적으로 AT 명령 명세(3GPP TS 27.007 [TS27.007])에 기반한 인터페이스를 통해 애플리케이션 프로세서에 연결된다.

M2M 장비에서, 주도적인 UICC 애플리케이션이 장비 자체의 애플리케이션 프로세서와 상호 작용할 수 있으면 큰 도움이 될 것이다. 따라서, (이미 무선 WAN 네트워크에 접속이 가능할지도 모르는) UICC가 통신 모듈의 AT 인터페이스를 통해서만 애플리케이션으로 간접 연결이 가능한 아키텍처에서, AT 인터페이스로 툴킷 명령을 실어 나를 필요가 있다. 이런 요구 사항은 TS 102 223 릴리스 9에 변경을 가하는 방법으로 ETSI SCP가 해결하고 있다. AT 명령어 집합에 최소의 변경만 가해 AT 인터페이스 상에서 CAT 트래픽을 전송하게 만든다. 예를 들어, 연결 대상이 M2M 장비의 애플리케이션 프로세서라면, 필요에 따라 인식이나 인증 과정을 거칠 수 있으며, 모뎀 자체에서 이미 제공될지도 모르는 기능에 추가로 지원되는 CAT 기능 집합을 명시한다.

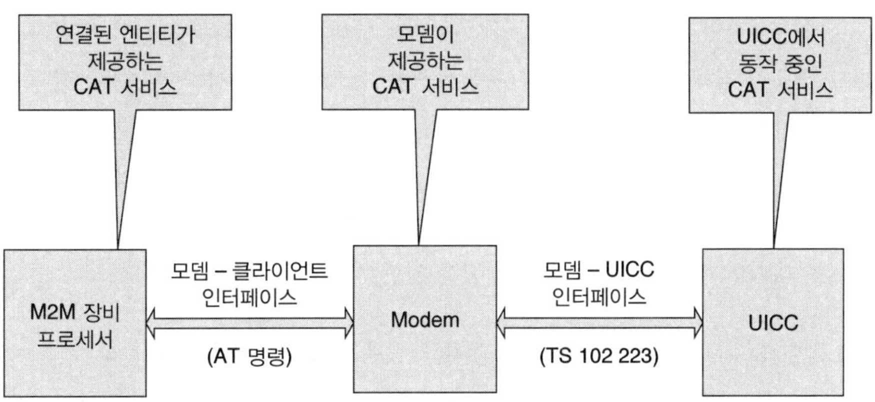

그림 10.5 M2M 장비에서 UICC 애플리케이션의 툴킷 서비스 활용

10.5.5 외부 애플리케이션의 보안 원격 관리

M2M과 모바일 통신 세상의 또 다른 차이점은 M2M 비즈니스 협정과 관련된 여러 이해 관계자(M2M 서비스 공급자와 네트워크 운영자)들이 일반적으로 동일 M2M 장비에 대해 독자적인 자격 인증서와 구독 정보를 요구한다는 사실이다. 다행히도, UICC 플랫폼은 다중 애플리케이션을 지원하게 설계되어 있으므로, 보안 구성 요소 하나로 관련된 모든 구독 정보를 보호할 수 있다. 하지만 UICC를 유일하게 소유하는 주체는 일반적으로 장비 소유자로 국한된다. 보안 구성 요소의 보증은 UICC 소유 주체나 장비 소유 주체(예를 들어 통합된 형태인 자동차) 중 어디에 묶이는지에 따라 달라진다. 한 걸음 더 나가, 외부 회사가 UICC 소유 주체의 허가 없이 UICC 기능을 원격으로 변경하기 위한 허락을 받지 못할지도 모른다. 변경 허용은 서비스를 제공하는 외부 회사의 역할에 달려 있다. 예를 들어, M2M 서비스 공급자가 소유한 UICC에 들어간 네트워크 접속 애플리케이션을 만든 네트워크 사업자는 유일하게 연결 매개변수를 변경하는 권한을 부여 받을지도 모른다.

이런 사안에 대응하기 위해, GlobalPlatform 카드 명세 버전 2.2 [GP22]와 개정 A [GP22A]는 엄청난 유연성을 위해 다양한 모델을 수용하는 능력을 제공한다. UICC 플랫폼에서 ETSI TS 102 225 [TS102225]와 ETSI TS 102 226 [TS102226]이 지원하는 명세는 스마트 카드에서 여러 보안 영역을 독립적으로 관리하는 능력을 제공한다. 각각은 잠재적으로 다른 카드 외부 이해 관계자를 대표하며, 독자적인 자격 인증서로 보호된다. 이는 개별 애플리케이션 공급자로 하여금 완결성, 기밀성, 인증성을 제공하는 안전한 (OTA) 채널이라는 수단을 사용해 다른 공급자와 독립적으로 보안 영역을 관리하게 허용한다. 다른 보안 영역과 원격 관리에 사용되는 접속 네트워크 관점에서 기밀성을 훼손하지 않은 상태로 애플리케이션을 탑재하고 설치하고 개인화하기 위해 원격에서 이런 보안 영역을 관리한다. 카드에 보안 영역의 계층을 수립할 경우 카드 발급자의 제어권을 유지하면서도 잠재적으로 복잡한 비즈니스 관계를 표현할 수 있다. 카드 발급자는 보안 영역 관리를 외부 회사에 위임하거나 스스로 카드 내용을 관리하는 방식 중 하나를 선택할 수 있다. 따라서 애플리케이션 공급자는 관련된 모든 카드 컨텐트의 기밀성(지불 관련 애플리케이션에서 이를 요구한다)을 유지하면서 (외부) 네트워크를 거쳐 카드에 탑재된 자신의 애플리케이션을 완벽하게 운영하고 관리할 수 있게 된다. 개별 보안 영역에 따라 권한을 독립적으로 제어하는 방법으로 애플리케이션의 탑재를 허가할 수 있다. 이는 다음과 같은 모든 시나리오를 포괄한다.

- **발급자 중심** (issuer-centric): 카드 발급자만 카드 컨텐트를 관리할 수 있다.
- **관리 위임** (delegated management): 발급자는 외부 애플리케이션을 탑재할 통제권을 유지하며, 연관된 외부 회사는 탑재를 점검하고 해당 보안 영역에서 카드 컨텐트 관리를 수행

한다.

- **이중 관리** (dual management): 여러 주체들이 카드 컨텐트 관리에 대한 권한을 해당 보안 영역별로 부여 받는다.

새로운 보안 영역의 생성과 처리를 위한 여러 솔루션 또한 장비 내부에서 키를 생성하는 풀 모델이나 임시 키를 사용하는 푸시 모델에 기반해 활성화된다.

이런 기능은 접속 네트워크 운영자가 관리하는 애플리케이션과 M2M 서비스 공급자가 관리하는 애플리케이션이 단일 UICC에 공존하기 위한 핵심이다.

10.6 M2M 환경에서 스마트 카드의 향후 진화

10.6.1 UICC 기반의 M2M 서비스 식별 모듈 애플리케이션

M2M 서비스 계층에 대한 접근을 관리하는 UICC 기반 애플리케이션을 위한 명세(ETSI TS 102 221 관점에서 첫째 단계 애플리케이션)는 ETSI SCP 내에서 여전히 개발 중이다. 이 MSIM(M2M Service Identity Module) 애플리케이션은 IMS 접근을 안전하게 만들기 위해 3GPP TS 31.103에 명세된 ISIM 애플리케이션과 동일한 방법으로 동일한 UICC에서 USIM 이나 CSIM과 같은 네트워크 접속 애플리케이션과 함께 운영될 수 있었다. 이 명세는 UICC 에 저장된 관련 자료 구조와 관련 운영 절차의 상호 운영성 정의를 제공하기 위해 필요하다. 이 명세는 특정 M2M 수직 시장의 요구를 충족하기 위해 툴킷 애플릿과 함께 동작하게끔 (ETSI TS 102 221 맥락에서 둘째 단계 애플리케이션) 특정 API와 툴킷 명령 확장으로 보충해야만 한다.

10.6.2 UICC의 인터넷 프로토콜 통합

ETSI TS 102 483 [TS102483]은 다음과 같은 메커니즘을 표준화하는 방법으로 TCP/IP 기반 구조 위에서 UICC 플랫폼을 쉽게 통합하게 만든다.

- 사용자 상호 작용 없이 호스트 단말의 지역 IP 네트워크(IPv4 또는 IPv6)에 통합 가능도록 IP 주소를 할당한다.
- 네트워크에 가용 서비스를 공개하고 네트워크에서 찾는다.
- TCP/IP를 사용해 장비에 존재하는 애플리케이션이나 장비 주소를 정한다.

이런 메커니즘은 UICC를 계승한 기존 SIM 카드 프로토콜의 몇 가지 제약을 극복하게 도와준다. 호스트 단말이나 지역적으로 연결된 장비에 탑재된 애플리케이션이나 호스트 단말에 지역적으로 연결된 장비에 접근하지 못하는 제약이 좋은 예다. 이는 ETSI TS 102 600 [TS102600]에 명세된 칩 사이의 USB 인터페이스와 함께 IP 프레임워크가 가장 잘 동작하는 이유를 설명한다. ETSI TS 102 221의 기존 UICC 인터페이스는 ETSI TS 102 223의 BIP(Bearer Independent Protocol) 기능이 제공하는 프록시를 사용해 IP 연결을 지원하는 반면, ETSI TS 102 600의 칩 사이 USB 인터페이스는 UICC에 완전한 TCP/IP 스택을 지원하게 해준다.

이 명세를 보충하기 위해 위에서 언급한 GlobalPlatform 2.2 명세[GP22]는 HTTP에 기반한 TCP/IP 네트워크를 거쳐 원격 UICC 파일과 애플리케이션 관리를 안전하게 만드는 네트워크 프레임워크를 정의해왔다. 이런 패러다임은 ETSI UICC 원격 관리 명세인 TS 102 225와 TS 102 226이라는 최신 릴리스가 지원한다. 한 걸음 더 나가, OMA(Open Mobile Alliance)는 스마트카드 웹 서버 명세[OMASCWS]를 개발하고 있다. 이 명세는 자바카드 가상기계 기능을 지렛대로 삼아 IP 네트워크 상에서 UICC 기반 서비스를 배포하기 위한 강력하고 유연한 프레임워크를 제공한다.

또한, GlobalPlatform뿐만 아니라 ETSI SCP는 낡은 SMS 기반 툴킷 애플리케이션과 원격 관리 프레임워크를 인터넷 세상에서 건너온 TCP/IP, HTTP/HTTPS, 기타 관련 프로토콜에 기반한 IP 세상으로 완벽하게 이주하는 작업을 진행하고 있다. ETSI SCP에서 진행 중인 작업은 일반적으로 '웹 2.0' 기술로 불리는 최근 IETF 개발 결과를 지렛대로 삼고 IP 네트워크 위에서 장비와 UICC용 애플리케이션 사이에 일어나는 안전한 통신을 지원할 것이다. GlobalPlatform에서 진행 중인 작업은 관련된 이익과 잠재적인 위험을 잘 따져 모든 관련 기술을 고려하며 철두철미한 방식으로 스마트카드를 일반적인 IP 네트워크에 통합할 것이다.

UICC 애플리케이션이 TCP/IP 네트워크 상에서 클라이언트와 서버를 안전하게 동작하도록 만들어줄 새로운 자바카드3 엔진에 기반한 향상된 애플리케이션 런타임이 개발되면 ETSI SCP가 수행하는 전체 작업 패키지가 완성될 것이다.

10.7 M2M 보안 구성 요소의 원격 관리

10.7.1 개괄

위에서 강조한 바와 같이, ETSI SCP와 GlobalPlatform 명세는 이미 IP 연결이나 SMS 또는 패킷 스위치 기반 BIP와 같은 무선 네트워크를 사용해 스마트 카드의 원격 관리를 안전하게 만드는 수단을 포함하고 있다. 여기서 보안 구성 요소의 안전한 원격 관리는 원격 관리를 위해 사용되는 보안 연결의 종단점이 호스트 장비가 아닌 보안 구성 요소 자체에 위치하게 요구한다는 사실을 깨달아야 한다. 이는 OMA DM나 광대역 포럼 TR069와 같은 전통적인 장비 관리 프로토콜과 비교해 핵심적인 차이점이다. 이런 차이점은 보안 자격 증명서의 원격 관리를 가능하게 만들기 위한 근본적인 차이점이기에, 보안 구성 요소 관리와 일반적인 장비 관리를 위한 두 프로토콜 유형이 계속해서 공존하기를 기대한다.

하지만, 현재 표준으로 활성화된 상황에서 현존하는 UICC 원격 관리 프로토콜에는 M2M 맥락을 제대로 고려하지 못한 제약 사항이 있다. 실제로 전화 통신 네트워크 부문의 스마트 카드 접근 방식은 이런 프로토콜이 최종적으로 단일 서비스 구독에 묶이고 서비스 사업자가 소유한다고 가정한 반면에, 단말 장비에서 SIM 카드를 교체하는 방법으로(플라스틱 로밍) 구독 변경을 처리한다. 앞서 설명했듯이, 이런 가정은 M2M 환경에서는 더 이상 참이 아니다. 보안 구성 요소는 더 이상 분리 가능하지 않을지도 모르며, 여러 애플리케이션이 물리적으로 장비에 접근하지 않은 상태에서 원격에서 연결을 관리하는 방식을 요구하기 때문이다.

10.7.2 구독의 지연 개인화

초기 M2M 배포 과정에서 떠오른 첫 번째 제약은 일단 제조 공정을 떠난 직후 보안 구성 요소에 담긴 구독 자격 증명서의 지연 개인화에 대한 필요성이다. 구독 자격 증명서는 호스트 장비에 탑재된 보안 구성 요소에 원격으로 내려 받게 된다. 다시 말해, 보안 구성 요소 제조 공정의 바깥에 위치한 인가 받은 기관에서 이런 개인화를 담당한다. 이는 신뢰되는 그리고 적절한 절차에 따라 인가 받은 원격 관리 솔루션의 사용을 요구한다. 전화 통신 업계는 특히 재고 관리 비용을 줄이기 위해 필요한 이런 새로운 요구 사항의 지원을 위해 필요한 인가 받은 정책을 채택해야만 한다. 하지만, 아직 표준화되지는 않았지만 한번에 끝나는 OTA 구독 권한 부여 솔루션이 이미 사용 가능하다. 이런 솔루션은 물류 문제를 풀어 제조 과정에서 호스트 장비의 보안 구성 요소를 초기에 활성화하게 만든다.

10.7.3 현장에서 구독을 원격 관리하기

내장된 보안 구성 요소에 탑재된 자격 증명서에 원격에서 안전하게 권한을 부여하고 현장에서 발급된 다음에 서비스 공급자가 바뀌는 경우 구독을 변경하기 위한 접근 수단도 필요하다. 수명이 다하는 동안 두 번 이상 변경이 일어날 가능성도 존재한다.

10.7.3.1 기존 배포 방식

모듈이 훔친 차량을 추적할 수 있게 브라질에서 논의되고 있는 DENATRAN(브라질 운송 정부 기관) 모델과 같은 초기 배포가 이미 수면 위로 떠오르고 있다. 이 경우, UICC는 여러 운영자의 서비스 접근 보안 인증서와 활성화된 DENATRAN 프로파일로 초기에 권한 부여 작업을 수행해야 한다. 독자적인 HLR과 OTA 서버를 관리하는 이런 신뢰되는 기관이 최종 사용자가 선택한 운영자 구독을 원격으로 활성화하는 책임을 맡을 것이다. 이런 모델에 제한이 있는 이유는 서비스 공급자에게 UICC에 탑재된 부가 서비스를 관리할 능력을 제공하기 때문이다. 하지만 독점적인 알고리즘과 30개가 넘는 서비스 공급자에 대한 선행 권한 부여가 가능하기에 최종 소비자에게 서비스 공급자를 바꿀 수 있는 능력을 제공한다.

10.7.3.2 표준화 노력

독점적인 정책 대신 표준에 기반한 배포 정책을 맞추며, 모델의 제약을 고려할 필요성을 인정하기 시작한 ETSI SCP는 원격 개인화와 내장 UICC를 위한 구독 관리 시스템의 표준화를 고려하고 있다. 이런 새로운 표준화 노력은 다음 쟁점에 대한 해법을 제안한다.

해법은 구독 관리자라는 새로운 역할을 도입해 원격 관리 키를 소유하고 다양한 구독을 처리하게 만든다. 이런 역할은 생태계에 속한 다양한 주자들이 맡지만, 잠재적인 공격을 막기 위한 근본적인 책임을 수반한다. 누가 구독 관리자로 행동하느냐에 따라 여러 모델을 구분할 필요가 있다. 가능한 모든 비즈니스 구성 방식을 수용하려면, 대응 프로토콜과 파일 교환 형식뿐만 아니라 원격 개인화와 권한 설정에 관련된 클라이언트와 서버 프로세서 역시 표준화된 솔루션의 일부가 될 필요성이 있다.

원격으로 암호화 알고리즘을 탑재하는 기능을 제공하는 표준화된 솔루션을 달성하기가 쉽지 않은 이유는 적절한 알고리즘 작성은 특정 목표 하드웨어에 묶어야 하므로 저수준 코드로 작성할 필요가 있기 때문이다. 따라서, 경쟁 서비스 공급자가 공통 알고리즘(그리고 이를 출발점으로 삼은 파생 알고리즘)을 구현하는 방식이나 표준화된 선택 메커니즘으로 미리 탑재되어야 하는 제한된 알고리즘 목록에 동의하는 방식으로 다소 제한적인 솔루션을 고려할 필요가 있다.

10.7.3.3 기대 이익

이와 같은 원격 관리 솔루션과 임베디드 보안 구성 요소의 도입으로 인해 기대할 수 있는 이익은 다음과 같다.

- 개인화에 앞서 장비와 함께 보안 구성 요소를 배포하는 사실로 인한 보안 구성 요소의 배포 비용 절감. 이는 보안 구성 요소의 재고를 줄인다.
- 일단 장비가 설치되고 나서 구독을 권한 부여하거나 개인화하므로, 설치 이후로 구독 비용 지출을 미룰 수 있다.
- 구독 유형을 마지막 순간에 결정하거나 심지어 시간이 지남에 따라 바꿀 수 있으므로, 유연성을 발휘한다.
- 공통 그룹(가능하다면 브로드캐스트 기술을 사용한)에 속한 모든 구독자들에게 대규모로 효율적인 변경을 가능하게 만든다. 예를 들어, 목표 장비의 특정 유형에 맞춰 보안 애플리케이션을 탑재할 수 있다.

요약하자면, 이런 내장된 보안 구성 요소의 더욱 유연하고 동적인 계정 권한 설정 과정 덕분에 구독 관리의 비용 최적화를 기대할 수 있다.

10.7.3.4 공개된 문제점

하지만, 표준화를 넘어서 원격 구독 관리 솔루션에서 발생하는 다음과 같은 몇 가지 문제를 업계에서 인식할 필요가 있다.

- 새로운 구독 할당 과정이나 직후 내장된 보안 구성 요소의 소유권은 누구에게 있는가?
- 새로운 서비스 공급자를 재할당하는 과정에서 발생하는 문제에 대한 법적 책임은 누가 지는가?
- 구독 변경 이후 보안 구성 요소의 품질 보증 조건이 무엇이며 어떻게 보증하는가?

참고문헌

[EUSD] Directive 2002/22/EC of the European Parliament and the Council of 7 March 2002 on Universal Service and Users' Right Relating to Electronic Communications Network and Services.

[TS102221] ETSI TS 102 221. Smart Cards; UICC-Terminal Interface; Physical and Logical Characteristics (2011).

[TS102671] ETSI RTS/SCP-T090071v910 Smart Cards; Machine to Machine UICC; Physical and logical characteristics (Release 9, 2011).

[TS102241] ETSI TS 102 241. Smart Cards; UICC Application Programming Interface (UICC API) for Java Card (TM) (2011).

[TS102223] ETSI TS 102 223. Smart Cards; Card Application Toolkit (CAT) (2011).

[TS102225] ETSI TS 102 225. Smart Cards; Secured packet Structure for UICC Based Applications (2011).

[TS102226] ETSI TS 102 226. Smart Cards; Remote APDU Structure for UICC Based Applications (2011).

[TS102600] ETSI TS 102 600. Smart Cards; UICC-Terminal Interface; Characteristics of the USB Interface (2010).

[TS102613] ETSI TS 102 613. Smart Cards; UICC-CLF Interface; Physical and Data Link Layer Characteristics (2011).

[TS102622] ETSI TS 102 622. Smart Card; UICC-Contactless Front-end (CLF) Interface, Host Controller Interface (HCI) (2011).

[TS102483] ETSI TS 102 483. Smart Cards; UICC-Terminal Interface; Internet Protocol Connectivity Between the UICC and Terminal (2009).

[TS102484] ETSI TS 102 484. Smart Cards; Secure Channel Between a UICC and an End-Point Terminal (2011).

[J ES D2 2 Vi b] JEDEC JESD22-B103B. (2002) Variable Frequency Vibration, http://jedec.org/download.

[JESD22Shk] JEDEC JESD22-B104C. (2004) Mechanical Shock, http://jedec.org/download.

[TS27.007] GPP TS 27.007. 3rd Generation Partnership Project; Technical Specification Group Core Network and Terminals; AT command set for User Equipment (UE) (2011).

[GP22] GlobalPlatForm (2006) "GlobalPlatform Card Specification", Version 2.2 Including "Errata and Precision List" Version 0.2, http://www.globalplatform.org/.

[GP22A] GlobalPlatform (2009) GlobalPlatform Card Specification Version 2.2, Amendment A Version 1.0 Including "Errata and Precisions" Version 1.0.

[OMASCWS] OMA (2007) "Smart Card-Web-Server", OMA-TS-Smart Card-Web-Server-V1-0-20070209-C.

Part 03

Book Conclusions and Future Vision

Chapter

11 결론

Conclusions

데이비드 보스워딕[1], 오마 엘루미[2]
[1]ETSI, 소피아 안티폴리스, 프랑스
[2]알카텔-루슨트, 벨리지, 프랑스

초기 M2M 배포 과정에서 배운 교훈은 요구되는 수준까지 M2M 시장 성장을 촉진할 목적으로 일련의 운영 공통 관례를 개발해야 하는 필요성이다.

주요 M2M 시장에 적용 가능한 공통 기능에 대해 전세계의 표준화 단체와 포럼에서 개발을 진행하고 있다. 이런 공통 기능 개발은 잠재적인 초기 고객에게 더욱 매력적인 가격 구조를 만드는 동시에 운영에 필요한 개발 기간을 점진적으로 줄여 나가야 마땅하다. 시장은 M2M 초기 배포 과정에서 배운 교훈을 고려하는 방식으로 발전해야 하며, M2M 시스템을 위한 표준화되고 재사용 가능한 프레임워크 개발에 적극적으로 적극적으로 기여해야 한다. 이런 노력은 전세계적으로 적용 가능한 장비, 서비스, M2M 솔루션 사이의 상호 운용성을 보증할 것이다.

이 책은 서비스 요구 사항과 시스템 주도 접근 방법을 사용해 M2M이라는 주제를 다룬다. 이 책은 독자가 M2M 시장을 염두에 둔 서비스를 개발할 때 고려해야 하는 주요 쟁점을 설명한다. 주요 쟁점은 네트워크 최적화, 서비스 아키텍처, API, 보안과 스마트 카드, M2M 장비와 모듈, IP 프로토콜 표준의 진화를 포함한다. 하지만 이 책에서 제시하는 목록은 모든 사항을 총망라하지는 않는다. 핵심 쟁점은 M2M을 대상으로 전세계적으로 적용 가능한 기능을 수평적으로 고려하고 있다.

그럼에도 불구하고, 모든 M2M 부문에 적합한 단일 솔루션은 없다. 각각 저마다 특정 요구 사항을 따르는 다양한 시장이 존재하기 때문이다. 바로 이런 이유 때문에 수평적인 기능에 의존하는 상용 M2M 시스템을 광범위하게 배포하기란 현실적으로 불가능하다. 센서와 M2M 장비의 배포 대상인 일반 가정이나 (특히) 빌딩 환경에 필요한 특정 연결 솔루션이나 M2M 자료 모델을 고려할 경우에 특히 문제가 된다. 자료 모델이나 M2M 지역 네트워크를 다루는 성숙된 표준이 복수로 존재하지만, M2M 사업의 지속적인 진화와 극심한 시장 경쟁으로 인해 표준은 끊임없이 진화하고 있다. 앞으로 전진하는 과정에서 시장 앞에 펼쳐진 도전 중 하나는 수 많은 비호환 센서를 표준화된 단일 수평 아키텍처에 통합하는 작업이다. 이런 작업은 ETSI M2M과 같은 표준화 조직 내에서 엄청나게 뜨거운 주제가 되고 있다. 이와 같은 질문에 대한 구체적인 대답은 다음에 나올 시리즈인 "*The Internet of Things: Key Applications and Protocols*"에서 제공한다.

"The Internet of Things: Key Applications and Protocols"는 M2M 내용을 확장하고 독자들이 M2M의 수직적인 개별 측면에 친숙해지게 돕는다. 따라서, 스마트 계량기, 스마트 그리드, 일반 가정과 빌딩 자동화, 직비나 PLC와 같은 M2M 관련 분야의 특정 기술을 포함한다.

시리즈를 집필하며 저자들은 M2M 부문에서 등장한 다양한 표준과 관련해 상대적으로 덜 성숙된 수준이라는 주된 어려움에 부딪혔다. 표적은 끊임없이 움직이고 있는데, 이는 M2M을 위한 전세계적인 표준이 상대적으로 개발 초기 단계에 머물고 있으며 본질적으로 진화 중인 시장과 연결되어 있음을 명확하게 보여준다.

예를 들어, M2M과 밀접한 주요 표준화 그룹인 ETSI와 3GPP를 생각해보자. 두 표준화 그룹은 사실상 매번 회의 때마다 새롭거나 진화된 기능을 담은 수 백 건에 이르는 M2M 관련 기고문이 들어온다. 표준이 진화하는 수준을 고려하면서, 이 시리즈가 독자들에게 의미있는 내용을 전달하기 위해 첫 책은 시스템과 아키텍처에 대한 접근 방법으로 작성하는 방식이 가장 좋으리라는 사실이 명백해졌다. 수 많은 ICT 회사의 엄청난 기여와 투자는 ICT 표준 생태계와 향후 결과로 배포될 시스템뿐만 아니라 일상 생활에서도 M2M이 광범위한 충격을 주리라는 명백한 증거다. M2M 그리고 장래 IoT 서비스와 애플리케이션은 틀림없이 향후 10년 동안 큰 영향을 미치며, 가정과 일터에서 기술적인 혁신을 일으키며, 우리 지구를 더욱 푸르게 푸르게 만드는 과정에 많은 도움을 줄 것이다. 전세계적인 표준은 이와 같은 여정에 놓인 초석에 불과하지만, 혁신적인 M2M 솔루션을 매끄럽게 뽑아내기 위한 핵심 요소임에 틀림없다.

정가 29,000원

사물지능통신 M2M - 시스템 접근방식-

2016년 6월 20일 초판 인쇄
2016년 6월 30일 초판 발행
저　자 : David Boswarthick · Omar Elloumi · Olivier Hersent
역　자 : 이순호 · 박재호 · 이해영
발행자 : 우명찬 · 송　준
발행처 : 홍릉과학출판사
주　소 : 서울시 강북구 인수봉로 50길 10 01093
등　록 : 1976년 10월 21일 제5-66호
전　화 : (02) 999-2274~5, 903-7037
팩　스 : (02) 905-6729
e-mail: hongpub@hongpub.co.kr
http://www.hongpub.co.kr
ISBN: 979-11-5600-444-8

역자와의 협의하에 인지생략